［英］乔纳森·伊斯雷尔（Jonathan Israel） 著
朱莹琳 译

I
The Dutch Republic
荷兰共和国
Its rise, greatness, and fall 1477—1806
崛起、兴盛与衰落
1477—1806

天地出版社 | TIANDI PRESS

图书在版编目（CIP）数据

荷兰共和国：崛起、兴盛与衰落：1477—1806 /（英）乔纳森·伊斯雷尔著；朱莹琳译. — 成都：天地出版社，2023.11
书名原文：The Dutch Republic: Its rise,greatness, and fall
ISBN 978-7-5455-7487-6

Ⅰ.①荷… Ⅱ.①乔…②朱… Ⅲ.①荷兰－近代史－研究 Ⅳ.①K563.41

中国版本图书馆CIP数据核字（2022）第237742号

© Jonathan Israel 1995
THE DUTCH REPUBLIC: ITS RISE, GREATNESS, AND FALL, FIRST EDITION was originally published in English in 1995.
This translation is published by arrangement with Oxford University Press. Tiandi Press is solely responsible for this translation from the original work and Oxford University Press shall have no liability for any errors, omissions or inaccuracies or ambiguities in such translation or for any losses caused by reliance thereon.

《荷兰共和国：崛起、兴盛与衰落》的英文原版出版于1995年。本译本由牛津大学出版社授权出版。天地出版社对译文负有全部责任，牛津大学出版社对译文中的任何错误、遗漏、不准确或含糊不清造成的任何损失不承担任何责任。

著作权登记号　图进字21-2023-12
审图号：GS(2021)4719号

HELAN GONGHEGUO: JUEQI、XINGSHENG YU SHUAILUO 1477–1806

荷兰共和国：崛起、兴盛与衰落1477—1806

出 品 人	陈小雨　杨　政
作　　者	［英］乔纳森·伊斯雷尔
译　　者	朱莹琳
责任编辑	董曦阳　刘一冰　张新雨
责任校对	马志侠　杨金原
装帧设计	左左工作室
责任印制	王学锋
出版发行	天地出版社
	（成都市锦江区三色路238号　邮政编码：610023）
	（北京市方庄芳群园3区3号　邮政编码：100078）
网　　址	http://www.tiandiph.com
电子邮箱	tianditg@163.com
经　　销	新华文轩出版传媒股份有限公司
印　　刷	北京文昌阁彩色印刷有限责任公司
版　　次	2023年11月第1版
印　　次	2023年11月第1次印刷
开　　本	880mm×1230mm　1/32
印　　张	49
字　　数	1128千字（全三册）
定　　价	298.00元（全三册）
书　　号	ISBN 978-7-5455-7487-6

版权所有◆违者必究

咨询电话：（028）86361282（总编室）
购书热线：（010）67693207（营销中心）

如有印装错误，请与本社联系调换

前 言

在这样一个大部头著作的开端,用简短的文字说明本书采用的研究方法并解释其框架似乎是合宜的。

我的研究目的是将荷兰大起义与黄金时代置于更宽广的背景中,也就是整个近代早期之中。在耕耘这部作品时,我越发确信,只有将荷兰大起义和黄金时代置于宽广的背景中,才能领会它们的意义。这意味着,我们一方面要重返勃艮第时期,另一方面要推进到拿破仑时代。1579*—1795 年间,荷兰共和国的官方名称是"联省共和国",1579 年建立的乌得勒支(Utrecht)同盟则是其奠基性联盟。同盟常被视为与过往的决裂,然而如果在 14—15 世纪的背景下考察,它将呈现出截然不同的意义。

要完成像本书这样的任务,研究者需要解决的一个重要问题是,如何论述尼德兰北部与南部之间的关系——前者的大致所在地后来发展成现代的荷兰王国,后者则发展成现代的比利时和卢森堡。回到我刚开始写作的 1982 年,那时我跟所有同事一样确信,大起义之前低地国家南北之间的分隔没什么重大意义,当时只存在哈布斯堡

---

* 本书作者认为 1579 年《根特协定》和乌得勒支同盟协定的签订,即标志荷兰共和国成型,而普遍认为 1581 年《誓绝法案》的签订,即为荷兰共和国正式建立的标志。——编者注

治下的尼德兰。其下辖的17个省之间尽管存在巨大差异，但或多或少地统一于布鲁塞尔的哈布斯堡宫廷的统治下。政治、经济和文化的中心在南部，北部在许多方面只是南部的附庸，这似乎显而易见。从这个角度看，这场1572年大起义导致的，因1579—1585年间的一系列事件被巩固的南北分裂，似乎是人为的、非自然的，且并不能在此前的历史中找到根据。历史学家彼得·盖尔（Pieter Geyl）第一个清楚地意识到，大起义之前并不存在与南部相分离的"独特的北部意识"或荷兰民族意识这类东西。在这一点上他无疑是对的。他得出的进一步结论似乎也是正确的，即起义是个意外事件，它没有历史根据，并且毁灭了一个更大的统一体诞生。我认为可以公正地说，一个庞大的尼德兰共同体在16世纪70年代被人为地摧毁，这样的信念随后发展成了稳固的共识。然而，随着研究的推进，我开始相信盖尔的修正派观点只有第一点是正确的：1572年之前的确不存在"荷兰"或特定的北尼德兰身份认同，也没有明确的南尼德兰意识。事实上，我们有理由认为在18世纪末之前，这些东西并未在任何意义上存在。尽管如此，在1572年大起义之前很久，政治、经济和地理的因素就已经让北部和南部成了各自独立的实体。尼德兰的南北二元性事实上已经存在了数个世纪。放在中世纪晚期和16世纪早期的背景下看，1572年事件和南北的最终分裂只是对此的确认，并且也是这种二元性的逻辑结果。

在联省共和国历史的绝大多数时间里，人们的忠诚和身份认同都是以各省、各城镇，有时候甚至是以当地村庄为基础的，而非与共和国整体相联系。从这一方面来说，逐渐形成的松散的联邦结构与民众的性情、态度十分相适。特别的是，占主导地位的荷兰省与其他省份之间的紧张关系时常是政治事件的中心问题，各省一直竭力保护自己的地方利益，避免被荷兰省统治。这种紧张关系在大起义之前存在了数个世纪，然而在我看来，正是这种紧张让斯海尔德河口和马斯河以北的政治体系得以形成。

然而，如果说南北两地在1572年之前就已是政治和经济上基本独立的地区，且此后也依然如此，那么它们倒也确实发展出了统一的文化。这体现在宗教、思想和艺术方面，很大程度上也体现在语言和文学方面——对说荷兰语的南部省份佛兰德（Flanders）、布拉班特（Brabant）和林堡（Limberg）来说就是这样。在这一方面，大起义确实造成了前所未有且决定性的分裂。北部实行加尔文主义的宗教改革时，天主教的反宗教改革运动在南部取得胜利，大起义由此分裂了曾经一致的文化，以两种相互冲突、敌对的文化取而代之。就这点而言，我们可以说大起义扩大并加深了早已存在于政治和经济生活之中的二元对立。

我的研究主题是荷兰共和国，但我并不希望在时间范围和地理范围上过于局限。我认为，要理解共和国，充分领会它在艺术、科学和精神生活方面，以及商业、航海、社会福利和技术发展方面所取得的成就及其重要意义，我们既需要把故事的起源追溯至1572年之前很久，也需要了解取代了荷兰共和国的巴达维亚共和国（1795—1806年），还需要研究比单纯的北尼德兰更广泛的体系。在主要关注北部的同时，我将尝试阐述南北之间的关系，比较双方的异同，于是即便南部受到的关注较少，它也仍是这幅画卷必不可少的一部分。除此之外，我也主张，在18世纪以前，尼德兰和德意志之间不存在固定不变的边界；尼德兰和相邻的德意志诸国辖区重叠，边境地区纷争不断，最重要的是，二者在宗教和文化上相互影响，这一切都是本书故事中不可或缺、至关重要的组成部分，然而它们却常常被人忽略。因此，我不仅频繁提及东弗里斯兰（East Friesland）、本特海姆（Bentheim）、林根（Lingen）、明斯特兰（Münsterland）、盖尔登（Geldern）、马克（Mark）和于利希-克莱沃（Jülich-Cleves），而且力图在一定程度上将这些地区纳入本书的整体视野。

最后，也许应该说明一下，在讨论18世纪的最后几章时，我有意尽量言简意赅。让故事在1780年戛然而止当然不合适——这个时间点正是E. H. 科斯曼（E. H. Kossmann）《低地国家（1780—1940）》（*The Low Countries, 1780-1940*）一书的起始。如果我这样做，就相当于无论故事如何完结，都把读者弃在半路上。但是，像我处理本书其他部分的内容那样详细讨论共和国的最后那些年，似乎既无必要又不可取，因此在本书最后两章，我唯一的目标就是为主体部分展开的主题提供简明扼要的结尾。

致 谢

要写就一本如此厚重、涵盖如此广阔历史范围的书，作者通常会得到众多帮助，我就是这样。我得到的帮助既有学术上的支持，也有单纯的"支持与鼓励"。

在参考文献和疑难资料方面，通过与众多学者的讨论，我检验了自己的观点和研究方法，他们也给了我很大帮助。K. W. 斯瓦特（K. W. Swart，已故）、理查德·H. 波普金（Richard H. Popkin）、扬·德弗里斯（Jan de Vries）、西蒙·格伦费尔德（Simon Groenveld）、亨克·K. F. 范尼罗普（Henk K. F. van Nierop）、韦南德·迈恩哈特（Wijnand Mijnhardt）、欧内斯廷·范德沃尔（Ernestine van der Wall）、扬·范登贝尔赫（Jan van den Berg）、H. P. H. 努斯特林（H. P. H. Nusteling）、阿利斯泰尔·杜克（Alastair Duke）和格雷厄姆·吉布斯（Graham Gibbs）给予了我特别多的建议和帮助。不过在学术方面对我帮助最大的是本套丛书*的主编罗伯特·埃文斯（Robert Evans）。他有高超的领悟力和异乎寻常的学术眼光，给我提供了大量极具建设性的批评，并完善了本书的部分结构。

---

* 指牛津大学出版社的"欧洲早期近代史"丛书。本书为该系列中的一本。——编者注

我还得到了日常性的帮助，首先我要感谢我的家人，尤其要感谢他们以最大的善意，容忍我这样长时间投身这项任务。我真心希望丹尼和娜奥米也把本书视为他们辛勤付出的成果。

我还要感谢在其他方面给予我帮助的人，包括罗伯特·奥雷斯科（Robert Oresko）、克里斯托弗·布朗（Christopher Brown）、萨斯基亚·莱佩拉尔（Saskia Lepelaar）和伊丽莎白·爱德华兹（Elizabeth Edwards）。

我还希望借此机会表达我对英国学术院和二十七基金会的感激之情。在荷兰档案馆和图书馆工作时，它们提供的研究津贴大大帮助了我。同时，在众多研究机构中，我尤其要感谢瓦瑟纳尔（Wassenaar）的荷兰人文与社会科学高等研究所，我有幸在这里度过了1991—1992这一学年，这里提供了最理想的环境，让人文学科的学者得以完成巨作。

最后，我要感谢为本书提供了许多插图的莱顿大学绘画珍藏室、乌得勒支的宗教艺术博物馆、阿姆斯特丹大学图书馆，还有弗雷德·巴克拉克（Fred Bachrach）。

目　录

第1章　导论　　1

第一部分 创建共和国，1477—1588年

第2章　迈入近代　　9
第3章　1470—1520年：人文主义与宗教改革的缘起　　47
第4章　1516—1559年：领土合并　　64
第5章　1519—1565年：荷兰宗教改革早期　　87
第6章　大起义前的社会　　125
第7章　1549—1566年：哈布斯堡政权的崩溃　　154
第8章　1567—1572年：阿尔瓦公爵的镇压　　184
第9章　大起义的开始　　201
第10章　大起义与新国家的诞生　　213

第二部分 黄金时代早期，1588—1647年

第11章　1588—1590年：共和国的巩固　　275
第12章　1590—1609年：成为大国　　284
第13章　共和国的体制　　326
第14章　荷兰世界贸易霸主地位的肇始　　363

第 15 章	大起义之后的社会	388
第 16 章	新教化、天主教化与认信运动	429
第 17 章	身份认同的分化:《十二年停战协定》	476
第 18 章	1607—1616 年:荷兰政治体内部的危机	502
第 19 章	1616—1618 年:奥尔登巴内费尔特政权的倾覆	517
第 20 章	1618—1621 年:反抗辩派的加尔文宗革命	537
第 21 章	1621—1628 年:身陷重围的共和国	571
第 22 章	1629—1647 年:迎来胜利的共和国	605
第 23 章	1590—1648 年:艺术与建筑	654
第 24 章	1572—1650 年:智识生活	678

第三部分

黄金时代晚期,1647—1702 年

第 25 章	1647—1650 年:威廉二世执政期	713
第 26 章	社会	731
第 27 章	1647—1702 年:宗教	765
第 28 章	自由与宽容	813
第 29 章	17 世纪 50 年代:巅峰时期的共和国 I	839
第 30 章	1659—1672 年:巅峰时期的共和国 II	884
第 31 章	1672 年:灾难之年	952
第 32 章	1672—1702 年:威廉三世执政期	965
第 33 章	1645—1702 年:艺术与建筑	1031
第 34 章	1650—1700 年:智识生活	1062
第 35 章	殖民帝国	1117

第四部分

衰落的时代，1702—1806年

第 36 章	1702—1747 年：摄政官治下的共和国	1149
第 37 章	社会	1195
第 38 章	教会	1220
第 39 章	启蒙运动	1244
第 40 章	1747—1751 年：第二次奥伦治革命	1280
第 41 章	蹒跚的共和国与"南部"的新活力	1293
第 42 章	1780—1787 年：爱国者党革命	1316
第 43 章	共和国的落幕	1333
第 44 章	尾声	1344

注　释　1354
参考文献　1479
译后记　1537

第1章

导论

所谓的"荷兰共和国的新世界"[1]给17、18世纪欧洲内外的人民留下了深刻印象,无论他们是直接与这个"新世界"接触,还是通过它的航海、贸易或书籍等印刷品间接与之相连。"新世界"持续地吸引着当时来自世界各地的外交官、学者、商人、神职人员、士兵、水手和艺术鉴赏家,至今仍在近代西方文明史上拥有重要意义。近代早期的观察者尤其被这里各个领域的创造力和数不胜数的新奇事物震撼。他们来到荷兰,因这里的景象惊奇——海运和商业规模惊人,金融行业和工业技术成熟,城市风景优美、秩序井然、干净整洁,宗教和思想实现了相当程度的宽容,孤儿院和医院运行极佳,教会权力受到节制,军队从属于市政权威,艺术、哲学和科学也取得了举世瞩目的成就。

当然,外国人在惊奇的同时,也常常表现出批判、不满、鄙视,有时甚至是赤裸裸的敌意。对于外来者而言,共和国治下的荷兰社会有许多特征是畸形和可恶的。荷兰当局准许多元教会并存,人们则有讨论宗教和思想问题的自由,而17世纪末以前,这些事让许多人惊骇。还有一些人不赞同给予妇女、仆人和犹太人等特定群体自由,这些群体在欧洲其他国家一直被限制在卑贱、拘束的生活状态中,在其他欧洲人看来,荷兰给这些群体的自由是过度的。外国贵族倾向于嘲笑荷兰生活和政治中中产阶级的做派,取笑他们不符合恰当的社会等级。17世纪,客渡驳船很少出现在欧洲其他地方,许多乘坐荷兰客渡驳船旅行的外国绅士不安地发现,最普通的荷兰百姓都能随意地与他们交谈,毫不考虑他们的等级,仿佛他们只是随便哪个普通人。[2] 1694年,一个德意志人写道:荷兰省女仆的举止和穿着都与她们的女主人十分相似,以至于很难判断谁是主人,谁是仆人。[3] 共和国的官方名称是"联省(the united provinces)",欧洲人普遍认为这里是神学、知识界和社会混乱的温床,它颠覆了男性与女性、基督徒与异教徒、主人与仆人、贵族与非贵族、士兵与平民此前惯常且恰当的关系,倔强地拒绝给予贵族、士兵乃至丈夫应得的荣誉和地位。同时,对于大多数外国人而言,共和国的政治机构更应该被鄙视而不是赞赏。

因此,外国人想要效仿的事实上从来就不是荷兰共和国"新世界"的全部现实。各个领域都有很多新奇事物,一般而言,他们对采纳其中某种新方法更感兴趣。那些渴望在经济上获得成功的人,学习并借鉴荷兰的商业和金融手段。从16世纪90年代到1740年前后,在这近一个半世纪的时间里,共和国在世界航海和贸易领域整体上居于首位,也是能想象到的各种货物的中央仓库。这个中央仓库不仅储存了来自全球各地的商品,也汇聚了相关的商品信息、储存和加工商品的技术、对商品进行分类和检验的方法,以及宣传和商业洽谈的方式。17世纪,即便是荷兰商业繁荣的头号劲敌,如路易十四的大臣柯尔柏(Colbert)和英国外交官乔治·唐宁(George Downing,唐宁街的名称由此而来)爵士,都刻苦地仿效荷兰模式,努力引进荷兰技术。与荷兰在世界贸易中的首要地位密不可分的是,共和国在16世纪末到18世纪初也是欧洲的技术领头人，许多外国人关注这里的技术发明，从造船方面的新工艺到改良的水闸、港口起重机、伐木机、织布机、风车、时钟和路灯。[4] 这里的外国人甚至包括在1697—1698年和1716—1717年两次到访荷兰省的沙皇彼得大帝。关心农业技术创新的外国人相对较少，但是关注这一领域的人会在荷兰的排水系统、园艺、饲料作物和土壤补给方式等方面发现大量技术革新，它们可以应用到其他地方，并带来利润。18世纪英格兰农业革命的很大一部分都是在借鉴联省的技术和创新后实现的。另一些人则震惊于荷兰市民生活的秩序井然、高效的福利体系、监狱和刑罚实践以及低得惊人的犯罪率，这些都是荷兰社会的显著特征。军人则对联省进行的军事革命怀着强烈的兴趣，尤其是在1648年之前的岁月里。荷兰军事革命自16世纪90年代开始，由执政莫里斯（Maurits）和弗雷德里克·亨德里克（Frederik Hendrik）推行，其特点是不仅火炮、战略战术、防御工事、围城手段和军事运输方面有所革新，军事纪律和秩序也大大提升。从16世纪80年代到17世纪中叶，尼德兰的北部和南部都是新教欧洲和天主教欧洲的"重要军事学校"；1672年到1713年，低地国家因位于路易十四与欧洲反法联盟大决斗的战略中心，又一次成了欧洲的主要军事实践场所。最后，还有一群倾心于学术和艺术的人，因联省丰富的图书馆资源、科学收藏和出版商以及最重要的思想和宗教自由而络绎不绝地前往荷兰。这些人中有些是近代早期最伟大的哲学家，如笛卡儿（Descartes）、洛克（Locke）和培尔（Bayle）。笛卡儿断言，世上再没别的国家，"可以让你享受这种完全的自由"。[5]

17和18世纪，外国人认为相比当时欧洲的其他社会，共和国赋予了它的公民、外国居民更多的自由，黄金时代的政治和文化也确实特别强调自由。在荷兰黄金时代最伟大的作家冯德尔（Vondel）创作的众多戏剧中，唯一一部关于荷兰特有主题的作品《巴达维亚兄弟》（*Batavische Gebroeders*，1663年），便是根据古代巴达维亚人——17世纪的荷兰人将他们视为自己的祖先——从罗马人那里争取自由的斗争改编的。[6] 前文那位评论荷兰女仆的德意志作家声称："这里的居民热爱他们的自由胜过任何东西"。[7] 荷兰共和国这种著名的自由基于良心自由。不过，正如英格兰大使威廉·坦普尔（William Temple）爵士在1672年前后所写，它延伸到了更广阔的领域，创造了一种"普遍的自由与安适，它不仅仅局限于良心自由这一点，还扩展到其他能使生活方便、安宁的方方面面，大家各行其是，只关心自己的事情，毫不关心他人的事情"。[8] 意大利新教作家格雷戈里奥·莱蒂（Gregorio Leti）曾在意大利、日内瓦和英格兰生活。1683年，他定居阿姆斯特丹。在这里的见闻令他欢欣鼓舞。他在荷兰省感受到的真正的自由与意大利的腐败形成了鲜明对比。在他看来，腐化堕落、体制性的专制和对个体尊重的缺失是威尼斯和热那亚共和国的特征。[9]

沉默的威廉（William the Silent，1533—1584年）及其宣传者将自由作为他们反抗西班牙统治的核心正义原则。威廉在1568年发布宣言，解释他为何拿起武器反抗尼德兰的合法统治者：一方面，他提到西班牙国王侵害了各省的自由与特权，在十分有限的意义上使用了"自由"一词；另一方面，他也采用了现代意义上的抽象说法，宣称自己是自由的捍卫者。他强调，人民"过去享有自由"，现在却被西班牙国王打入了"不可容忍的奴隶状态"。[10] 大起义之后，相互敌对的各意识形态团体在定义各自的立场时，仍将自由作为核心要素。下述例子颇具代表性：1667年，共和国治下的荷兰省三级会议颁布了它最著名的法案之一，即所谓的《永久法令》(*Perpetual Edict*，又译作《排除法案》)，废除了荷兰省执政一职，他们为此辩护的理由是，这对保护和推进自由而言是必要的。[11] 罗梅因·德霍赫（Romeyn de Hooghe）是17世纪末最伟大的艺术家之一，也是奥伦治的威廉三世（William Ⅲ of Orange）积极的宣传家。1706年，他出版了一部两卷本的著作来描绘联省，将它称为"世界上已知的国家中"，生活"最自由、最安全的一个"。[12]

不过在黄金时代，许多活跃在共和国里最富创造力和创新精神的天才却感到失望，他们发现这里著名的自由覆盖的范围事实上并不够广。笛卡儿起初满怀热情，而到17世纪40年代，他开始忧虑自由的局限。斯宾诺莎（Spinoza）一直焦虑不安。作为17世纪荷兰主要的共和派作家之一，埃里克斯·瓦尔滕（Ericus Walten）崇敬自由，痛恨专制，最终却因为渎神的罪名而受到调查，死在海牙的监狱中。德霍赫也不得不从阿姆斯特丹搬到哈勒姆，以避免因传播色情图画而遭受审讯。除此之外，格劳秀斯（Grotius）、埃皮斯科皮厄斯（Episcopius）和其他许多名人也有抱怨的理由。不过，在所有这些人看来，这种相对的自由仍旧是共和国提供的生活便利和有利条件之一——就算不是其中最宝贵的。

在那个时代，共和国真的特别有助于思想、想象力和才华的发展，它提供了许多学术书籍、科学研究收藏、艺术家的素材和神学家的不同观点，其丰富程度是欧洲其他地方难以匹敌的。近代早期，欧洲众多伟大的思想家和文化人物都诞生在北尼德兰，或将这里视为第二故乡，他们包括伊拉斯谟（Erasmus）、利普修斯（Lipsius）、斯卡利杰尔（Scaliger）、格劳秀斯、伦勃朗（Rembrandt）、冯德尔、笛卡儿、惠更斯（Huygens）、弗美尔（Vermeer）、斯宾诺莎和培尔等。在大师们令人震惊地集中在这片如此狭小的土地上的同时，荷兰在商业、航海、金融以及农业和技术方面处于首要地位，这不是巧合，它们有所关联。此外，如果联省没有在一个世纪的时间里维持着欧洲军事大国的地位，没能在更长的时间里维持着世界主要海上强国的身份，上述成就一个也不能实现，更不能持久。即便在共和国的鼎盛时期，荷兰的人口也不过200万，但正是这个比其主要对手小得多的社会取得了上述所有成就。

一个地区众多领域的创造力和成就同时飞速提升，历史上这样的时刻无疑是罕见的。当这种情况真的出现时，如古典时代的雅典和文艺复兴时期的佛罗伦萨，人们常常惊奇地发现，这种持续的创造力常常限于相当狭小的地理空间内。同时，正是因为这种时刻的稀少和创造力的强劲，这种黄金时代难以用一般的历史标准来评价。展现荷兰黄金时代的全貌是困难的。不可避免，许多问题仍然无法涉及。因此，对于历史学家来说另一种做法更具吸引力，即专注于荷兰辉煌成就的这个或那个侧面，如农业或航海，然后将其与欧洲或世界其他地方相关领域的发展进行比较。历史学家确实常常这样做，但考察这一极其丰富的图景的全貌的做法则较少有人选择。这种方法确实更费劲，然而完成这样的壮举是多么有价值！对于每个曾了解过荷兰共和国特定侧面的人而言，通过不懈努力去领会它的全貌有助于加深和丰富他们对特定问题以及整体的认识。

第一部分

创建共和国,1477—1588年

第2章

迈入近代

荷兰省*的崛起

1572年之后，荷兰共和国的政治、经济和文化中心位于荷兰省，我们的故事自然要以13世纪荷兰伯国崛起并在低地国家占据显要地位为开端。在讲述荷兰的来龙去脉时，13世纪确实是一个关键时期。日后北尼德兰将以震惊欧洲乃至欧洲外部世界的方式崭露头角，而它的基础大多是在13世纪奠定的。更早以前，这里就建起了一些简单的堤坝，用以控制水的流向，还挖掘了一些排水管道。然而，直到1200年前后，这些工程的规模都十分有限，并不足以让尼德兰西部的低洼地带得到持续耕种。因为即便是一般情况下，位于水面之上的很多土地仍然时常被淹没。在12世纪，荷兰省与泽兰（Zeeland）、弗里斯兰（Friesland）大部分地区、格罗宁根（Groningen）、乌得勒支，以及佛兰德与斯海尔德河口相接的部分地区类似，是一片浸满水的沼泽地。这里危险、人口稀少，处在低地国家整体生活的边缘地带。大多数农业和商业活动在海拔更高的南部和东部地区进行，那里没有洪

---

* 原文中使用Holland一词。10—14世纪，Holland为神圣罗马帝国统治下的荷兰伯国，1433年并入勃艮第属尼德兰，后成为哈布斯堡尼德兰中的荷兰省。——译者注

水的危险。在当时,几条大河以北的乌得勒支、坎彭(Kampen)、代芬特尔(Deventer)、兹沃勒(Zwolle)、奈梅亨(Nijmegen)和聚特芬(Zutphen)才是主要城镇。直到1200年之后,人们才开始系统地、大规模地在斯海尔德河口到埃姆斯河口之间的低洼土地上修建堤坝、开垦田地。在13世纪,广阔的土地上修建起了堤坝、排水管道,土地变得可耕种,人口密集地聚居于此。正因如此,尼德兰出现了内在的转变,北尼德兰尤其明显,特别是荷兰省,低洼地区的人口密度和活力稳步上升,逐渐赶上海拔更高的南部和东部。

用泥土和碎石修筑宏大的海塘始于13世纪,无论在设计上多么原始,这一活动对未来的历史都产生了极大的影响。因为对尼德兰多数地区来说,在人类与大海的斗争中,这一进展标志着新阶段的开始,而这种斗争从未间断,延续至今。13世纪以来,低地区域大片土地得到开垦,变得多产,并且到了足以保障生存安全的临界点。不过能达到多大程度的安全常常因环境而变化。堤坝和路堤需要时常维护,它们既容易修缮也容易损坏,因此也时不时地带来一些事故,有时甚至会导致巨大的灾难。不过,技术在逐步改善,建造圩田和排水系统的速度和能力在逐步提升,并在黄金时代早期发展到了顶峰。随之而来的是明显的疲软和1672年之后的停滞,这一局面一直要持续到18世纪中期。荷兰在1650年之前修建排水系统,要到1850年之后,开垦土地的势头才有所恢复。

但是即便与1590—1672年间令人瞩目的进步相比,13世纪在修建排水系统和开垦土地上取得的成就也仍然令人惊叹。荷兰成为人类日积月累改变自然环境的最令人赞叹的案例之一。13世纪不仅见证了这出大戏的开场,而且发展出了支撑这一行动的制度和司法机构。为了建造和维护堤坝、排水管道，寻找必需的资源，地方排水系统和圩田管理委员会兴起了，在荷兰伯国，它被称为水务委员会（*heemraadschappen*）。委员会中有乡村、城镇和地方贵族的代表，这为他们之间的合作提供了途径。尽管它们本质上是地方的，起源也是自发的，但在13世纪初，它们逐渐组成了一个十分重要的堤坝、排水系统和水道管理网络，而荷兰伯爵以及周边的王公也日益加强自己对这一网络的影响。尤为常见的是通过设立更大的管辖权，即建立高级水务委员会（*hoogheemraadschappen*），以监督水务委员会的工作。这一机构同样是由乡村、城镇和地方贵族代表组成的俱乐部，不过机构运行的程序由伯爵制定，并且由一个"堤坝总管"（*dijkgraaf*）统辖。在泽兰和荷兰，"堤坝总管"往往由伯爵任命，通常是伯爵领地的官员。随后，他们将维护堤坝、管控洪水的职责与更广泛的财政、治安和司法职责结合在了一起。

到1300年，荷兰、泽兰，以及乌得勒支、佛兰德、弗里斯兰和格罗宁根的一大部分地区，事实上组成了一个新国家。堤坝、圩田和宏大的河堤保护着这个新国家，并保障它的生产力。而它为定居、农业、航海和贸易提供了比过去宽广得多的空间。此外，人口及其活动的转变也改变了政治和文化的平衡。1200年，荷兰伯国还是边缘地带，到了13世纪90年代，在大河以北逐渐发展出的林立小国中，它已为自己博得了霸主地位。同时，作为一个强国，它也开始与佛兰德和布拉班特较量。

在14世纪，低地国家南部在经济和其他许多方面仍然远比北部发达。（参见地图1）南尼德兰与北意大利事实上是欧洲城市化程度最高的地区。到14世纪末，今天被称为比利时的这片土地上已形成了至少10

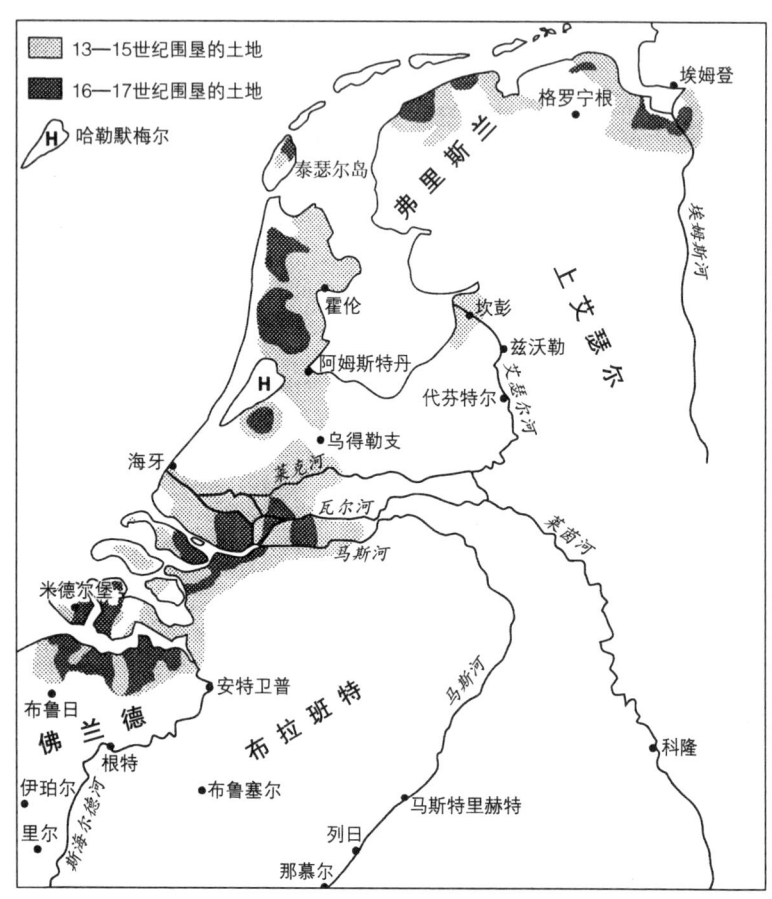

地图1　中世纪和近代早期低地国家的主要河流、围垦的土地、河口和湖泊
（本书插图系原文插附地图）

座人口过万的城市，居首的是根特（约6万人），此外还有布鲁日（约3.5万人）、布鲁塞尔（约1.7万人）和鲁汶（约1.5万人）。而大河以北只有3座城市人口勉强过万。[1]而且这3座城市中，只有多德雷赫特（Dordrecht）处在沿海位置。低地国家商业和工业的最大份额被佛兰德和布拉班特占

据,而大河以北的经济活动仍然主要集中在艾瑟尔河(IJssel)流域——如坎彭、兹沃勒、代芬特尔、聚特芬——和乌得勒支,而非荷兰。

尽管南部在许多领域占有绝对优势,但是如果认为北尼德兰在政治、经济上从属于南部,或者说是南部的某种附属品,那将是错误的。原因在于,在邦国林立的南尼德兰——其中佛兰德和布拉班特最为重要——各邦国主要关注的是它们西面和南面的地区,布拉班特还卷入了东方的政治冲突,但它们都很少对北方施加影响。从东到西穿越低地国家的几条大河,特别是马斯河(默兹河)和瓦尔河,构成了巨大的政治和战略屏障,以至于没有哪个南部邦国有能力在军事上,或以有效的方式在政治上干预大河以北的事务。布拉班特与海尔德兰(Gelderland)公国确实多次在马斯河畔发生冲突,布拉班特公爵也确实数次入侵海尔德兰领地,但是双方的冲突都局限在海尔德兰最南部偏远的上海尔德兰区,或鲁尔蒙德区(Roermond)。[2] 布拉班特与海尔德兰之间的冲突从未跨过瓦尔河。

大河构成了有效屏障,因此荷兰伯爵在北部众多公国中夺取领导权时,没怎么受到佛兰德和布拉班特的干扰。从中世纪晚期到15世纪,尼德兰逐渐形成了两个实质上分隔的政治区域,日后,它们在许多领域将进一步分离。在北尼德兰,位于高海拔地区的小邦试图抵挡荷兰伯国的侵蚀,并保护它们自己的贸易和航运。然而,尽管不乏对荷兰人的敌意,这些领地和城市所处的位置却让它们难以抵挡荷兰伯国的兴起。一旦不受海水威胁,土地变得可耕作,西部的黏性土壤区要比内陆占多数的贫瘠沙质土壤肥沃得多。[3] 因此,东北地区的乡村人口密度相对较低,并且一直如此。暂时来说,大多数重要城镇聚集在乌得勒支等东部邦国,但是这些邦国缺乏有效的政治体系以守卫并维持这些城镇的商业优势。在政治上，荷兰东边和北边的所有邦国内在都十分虚弱。乌得勒支的采邑主教既不能控制反叛的贵族，也不能控制城市的市民，只是偶尔才会成为荷兰伯爵的对手。14世纪早期以来，他有时甚至会沦为野心日渐膨胀的荷兰伯爵的庇护对象。

荷兰向北部的扩张开始于13世纪80年代，当时荷兰伯爵弗洛里斯五世（Floris V，1256—1296年）成功兼并了被称为西弗里斯兰的地区，由此获得了通往弗里斯兰本土的大陆桥。此后，荷兰很快开始将其势力范围延伸至更北边的地区，跨过了须德河（Zuider Zee，艾瑟尔湖旧称）。这一进程中必然存在挫败。荷兰伯爵威廉四世多次尝试征服弗里斯兰，最终却于1345年死在与弗里斯兰人的战斗中。不过荷兰的努力没有停止，到14世纪中叶，荷兰获得了弗里斯兰内部的大力支持，愿意投降的城镇尤其支持荷兰，因为这会带来更有秩序的环境。荷兰的城镇，特别是阿姆斯特丹，支持伯爵的政策，因为这些城镇渴望制止弗里斯兰海盗劫掠其驶往北方的船只的行为。1396年，他们资助了伯爵的一次大规模远征，远征军与弗里斯兰人中的菲特科普派（*Vetkoper*）结盟，成功征服了弗里斯兰和奥默兰（Ommelands）的大部分地区。荷兰伯爵急于扩张势力和领土，打压当时的乌得勒支采邑主教，后者曾计划进攻格罗宁根和德伦特（Drenthe）。与此同时，荷兰贵族之间的关系日益紧张，其潜在的分裂作用也促使荷兰伯爵采取扩张政策。他必须重新团结贵族，将他们聚焦在国内事务上的躁动精力转移到对外征服上。[4] 伯爵取得了暂时的胜利。而弗里斯兰和奥默兰的反荷兰派别灰衣教士派（*Schieringer*）则因为分心别的难题，在1414年被荷兰击败，丧失了对弗里斯兰的控制。

更具决定性的是荷兰向泽兰的扩张。正如前文所述，佛兰德和布拉班特对大河以北地区施加的影响微乎其微。然而，泽兰在文化、经济以及政治上都是特例。它处在南北之间，是荷兰伯爵与佛兰德伯爵长期争夺的中间地带。双方的斗争开始于12世纪。起初，佛兰德占据上风，然而，随着荷兰力量和资源的增长，平衡在13世纪发生变化。[5] 1253年，荷兰伯爵威廉二世（1234—1256年）在泽兰的重要岛屿瓦尔赫伦（Walcheren）击败了佛兰德军队；之后，根据1256年的《布鲁塞尔条约》，泽兰的实际控制权被移交给了荷兰。不过，佛兰德伯爵一直试图挑战这一结果，直到1304年他在济里克泽（Zierikzee）附近的海战中被法兰西人和荷兰人击败。在1323年的《巴黎条约》中，佛兰德伯爵路易一世放弃了佛兰德对泽兰的所有权利主张，承认荷兰伯爵同时兼任泽兰伯爵。此时，荷兰还不像佛兰德和布拉班特那样强大，但是对泽兰的争夺证明荷兰在大河以北无可匹敌，还证明在大河流域以及河流之间的地带，荷兰正在超越佛兰德和布拉班特。1323年之后，荷兰与泽兰的主从关系再未引起争议。

1348年的黑死病疫情之后，欧洲大部分地区遭受人口减少、经济下滑以及城镇萎缩，这种情况持续了一个世纪。尽管低地国家整体相对轻松地逃过此劫，但佛兰德和布拉班特的大城市还是在人口和活动方面有所消减。[6] 然而，荷兰伯国与泽兰伯国却在其他地方长期萧条的时代，经历着城市的持续扩张，这在欧洲独一无二。结果，无论是荷兰伯国与北部其他地区之间的天平，还是荷兰伯国与南部主要邦国之间的天平，都开始向荷兰伯国一方倾斜。[7] 1300年，荷兰伯国2500多座城镇之中只住了8000余人，这跟东北部地区相比都不值一提，更不用说佛兰德和布拉班特。而到15世纪，荷兰省2500多座城镇里则生活着4.2万人。到1514年，超过12万人，也就是荷兰省44%的人口，都居住在城镇，荷兰省四大城镇的规模已经超越了东北部的主要城镇，只有乌得勒支是个例外——直到16世纪初，乃至16世纪中叶，它仍是北尼德兰最大的城市。当然，南尼德兰的大城市在规模和重要性上仍然远超北尼德兰。1500年左右，根特和安特卫普的人口都已超过4万，布鲁日和布鲁塞尔的人口也超过3万，而荷兰的4个主要城镇莱顿（Leiden）、阿姆斯特丹、哈勒姆和代尔夫特（Delft）还都只有1万—1.5万人。但是，在总人口和城市化程度方面，荷兰这时在北部占压倒性优势，它与南部的差距也在不断缩小。（参见表1、第4章65页表2）

15世纪末，佛兰德和布拉班特仍然是人口最多、经济最发达的两大省份，但荷兰此时在重要性上毫无疑问可以排名第三。尽管它仍旧没有大城市，但极高的城镇人口比例让它备受瞩目。其他说荷兰语的省份在重要性和人口数上则根本不能与佛兰德、布拉班特、荷兰相提并论。低地国家的其他省份中，只有说法语的阿图瓦（Artois）人口约为荷兰的一半。（参见表1）

表1　1477年低地国家主要省份人口数

省份	人口数			省人口在尼德兰总人口中的占比（%）
	总人口（人）	乡村人口占比（%）	城市人口占比（%）	
佛兰德	660 000	64	36	26.0
布拉班特	413 000	69	31	16.0
荷兰	275 000	55	45	10.5
阿图瓦	140 000	78	22	5.5
埃诺	130 000	70	30	5.0
列日	120 000	–	–	4.5

（续表）

省　份	人口数			省人口在尼德兰总人口中的占比（%）
	总人口（人）	乡村人口占比（%）	城市人口占比（%）	
海尔德兰	98 000	56	44	3.8
瓦隆佛兰德	73 000	64	36	2.8
弗里斯兰	71 000	78	22	2.7
卢森堡	68 000	85	15	2.6
上艾瑟尔	53 000	52	48	2.0

数据来源：Van Houtte, *Economische en sociale gesch.* 130—131; Blockmans and Prevenier, *Bourgondische Nederlanden*, 392.

（本书表格均为原文表格）

不过，虽说荷兰在人口增长和城市化方面有所进步，但在商业、工业、财富和财政比重上，它在佛兰德和布拉班特面前还相形见绌。诚然，到了15世纪，荷兰拥有的船只和海员远远多于这两个省份的总和，但荷兰的航海力量局限在大宗货物运输和渔业方面。就前一方面来说，荷兰主要运输大宗低价货物，尤其是谷物、木材、盐和鱼，这意味着荷兰鲜有大商人，也没什么商业财富，出口导向型产业更是比佛兰德和布拉班特少得多。[8] 相应的，16世纪的哈布斯堡政府给荷兰规定的财政任务仅为布拉班特的一半，而布拉班特被摊派的任务则约为佛兰德的六分之五。[9] 荷兰的次要地位在高价值商业和工业领域尤为明显。出于财政目的，人们会估算荷兰的工业生产量，迟至16世纪中叶，这一数字仍不到佛兰德的20%，仅是整个南尼德兰产量的5%。[10]

在南部，人口、活动、财富和影响力都高度集中在几座巨型城市，于是这几座城市在各省的事务中占据着不可挑战的支配地位。这是佛兰德和布拉班特至关重要的特征,也是它们与荷兰的重要差异。根特、布鲁日、安特卫普、鲁汶和斯海尔托亨博斯（'s-Hertogenbosch）都比荷兰的所有城镇大。在佛兰德和布拉班特,占据主导地位的是少数几座大城市,佛兰德有3座这样的城市,布拉班特则有4座。在佛兰德,全省的总经济指标中有35%由三大城市——根特、布鲁日和伊珀尔（Ieper）完成,其他的佛兰德城镇无一能够负担这样大的比例,即便是第四大城市敦刻尔克,其贡献也仅占1.2%。[11] 相较而言,荷兰没有像佛兰德那样的主导城镇,它只有六七座规模差不多的城镇,包括莱顿、哈勒姆、多德雷赫特、代尔夫特、阿姆斯特丹、豪达（Gouda）和鹿特丹,它们的人口都只有1万—1.2万,无一能支配整个省或省内部分地区。佛兰德和布拉班特几座巨型城市的主导地位加剧了省内的分裂,使它们更容易遭受城市特殊主义之害,而荷兰的城镇人口更为分散,反而早早涌起了省内团结的潮流。（参见地图2）

15世纪前半叶是荷兰崛起的决定性时期。正是在这时,荷兰人首先研发了全帆装船（full-rigged ships）,为随后迅速发展的大宗货运业奠定了基础。[12] 大约从1400年开始,多得惊人的船开始从荷兰起航,它们到波罗的海装载谷物和原木,到法兰西西部和葡萄牙装载食盐。同样在15世纪早期,荷兰的全帆捕鲱船得到发展,三个多世纪的时间里,这种船只保证了荷兰和泽兰在北海鲱鱼捕捞业中的优势地位。荷兰对大宗货运业和捕鲱业越来越依赖主要因为农业和治水方面的困难日渐增多。[13] 到1400年,荷兰土地开垦的速度减缓,因为当时可用的技术手段能取得的成果已经达到上限。同时,此前开垦的许多土地持续缩减,进而沉没,先前安全的地区又变得易遭洪灾侵袭。[14] 在这场农业危机中,一系列灾难性的洪水淹没了荷兰和泽兰大面积的土地,

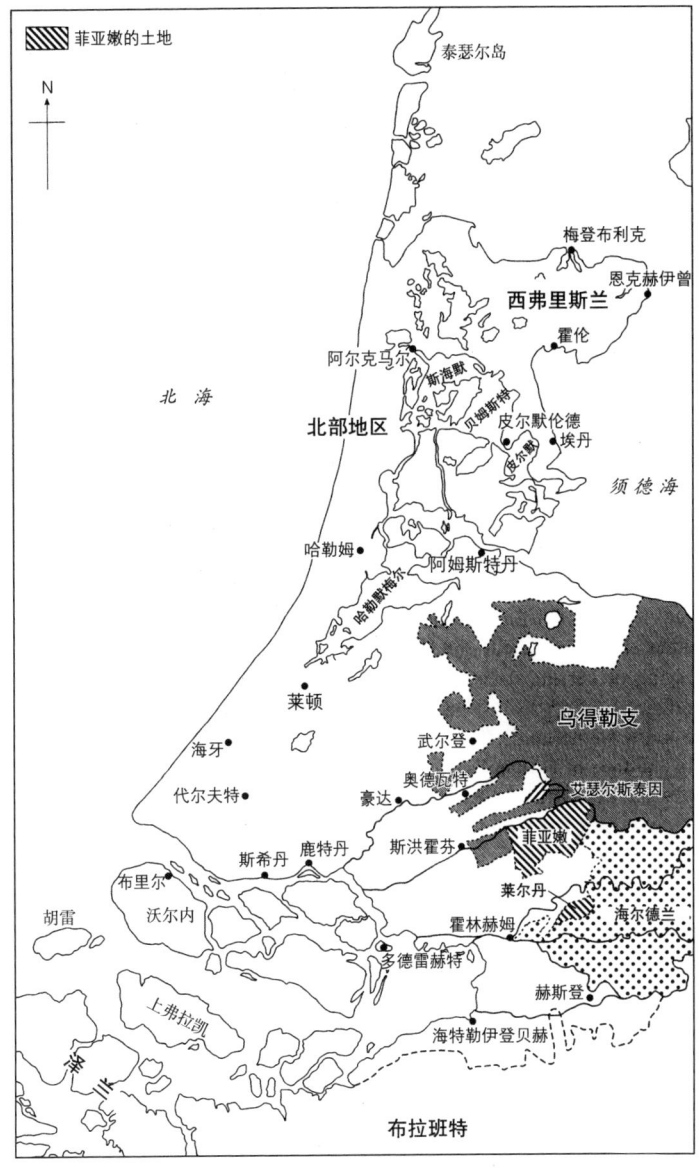

地图2　15、16世纪的荷兰省

第2章　迈入近代

其影响之一是让荷兰从耕作农业转向乳品业——从波罗的海进口的越来越多的廉价谷物使这种谋生方式成为可能。进口的谷物越多，必须在乡村劳作的人就越少，结果更多的乡村人口迁往城镇，能够用于出口的剩余奶酪和黄油因此迅速增多。15世纪，日益严重的农业困境和洪水，加上大宗货运业和捕鲱业的成功，让生产活动和活力（因此也包括人口）从乡村向城镇转移，促进了荷兰的迅速城市化，而此时欧洲的其他地区正在经历人口锐减和社会停滞。[15] 在高价值商业和工业领域，尤其是在出口商品生产方面，南尼德兰令荷兰和泽兰黯然失色。然而，荷兰绝不是单纯的海洋经济。荷兰的6座"大城镇"中，莱顿、哈勒姆、代尔夫特和豪达4座都是内陆城镇，没有进行大宗货运和捕捞鲱鱼的船队。它们都是中等的制造业城镇，生产大量啤酒，产品主要供当地消费，也运往南尼德兰。此外，它们还制造质量中等的布料。[16]

面对荷兰海上贸易和海上力量的扩张，北尼德兰的内陆邦国只有一种求生手段：在北德意志地区和波罗的海沿岸组建针对荷兰的联盟。指望佛兰德和布拉班特是毫无意义的，因为这两个省份在大河以北并没影响力和制衡手段，也没有帮助对抗荷兰扩张的方法。佛兰德和布拉班特的政治和经济生活与它们的文化一样，仍然以西部和南部为重点，它们与北部的商业往来完全依赖中间人，如艾瑟尔河流域的城镇、汉萨同盟以及荷兰和泽兰。因此，荷兰的扩张不仅让自己，也让北尼德兰的其他地区更关注北德意志和波罗的海。例如，坎彭在1441年作为正式成员加入汉萨同盟，而已是同盟成员的代芬特尔和兹沃勒也加强了与吕贝克及其他汉萨同盟港口城市的联系。北德意志汉萨同盟城镇也担心低地国家，作为权宜之计，它们需要盟友以压制荷兰人在波罗的海日益增强的影响力。整个15世纪,荷兰人在大宗货运中的份额稳定增长,荷兰人与德意志汉萨同盟竞争对手间的摩擦势必因此增加。汉萨同盟的领头者吕贝克渴望继续将荷兰人排挤在"高利润贸易"之外,比如纺织品贸易和其他贵重商品贸易,其方法是与佛兰德和布拉班特两大工商业中心紧密合作。[17]在北尼德兰,汉萨同盟则支持荷兰的竞争对手,尤其是坎彭和代芬特尔。

总而言之,荷兰变强了,在一定程度上也更富裕了,获得了数量无可匹敌的船只和海员,但没有富裕的商业精英。[18]与此同时,荷兰的崛起不仅导致它与周边势力在政治和经济上的紧张对立,也引起了省内的摩擦。随着荷兰的领土扩张以及人口和船只数量的增长,一套更统一的行政机构也显现雏形,然而城镇影响力的增强是以牺牲乡村为代价的。为了给行政体系和战争提供资金,荷兰伯爵征收的捐税日益繁重,这又反过来意味着行政机构的扩充。结果城市显贵之间的裂痕加深:一方支持伯爵,在其宫廷深受宠爱;一方既得不到宠幸也得不到官职,因此心有愤恨。[19]同时,伯爵为了治理商业和航运并管理水道、堤坝和水闸,创造了新的控制模式和特权,这又导致城镇之间关系紧张。管理马斯河下游航运的重大权力无论归谁都尤其容易引发争议。1334年,威廉四世把它卖给多德雷赫特,这彻底激怒了代尔夫特和鹿特丹。

这些内部冲突在1350年爆发。当时独占伯爵恩宠并得到官职的贵族团体,包括瓦瑟纳尔(Wassenaar)、范波拉内(Van Polanen)、布雷德罗德(Brederode)、克拉林亨(Kralingen)和拉福斯特(Raephorst),被他们的对手排挤出局,残酷的内战爆发了。新统治集团获得了多德雷赫特外所有主要城镇的支持,并被称为"鳕鱼派",该绰号的由来至今依旧是个谜。[20]他们的政敌,也就是反对鳕鱼派的人,当时被称为"吊钩派"。

在荷兰和泽兰，吊钩派与鳕鱼派之间的冲突持续了一个半世纪，并深刻地嵌入了荷兰的生活与文化中，正如中世纪晚期意大利教宗派与皇帝派之间的冲突一样。一段时间之后，原来的反对派——鳕鱼派开始被人们认定为内部派，即当权者和贵族统治集团，而吊钩派则被视为外部派，是由贵族和城市显贵组成的反对派。因此，瓦瑟纳尔家族等几个原是吊钩派成员的主要贵族家族，后来叛变并加入了鳕鱼派。相对的，有理由对社会不满的社会下层成员多倾向于支持吊钩派。

尽管城市显贵大多弃吊钩派而去，但这一派别仍然强大，当伯爵施加更严苛的统治和赋税政策时，情况更是如此。到15世纪中叶，吊钩派的势力已深入各城镇的行会和民兵组织中，于是这场冲突既有地方市镇的特性，也有泛荷兰省以及省际的特性。[21] 在毛纺织业具有一定重要性的莱顿和豪达，纺织工人站在吊钩派一边，用民谣和歌曲表达他们的忠诚，有时也掀起零星的暴力冲突；布商则支持鳕鱼派。阿姆斯特丹也出现了类似的对立，一方是工匠，另一方是商业团体。

不久之后，荷兰和泽兰地区的斗争与折磨北尼德兰其他地区的党派冲突纠缠到了一起。[22] 中世纪晚期，北尼德兰所有邦国都在经历政治和社会动荡。在乌得勒支，城市显贵之间的冲突和荷兰的类似冲突纠缠在一起，难分难解，以至于这些派别最终也采用了吊钩派、鳕鱼派这样的名称。不过在弗里斯兰、奥默兰、上艾瑟尔和海尔德兰，传统的地方名称得到保留。弗里斯兰敌对的双方仍被称为菲特科普派（*Vetkopers*）和灰衣教士派（Schieringers）；海尔德兰的敌对双方分别叫作布龙克霍斯特派（Bronkhorsten）和海克尔派（Hekeren），其名称来源于领导双方的贵族家庭。

勃艮第统治时期

1425年前，低地国家上演着两部独立的"政治戏剧"，相互之间联系甚少：一部在大河北岸演出，这里的故事围绕荷兰追逐霸权这一主线展开；另一部在大河南岸推进，这里有佛兰德和布拉班特两大权力中心，而非一个霸主。佛兰德和布拉班特都深陷分裂之中，不仅市镇与贵族之间不和，各个地区之间、显贵与行会之间也相互冲突。此外，尽管法兰西和英格兰对大河以北发生的事情无甚影响，但对南部来说，英、法的参与对其权力游戏的成型乃至后来的分裂具有决定性的影响。

这种南北近乎完全隔离的状态在1425年结束，这一年，最后一位独立的荷兰伯爵去世了。到了1428年，勃艮第公爵善良的腓力（Philip the Good，1419—1467年）成了荷兰与泽兰的新领主，这意味着自加洛林时代以来，大河北部首次有部分地区被并入欧洲大国，毕竟后者的主要权力根基在大河南部。低地国家勃艮第邦国开始于1384年，当时，独立的佛兰德最后一任伯爵马尔的路易（Louis de Mâle）去世，领地由其女儿玛格丽特及女婿勃艮第公爵大胆者腓力（Philip the Bold）继承，而腓力的兄长是法兰西国王查理五世（1364—1380年）。起初，勃艮第家族在统治原勃艮第公国的同时，还控制了低地国家佛兰德外加瓦隆佛兰德、梅赫伦（Mechelen），同时与阿图瓦、弗朗什-孔泰（Franche-Comté）关系密切。而后这个政权在低地国家和法兰西东北部稳步发展。

1404—1406年间，它获得了布拉班特和林堡——勃艮第人在低地国家的绝对统治权得到确认。随后，他们先后兼并那慕尔（Namur，1421年）、埃诺（Hainault，1428年）、荷兰和泽兰（1425—1428年）、卢森堡（1451年），最后还在1473年兼并了海尔德兰。

吊钩派和鳕鱼派在1425—1428年爆发了新一轮冲突，其中吊钩派反对勃艮第人。此后，荷兰与泽兰进入较为平和的时代，在迅速发展的勃艮第邦国中站稳了脚跟。15世纪30年代，腓力公爵开启行政体系重组和邦国建设的计划，意图将勃艮第尼德兰融合成一个更有凝聚力的实体。这一时期建立的新中央机构包括：三级会议，它聚集了来自勃艮第尼德兰各省三级会议的代表；中央审计院，下设财务主管和税收总管；金羊毛骑士勋位，它被授予有名望的贵族。[23] 尽管加洛林时代以来，勃艮第尼德兰是低地国家中第一个在大河南部与北部共同扩张的邦国，但不可否认，它的根基在南部。[24] 1451年后，也是公爵在布鲁塞尔建立宫殿后，宫廷人员主要驻扎在这座城市，有时也会去里尔、布鲁日和梅赫伦待上一段时间，偶尔会前往第戎（Dijon）。[25] 布鲁塞尔是首都。决策权、高级官职、公爵的宠爱和赏赐都属于权贵，而他们的土地和附庸绝大多数位于大河南部；少数例外得到上述好处的法学家和神职人员通常也是南方人。同样，勃艮第治下的中央行政机构和宫廷使用的官方用语都是法语而非荷兰语。无论如何，这适于显贵，他们多数来自说法语的瓦隆世家；对佛兰德和布拉班特的权贵精英来说这也不是问题，尽管它们都是荷兰语省份，但长期以来就有使用法语的传统；对从瓦隆来到这些地方的人更是如此。不过在大河北部，法语在某种程度上是个导致疏离的因素，因为当地贵族并不习惯于使用它。

此外，公爵宫廷、权贵官邸和高级教士对文化艺术活动的支持也主要局限在南部。勃艮第尼德兰的第一所也是唯一一所大学于1425年建于鲁汶。在一定程度，这起到了团结所有低地国家的作用，但这同时也将学术重心牢牢地固定在了布拉班特中部，而在25年之后，宫廷也搬到了这附近。大约在1430年，低地国家的挂毯、画作、精致家具、雕塑、丝织品、珠宝、彩色玻璃和宫廷音乐的产量有了令人瞩目的增长。引人注目的是，这些成果，以及将勃艮第尼德兰的艺术和装饰提高到前所未有水平的技术，都出自布鲁塞尔、根特、布鲁日、鲁汶、梅赫伦和安特卫普。15世纪，阿尔卑斯山以北的欧洲其他地方都没有这样精致辉煌的景象，但这并不是勃艮第社会财富普遍增多的结果，最终，更多的财富集中在宫廷、上层权贵和主要教士手里。[26] 装饰艺术成了布拉班特和佛兰德城镇的主要产业之一，周围广阔地区天赋异禀的艺术家和工匠被吸引到这些城镇和宫廷附近。罗希尔·范德魏登（Rogier van der Weyden，约1399—1464年）是个瓦隆人，在图尔奈（Tournai）接受过训练，但他的杰作主要是在布鲁塞尔画的。迪里克·鲍茨（Dieric Bouts，卒于1475年）似乎来自哈勒姆，但主要在鲁汶工作。汉斯·梅姆林（Hans Memling，卒于1494年）在莱茵地区成长、学习，后来成了布鲁日最重要的画家。勃艮第时代的挂毯编织工作集中在布鲁塞尔、鲁汶和根特。[27]

由于上述原因，荷兰在政治和文化的某些方面要服从于南部精英和布鲁塞尔勃艮第宫廷的要求。在善良的腓力统治下，荷兰与泽兰被交给公爵手下的贵族，即"执政"管理。执政是低地国家各省长官的名称，他们几乎都是从南部的权贵之中选出的。公爵本人只在极少情况下亲自视察大河以北地区，即便去了也只是短暂停留。更重要的是，相比瓦隆和布拉班特的贵族，荷兰与泽兰的贵族很少被授予公爵层级的宫廷职位。[28]

勃艮第尼德兰这种对南部的偏爱还反映在其中央机构的运行中。首先，总三级会议基本都是在布鲁塞尔等南部城市召开。其次，1430年设立的金羊毛骑士勋位是笼络主要贵族的手段，以让他们与勃艮第公爵的宫廷乃至公爵本人的关系更亲密，然而从一开始其组成人员就几乎全是南部贵族。最初25名获得勋位的贵族中，没有一个是北尼德兰人。[29] 15世纪后期，两三个北方人得到了认可，但那时成员总数已经增长到约40人。1430—1559年间，金羊毛骑士共聚会23次，只有两次在大河北部举行。

事实上，对腓力公爵来说，北部省份唯一的价值就是保持和平状态并满足他的赋税要求。在北方省份，他对贵族和城市显贵两个派系的政策也是为了实现上述目标。在主要乡村司法官员"巴尔尤夫"（*baljuw*）和其他重要官职的任命上，公爵主要选择鳕鱼派，但也会任命少量吊钩派以免完全疏远后者。而对于市议事会（city councils，在荷兰与泽兰被称为*raad*或*vroedschap*）成员，公爵特意从两派中选取，以制衡两方，让他们都依赖公爵的恩宠，减少派系仇恨。[30] 这一手段也是为了防止整座城镇阻碍公爵的统治，甚至叛变。

总而言之，勃艮第人不怎么关心荷兰与泽兰的利益。此时，为了争取在欧洲北部的航海和商业霸权，荷兰越来越深入地卷入与汉萨同盟的冲突中，但是指望公爵保卫他们的利益是毫无意义的。公爵正专注于在法兰西领土上爆发的百年战争，专注于同英格兰的关系，他既没有时间也没有资源留给德意志和波罗的海。[31] 荷兰对汉萨同盟的抱怨也没引起佛兰德与布拉班特的太多同情，因为如果荷兰的事业取得成功，不仅它的商业实力会得到增强，它的纺织业生产也会得到促进，而荷兰纺织业与佛兰德纺织业是直接竞争的关系。当北部的冲突愈演愈烈时，荷兰省三级会议尽管总是以公爵的名义行事，但事实上却像个独立政府。荷兰和汉萨同盟之间的战事逼近时，佛兰德和布拉班特试图加以阻止，但战争还是爆发了。在1438—1441年的战争中，荷兰省三级会议与吕贝克及其所属的北德意志同盟作战。为了装备战舰，三级会议大大提高了需要从全省征收的款项总额，并深深卷入了丹麦-挪威以及北德意志的政治纷争。特别值得注意的是，荷兰省三级会议有能力在没有君王，或者说君王远在天边的情况下充当有凝聚力甚至近乎高效的政府。[32] 在三级会议的管理下，主导荷兰省三级会议的"六大城镇"一同工作，内陆城镇支持沿海城镇。

在低地国家的大多数省份，贵族之间严重分裂，城市特殊主义强于一省的凝聚精神。就后一方面而言，荷兰省是特殊的，而且毫无疑问，造成这种特殊性的原因与造就其经济和社会结构独特性的原因相同。有两点需要特别强调：第一，当时那段时间大片土地的人口聚居；第二，15世纪发生了农业危机，再加上城市经济的加速发展，共同导致荷兰和泽兰城镇比例极高。如今这里城镇统治乡村的程度远远高于低地国家的其他地区。结果，城市显贵越来越多地主导了荷兰省三级会议。然而，比这更重要的是，"六大城镇"——多德雷赫特、哈勒姆、莱顿、阿姆斯特丹、代尔夫特和豪达支配着荷兰省，但该省的两大经济资产——大宗货运舰队和鲱鱼渔场既不在它们的辖区内，也不受它们直接管治。保卫着城镇和乡村的堤坝和水闸也是如此。结果是，城市的特殊主义和自治性被削弱，这与北意大利和南尼德兰的情况形成鲜明对比。单个城市自行其是是徒劳的，因为它们根本无法控制最重要的资产。大宗货运和捕鲱船队主要集中在北部的一连串输出港，包括恩克赫伊曾（Enkhuizen）、霍伦（Hoorn）、梅登布利克（Medemblik）、埃丹（Edam），还聚集在鹿特丹和马斯河口一带。这些资产是"六大城镇"共同的经济繁荣基础，"六大城镇"能控制和保卫它们的唯一方式就是一起行动。这一点对多德雷赫特而言也是真理。过去它曾频繁与其他城镇冲突，与汉萨同盟联系紧密，与代尔夫特、鹿特丹就重大特权争论不休。而在15世纪，海尔德兰人越来越多地插手多德雷赫特在莱茵地区的繁荣贸易，因此多德雷赫特的显贵认定，捍卫自己贸易的最佳方式是放弃汉萨同盟，加强与荷兰其他城镇的联系。[33]

勃艮第公爵远离荷兰的波罗的海战争及相关政治斗争。他既不打算领导，也不准备制约荷兰省三级会议。[34]因为只有准许荷兰自行其是，才能顺利地将它安置在勃艮第邦国中，即便这有时会与佛兰德和布拉班特的利益相冲突。因此，15世纪的勃艮第尼德兰本质上具有二元性，北部与南部在政治和经济上的根本分裂不比过去少多少。

腓力公爵在荷兰的市议事会和贵族院之间平衡各派的策略在15世纪40年代末宣告破灭，当时爆发了新一轮的吊钩派起义，领导者是不满的贵族。城镇是当时荷兰和泽兰行政体系的重要基础，但是贵族仍然占据着非常重要的地位，许多贵族强烈仇视现行的官职和任免权分配。与此同时，尽管荷兰城镇的显贵相互合作，但他们大多在行会和愤怒的工匠那里遭受挫败。1445年，公爵亲自来到荷兰省，这在1433年之后是头一次。此行的目的是恢复秩序，并改革该省的行政体系。公爵清除了市议事会中的吊钩派，再次禁止使用"鳕鱼派"和"吊钩派"的标签，并且改组了城镇议事会（town councils），以增加显贵的比例，因为他们是维持荷兰和泽兰稳定的主要力量。[35]为了削减行会和民兵的影响力,公爵大幅度削减了市议事会的规模,例如哈勒姆的议事会成员从80人减至40人,这让议事会变得更容易操控,民众的代表也更少了。[36] 荷兰省多数市议事会这时只有40人或36人(如阿姆斯特丹),更少的时候只有24人。各城市通常有4名市长。起初他们一直由选举人团选举,选举人来自行会和城镇的各区,基础广泛。但是这种民主因素很快就遭到压制,城市的主要官员——市长,开始由议事会自行选举。通过这种方式,在15世纪中期,荷兰与泽兰形成了政治和经济上的特权统治新贵,他们鲜明地区别于广大市民,一直统治着北尼德兰的城市生活,直至拿破仑时代。这符合勃艮第公爵的利益,作为施加恩宠的回报,新贵会为他维护稳定、执行法律和征收赋税;这也符合城市新贵的利益,他们因此掌握权力,此外,他们需要公爵保护和捍卫他们的特权地位。

腓力公爵在缔造他的国家,在重组荷兰与泽兰时,一直听取一个大贵族小圈子的建议。这些贵族的领地和势力主要在南部,其中最为显赫的是拿骚伯爵约翰四世,其家族是德意志的小诸侯。1403年,拿骚的恩格尔布雷希特一世(Engelbrecht I)迎娶尼德兰最富有的女继承人之一让娜·范波拉内(Jeanne van Polanen),拿骚家族就此挤入勃艮第邦国高阶贵族的前列。拿骚家族在尼德兰的核心领地位于布拉班特北部,家族成员居住在布雷达(Breda)镇的城堡里。其他主要权贵来自瓦隆的克罗伊家族、拉兰家族、拉努瓦家族以及埃赫蒙德家族。埃赫蒙德家族起源于荷兰,在荷兰北部拥有领地,但通过与瓦隆贵族及勃艮第宫廷的宠臣联姻,他们同时兼有南方贵族和北方贵族身份。

尽管几代勃艮第伯爵都不理会荷兰在波罗的海的事务,但对从前荷兰伯爵那里继承来的北尼德兰其他地区,他们绝对不会忘了主张其主权。[37] 为了扩大、整合新国家，历任公爵需要打压潜在的麻烦制造者，尤其是海尔德兰和弗里斯兰。于是，即便勃艮第人到来之后，勃艮第时代之前荷兰统治大河以北的氛围仍未衰退。因为善良的腓力及其继承者需要依靠荷兰的资源合并他们势力范围之外的北方地区，这是合逻辑的，甚至是不可避免的，毕竟佛兰德和布拉班特的人力和资金一如既往地被投向了南方和西方。

27　　腓力公爵重申了荷兰对弗里斯兰的主张。15世纪50年代，公爵是有可能用武力将弗里斯兰和奥默兰并入勃艮第尼德兰的。同一时期，公爵将其势力扩张到了乌得勒支和海尔德兰。乌得勒支与往常一样陷在内部冲突中，1455年，这里还爆发了武装冲突。当时教会教士受到海尔德兰公爵的鼓励，选举了一名反勃艮第的候选人担任新采邑主教。他的兄长赖瑙德（Reinoud）是布雷德罗德爵士，也是吊钩派领袖，在荷兰，这一派别历来是反勃艮第的主要团体。布雷德罗德家族的采邑主教拥有乌得勒支行会和利希滕贝格派（Lichtenbergers）的支持，乌得勒支贵族与荷兰的吊钩派结盟。他的兄长情况类似，其城镇菲亚嫩（Vianen）及城堡就坐落在荷兰与乌得勒支的交界处。腓力公爵迅速在荷兰招募了一支军队，用荷兰的钱，入侵乌得勒支。布雷德罗德家的采邑主教被驱逐，而公爵的私生子勃艮第的达维德（David of Burgundy）顶替了采邑主教的位置，教宗也随即表示支持这一变动。荷兰的军队还进入采邑主教的另一块领地——上艾瑟尔镇压布雷德罗德家族的支持者，并在围城五周后攻下代芬特尔。

勃艮第邦国在公爵大胆的查理（1467—1477年）治下走向顶峰。查理是个严厉的威权统治者，有鲜明的君主制倾向，他抓住所有机会向尼德兰各省展示谁才是主宰以及他如何看待各省。查理的政策坦率明了：扩充军队、征服更多土地、推进行政机构中央集权化，并征收更多赋税。他的措施十分强硬，不得人心。1468年，公爵巡幸荷兰和泽兰，将新人安插到两省行政机构和各城镇的议事会中，以保证掌权的人都服从于他的意愿和财政要求。[38] 荷兰与泽兰共有的省高等法院第一次被置于中央的监管下。1473年，查理取得了在北部最引人瞩目的成就，他兼并了海尔德兰。当时，没有继承人的阿诺尔德（Arnold）公爵去世了。查理用武力夺取公国时，面对的是强大的反对派和严重分裂的当地贵族。

1477年1月，大胆的查理在南锡（Nancy）附近与瑞士作战时战死，这一轰动性消息瞬间改变了整个尼德兰的形势。此时，尼德兰的每个地方都已经积累了极深的怨恨，怨恨公爵的政策和措施，怨恨中央集权的进程，也怨恨权力和财富集中在公爵的主要支持者和官员之手。于是，公爵之死及其军队的失利让勃艮第邦国突然陷入了全面的危机中，人们奋起反抗公爵统治造成的集权化和盛行的腐败。查理的继承人——他的女儿勃艮第的玛丽（1477—1482年在位），发现自己四面楚歌，既没有钱也没有军队，而法兰西国王的军队正在入侵她在法兰西边界的省份。

反抗勃艮第最高权威的主要力量来自南尼德兰，尤其是佛兰德，根特城挑的头。玛丽在父亲过世三周之后不得不让步，在佛兰德的压力下批准了1477年的《大特许状》。特许状赋予勃艮第尼德兰总三级会议在其认为恰当的任何时候自主集会的权利。同时，特许状还大幅度削除了统治者在未经各省同意的情况下征税、召集军队的权力。[39]从本质上说，1477年的反叛与后来针对西班牙的大起义有确切的"亲缘"关系。[40] 与后一场起义类似，1477年的反叛中，一方面是各省通过总三级会议联合的整体行动和意图，另一方面是个别省的特殊主义，两者之间明显存在矛盾。佛兰德在代表共同事业领头时，也追求强化本省自治，而在佛兰德内部，它还要求加强主要成员，尤其是两大城市根特和布鲁日的优势地位。[41] 与此同时，荷兰与泽兰并未表现出与佛兰德合作的意愿，它们只是略微参与了和《大特许状》相关的事宜。事实上，荷兰在1477年反抗勃艮第统治的同时，也反对佛兰德和布拉班特。在削减勃艮第统治者权威方面，荷兰、泽兰与佛兰德要求一致，但荷兰和泽兰对特许状不感兴趣，因为特许状加强了总三级会议在南部的作用及佛兰德的领导地位。荷兰与泽兰想要的是针对它们自己的独特的特许状。[42] 1477年3月，玛丽答应颁布另一份针对荷兰与泽兰的《大特许状》，其主要条款之一就是不准"陌生人"占据荷兰、泽兰的行政和司法机构职位，而"陌生人"主要就是指佛兰德人和布拉班特人。[43] 担任荷兰、泽兰执政14年之久的佛兰德贵族洛德韦克·范赫鲁瑟斯（Lodewijk van Gruuthuse）被替换为泽兰人沃尔弗特·范博尔塞伦（Wolfert van Borselen）。值得注意的是，1477年荷兰对勃艮第统治的反抗也伴有语言特殊主义，荷兰和泽兰的三级会议坚持中央行政机构只使用荷兰语，而不用勃艮第人和随后的哈布斯堡人使用的法语。[44]

哈布斯堡尼德兰早期

勃艮第的玛丽嫁给了哈布斯堡的马克西米利安（1459—1519年），后者从一开始就力图收回1477年被迫对总三级会议和各省做出的宪法上的让步,当然也包括对荷兰与泽兰的让步。⁴⁵在这项事业上,他得到了大权贵的支持,在哈布斯堡的统治下,这些人依旧在低地国家的政府中扮演重要角色,就像勃艮第时期一样。1482年玛丽去世后,他们支持马克西米利安代表二人之子、哈布斯堡的腓力一世摄政,以对抗佛兰德。他们还支持马克西米利安的另一政策——强硬对抗法兰西,这同样违背佛兰德的意愿。1486年,马克西米利安暂时返回奥地利,他将哈布斯堡尼德兰政府交给了他信任的军事指挥官萨克森的阿尔布雷希特(Albrecht of Saxony)和一个国务委员会。委员会由大权贵组成,他们出了名的忠于勃艮第邦国和现在的哈布斯堡。这些人之中有主要的瓦隆贵族,以及拿骚的恩格尔布雷希特二世(Engelbrecht Ⅱ,1451—1504年),即拿骚家族在尼德兰的首领。

马克西米利安回来后,在法兰西国王查理八世手上遭遇了失败。第二年,即1487年,佛兰德又掀起大规模叛乱。新一轮的反叛行动由根特策动,得到了布鲁日行会的支持,他们的叛乱将马克西米利安本人困在了布鲁日。然而即便是在佛兰德内部,反叛运动的方向依然难以统一,根特和布鲁日这两大城市都不愿意屈服于对方的领导。与布鲁日不同,根特毫不犹豫地与法兰西结成正式联盟,允许一支法兰西军队入境。⁴⁶

马克西米利安的父亲、神圣罗马帝国皇帝腓特烈三世派德意志军队前去严惩根特和布鲁日。这项举措在最开始只是扩大了叛乱,这不仅激怒了布拉班特,还激怒了佛兰德反叛者在荷兰的盟友吊钩派。在荷兰,吊钩派反叛者夺取了鹿特丹、武尔登(Woerden)和海特勒伊登贝赫(Geertruidenberg)。然而到1489年,尼德兰反抗哈布斯堡的叛乱开始衰退。事实证明,法兰西提供帮助时三心二意,力量也不充足。

佛兰德和布拉班特的主要城镇之间只达成了极有限的合作。马克西米利安的重要支持者之一是埃赫蒙德伯爵扬，他在1484—1515年这30多年的时间里担任荷兰与泽兰的执政。1489年6月，扬断绝鹿特丹的食物，迫使其投降。不过，反叛拖延了三年多，根特最终在1492年7月才向萨克森的阿尔布雷希特投降。10月，斯勒伊斯（Sluis）投降，所有叛乱基本结束，不过海尔德兰除外。1491年，马克西米利安的对手、另一个觊觎公国的人卡雷尔·范埃赫蒙德（Karel van Egmond）——他以卡雷尔·范海尔德（Karel van Gelre）之名为人所知——领导了一场反哈布斯堡叛乱。叛乱得到法兰西人支持，并且取得了成功。海尔德兰的城镇和低级贵族团结在卡雷尔"公爵"身后。[47]马克西米利安暴怒，但因为"双手"被其他难题困住，他只能威胁他们"公国将付出完全毁灭的代价"。后来，马克西米利安的儿子腓力一世在1504年发动了全面入侵海尔德兰的行动，但并没能将公国纳入哈布斯堡的统治下。

　　1477—1492年的起义和席卷哈布斯堡尼德兰的政治危机，势必让人想将它与另一场更著名的起义相比较，即腓力二世时期低地国家反抗哈布斯堡统治的运动。[48]两者存在一些明显的相似之处。两场大起义，哈布斯堡统治者都陷在与法兰西的竞争中，追求一种泛欧洲的政策。他们利用外国军队，对尼德兰采取专制手段，增加财政压力，因此也面临着来自城镇和贵族群体的普遍反抗。两次大起义，征收重税、所谓的侵犯特权、利用外国军队和官僚体系集权化都是主要诱因。同时，两次大起义的重点都是抑制哈布斯堡统治者的权力，迫使他们承认那些为加强尼德兰总三级会议及各省三级会议职权而设计的宪法限制条款。两次运动中都有一些群体渴望彻底脱离哈布斯堡的统治。[49]

不过，它们之间也有明显差异。毫无疑问，正是这些差异解释了为什么1477—1492年的起义失败了，而此后在哈布斯堡实力增强的情况下，1572—1590年的起义却在先前失手的地方部分地成功了。二者之间有四个重大区别。第一，15世纪晚期的起义并不存在宗教改革的因素，而在16世纪七八十年代的斗争中，比起其他因素更重要的很可能正是宗教改革坚定了起义者的态度，让他们拒绝妥协。第二，1477—1492年的起义，起义一方并没有统一的政治领导，佛兰德和布拉班特内部都缺乏团结，组成它们的城市和区域常常为相互冲突的目标奋战。相比之下，在后一次起义中，荷兰因为特殊的历史环境在1572—1576年及1584年之后得以实行——通常是强加——更为统一的领导。第三，1477—1492年的起义，权贵坚定地站在哈布斯堡身后。即便是在海尔德兰，爵位贵族（bannerheren）也不会像卡雷尔公爵一样接受城镇与低级贵族的帮助。[50] 相比之下，1572年一些高级贵族加入了反抗哈布斯堡统治者的运动。第四，在前一次起义中，统治者马克西米利安积极参与斗争，从一开始就决心撤销1477年让渡给总三级会议和各省的特权与权力。[51] 而后一次起义中，哈布斯堡统治者、马克西米利安的曾孙腓力二世居住在遥远的地方，而且时不时地倾向于给其他事务更高的优先权。

阻碍佛兰德和布拉班特这两个南部主要省份各自三级会议实现政治协调的因素应该受到重视。因为，相比其他因素，正是这些障碍让大河以南的各省难以甚至几乎无法在1477年建立宪政体制。作为哈布斯堡尼德兰最富庶、人口最多的省份，佛兰德事实上包括三个分裂的实体，三大主要城市根特、布鲁日和伊珀尔领导着各自的区域，它们在其中行使的霸权从未受到挑战，也不可能受到挑战，由此形成了三个基本独立的政治和行政区块。[52] 在佛兰德和布拉班特的三级会议中，城镇都占主导地位。然而，随着勃艮第尼德兰及之后哈布斯堡尼德兰的兴起，贵族的权力得到了恢复，大修道院的权力也在相对较小的程度上得到复兴。这种情况在布拉班特尤为明显，那里的贵族和教士在三级会议中有充分的影响力，偶尔他们合作起来，甚至能够抵抗四大"领头城镇"安特卫普、布鲁塞尔、鲁汶和斯海尔托亨博斯的势力。[53] 结果就是，布拉班特三级会议运转困难，几乎一直陷在僵局之中。[54] 于是，各区及各市的特殊主义渗透到南尼德兰的政治、习俗、经济和文化生活中，各省的特殊主义则相形见绌。即便1477年的《大特许状》在实践中很快失效，但它确实发展出了一套政治神话，描绘了事情应当怎样发展，并在整个16世纪深远地影响着反对哈布斯堡统治者的话语和愿望，南尼德兰的情况尤其如此。[55]

哈布斯堡统治者只能依靠高级贵族去压制各区和各省的特殊主义。于是，马克西米利安像他的勃艮第前辈一样兢兢业业地栽培权贵。[56] 他只能这样。因为在15世纪，不仅贵族填满了国家重要官员和执政的位子，他们的亲属和受他们庇护的低级贵族也占据了乡村的大多数司法和行政职位，还担任各城镇治安官斯豪特（schout），负责维持秩序、维护治安。此外，主要贵族还指挥着统治者的军队，教会的高级教士中也有许多是贵族亲属。15世纪，除了与最有权势、最富有的贵族合作，统治者并没有其他建设国家的办法。直到稍后的16世纪，随着人文主义的兴起，大学培养了足够多的官僚、法学家和公职人员，统治者才得以主要依赖这类社会成员填充其管理机构。特别是在查理五世统治期间，哈布斯堡尼德兰在变得日益有序且高效的同时，逐渐不再任命勃艮第人和马克西米利安主要支持者的儿孙。

1493年8月,马克西米利安受召返回奥地利,以继承父亲神圣罗马帝国皇帝的位子。当月召集的总三级会议确定了马克西米利安在低地国家的继承人。他15岁的儿子腓力被宣告为哈布斯堡尼德兰的统治者。与此同时,总三级会议宣告玛丽1477年授予的特权无效,马克西米利安彻底废除这些特权的目标实现了。[57]哈布斯堡的腓力在就职典礼上宣誓,只支持此前善良的腓力和大胆的查理承诺的权利和特权。

城市显贵都满意地祝贺腓力继位。[58]此前这些权贵支持马克西米利安,但同时也为之困扰:他致力于帝国事业,为人专横跋扈,不断与法兰西对抗,肆意地使用尼德兰的资源,而其用途却与各省利益关系甚微,甚至毫无关系。腓力一世与他的父亲不同,是个尼德兰人,他的母亲还是勃艮第最后一位统治者——比较得人心的玛丽。更重要的是,在权贵们看来,这个缺乏经验的年轻人没有其他资源,只能与之前支持他父亲对抗根特和布鲁日的贵族们联合统治。[59]除此之外,法兰西国王此时深陷意大利事务,以至于在整整一代人的时间里不再对尼德兰构成威胁。因为这些因素,腓力一世统治时期(1493—1506年)和接下来奥地利的玛格丽特摄政时期(1506—1515年)成了尼德兰,尤其是南尼德兰历史上异常稳定且相对和谐的岁月。

尽管如此,主要的对立仍然存在。在哈布斯堡尼德兰内部,中央权力在各个方面逐渐加强。1504年,贵族采取行动,在梅赫伦重建大议事会,以作为尼德兰多数地区的最高司法机构。作为集权化的必然结果,各市和各区的自治权逐渐遭到侵蚀。同时,在城市,尤其是佛兰德,行会曾是反马克西米利安运动的支柱,现在城市显贵在中央政府的鼓励下加强了对市政的控制,行会的影响力被削弱。

在大河北岸，主要的对立则存在于哈布斯堡尼德兰与非哈布斯堡尼德兰之间。1504—1505年间，海尔德兰击退了腓力一世的军队，这标志着反哈布斯堡和反荷兰运动的开始。此后数十年间，这一运动不断发展，破坏着北尼德兰的稳定。[60] 海尔德兰之外，另一个冲突中心在弗里斯兰。1498年，在弗里斯兰灰衣教士派的支持下，腓力一世任命萨克森的阿尔布雷希特为其代表，统治弗里斯兰，这是对阿尔布雷希特镇压佛兰德的奖赏之一。通过这一任命，马克西米利安让阿尔布雷希特成了帝国的一名封臣。

阿尔布雷希特制服了弗里斯兰，1500年他去世后，其子格奥尔格（Georg）袭位。格奥尔格很快着手对弗里斯兰省的行政机构进行中央集权。他建立了省高等法院，沿袭着荷兰与泽兰高等法院的路数。[61] 不过，在格罗宁根城的支持下，菲特科普派对格奥尔格进行了激烈的抵抗。1505—1506年间，格奥尔格的封君哈布斯堡的腓力一世征服海尔德兰失败，格奥尔格也被格罗宁根驱逐。1514年，他再次被击败。格罗宁根为了打败格奥尔格，向海尔德兰的卡雷尔公爵寻求支援，从这一刻起，卡雷尔成了北方反哈布斯堡运动的领袖。卡雷尔不仅支持格罗宁根，还与菲特科普派结盟入侵弗里斯兰。他们夺取了斯内克（Sneek）和博尔斯瓦德（Bolsward），在事实上结束了哈布斯堡在弗里斯兰和奥默兰大部分地区的统治。[62] 格奥尔格守住了吕伐登（Leeuwarden），但断定自己的地位难以挽回，于是将在弗里斯兰和格罗宁根的权力交还给新封君查理（其父腓力一世已在西班牙过世），也就是后来的神圣罗马帝国皇帝查理五世。

年轻的查理那时被称为"卢森堡的查理"，1515年1月，他在布鲁塞尔总三级会议面前被宣布为哈布斯堡尼德兰的统治者。按照传统仪式，查理在鲁汶就任布拉班特公爵，之后声势浩大地巡幸安特卫普、梅赫伦、斯海尔托亨博斯、布雷达、贝亨（Bergen-op-Zoom）、那慕尔、根特和布鲁日。一开始，新统治者最紧迫的任务是稳固哈布斯堡在大河北部广阔地区摇摇欲坠的权威。他利用荷兰的资源集结了一支军队，以迫使弗里斯兰和格罗宁根臣服。比伦（Buren）和莱尔丹（Leerdam）伯爵弗洛里斯·范埃赫蒙德（Floris van Egmond）被任命为指挥官和"弗里斯兰执政"。[63] 这项行动的结果是弗里斯兰部分地区被夺回，但是海尔德兰人和菲特科普派顽强抵抗，在广泛的支持下，他们仍然占领着乡村以及斯内克和博尔斯瓦德。进攻最终陷入僵局，这让阿姆斯特丹和西弗里斯兰港口的人十分惊恐。因为弗里斯兰继续抵抗意味着须德海和荷兰的海上航道依旧危险。1515年底至1516年初的那个冬天，荷兰航海业遭到了弗里斯兰武装船只的严重破坏。[64]

可以说，在查理五世统治之初，尼德兰就处在关键时刻。在未来皇帝的统治下，南方相对稳定，但北方深陷动乱之中。哈布斯堡一统大河北部所有尼德兰土地的景象更近了，而荷兰尤其支持这一前景。[65] 因为弗里斯兰、格罗宁根、海尔德兰以及不久后加入的乌得勒支在反哈布斯堡（同时反荷兰）的过程中，严重破坏了海上及内河交通。然而，查理既无暇关注北尼德兰，也无法提供它们需要的资源以尽早结束动乱。他被其他任务分散了注意力，更不用说1516年他的外祖父阿拉贡的斐迪南去世后，他又继承了西班牙王位。结果是，查理把烂摊子留给了北方各执政，留给了荷兰省三级会议，让他们自行寻找解决北尼德兰难题的方法。

哈布斯堡尼德兰的政治体制

1517年9月，查理五世取道弗卢辛（Flushing，今弗利辛恩）前往西班牙，去主张他对西班牙的继承权。于是哈布斯堡尼德兰第二次被置于他的姑母、哈布斯堡的腓力一世的妹妹奥地利的玛格丽特的摄政统治之下，此次摄政持续了13年（1517—1530年）。这一插曲十分重要，因为从此时起，玛格丽特的统治风格从根本上偏离了先前的惯例。她采取强硬的王朝和权威统治，没展现什么培养各省三级会议或高级贵族的意向。[66] 玛格丽特的个人幕僚主要是外国人，如梅尔库里诺·迪·加蒂纳拉（Mercurino di Gattinara）和尼古拉斯·佩勒诺（Nicholas Perrenot）。佩勒诺是来自弗朗什-孔泰的官员，后来的红衣主教格兰维尔（Granvelle）是他的儿子。玛格丽特无视拿骚伯爵亨德里克三世（1483—1538年）在内的大多数高级贵族，唯一能让她有所顾忌的权贵是霍赫斯特拉滕伯爵安托万·德拉兰（Antoine de Lalaing）。

玛格丽特与高级贵族之间的关系冷淡到了极致，甚至于一群贵族在1524年给身在西班牙的查理五世呈递了请愿书。他们抱怨在觐见玛格丽特时，摄政让他们久等，而且不跟他们讨论重大问题。查理从巴利亚多利德（Valladolid）写信给姑母，敦促她改善在这方面的处事方法并向贵族展现更多的尊重，让她在每次做出关键决定前都要与拿骚伯爵、比伦伯爵还有拉兰伯爵商议。

直至1531年查理五世回到尼德兰，并在布鲁塞尔待了大半年时间，他才在哈布斯堡尼德兰的政府留下了自己的痕迹。那一年，他将大部分精力用来重组和巩固低地国家的行政体系。此时玛格丽特已经去世，

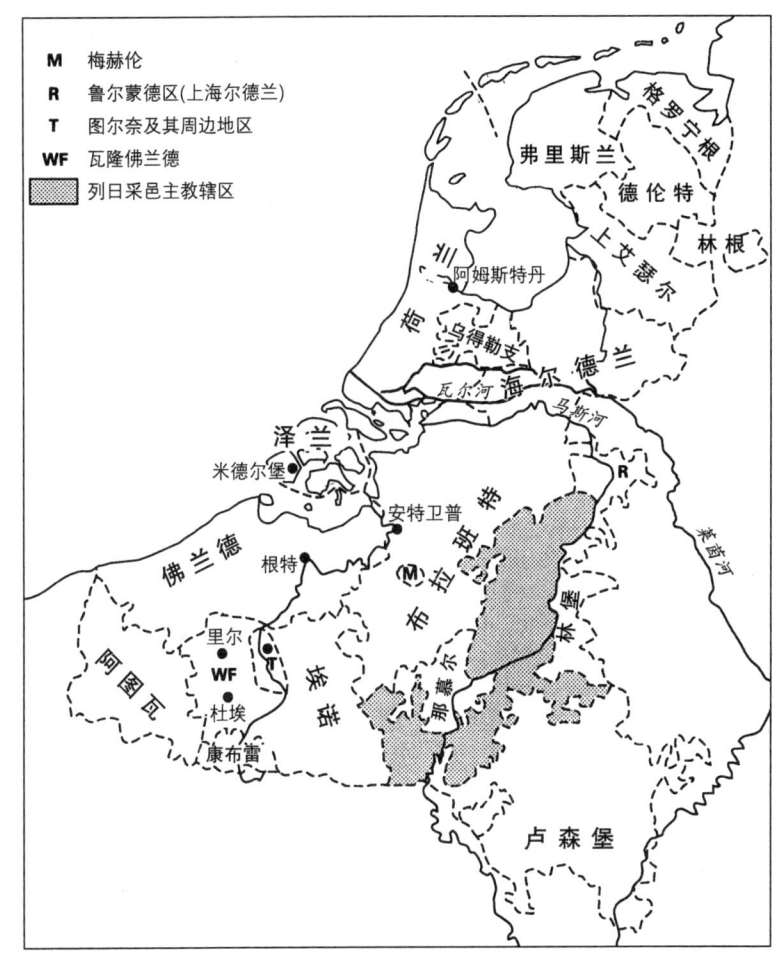

地图3　查理五世时期尼德兰各省

查理五世选择让他的妹妹匈牙利的玛丽（1531—1540年）担任摄政。查理五世特意选择了这个对尼德兰一无所知、没有任何经验的名义上的领袖，而且禁止她带着维也纳的亲信前往尼德兰，为的是让玛丽依赖他信任的官员，并且将重大决定交由他们负责。（参见地图3）

1531年，这位皇帝设立了三个新的中央机构：一个非常庞大的正式机构国务委员会，一个重组的财政委员会，还有一个枢密委员会（或称"枢密院"）。这些便是所谓的布鲁塞尔"附属委员会"，它们位于哈布斯堡尼德兰行政管理机构的顶端，并且大致以同样的形态维持到1788年。[67] 就正式意义而言，国务委员会是这些机构中最重要的一个，是主要领主组成的会议。国务委员会有12名成员，其中大多数是南部权贵，此外还有委员会负责人巴勒莫大主教让·卡龙德莱特（Jean Carondolet[*]），他是法学家兼神职人员。恰恰相反，枢密委员会里没有权贵，其工作人员是晋升到行政机构顶层的职业官僚和法学家。[68] 一方面，权贵地位显赫、各有所愿，另一方面，新的现实是权力部分落到了职业官僚的手上，一些官僚还是外国人。查理五世一直试图调和两方。他希望通过正式确定两种行政机构和任免体系，兼容二者，将冲突最小化。[69]

哈布斯堡统治者在各省的主要代表是各省省长，或者说执政。只有布拉班特和梅赫伦因为靠近布鲁塞尔的宫廷，所以没有执政。其他省份被分给各执政管理，而执政总是从主要贵族之中选出。于是，泽兰和1528年后的乌得勒支与荷兰共享一个执政，而佛兰德、瓦隆佛兰德和阿图瓦也趋向于被组合到一起，后来的弗里斯兰、格罗宁根、德伦特和上艾瑟尔的组合也类似。查理的执政中最显赫的是拿骚的亨德里克之子，他在继承法兰西南部的封邑奥伦治（Orange，又译奥朗日）之后，被称为勒内·德沙隆（René de Châlons，1519—1544年）；1538年，勒内继承其父在拿骚的领地。

---

[*] 疑为Carondelet。——编者注

勒内生于布雷达，12岁时被封为金羊毛骑士，他是拿骚一系第一个获得"奥伦治亲王"头衔的人，他的堂弟*沉默的威廉将继承这一头衔。1540年，勒内被任命为荷兰、泽兰和乌得勒支执政；1543年征服海尔德兰后，他又被加封为该省执政。第二年，勒内在围攻法兰西某一城镇时死于炮弹之下。

查理明白疏远贵族的危险性。但是他手下的执政大部分时间都不在各省，不能密切监督各省的财政和司法管理。他们既没时间，也缺乏训练，还无此意向。因此，普遍地调整执政乃至贵族整体在管理体系中的角色是个必然的进程。这一进程有其自身的逻辑，在玛丽摄政时期依旧存在。[70] 不可避免的是，位于布鲁塞尔的附属委员会和位于梅赫伦的哈布斯堡尼德兰最高法院大议事会，在为了工作与各省联系时，较少跟各执政的手下联系，而是通过常设的司法机构。于是，为管理哈布斯堡尼德兰而进行的重要联络越来越多地发生在中央委员会和各省高等法院之间，各省高等法院因此稳步地扩大了自身的政治和财政职能，当然还有司法职能。15世纪即将结束时，这些高等法院的大多数委员，包括荷兰省高等法院（也对泽兰负责）的大多数委员，仍然是贵族。但是，16世纪前半叶，贵族在各省行政体系中的作用减小了，中央政府找了更多的受过大学训练的法学家来填补这些位置，而且随着行政管理机构的日益复杂，政府也需要这些更具专业技能、更勤奋、工作习惯更规律的法学家。1520年，荷兰省高等法院的13名成员中，有6位仍然是贵族；到1572年，贵族的人数已下降到两三位。[71]

---

* 原文称勒内是沉默的威廉的叔叔，经核实，应为其堂兄。——编者注

过去，农村地区和各城区的重要官职也基本由贵族占有。这些官员的名称和权限各不相同，但是在所有省份，他们都是行政体系的重要一环。在北方，这种官员通常被称为"巴尔尤夫"或"德罗斯特"（*drost*）*，他们是联结各省高等法院与农村、小城镇和村落的重要纽带；在低洼地区，他们还掌管水务局，即管理堤坝和排水系统的区域性委员会。他们在布鲁塞尔接受任命，而且最重要的是，他们是哈布斯堡统治者在基层的代表，负责发布和实施皇家公告、维持秩序，监督民事和刑事的司法执行，也监督税务。在一些地方，他们还是皇家要塞的管理者。荷兰省总共有16位这样的巴尔尤夫或德罗斯特。

那些同时负责管理皇家城堡的乡村法官依然由贵族担任，而其余大多数不承担军事职责的治安法官，包括荷兰和泽兰的多数巴尔尤夫，逐渐不再由贵族出任。1530年，荷兰省非军事地区的治安法官中贵族与非贵族大约各占一半。[72] 到1570年，荷兰省几乎所有的非军事巴尔尤夫都不再是贵族。荷兰省的乡村地区，以及不在巴尔尤夫管辖区内的主要城镇，还设有比巴尔尤夫低一级的官员斯豪特，他们代表哈布斯堡统治者，负责地方的治安管理。查理五世统治时期，这个职位同样表现出非贵族代替贵族的明显趋势。[73]

城镇管理机构的首要组成部分是市议事会，议事会由市长领导。与以往一样，政府和治安法官仍然受城市显贵摄政官控制。不过，中央政府的发展和各省政府（provincial government）的变化在许多方面对他们产生了影响，他们发现自己不仅背负着越来越沉重的财政压

---

* 二者皆有"治安法官"或"大法官"之意。——译者注

力——1540年后尤其如此——还受到比过去更严密的监督,这种监督来自几个中央委员会,更来自各省的高等法院,而高等法院的上层官员由布鲁塞尔任命。

最后,还有各省三级会议和总三级会议。尽管查理五世统治期间官僚化和中央集权化不断推进,各省三级会议仍然被赋予了一定程度的自治权。这看起来有些吊诡,但事实上中央集权化的推进与各省三级会议的巩固并肩而行。[74]哈布斯堡历任统治者深陷与法兰西的冲突中,1542年之后尤其如此,他们迫切需要从尼德兰获得更多税收。因为未能在省和市镇层面上直接控制财政机构,哈布斯堡统治者发现增加税收的最好办法就是将这项任务委托给各省三级会议和各城镇,三级会议和城镇因此得以扩大自己的行政管理职能和财政活动。各城镇和各省目睹了根特在1539—1540年反抗皇帝权威后被剥夺特权的遭遇,因而整体而言都愿意合作而不是反抗。于是,省三级会议在制度上得到加强。它们在城镇和乡村为统治者征收更多的钱。查理五世时期,他从尼德兰获得的收入是过去的5倍,而同期的物价只稍高于过去的2倍。

尼德兰总三级会议的情况则有所不同。善良的腓力最初设立总三级会议是为了简化向臣民摊派财政任务的过程并进一步整合尼德兰,而最重要的措施就是稳定并协调各省的货币流通。[75]但是在哈布斯堡统治时期,中央政府发现,各省三级会议才是高效获得和增加收入的最佳助手,马克西米利安甚至曾通过三级会议掌控铸币权。因此,马克西米利安强烈抵制在1477年和1488年被迫让渡给总三级会议的广泛权力,尤其反对总三级会议有权每年在佛兰德、布拉班特或埃诺的城镇集会的原则。1488—1559年间,总三级会议的聚会并无定期,不过相对频繁,平均每年两次。一般而言,召集总三级会议只不过是一次性与各主要省份的三级会议迅速交流的方式。至于政府的财政要求,政府通常是将一份"总议案"交给总三级会议,随后将"具体议案"交给各省的代表团,目的是尽可能阻止总三级会议在全体会议上讨论统治者的要求,或各省的捐税要求。[76] 各省在1477年获得的特权被废除后,总三级会议只能由统治者召集。

从各方面来看,16世纪中叶的哈布斯堡尼德兰展现了一幅壮观的景象:各个省份欣欣向荣,它们经济繁荣,人口稠密,遍布令人赞叹的被城墙环绕的城市,由默认的三级会议治理着。从表象上看,在权贵和新精英——受人文主义训练的职业官僚的支持下,各省正顺利地融合为一个富有生命力的统一整体。尼德兰是北欧的商业、经济和产业中心,在16世纪的战争环境中还是极好的战略基地,对于哈布斯堡统治者来说,尼德兰似乎是其称霸欧洲乃至世界的绝佳助手。

第3章

1470—1520年：人文主义与宗教改革的缘起

在西方历史中，欧洲基督教人文主义的兴起是至关重要的文化变革之一，15世纪七八十年代，它肇始于尼德兰较为偏远的东北部省份上艾瑟尔和格罗宁根。对于整个欧洲来说，这一文化发展都意义非凡，而这样的活动竟然发源于当时经济和政治都趋于停滞的地区，这看起来似乎颇为怪异。然而，为这场思想和信仰剧变提供土壤的恰恰是这个地区宗教和教育方面的发展，它们可以追溯到遥远的中世纪。

正是现代虔信运动的成就为人文主义的发展做了准备。14世纪末，这场并未引起争议的宗教和教育运动产生于虔诚市民海尔特·赫罗特（Geert Groote[*]）的教学中，起初集中在代芬特尔及其周边地区。[1] 随后，运动在城市和修道院中都有所发展，并进展迅速。15世纪中期，即善良的腓力统治时期，虔信运动发挥着它最强大的影响力。当时社会相对和平稳定，代芬特尔和艾瑟尔河周边的其他城市在经济和文化方面对莱茵地区、威斯特伐利亚以及北尼德兰仍然有着非常大的影响。虔信运动特别注重改善和扩建学校、建立图书馆，而正因为艾瑟尔河周边各城市繁荣的贸易，才有能力提供足够的资源，来培养更多

---

[*] 常见拼法有 Gerhard Groote，原书后文中出现，中译格哈德·格鲁特。——译者注

的教师，创办更多的学校，并印制更多的书籍。尽管运动渗透到了尼德兰大部分地区，乃至威斯特伐利亚，但其中心仍然在代芬特尔、兹沃勒、坎彭，还有格罗宁根。

现代虔信运动最显著的特征在于，作为一场精神领域的运动，它强调个人内在的发展。虔信运动并没有过多关注教义或教会组织的问题，总体上没有引起教宗和教会统治集团的不满，[2] 尽管运动后期一些杰出人物确实被怀疑是异端，如著名的韦塞尔·甘斯福特（Wessel Gansfort，1419—1489年）——这位荷兰神学家的著作影响了路德。虔信运动中诞生的最有名的著作是托马斯·厄·肯培（Thomas à Kempis，约1379—1471年）的《效法基督》（*De Imitatione Christi*）。这本书在尼德兰广为流传，先是以手稿形式，而后在1473年发行了印刷本。托马斯·厄·肯培表述了虔信运动的核心观念，强调个人内心生活的重要性："知道如何走向内心生活，不在意身外之物的人，不需要特殊的场所和特定的时间来表现他的虔信。"[3] 虔信运动将基督教生活的本质与社会生活和教会的作为分离，只要求个人将内在奉献给基督，由此，虔信运动给后来鲁道夫·阿格里科拉（Rudolph Agricola）和伊拉斯谟的基督教哲学铺平了道路，为16世纪20年代宗教改革家的虔信观念做好了铺垫。托马斯对尼德兰文化产生了持久的影响，其影响力超过中世纪荷兰语地区的其他任何人物，直到17和18世纪，他还能给荷兰加尔文宗以启示，甚至启发最严苛的加尔文宗发言人。[4]

可以说虔信运动有助于铺垫基础，但它还不能算是基督教人文主义的先声。[5] 与基督教人文主义和宗教改革不同，虔信运动并没有鲜明地拒斥传统的宗教形式，也没有批判当时教会及神学家的方方面面。

基督教人文主义反对经院神学，宗教改革开创了新的神学领域，而虔信运动大体上对当时的神学满怀敬意。后来的两场运动反对隐修制度，但对虔信派来说，修道院理想仍是其理念不可或缺的一部分。然而不可否认，虔信运动对后来的两场运动产生了深远影响。[6] 它强调文化教养和学校教育，将个人精神生活与外部世界、正式宗教分离，这为随后精神领域的剧变做好了准备。这种前后的关联性表现在，尼德兰东北部是基督教人文主义兴起和最初兴盛的地方，而这里也正是此前虔信运动的中心地带。[7] 1475年甘斯福特返回尼德兰后，继续在兹沃勒、代芬特尔和格罗宁根工作，成了衔接两场运动的纽带。甘斯福特早年在家乡格罗宁根和兹沃勒接受虔信派教育，后来成了一个学会的杰出成员。15世纪七八十年代，该学会成员在格罗宁根北部著名的爱德华西多会大修道院聚会，他们一方面遵循虔信派的传统，细致研究《圣经》，另一方面学习阿格里科拉引进的人文主义解经技能。[8] 甘斯福特在《圣经》研究中进一步将两股潮流联系起来，在这方面他是基督教人文主义的重要先驱人物。[9]

巴夫洛（Baflo）教堂是奥默兰六大教堂之一，阿格里科拉是该教堂座堂主任牧师（ministry）的私生子。他在格罗宁根接受虔信派教育，在尼德兰东北部度过了许多年，随后前往意大利。1479年他回到尼德兰时已经成名，在布鲁塞尔的勃艮第宫廷，在整个尼德兰和德意志的教育界内外都声名卓著。阿格里科拉承担了许多工作，其中之一是担任安特卫普拉丁语学校的校长。尽管常常抱怨格罗宁根粗野、没文化，但他感到家庭和其他纽带将自己与这片东北部的土地紧密相连，他的余生，也就是他影响力最强的岁月，基本在这里度过。[10] 他是北欧人文主义的奠基人，这不仅因为他首先掌握、运用并传播了典雅文学,即意大利人文主义的解经方法,还因为他成了重要楷模,激励许多人潜心研究古典拉丁语作品、新批判性语言学和希腊典籍。[11]阿格里科拉去世之后,出现了几种记录他生平的出版物,这让他的声望进一步增长。他不仅受到第二代荷兰和德意志人文主义者的敬仰,还受到第三代的崇敬,尤其是伊拉斯谟(约1466—1536年)。伊拉斯谟很乐意承认北方人文主义起源于阿格里科拉,自己也从阿格里科拉那里受益良多。伊拉斯谟曾于1484年在代芬特尔的拉丁语学校听了一次阿格里科拉的讲座。在宣传阿格里科拉从意大利带回来的这套新学术技艺方面,爱德华大修道院贡献良多。大修道院院长亨德里克·范雷斯(Hendrik van Rees)召集学术圈的人在这里聚会,参与人员包括阿格里科拉及其追随者,如亚历山大·黑吉乌斯(Alexander Hegius)、自由人安东尼乌斯·利贝尔(Anthonius Liber)、鲁道夫·冯·朗根(Rudolph von Langen)以及甘斯福特等学者。但是在早期,也就是1490年之前,基督教人文主义渗入低地国家文化生活的主要渠道是城市学校,或者说拉丁语学校,尤其是那些位于尼德兰东北部、受虔信运动影响深远的学校。[12]阿格里科拉的主要门徒亚历山大·黑吉乌斯在1483—1493年间担任代芬特尔拉丁语学校的校长。这所学校一直在尼德兰东北部和威斯特伐利亚享有盛誉,早在14世纪90年代,托马斯·厄·肯培就在这里学习,现在这里成了荷兰人文主义的摇篮。1475—1484年间,伊拉斯谟在这里学习。也就是说,当黑吉乌斯到来,并引入令他成名的新方法,包括他从阿格里科拉那里学到的希腊研究成果时,伊拉斯谟仍在代芬特尔。[13]直到1500年前后,代芬特尔还是欧洲北部人文主义出版业的重心,这里出版的希腊语典籍比巴黎还多,此外还有一系列令人印象深刻的古典拉丁语作家作品。[14]

荷兰人文主义兴起于15世纪七八十年代的代芬特尔、兹沃勒、格罗宁根、坎彭（1485年利贝尔成为该城镇秘书）和它们的周边地区。从一开始它就表现出一种融合的特质，既包含意大利人文主义学术方法，又容纳了虔信派传统孕育的基督教精神理念。阿格里科拉为伊拉斯谟开辟了道路，他在1484年的著作《论学习热情之形成》（*De Formando Studio*）中，就使用了"基督教哲学"一词。[15] 1490年之后，新人文主义才渐渐渗透到荷兰、布拉班特和佛兰德等省份，而虔信运动的拥护者依然发挥着关键的中间作用。1489年，伊拉斯谟刚刚结束他在斯海尔托亨博斯虔信派学校的学习，准备前往豪达附近的斯泰因（Steyn）修道院，在那里开启他作为人文主义者的事业。年轻的伊拉斯谟乐观地认为，离开了学校，他的"黑暗时代"即将终结。直到1493年，伊拉斯谟都一直待在荷兰省。他在荷兰省的主要伙伴是科尔内留斯·奥雷利乌斯（Cornelius Aurelius，约1460—1531年），这个豪达修士成年后在奥斯定会的修道院里生活，专心研究托马斯·厄·肯培和虔信派非经院神学、非思辨的精神；但与此同时，奥雷利乌斯也是荷兰省助力引入人文主义研究的先驱，后来他还成了巴达维亚神话最主要的创作者。这一神话主张，备受塔西佗称颂的古代巴达维亚人是荷兰人的祖先。[16] 跟伊拉斯谟一样，奥雷利乌斯也崇敬并怀念阿格里科拉。

人文主义起步很慢。但1490年之后，荷兰人文主义势头猛增。15世纪90年代，典雅文学扩散到上艾瑟尔城镇和格罗宁根之外，传播到荷兰、布拉班特和佛兰德的主要拉丁语学校中，运动的中心包括豪达、阿尔克马尔（Alkmaar）、斯海尔托亨博斯、根特和安特卫普。越来越多的人文主义学者投身传播新研究、培育古典拉丁语和希腊文化的任务，他们强烈憎恶经院神学和过去的教学方式，也厌恶野蛮的拉丁人，他们把自己比作一支军队，正对可恶的堡垒发起猛攻。[17]在这一方面，伊拉斯谟是个典型代表而非例外。他狂热地认为，在基督教王国里存在两个互斥的世界，学术世界和文化世界，它们正为争夺至高地位而斗争。作为一个思想家和创新者，伊拉斯谟最伟大之处并不在于他掌握了人文主义的方法——尽管在批判性注释方面，他的水准确实超越大多数同代人。他的伟大之处更多是在于，他将新学术方法与对基督教道德哲学更为系统的阐释相结合，塑造了综合的世界观。他还更有力地投身于基督教道德哲学的研究，这种哲学根植于虔信派的传统，得到早期人文主义者的改进。

伊拉斯谟式的成熟的基督教人文主义不仅仅意味着学术和世俗文化领域的革命，它同时意味着宗教思想、虔诚言行、哲学和艺术领域的革命。[18]个人远离固定的宗教崇拜模式，自己潜心钻研《圣经》，这种观念早在伊拉斯谟之前就出现了。然而，正是伊拉斯谟阐明了基督教哲学的丰富内涵，传播了关于基督教真理的新观念。他的新理论充满了强烈的宗教向往和反传统的热情，而这样的情绪与他个人的谨小慎微结合后，在令人震惊的狂热时代创造出一种精致、理智的激情。伊拉斯谟认为，人文主义的学问如果不能让学者深刻、纯粹地献身于基督，便缺乏正当性。在伊拉斯谟的哲学里，典雅文学若不包含对基督教真理的渴求，便只是骗人的、无价值的、事实上非常危险的东西。按照人文主义者，如伊拉斯谟本人的定义，基督教真理指的是非思辨的、道德意义上的真理。因此，对伊拉斯谟来说，随着人文主义的兴起而开启的新时代，是一个活跃的时代，却也是信仰史无前例地遭受威胁的时代。根据伊拉斯谟的世界观，当时的基督教王国面临着三大威胁，而保卫社会免遭此害正是学者的责任。[19] 第一个威胁是他在三年的意大利之旅（1506—1509年）中意识到的，即专注研究古典时代的文物和文学会让人堕落到一种现代的异教信仰中。伊拉斯谟所谓的异教信仰是指由古代异教观念激发的世俗精神。他憎恶这种堕落，将其视为对基督的灾难性背离。第二个威胁是"犹太信仰"。在这里，伊拉斯谟指的是一种比真正的犹太人和犹太教宽泛深远的东西。对伊拉斯谟来说，犹太人的影响和犹太信仰意味着典礼、仪式和条文主义的盛行，它们依赖外在的表演，固执于形式，因而破坏了真正的虔诚，有悖于基督。伊拉斯谟对犹太信仰的激烈驳斥并非任何传统意义上的反犹主义。[20] 但是，他确实认为真正的犹太人和犹太教是更宽泛的犹太信仰的核心。伊拉斯谟抨击这种以教条和仪式为基础的信仰，认为它对基督教王国的威胁比异教信仰更紧迫。第三个威胁是教派分裂，它破坏社会，引发内战，各种灾难性后果将接踵而至。

伊拉斯谟的所有作品，包括《愚人颂》（*Praise of Folly*，1511年），都充满了他的基督教哲学。[21] 不过他的观点在《基督教骑士手册》（*Enchiridion Militis Christiani*，1503年）和两篇文章，即《祈愿》（*Paracelsis*）和《方法论》（*Methodus*）中表达得尤为直白。写作这两篇文章是为了介绍他1516年在巴塞尔出版的学术版《圣经·新约》。[22] 伊拉斯谟劝告个人模仿基督的范例过自己的生活，直接与基督交流，舍去所有虚假的虔信形式，包括偶像、圣人崇拜、朝圣、斋戒、用拉丁语空洞地吟诵祈祷文——大部分人并不能理解其中的意思——以及对各种形式的典礼和仪式的痴迷。[23] 圣礼、地位或身份都不能赐予基督徒救赎或圣洁。伊拉斯谟不认为隐修理想本身具有任何价值，不过他圆通地坚称自己对隐修制度保持中立态度，而非明确敌视。[24] 总而言之，伊拉斯谟确立了"真正的基督教"和虚假信仰之间赤裸裸的二元对立，并向他的读者保证，当前基督教世界的大多数习惯做法都是后者的变体。这种二元对立在伊拉斯谟的宗教思想中占据核心位置，也是宗教改革的根基。

伊拉斯谟基督教哲学的一个显著特征在于他对能识字的个人的理想化。个人有责任去探寻基督、塑造他自身生活中的基督教内涵——这种内涵在本质上是人文的、世俗的和道德的。伊拉斯谟的哲学以此为中心展开。当然，他不得不对愚人和文盲做出一些妥协，毕竟他们构成了基督教世界居民的大多数。以圣人崇拜为例，伊拉斯谟倾向于宽容那些带着"一种朴素和稚气的迷信"去崇拜圣人的人，尽管根据他的理论，这种崇拜毫无信仰的价值；而对那些出于世俗目的而鼓励信徒崇拜圣人，给予"甜美祝福"的修士和教士，伊拉斯谟则持批判态度。[25] 是所有神职人员，还是仅仅部分神职人员粗野地犯下了背叛基督之罪？关于这一点，他不愿明确表达自己的想法。能识字的个人必须沉浸到神圣的文本中，沉浸到教父们的著作中，向那些知识丰富、能更好地阐释神圣文本的人寻求指引。真正的神学家不能让自己凌驾于平信徒*之上，不能用枯燥的教条和专业的术语来蒙蔽他们，这些东西只能让人们的注意力偏离基督的真理。[26] 按照伊拉斯谟的说法，人文主义研究的一个主要合理性在于，它阐释了《福音书》，鼓舞了那些追寻基督的人。因为这样的博学"用文学的丰厚装饰了上帝的殿堂"，伊拉斯谟在《基督教骑士手册》的结尾如是说。

从1490年至1520年的30年间，基督教人文主义在低地国家获得

---

* 平信徒，基督教会中没有教职的一般信徒。特点为"世俗性"。

了跨越式的发展,其进步比欧洲北方其他地方都大。人文主义占领了拉丁语学校,在城镇议事会里找到了众多支持者,对教育、文化和宗教感知力产生了重大影响。然而,正如伊拉斯谟注意到的,经院神学、隐修制度和"迷信"的捍卫者仍然顽固且强大。[27] 过去建立的文化和宗教大厦仍然受到权力和特权的支持,十分强大,难以扫除。它受到了震动,但并没有崩溃。从历史角度来说,这事实上毫不令人惊讶。在15世纪晚期的低地国家,人文主义获得如此迅猛发展的同时,另一个文化世界也处在繁荣的顶峰,在那里,经院神学和隐修制度仍然兴盛,圣人崇拜飞速传播,宗教艺术强调伟大的神圣时刻,民众狂热地前往罗马和其他圣地朝圣。[28] 对被钉死在十字架上的基督、对圣母和诸位圣人的激情渗透到民众的虔信活动和宗教艺术中。除了耶罗尼米斯·博斯(Hieronymus Bosch),15世纪后期尼德兰的大部分大师延续着扬·凡艾克(Jan van Eyck)和罗希尔·范德魏登的艺术传统,描绘着充满神迹、虔敬姿势、天使翅膀和光环的世界。与布拉班特和佛兰德的迪里克·鲍茨、汉斯·梅姆林、胡戈·范德胡斯(Hugo van der Goes)类似,以海特亨·托特·桑特·扬斯(Geertgen tot Sint Jans)为首、聚集在哈勒姆(北尼德兰第一个重要的绘画中心)的画家团体描绘的世界里充满了赏心悦目且神圣的宗教热情。[29]

这种根本的二元对立,这种两个世界的冲突,原是学术界的特色,到16世纪早期,这类冲突延伸到了各种宗教情感之中,延伸到了艺术领域。[30] 虽然到16世纪20年代,甚至更晚的时候,一些艺术大师,如赫拉德·戴维(Gerard David)和昆廷·马赛斯(Quentin Massys),仍在坚持一种神圣的、晚期哥特式的宗教艺术形式,但是当时一场迅速的变革也正在进行。16世纪早期和中期,北尼德兰的三位重要画家——路加斯·范莱登（Lucas van Leyden，1494—1533年）、扬·范斯霍勒尔（Jan van Scorel，1495—1562年）、马尔滕·范海姆斯凯克（Maarten van Heemskerck，1498—1574年）全都强烈反对15世纪的艺术形式。天使报喜、耶稣受难、耶稣复活、圣母与圣婴这些神圣场景曾是旧艺术的基本要素，现在它们退到了边缘地带。[31]取而代之的是各式各样的《圣经》典故。它们以一种世俗的、道德化的方式呈现出来，仿佛是古典历史和神话中的场景。

路加斯·范莱登和扬·范斯霍勒尔有意识地充当激进革新者，转变艺术形式。他们跟用笔写作的学者一样都是人文主义者，不过他们是用刷子作画。扬·范斯霍勒尔是乌得勒支大教堂的教士，年轻时曾到耶路撒冷朝圣。在将意大利文艺复兴技艺和美学观念传播给尼德兰的艺术团体方面，他认为自己是最重要的人物。[32]他追求作品的统一性，介绍了全新的配色方法。在道德和宗教领域，他像伊拉斯谟一样将个人理想化，将宗教图景转变为宏伟的"历史画面"。路加斯·范莱登的艺术风格更多是受到阿尔布雷希特·丢勒（Albrecht Dürer）和德意志文艺复兴的影响，而非意大利文艺复兴。不过，在别的方面，适用于扬·范斯霍勒尔的也适用于路加斯·范莱登。路加斯·范莱登是第一个常常从《圣经·旧约》中吸取灵感的荷兰艺术家，他从中汲取了许多故事和奇闻。路加斯·范莱登的革新活动开始于16世纪20年代。扬·范斯霍勒尔则在16世纪20年代中期从意大利回到尼德兰。

尽管伊拉斯谟起初试探性地支持路德的宗教改革，但他对路德的态度从一开始就十分矛盾。[33]首先，这是因为伊拉斯谟对冲突和教派分裂的恐惧；其次，在宗教改革开始的1516—1521年，伊拉斯谟正居住在尼德兰，而皇帝查理五世和教会在此地打击路德宗的力度要比在德意志的恐怖；最后，伊拉斯谟担心路德引起的骚乱会影响人文主义研究。伊拉斯谟一直反感路德粗鲁、好斗的风格。[34] 从路德这边来说，他对伊拉斯谟也怀有极大的质疑。路德从一开始就意识到，伟大的人文主义宗教思想更多地关系着人类和世俗世界，而不是神圣之事。[35] 然而，在1524年之前，伊拉斯谟和路德都只是默默地保持着对对方的怀疑。路德及其信众希望伊拉斯谟能公开出面支持他们，伊拉斯谟则暗中支持路德对教会及其缺点的攻击，又在1521年公开抨击隐修制度。

伊拉斯谟对路德的态度有所保留，但是他更不会是当时教会的朋友。宗教改革令伊拉斯谟困扰之处不在于它攻击了教会或教宗本身。他担心的是，路德的反叛会给教会里反对伊拉斯谟的人提供机会，让他们得以动员教会、教宗和欧洲的统治者打压人文主义研究。他害怕别人将他与路德联系在一起，因为路德可能会被打败，可能会将伊拉斯谟本人和人文主义一起拉入泥潭。伊拉斯谟在其信件中一次又一次地提起这一主题。1520年9月，伊拉斯谟给赫拉德·赫尔登豪尔（Gerard Geldenhauer）写了一封信。赫尔登豪尔是乌得勒支主教的专职司铎（教士），也是奈梅亨的人文主义者。伊拉斯谟在信中写到了他的忧虑："关于那个可怜的路德，我内心充满了不祥的预感。针对他的阴谋集团在任何地方都很强大，每个地方的王公都被激怒并镇压他。"[36] 伊拉斯谟预言，假如路德的敌人获胜，那么"在推倒所有对古代语言的研究和所有人文研究前，他们绝不会停手"。在1521年2月给人文主义者、海牙的高级司法官员尼古拉斯·埃费拉茨（Nicholas Everaerts）的信中，伊拉斯谟哀叹："路德给人文主义研究、给真正的基督教信仰堆积了多少重担啊，这让它们不得人心！"[37] 一个月后，在一封给埃费拉茨的信中，他斥责路德激起了"人们对约翰·罗伊希林（Johann Reuchlin）的巨大敌意，对我的甚至更大，更糟糕的是激起了对人文主义研究的敌意"。[38] 在另一封给埃费拉茨的信里，伊拉斯谟叹息"路德的事业会灭绝"人文主义。[39]

伊拉斯谟的担忧不是没有道理的。路德对教会的批判在尼德兰激起了骚动，尤其是在荷兰省，毕竟这里在宗教改革早期就强烈支持路德。在1520年多德雷赫特的一场骚乱之后，一名多明我会的神学博士将骚乱的爆发归咎于伊拉斯谟。这位博士此前做了反对路德的布道，还因此遭到愤怒群众的攻击。伊拉斯谟给鲁汶大学尊敬的校长写信称，这位修士"将荷兰省的骚乱归咎于我，是因为他在做完一场极其愚蠢的布道后，差点被群众拿石头砸死。而我从没有给任何荷兰人写信，说我支持或是反对路德"。[40] 当时伊拉斯谟在欧洲名声正盛，在尼德兰受过教育的精英中享有巨大的影响力，对荷兰省的摄政官、法学家和政府官员尤其如此。根据1519年11月一封写给伊拉斯谟的信说，在海牙，所有重要和受过教育的人都时常称赞伊拉斯谟，阅读他的作品。[41] 然而到1520年，伊拉斯谟之名已与路德这个非凡之人联系在了一起，难分难解。这一时期另一封写于海牙的信写道："路德在这里很受欢迎"。[42] 16世纪20年代，代尔夫特的伊拉斯谟人文主义领袖正是那些最有志于宗教改革事业的人。[43]

1516年伊拉斯谟的注释版《圣经·新约》出版之后，伊拉斯谟与鲁汶大学及尼德兰主要教会发言人之间的关系就不太和谐；到1520年，他们的关系已相当紧张。[44] 鲁汶大学当时有3 000多名学生，规模仅次于巴黎大学，是欧洲最重要的大学，是人文主义研究和出版的中心。1517年，伊拉斯谟在鲁汶大学奋力推动语言学院的创立，它是希腊语、拉丁语和希伯来语研究的中心。然而,他的《圣经》注释和文本研究,还有语言学院,在鲁汶大学乃至整个低地国家的神学界引发了越来越多的争议。到了1519年,伊拉斯谟有多偏离《武加大译本》(Vulgate)*,有多不能忍受学术批判,其《圣经》评注的内涵有多深远,已经变得十分明显。[45] 1516—1519年间的学术争论现在让位于一种总体而言更具恶意的东西。路德的出现让保守派得以拿宗教改革当证据,论证伊拉斯谟研究方法的危险性,并且在王公、主教的宫廷,甚至在罗马,煽动反对伊拉斯谟的情绪。

在尼德兰,官方对路德的攻击越来越严厉,到1520年,这种攻击开始波及伊拉斯谟。[46] 曾在多德雷赫特被支持路德的群众攻击的多明我会神学家评论道:"路德是瘟疫,但伊拉斯谟更是,因为路德的'毒汁'全都是从伊拉斯谟的'乳房'里汲取的。"[47] 伊拉斯谟拒绝谴责路德,考虑到当时盛行于尼德兰的狂热氛围,这只会被视为他在暗中支持路德。事实上,虽然伊拉斯谟向当局保证他并不支持路德,但对于那些被用来煽动人们敌视德意志宗教改革者的手段,他毫不掩饰自己的厌恶。早在1519年5月,伊拉斯谟就谴责了尼德兰的反路德运动,指责它危险地挑动"愚蠢的妇女和无知的民众"。[48] 1520年10月,他在给鲁汶大学校长的信里写道:"我从不赞同,也永远不会赞同,在路德的书被阅读和讨论前,用这种公众骚乱的方式打压他。"[49] 大学"野蛮残暴"地没收并烧毁路德的作品,这些事情令伊拉斯谟震动,他继续抵制让他谴责路德的要求。当然,他也同样执拗地无视沃尔夫冈·卡皮托(Wolfgang Capito)、乌尔里希·冯·胡滕(Ulrich von Hutten)和

---

* 或译为《通俗拉丁文译本》,8世纪成为大公教会的标准《圣经》,Vulgate本义为"通用本"。——译者注

菲利普·梅兰希通（Philip Melanchthon）让他出面支持路德的请求。[50] 1521年，当伊拉斯谟永远离开尼德兰定居巴塞尔时，他在低地国家生活和文化中的地位已变得难以为继。

伊拉斯谟搬到瑞士，躲避尼德兰高涨的狂热，但他的精神遗产和他对低地国家思想和文化的重大影响留存下来。低地国家处在宗教内战的状态。[51] 伊拉斯谟本人傲慢地否认他对此负有责任。然而，虽然修士和保守派神学家对伊拉斯谟的斥责非常偏狭，但他们称是伊拉斯谟和新人文主义引发骚乱的这一主张是非常有道理的。[52] 伊拉斯谟坚持，解释《圣经》的终极权威掌握在人文主义学者手上，由此他事实上篡夺了教宗、神学院和教会的权威。他重新定义基督教的救赎，主张得救取决于个人意志，取决于模仿耶稣基督的范例生活。由此，伊拉斯谟贬低了教会的教导和圣事，尽管他明确嘲讽的只有无知堕落的教士。认为伊拉斯谟是宗教改革真正发起人的不只是修士和神学家。意大利人文主义者在将人文主义学术研究与神学相结合方面十分克制，他们同样认为伊拉斯谟负有责任。罗马教廷大使、人文主义者吉罗拉莫·阿莱安德罗（Girolamo Aleandro）曾与伊拉斯谟在威尼斯共住一室，1521年2月，在向教宗汇报路德的叛乱在尼德兰，尤其是在荷兰省产生的巨大影响时，他写道，路德的教义在荷兰省公开传播，"正是因为伊拉斯谟，才发生这些事"。[53]

16世纪20年代的欧洲，政治权威与宗教改革之间的冲突在尼德兰比在其他任何地方都鲜明、剧烈。这部分原因是，在哈布斯堡宫廷的统治下，尼德兰政府打压宗教改革的手段比其他地方的政府都强硬。但原因也在于，相比德意志、法兰西和英格兰，基督教人文主义对尼德兰社会的影响更深刻、更广泛。基督教人文主义最先在尼德兰兴起，相比斯特拉斯堡（Strasburg）、巴塞尔、法兰克福、奥格斯堡（Augsburg）这些城市的拉丁语学校，低地国家的城市学校更早被人文主义占领，以至于在1520年以前人文主义就影响了这里整整一代受过教育的精英。此外，在1520年之前，低地国家在神学和宣传方面对宗教改革的压制比别处都强，伊拉斯谟和路德之间的联系也因此更牢固地铭刻在了这里的民众心中。正如布鲁日伟大的人文主义者胡安·路易斯·比韦斯（Juan Luis Vives）在1522年给伊拉斯谟的信中所言："在这里，你被视为路德的信徒，这是确定无疑的。"[54]

在伊拉斯谟离开尼德兰前往巴塞尔的时候，他受到尼德兰众多有影响力的人物的崇拜，这种情况或许在北尼德兰尤为突出，因为北方正是基督教人文主义传统兴起之地。许多塑造尼德兰教育和文化的人物，深信他们所处的这个包含令人振奋的知识和精神的新世界要归功于伊拉斯谟个人。人文主义者赫拉尔杜斯·利斯特里厄斯（Gerardus Listrius）于1516—1522年间任兹沃勒拉丁语学校的校长，他在给伊拉斯谟的信中感叹："如果没有您，像我这样的人能取得什么成就呢？没有您，我甚至不敢尝试。我拥有的一切，尽管不那么好，但都归功于您。"[55] 总的来说，这些人通常也是宗教改革的支持者。[56] 1524年，伊拉斯谟与路德在关于人类意志的神学问题上公开决裂，但这并没有也不能改变伊拉斯谟在低地国家宗教改革中的地位。正相反，二者的公开决裂在某种重要意义上强化了伊拉斯谟与低地国家初期宗教改革之间的联系。因为在16世纪20年代后期，路德越来越在意忏悔，越来越教条，他已经无法继续启发尼德兰的宗教改革——宗教改革遭到了政府强有力的抵抗，已经成了一种受压制、秘密进行的活动。16世纪20年代初之后的几十年里，尼德兰主要的宗教改革活动只能作为一种无教义、多形式的秘密新教运动发展。就其本性来说，这种活动更容易从伊拉斯谟的圣经人文主义而不是路德神学中吸收养分。[57]

荷兰人文主义者和秘密新教徒私自把伊拉斯谟定义为荷兰文化的中心人物，这一行为将对接下来荷兰历史的发展有重大影响。伊拉斯谟本人则满怀忧虑地看待这个历史进程。他憎恶冲突与分裂，厌恶对民族认同的执迷。然而，正是人文主义研究在乌尔里希·冯·胡滕和众多德意志、法兰西、荷兰人文主义者心中唤起了民族认同。[58] 人文主义者关于民族认同的讨论仿佛一股潜流，潜藏在更广泛的神学和学术争论之下，微妙地影响着人们对文化、宗教以及民族主义的观点。伊拉斯谟不愿意被贴上"德意志人"的标签，拒绝将自己归于法兰西文化，还拿科尔内留斯·奥雷利乌斯和赫拉德·赫尔登豪尔十分珍视的巴达维亚神话开玩笑。伊拉斯谟蔑视"巴达维亚"这个标签，他坚持自己属于整个基督教世界。[59] 但是，如果说伊拉斯谟远离新兴的巴达维亚情结，巴达维亚神话却绝不排斥伊拉斯谟。[60] 因为正如荷兰各个秘密新教派别，包括后来与亨德里克·尼古拉斯（Hendrik Nicolaes）、迪尔克·福尔克特松·科恩赫特（Dirk Volckertsz. Coornhert）*相连的唯灵论运动，都从伊拉斯谟那里吸取养分，都将伊拉斯谟视为偶像，所有抵抗哈布斯堡、拒绝遵从天主教正统教义的尼德兰圣经人文主义拥护者，也都必定是从伊拉斯谟及其作品那里寻找灵感。这些作品是他们传播秘密新教教义的有效方法。他们还从古代巴达维亚人为了自由反抗罗马人的英勇事迹中得到了鼓舞。

事实上，在关键的16世纪20年代，伊拉斯谟作品的荷兰语译本

---

* 详见后文。——译者注

大大推动了低地国家宗教改革的发展。伊拉斯谟一些今天被人们高度赞赏的作品,在当时并没有受到特别的推崇,或是被认为与广大民众无关。因此,《愚人颂》在当时并不被视为重要著作,直到1560年它的荷兰语译本才出现。[61] 但秘密新教出版商和印刷商发现,伊拉斯谟的《基督教骑士手册》、有关《圣经·新约》的论著和他的《圣经·新约》译本本身都非常有利于传播支持宗教改革的观念。1523年之后,这些作品的荷兰语译本就出现在阿姆斯特丹、莱顿、代尔夫特、安特卫普和坎彭。[62]《基督教骑士手册》更是经常重印,尽管当局很快就认定它明显是宗教改革的工具,并予以查禁。

第4章

1516—1559年：领土合并

1516—1549年间，大河以北的尼德兰在哈布斯堡治下的统一是错综复杂的政治戏码，其中包含着对未来的影响。三个世纪以来，低地国家中偏远的小邦国逐渐被吸纳到一个权力网络之中，北尼德兰的统一标志着这一进程的完成。现在，小邦国由三大省——佛兰德、布拉班特和荷兰的统治者管理，这三大省的统治者也合并成了一个。在这三个世纪的进程中，三大省在人口和经济影响力上的优势日益增强。到16世纪40年代，在处理哈布斯堡尼德兰十七省的事务时，三大省的三级会议影响力十分强大，因为它们贡献了哈布斯堡尼德兰总税收的约75%，而其他14个省份所贡献的税收一共只占大概25%。

尽管从15世纪20年代起，这三大省就拥戴同一位统治者，并且尽管最初的勃艮第和如今的哈布斯堡都把权力中心设在布鲁塞尔，但哈布斯堡政权实现北尼德兰的统一仰仗的主要是荷兰省的人力和资源。在1516—1543年的统一战争时期，佛兰德和布拉班特给皇帝在布鲁塞尔的金库贡献了大笔资金。哈布斯堡政权越来越倚仗各省三级会议，同时各省三级会议（至少在尼德兰较发达的地区）也采用新手段为军事远征筹钱，这带来的结果是，在决定如何使用各省三级会议提供的税收时，哈布斯堡统治者不得不对三大省做出重大让步。这意味着，佛兰德和布拉班特对如何在尼德兰配置资源和税收有决定性的影响力，而它们一直否认大河以北的事务与自己有关系。佛兰德三级会议的一个固定原则是，该省投票同意给皇帝用于军事开销的资金不能用到大河以北的地区。[1] 每一笔拨款都规定，佛兰德的钱必须用来保卫佛兰德免遭法兰西人入侵，也就是说，事实上除本省外，唯一一个能使用佛兰德人的钱的省份就是阿图瓦，因为它被根特和布鲁日视为佛兰德的安全壁垒。

表2　1540—1548年间，税收贡献较高省份的税收份额
（在哈布斯堡尼德兰十七省总额中的占比）

省　份	占比（%）	省　份	占比（%）
佛兰德	33.8	里尔、杜埃、奥尔希	3.29
布拉班特	28.76	海尔德兰	1.14
荷兰	12.69	图尔奈及周边地区	0.93
阿图瓦	5.65	那慕尔	0.90
埃诺	5.47	弗里斯兰	0.59
泽兰	4.37	上艾瑟尔及德伦特	0.55

数据来源：Maddens, *Beden in het graafschap Vlaanderen*, 10—11.

于是，尼德兰北部社会、经济和政治势力的活动基本成了与荷兰省的互动，它们时而亲近，时而疏远。这些互动带来了统一。统一之后，尼德兰南北依旧是这种状态。用来征服大河北部较小省份的资源与军队主要由荷兰省提供。尽管查理五世对北尼德兰领主权的主张源自其荷兰与泽兰伯爵的头衔，他的利益和目标却与荷兰省三级会议相

去甚远，查理五世希望同时以佛兰德伯爵、布拉班特公爵和荷兰伯爵的身份接受新省份的臣服。对哈布斯堡政府来说，新领土并入了更广大的尼德兰实体中，它的王座位于大河以南，它的首都，它在政治和教会方面的主要任免权的来源，都是布鲁塞尔；兼并行动的主要目标是巩固哈布斯堡尼德兰，作为对抗法兰西的堡垒。

其结果便是不稳定的二元权力结构。这种结构只是相当松散地结合在一起，而且事实证明，这种结合十分短暂。1572年的分裂只在表面意义上逆转了1516—1549年的统一。而反抗西班牙的大起义将确认南北之间根本上的分裂以及北部在荷兰省霸权之下漫长、渐进的一体化。

荷兰省于是在结果十分不明确的情况下追求着对北部小邦国的优势。到1516年，这一进程已经持续了数个世纪，但依然遭受着坚决的抵抗。不过荷兰省在北部追求优势地位的行为并没有受到普遍反抗，反抗的是部分地区和派系。自始至终，荷兰省的干预在受到某些城镇和贵族派系支持的同时，又遭到另一些城镇和派系的抵制。支持荷兰省的势力不断增加，荷兰省的财富和权力也逐步扩张，北部省份的统一因此具有内在的合理性，并且最终变得不可逆转。

北方统一的进程基本就是各势力从属于荷兰省的过程，这一过程的影响同时体现在政治、经济和文化上。正如晚近历史所展示的，东北部省份不可挽回地陷入动荡和骚乱。就当时而言，弗里斯兰、格罗宁根、上艾瑟尔、德伦特和乌得勒支这些省份的政府都太过脆弱，连海尔德兰也是如此。它们难以提供可靠的基础，来解决在这整片地区肆虐的党派冲突，建立稳定的管理机构。稳定如果真的能到来，便只能来自唯一的潜在霸权中心——荷兰省。

佛兰德和布拉班特并不能成为合适的替代选项。河流和内陆水道从西流向东,而非从南流向北,于是内部贸易也大体如此。因此,对海尔德兰和上艾瑟尔的沿河城镇来说,最重要的经济生活是沿莱茵河、马斯河、瓦尔河以及跨须德海的交通往来,也就是这些沿河城镇与荷兰省的互动,而不是与佛兰德和布拉班特稀少的联系。

北尼德兰在1516—1549年间的统一进程以及此前荷兰省与海尔德兰在1506—1508年间的战争都呈现出一种模棱两可,或者说两重性的特征。这种特征还体现在人文主义者就巴达维亚神话起源展开的争论中。[2] 这个迷人的神话主张,塔西佗笔下英勇、品德高尚、热爱自由的古代巴达维亚人曾生活在北尼德兰,或者说北尼德兰的部分地区。他们在克劳迪亚斯·西维利斯(Claudius Civilis)的领导下成功反抗罗马人。1500年前后,这则神话就在荷兰人文主义圈子中兴起,具有重要的政治和文化寓意。

荷兰逐渐被视为一个政治、道德和文化实体,被视为"祖国"(patria)和"国家"——科尔内留斯·奥雷利乌斯经常使用的词语。这种新的、更广泛的爱国主义情怀的形成,从一开始便受到巴达维亚神话的有力推动,因此在大起义时期与黄金时代,巴达维亚神话成了荷兰文化认同不可或缺的部分。[3] 人文主义者立即意识到其中的危险之处。因为,无论哪支居住在低地国家及其附近的民族是古代巴达维亚人的后代,他们都因此获得了一种政治和道德上的身份,得到了一种潜在的帝国衣钵,这会让这一民族有理由夸耀自己的优越性,将自己置于邻邦之上。没人认为巴达维亚人居住在大河之南,但南方的人文主义者也参与了讨论。他们质疑科尔内留斯·奥雷利乌斯在《为光荣的巴达维亚人辩护》(*Defensio Gloriae Batavinae*,1510年)一书中提出的论点,即荷兰省是巴达维亚人的故乡,荷兰省人是他们的后代。不过,对奥雷利乌斯最尖锐的挑战来自另一方向。海尔德兰人赫拉德·赫尔登豪尔主张,海尔德兰才是古代巴达维亚人的故乡,荷兰省不是。他用了20年时间论证这一主张,最终将研究写在了《巴达维亚史》(1530年)中。[4]

于是,16世纪初发生于海尔德兰与哈布斯堡尼德兰之间的冲突,以及在乌得勒支、弗里斯兰、格罗宁根和德伦特不断升级的斗争,都可以从两个不同的方面来理解。一方面,这是一种王朝斗争,斗争双方是权力中心位于布鲁塞尔的哈布斯堡统治者与其反对者——尤其是海尔德兰公爵。而另一方面,在许多荷兰人,包括伊拉斯谟看来,[5]这是荷兰与其麻烦的邻居之间的竞争,而荷兰完全有权控制它们。这种观点在奥雷利乌斯1517年的荷兰编年史巨著中体现得最为彻底。查理五世派往弗里斯兰的军事指挥官、荷兰贵族约翰二世·范瓦瑟纳尔(Johan II van Wassenaer)在1522年斯洛滕(Sloten)围城战时被杀。他是皇帝的代表,却被奥雷利乌斯赞颂为荷兰美德和自由的代表、荷兰贵族的典范。

1516年,荷兰对弗里斯兰的远征失败了,但没有被彻底驱逐。战争悬而未决地拖延着,哈布斯堡的事业慢慢取得进展。在弗里斯兰的反哈布斯堡派别看来,他们与海尔德兰之间的联盟只是一种手段,目的是保卫"弗里斯兰的自由"并抵制讨人厌的消费税——此前萨克森的阿尔布雷希特和格奥尔格就征收过这种税,若勃艮第-哈布斯堡政府胜利,必然也会重新引入。[6]联盟起初很稳固,然而,随着冲突的继续,弗里斯兰被不守规矩的海尔德兰人袭击和打劫,越来越多的弗里斯兰人开始认为,无论有没有特权,哈布斯堡军队取得胜利是终结动乱的唯一途径。[7]

随着弗里斯兰战争的延续,支持灰衣教士派和查理五世的力量逐渐增强。灰衣教士派竭尽所能挽救"弗里斯兰的自由"。查理五世曾含糊地许诺会尊重弗里斯兰的古老特权。灰衣教士派要求得到明确保证：皇帝的权力将最小化，弗里斯兰主要的司法和财政官员——乡村治安法官"格里特曼"（grietman）将由弗里斯兰三级会议而非查理五世及其幕僚任命。[8]

虽然弗里斯兰拖拉的冲突给查理五世造成了相当大的麻烦，但他不得不优先关注其他更重大的事情。现在，查理五世已是神圣罗马帝国的皇帝，正在应对西班牙城市公社起义（1520年）、法兰西在意大利的挑战和德意志宗教改革，他完全明白北尼德兰的反哈布斯堡起义可能扩散甚至失控。不久之后，卡雷尔公爵就在库福尔登（Coevorden）和兹沃勒布置了守卫部队，将影响力扩大到德伦特和上艾瑟尔的大部分地区。[9]不过，对荷兰省而言，弗里斯兰的持续动乱和海尔德兰的实力增长则非常令人讨厌。[10] 1517年，菲特科普派和海尔德兰人在弗里斯兰抵抗入侵的同时，还增强了他们对须德海航运的攻击。当时，一支从弗里斯兰乘船而来的劫掠部队在荷兰省登陆，打劫了从梅登布利克到阿姆斯特丹城墙一带的地区。愤怒横扫荷兰省，当时在布鲁塞尔的伊拉斯谟也倍感愤怒；查理五世及其随从则是在米德尔堡（Middelburg）等待驶向西班牙的有利风向时听到了这个令人不悦的消息。

1517年之后的10年里，查理主要停留在西班牙和德意志，尼德兰因此再次由玛格丽特（奥地利的）摄政。此外，1521年与法兰西爆发战争后，布鲁塞尔宫廷和尼德兰权贵的注意力也主要集中到了法兰西边界而不是北尼德兰的冲突上。1522—1523年，弗里斯兰战争和弗里斯兰独立运动结束，其主要因素有二：第一，弗里斯兰内部和海尔德兰盟友对战争的支持减弱；[11]第二，荷兰省决心征服弗里斯兰人。1521—1523年，荷兰省三级会议投票，同意给弗里斯兰远征拨付异常庞大的资金；[12] 一支强大的军队在扬·范瓦瑟纳尔（Jan van Wassenaer，这一家族主支的最后一位成员）的率领下从荷兰省启程。1523年，弗里斯兰最后一支抵抗力量溃败。

卡雷尔公爵和他背后的海尔德兰人丢失了在弗里斯兰的基地。在奥默兰，他的处境还要更差。这里的政治事件围绕格罗宁根城与奥默兰土地贵族（至少是其中较有权势和影响力的一些）之间持续的纷争展开。格罗宁根城的经济已经远远超过其周边的内陆乡村地区，其领先程度可能比低地国家的任何其他城市更甚。鉴于市议事会已经把赌注押在卡雷尔公爵一边，主要的土地贵族——范尤瑟姆（Van Ewsum）、里珀达（Ripperda）、伦格斯（Rengers）和塔明哈（Tamminga）便选择支持哈布斯堡。事实上城市的行会也是如此。[13] 不过，城市显贵确实获得了一些不太重要的奥默兰土地贵族的支持，这些领主因为既没有影响力又得不到官职而不满。

因此，弗里斯兰不可能再抵抗侵略，卡雷尔公爵对格罗宁根、德伦特和上艾瑟尔的控制也岌岌可危。然而，北尼德兰整体的政治前景依然悬而未决。这场斗争的关键时刻在1524年到来，当时勃艮第的菲利普去世，他是乌得勒支、上艾瑟尔和德伦特的采邑主教，也是哈布斯堡权势的捍卫者。乌得勒支和上艾瑟尔陷入哈布斯堡支持者与反对者的派系分裂中，整个地区处于骚乱的边缘。面对这种情形，乌得勒支教会中不同派系的教士想出了一个妥协方案——选举巴伐利亚的亨利为新采邑主教，因为他是个中立人物，与皇帝和卡雷尔公爵都有关系。卡雷尔公爵同意承认亨利采邑主教的身份，并且在获得补偿的前提下撤出上艾瑟尔和德伦特。

然而事实证明,新任采邑主教并不能压制乌得勒支的激烈冲突,这主要因为他不得不征收沉重的消费税来补偿卡雷尔公爵。形势因为法兰西国王弗朗索瓦一世*的阴谋而进一步恶化,他计划通过动摇哈布斯堡在尼德兰的权力,增强自己在意大利获胜的可能性。1525年,乌得勒支行会发动起义,控制城市并组织新议事会。新议事会带有强烈的反教权主义观念,削减了该城众多富裕教士的特权,尤其重要的是取消了教士免缴啤酒和葡萄酒消费税的特权。[14] 乌得勒支城的显贵在教士和贵族的支持下,为重夺权力而战。激烈的街头战斗之后,人民的政党被推翻。正当此时,即1527年8月,卡雷尔在法兰西的怂恿下,插手支持反抗采邑主教的起义,并派去了他的军队。[15]

卡雷尔公爵是个足智多谋的投机者,一直力图破坏哈布斯堡在北尼德兰的霸权。他的有利条件在于,反哈布斯堡、反荷兰省的观念和根深蒂固的制度特殊主义在这片区域普遍存在。即便如此,他的地位也较为脆弱,这或许是因为查理五世是无比强大的统治者,但更重要的原因在于,整个尼德兰东北部地区的政治精英处于无可挽救的分裂状态。卡雷尔利用的特殊主义有与之势均力敌的对手,即人们对和平与稳定的渴望,而这只有默然接受哈布斯堡和荷兰省的霸权才可能获得。此外,卡雷尔将他与哈布斯堡之间的斗争局限在政治领域,表明自己无意支持宗教改革,也无意与德意志的新教王公结盟。[16] 1526年,赫拉德·赫尔登豪尔在公开信中呼吁卡雷尔公爵驱逐修士,没收教会财产,[17] 公爵对此不予理会,他更想阻止路德宗在其领土的传播。公爵认为,如果他刻意疏远新教,那么皇帝将继续视他为排在法兰西、

---

* 原文为 Francis I,据后文统一为法语拼写 François I,并据此翻译。——译者注

路德宗和土耳其人之后的次要问题,容忍当前半战争半和平的不稳定状态,而这种状态最有利于资源有限的海尔德兰。

1527年入侵乌得勒支和上艾瑟尔或许是卡雷尔最大的错误,因为从卡雷尔的利益考虑,这场入侵激起的反应正是他应该避免的。[18] 他现在才发现自己受到来自北部和西部两边的强大压力。他夺取上艾瑟尔控制权的行动完全失败了。上艾瑟尔的采邑主教政权现在已然倾覆,不过这里的市镇和贵族更愿意臣服于皇帝而不是海尔德兰。[19] 与此同时,采邑主教看到自己无望重建权威,于是将自己在乌得勒支和上艾瑟尔的王公权力让给查理五世。1528年1月,上艾瑟尔三级会议承认皇帝是他们的统治者。尽管如此,要想将海尔德兰人赶出乌得勒支,依然需要相当多的资源,而这些资源只有荷兰省可以提供。荷兰省欣然同意。多年来,海尔德兰和上艾瑟尔的内陆贸易一直遭受战争和动荡的阻碍。早在1528年的著名袭击之前,乌得勒支地区的骚乱就被视为主要的麻烦。1528年,卡雷尔的指挥官马尔滕·范罗苏姆(Maarten van Rossum)率军横扫荷兰省南部,洗劫海牙。范罗苏姆袭击之后,荷兰省立即批准前所未有的大笔津贴,同时专门招募3 500人组成军队核心力量,入侵乌得勒支。[20] 这支军队将卡雷尔的军队逐出乌得勒支,随后夺取了海尔德兰本土的哈特姆(Hattem)、埃尔堡(Elburg)和哈尔德韦克(Harderwijk)。1528年10月,卡雷尔屈服,承认皇帝是乌得勒支和上艾瑟尔的君主,不过条件是保留对海尔德兰、格罗宁根和德伦特的实际控制权。

乌得勒支三级会议在荷兰省境内的霍林赫姆(Gorcum)*承认查理五世为统治者,而皇帝本人当时在托莱多(Toledo)。荷兰与泽兰执政、霍

---

* 据荷兰语 Gorinchem 译。——编者注

赫斯特拉滕伯爵安托万·德拉兰（1522—1540年）负责将乌得勒支并入哈布斯堡尼德兰，并监督该省官员重新宣誓。[21] 乌得勒支和上艾瑟尔是教会的领地，不过也轻易就获得了教宗克莱门特七世的许可，1527年皇帝的军队洗劫了罗马，教宗因此处在皇帝的控制中。[22]

1528年的事件大大提高了查理五世在北尼德兰的权威，不过这毕竟是荷兰省提供了解决途径，而新形势必定会造成荷兰省三级会议与查理五世摄政政府之间的冲突。担任摄政的先是奥地利的玛格丽特，后是皇帝的妹妹匈牙利的玛丽（1531—1555年任尼德兰摄政）。荷兰省的摄政官和贵族院期待自己的支持获得适当的回报：除了更多的安全保障、更好的贸易环境，他们还希望皇帝同意以有利于荷兰省的方式解决荷兰省与新兼并省份之间长期的冲突。例如，阿姆斯特丹和西弗里斯兰港口要求废除上艾瑟尔的特权，即禁止荷兰人在上艾瑟尔的须德海沿岸捕鱼。[23] 至于乌得勒支，荷兰省希望对其进行某种形式的兼并，或者至少让该省在政治上从属于荷兰省。[24] 荷兰省三级会议在16世纪30年代不断提醒位于布鲁塞尔的政府：荷兰省在"削弱"弗里斯兰、乌得勒支和上艾瑟尔的过程中发挥了主要作用，而这应当体现在这些省份的新政府安排中。

查理并不打算允许乌得勒支并入荷兰省。但是从战略上考量，再加上没有荷兰省的帮助显然也不可能控制住新省份，乌得勒支最终被置于荷兰与泽兰执政的控制下。1528年，乌得勒支城内开始建造弗里登堡（Vredenburg），这是一座用于威吓城里反叛行会的大型城堡，经费由荷兰省提供。乌得勒支新主教乔治·范埃赫蒙德（Georges van Egmond，1535—1559年）是荷兰省贵族子弟。不过，皇帝拒绝将乌得勒支的司法管理权交给荷兰与泽兰高等法院，他宁可在1528年设立一个独立的乌得勒支省高等法院。[25]

荷兰省声称自己在征服新省份时发挥了主要作用。16世纪30年代,荷兰省三级会议不仅利用这一论断要求与这些省份相关的有利条件,还试图用它转移布鲁塞尔施加的越来越大的压力——保卫尼德兰南部免遭法兰西侵害所需的花费不断上涨,布鲁塞尔希望荷兰省为此贡献更多。荷兰省三级会议认为没有理由如此深切地关心法兰西对佛兰德和布拉班特的威胁。1536年6月,荷兰省三级会议被索要钱财的要求激怒,他们提醒玛丽,自从哈布斯堡的腓力去世,30年来荷兰省在没有南部省份参与的情况下,资助了对抗海尔德兰、弗里斯兰和乌得勒支的战争,保护了自己在波罗的海的航运。与此同时,荷兰省还与其他领土一起支付防御法兰西的开销。防御这件事"与荷兰人无关,但他们仍然给予资助,仿佛自己就坐在烈火边上"。[26] 荷兰省三级会议认为,尼德兰大河以北地区的需求与优先考量的事情和南部地区的根本不同。事实也的确如此。

16世纪30年代早期和中期,皇帝的注意力集中在意大利和地中海一带以及他与法兰西的冲突上。这一时期,荷兰省则主要关心自己与吕贝克和丹麦-挪威的关系,以及保护航运业和北海捕鲱业的需求。与此同时,海尔德兰、格罗宁根和德伦特依然不稳定且酝酿反哈布斯堡政权的阴谋。卡雷尔公爵在奥默兰有数支卫戍部队,但没有一支在格罗宁根城里。1536年,公爵试图将部队调入城市威吓行会时,市议事会撤回支持,决心承认查理五世对格罗宁根城及其属地霍雷赫特(Gorecht)和奥尔丹布特(Oldambt)的统治权,进而结束本省内战。查理五世的手下,弗里斯兰执政申克·冯·陶滕堡(Schenck von Tautenburg)侵入格罗宁根,在海利赫莱(Heiligerlee)战役中击败了卡雷尔的军队及其菲特科普派盟友,成功占领格罗宁根省。申克还夺取了边界领土韦斯特沃尔德(Westerwolde),这曾是查理五世分封给申克的私人领地,现在仍是哈布斯堡尼德兰的一部分,但位于格罗宁根省之外。[27] 不久,申克的部队还攻陷了库福尔登,确立了哈布斯堡在德伦特的统治。根据1536年12月的《赫拉弗条约》(Treaty of Grave),卡雷尔将格罗宁根、奥默兰和德伦特的领主权割让给了皇帝。

1538年,卡雷尔公爵去世,没有继承人,约翰三世接任海尔德兰公爵,此后克莱沃的威廉·冯·德马克(Wilhelm von der Marck)很快又在1539年接任。威廉公爵是最后一任反对在哈布斯堡治下统一尼德兰的王公。从战略上说,1539年查理五世在大河以北的地位比他统治初期要高得多。而另一方面,相比卡雷尔公爵,威廉在某些方面给哈布斯堡霸权制造了更大的威胁。[28] 威廉公爵将海尔德兰与克莱沃、马克、贝赫(Berg)和于利希统一到一起,进而在尼德兰和德意志之间占据了一块较大的领地。此外,新公爵在1541年改宗路德宗。在他的统治下,路德宗在海尔德兰获得迅速发展,就像在毗邻的德意志各邦国一样。[29] 毫不意外,考虑到这一因素以及公爵与德意志新教施马尔卡尔登同盟,法兰西和丹麦联盟,查理断定海尔德兰的独立现在已经危在旦夕。1542年,海尔德兰人在马尔滕·范罗苏姆的率领下,最后一次发起对哈布斯堡领地的攻击,并短暂占领阿默斯福特(Amersfoort)。1543年,皇帝率领德意志军队从波恩沿莱茵河进军,击败敌人,并根据同年9月签署的《芬洛条约》(Treaty of Venlo),迫使公爵交出海尔德兰的控制权。

现在,统一的进程已经基本完成,句号最终在1548年画下。当时,尼德兰三级会议和神圣罗马帝国的帝国会议颁布了所谓的《国事诏书》（*Pragmatic Sanction*），承认哈布斯堡尼德兰是个独立、单一的实体，规定哈布斯堡尼德兰整体的统治权将永恒地传给皇帝的继承人。诏书还力图确定尼德兰与神圣罗马帝国其他地区日后的关系。[30] 随后，尼德兰各省三级会议和17个省的高等法院在1549年批准《国事诏书》的条款，并宣誓效忠。[31]

1548年完成的统一给尼德兰的政治、经济和文化生活带来了重大改变。最根本的变化是，几个世纪以来东北部省份常见的、近乎无法无天的政治动荡和地区性骚乱结束了。在弗里斯兰，菲特科普派与灰衣教士派之间的派系冲突，以及其他省份的类似冲突都在16世纪中叶停止了。海尔德兰的转变开始得最晚，不过在16世纪四五十年代迅速完成：过去，这里是臭名昭著的混乱、危险之地，贵族们用剑解决纠纷；现在，用当时的话说，它成了"正义之地"，纷争都在法庭里解决。[32] 与此同时，蒂尔（Tiel）和扎尔特博默尔（Zaltbommel）这些海尔德兰西部边境地区也开始从15世纪90年代以来的战火蹂躏中渐渐恢复。荷兰也从统一当中获益良多，例如安全状况得到改善，沿河的交通运输不再受阻，荷兰省与乌得勒支边界的堤坝与水闸也得到了更好的管理。

虽然查理并不否认荷兰省在平定和守卫各省上的特殊作用，但是1522—1523年后，他在重组北尼德兰各机构时，优先考虑的是加强新兼并地区与布鲁塞尔的联系——而非与海牙的联系，进而塑造更统一的哈布斯堡尼德兰。[33] 弗里斯兰三级会议没能保住任命本省乡村治安法官的权力。1523年后，这项权力由布鲁塞尔的摄政以及弗里斯兰的执政和高等法院共同行使。[34] 而该省执政、乡村治安法官、城镇主要法官和1527年才最终定型的新高等法院的法官皆由皇帝任命，皇帝在弗里斯兰的影响力和任命权比此前任何政权的都要大。[35] 此外，即便已经在1536年兼并格罗宁根，皇帝仍然在吕伐登、哈灵根（Harlingen）和斯塔福伦（Stavoren[*]）三地保留了卫戍城堡。

格罗宁根从一开始就存在棘手的管理问题，因为它事实上包含两个独立的实体：一是15世纪就被征服的格罗宁根城及其附属地霍雷赫特和奥尔丹布特，二是奥默兰。双方一直相互侵犯。奥默兰有自己的议事会，下分三个区：欣辛霍（Hunsingo）、费弗林霍（Fivelingo）和韦斯特夸尔捷（Westerkwartier）——每个区也有自己的议事会。格罗宁根城原先比奥默兰更反对哈布斯堡，但1536年后，哈布斯堡意图通过纵容该城的自负来控制格罗宁根省。[36] 皇帝因而批准格罗宁根城管理霍雷赫特和奥尔丹布特地区的司法事务，这遭到奥默兰的反对；同时，查理五世还支持该城拥有广泛的重大权力，于是，包括酿酒和某些农产品销售在内的许多经济活动为格罗宁根城专享，而对奥默兰禁止。与此同时，哈布斯堡政府还让奥默兰主要的土地贵族家庭把持乡村治安法官和地方机构的职位。即便如此，格罗宁根城与奥默兰的矛盾仍然难以解决。到1572年，哈布斯堡在该省的权力或许比在任何其他省份都要弱。[37] 1561年，奥默兰人雇用著名的弗里斯兰法学家阿赫哈乌斯·德阿尔巴达（Aggaeus de Albada）[**]为发言人，向布鲁塞尔和梅赫伦的法庭起诉格罗宁根城，此后，中央政府面对的问题更加复杂。到16世纪60年代的骚乱吞没哈布斯堡尼德兰时，这项司法难题仍未解决。

在上艾瑟尔，哈布斯堡政府也没有很成功。三大城镇——代芬

---

[*] 原书为 Staveren，为旧拼写方式。——译者注

[**] 后文亦出现过 Aggaeus van Albada 的拼写，指的是同一人。——编者注

特尔、兹沃勒和坎彭——以自己与汉萨同盟和帝国会议的联系为傲。1528年,它们曾试图安排上艾瑟尔臣服于作为神圣罗马帝国皇帝的查理五世,而不是作为佛兰德伯爵、荷兰伯爵、布拉班特公爵的查理,不过未果。上艾瑟尔与弗里斯兰、海尔德兰形成鲜明对比,在这里,传统上主导政治生活的是城镇代表而非贵族。然而,城镇代表的目标一直是将城市自治权最大化,而不是让省三级会议的权力最大化。因此,查理及其幕僚在努力强化省管理机构、削弱市镇自治权的同时,试图让省机构更依赖中央政府。上艾瑟尔的一个关键变化是,此前三级会议承担的省高级法院的职能被分割出去,中央政府遵循与弗里斯兰和乌得勒支类似的模式,设立了独立的高等法院。[38]上艾瑟尔的新高等法院于1553年在兹沃勒成立,它同时负责德伦特和林根的司法事务;此外,与乌得勒支高等法院类似,它在理论上归梅赫伦的大议事会管辖。[39]不过,因为三级会议的大力阻挠,新机构直到1566年才勉强开始运转。[40]

相比之下,哈布斯堡在乌得勒支的重组工作更见成效。1528年之前,这里的采邑主教就出了名的软弱。他居住在迪尔斯泰德附近的韦克(Wijk-bij-Duurstede),其权威一直受到乌得勒支城的挑战,不得不一直与乌得勒支城斗争。乌得勒支三级会议曾赢得按其意愿召集会议、安排自己议程的权力,现在这一权力受到打压。[41]1528年之后,三级会议只能在执政和中央政府批准后召开,而其议程则由1529—1530年设立的乌得勒支高等法院制定。在查理五世统治时期,乌得勒支三级会议相当频繁地开会,但通常只是为了投票通过给中央政府划拨资金,该省需支付的资金被定为荷兰省的10%。[42]三级会议的形式得以保留,它包括三个团体——教会教士、贵族院和该省五座城镇的代表——每个团体各占一票,然而,教士的影响力现在大大削弱。乌得勒支城的自治权同样被削减,标志性事件便是,根据皇帝的命令,圣马丁的图案从城市盾徽上被移除。自1304年以来,乌得勒支城的市议事会每年都由该城行会的代表团按照"东尼德兰模式"选出,选举方法与格罗宁根、奈梅亨等东部城镇相似。而1528年之后,行会的作用被消除,统治者通过其执政和高等法院任命议事会成员。[43] 乌得勒支城政府于是改由摄政官和贵族构成的精英集团控制,他们都是皇帝的扈从。1534年,三级会议重新定义了"贵族院"成员,即55座公认的、带有吊桥的领主宅邸的主人。尽管不受正式的限嗣继承法限制,但是通常认为这些宅邸只能由该省贵族买卖。

哈布斯堡的政策也使海尔德兰发生了重大改变。按照尼德兰的标准,海尔德兰是一块较大的领土,它给布鲁塞尔的政治和司法一体化制造了最棘手的难题,或许只有格罗宁根的麻烦程度跟它不相上下。这里的一个重大难题在于,存在于海尔德兰内部和周围的众多飞地宣称自己直属于神圣罗马帝国,这个问题在海尔德兰比在其他地方严重得多。[44] 海尔德兰的爵位贵族从1492年起逐渐成形,他们基本上是独立的王公。面对卡雷尔公爵,他们或保持中立,或公开支持哈布斯堡。比伦伯爵和布龙克霍斯特-巴滕堡(Bronckhorst-Batenburg)伯爵在抵抗卡雷尔权威时尤为积极。[45] 海尔德兰被置于查理五世统治下之后,比伦伯爵、布龙克霍斯特-巴滕堡伯爵、贝赫伯爵、屈伦博赫(Culemborg)伯爵和林堡-斯蒂伦(Limburg-Stirum)伯爵,事实上还有奈梅亨城,全都宣称有权直接诉诸帝国大法院和神圣罗马帝国会议,并且不受海尔德兰公爵的统治。[46] 这些领主的一些土地,如贝赫伯爵在斯海伦贝赫('s-Heerenberg)附近的领地以及属于布龙克霍斯特-巴滕堡伯爵的布雷德福特（Bredevoort），就在海尔德兰与帝国的边界上，有些领土可能直接就是帝国的组成部分。[47] 属于克莱沃的大面积飞地也是如此。

另一个明显的难题是海尔德兰省政府和各机构的高度分散。海尔德兰分为四个区（参见地图4），包括阿纳姆［Arnhem，又称费吕沃（Veluwe）］、奈梅亨、聚特芬和上海尔德兰（或鲁尔蒙德），每个区都有自己的议事会。在这些议事会中，各区的贵族院、小城镇，当然还有主导城镇，都能得到代表权。海尔德兰的省三级会议通常每年聚会一次，轮流在各主导城镇召集。1543年海尔德兰省落入神圣罗马帝国皇帝之手时，其司法和财政管理机构都处于相当混乱的状态。

查理五世给海尔德兰设置了单独的执政，使之独立于北部的两大区域——一个由荷兰、泽兰和乌得勒支组成，另一个由弗里斯兰、格罗宁根、德伦特、上艾瑟尔和林根组成。北部各省于是被分配到了三位执政手上，这一模式将一直延续到1589年。不过，主要的创新还是1547年在阿纳姆设立的高等法院，皇帝力图借此进一步统合海尔德兰，并且将该省整合到尼德兰整体中。[48] 新机构旨在行使司法和政治职能，就像现存的荷兰（与泽兰）、弗里斯兰和乌得勒支各省高等法院那样。高等法院成了布鲁塞尔与海尔德兰三级会议及四个区议事会之间的主要联系纽带。根据其章程，高等法院由7名终身任职的委员组成，选拔委员时，先由各区议事会提交双倍候选人名单，执政再从名单中确定最终人选。为了控制高等法院，查理五世设置了大法官。16世纪40年代之后，大法官在海尔德兰省的政治重要性仅排在执政之后。执政缺席时，大法官将履行其职务。中央政府希望通过高等法院安排三级会议的议程控制其会议，因而强行推行了一条遭到三级会议和各区议事会激烈反对的规定,即只有在中央政府通过高等法院召集会议时,他们才能集会。[49]

海尔德兰的高等法院证实,16世纪中期哈布斯堡(查理五世)重组尼德兰东北部的效果不容小觑。该省变得更有秩序了。中央政府发展出了新的控制手段。在城镇,行会的影响力与其代表团的影响力一同衰减。[50] 显贵寡头的权力相应增强。布鲁塞尔政权和海尔德兰高等法院还削弱了一些爵位贵族的自治地位。这些领主中的一小部分在一定程度上被整合到了1543年后新建立的司法和财政框架中;而他们与神圣罗马帝国之间的联系被《国事诏书》削弱了——至少完全处在海尔德兰之中的领地如此。[51]

不过,即便在哈布斯堡官僚化和中央集权化进程最成功的地方,领地和爵位贵族的分散状况也远没有完全遭到压制,司法和心理方面尤其如此。爵位贵族通过各种方式捍卫自己独立自主或半独立自主的地位。1543年之后的几十年里,历任贝赫伯爵继续在自己治下的斯海伦贝赫城铸造自己的货币,历任巴滕堡领主也是如此。[52] 这样的情形带来了数不胜数的行政、司法乱象,而哈布斯堡为减少乱象所做出的努力催生了怨恨情绪,未来这些情绪会给哈布斯堡政权造成严重的后果。过去,海尔德兰地区的伯爵们是该省勃艮第-哈布斯堡势力的主要支持者。1548年之后,他们不仅变成了哈布斯堡国家建设的头号反对者,而且直到16世纪80年代,他们都是当地宗教改革的拥护者。

《芬洛条约》和随后的《国事诏书》基本上让低地国家在哈布斯堡治下统一。然而必须承认,在许多方面,统一的进程更多是表象而非事实。面积庞大的独立封邑——列日采邑主教区及其属地洛恩(Loon)伯爵领地仍在哈布斯堡尼德兰的势力范围之外;海尔德兰内部和周边的飞地很大程度上也是如此，比如比伦伯爵领地、屈伦博赫伯爵领地；而荷兰和乌得勒支边界的领地莱尔丹、菲亚嫩和艾瑟尔斯泰因（IJsselstein）也一样。此外，在哈布斯堡尼德兰之外，上海尔德兰以南、马斯特里赫特（Maastricht）城附近的马斯河河谷沿岸，分布着大约30个在法律上隶属于神圣罗马帝国的小领地。[53] 其中赫龙斯费尔德（Gronsveld）紧靠马斯特里赫特城南部；而其中最

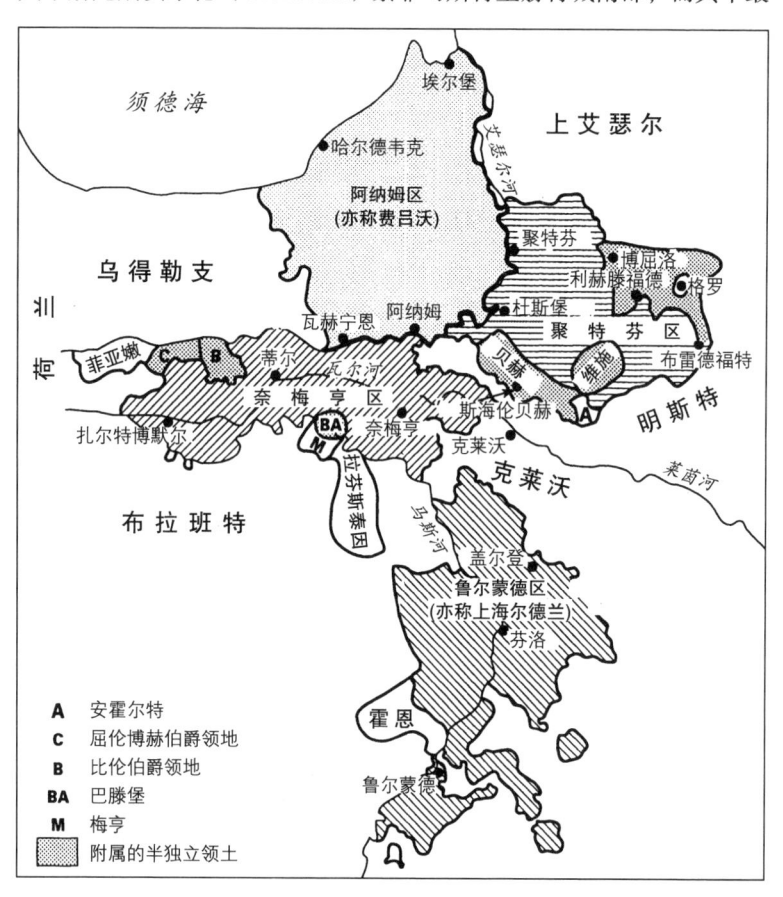

地图4 16世纪海尔德兰省的4个区及其附属的半自治领土

大的拉纳肯（Lanaken）则部分与马斯特里赫特城的北部相邻。此外，查理五世还承认低地国家相当大面积的地区（今天它们在尼德兰的边境内）分属周边的于利希、克莱沃和明斯特（Münster）这些德意志邦国，它们包括拉芬斯泰因（Ravenstein）、叙斯特伦（Susteren）、亨讷

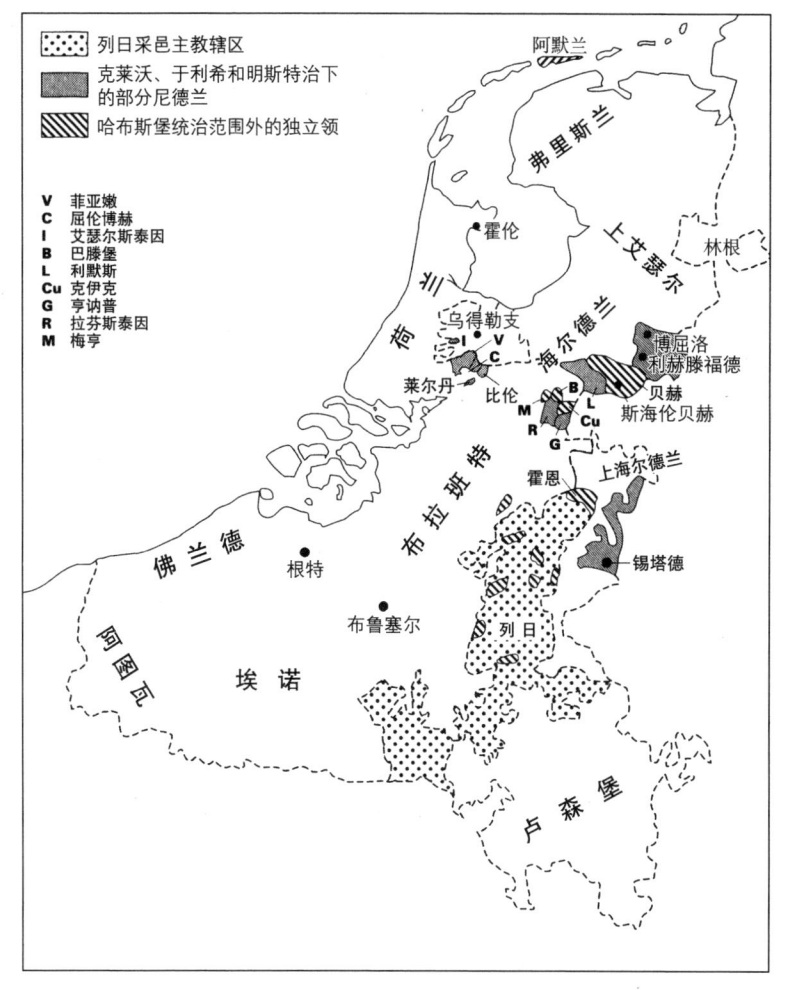

地图5　1543年后尼德兰的独立领和自治领

第4章　1516—1559年：领土合并

普（Gennep）、莫克（Mook）、锡塔德（Sittard）、泰赫伦（Tegelen）、博屈洛（Borculo）、利赫滕福德（Lichtenvoorde）、利默斯（Liemers）和赫伊森（Huissen）。(参见地图5)

16世纪中叶的改革和官僚化让查理五世配置了相关机构，使他能用行政管理的手段组织镇压宗教改革的活动，这些活动的持久和坚决在16世纪的欧洲数一数二。然而事实证明，这些机构并不能胜任这项任务，尤其是在上艾瑟尔、格罗宁根和海尔德兰这些省份，因为哈布斯堡政权对它们的控制仍然相当松。

但是，限制哈布斯堡尼德兰凝聚的最大阻力仍是北部和南部的分立，这是大河的阻碍和荷兰省地方机构的强大导致的。事实上，北部和南部在许多方面仍然像1543年以前那样分裂，因为查理五世是用荷兰省的资源统一了北部，佛兰德和布拉班特完全没有参与这一过程。事实上，受到查理五世巨大成就的激励，包括哈布斯堡尼德兰统治的全部17个省份统一的尼德兰国家这种观念，在宫廷、少数人文主义者和官僚那儿有所发展。[54] 但是这一观念仅仅局限在少数人之中。在大河以北的人中，甚至在人文主义者之中，都存在另一种思潮，它强调巴达维亚神话，强调以荷兰或海尔德兰为基础的爱国主义，它比容纳南北的"统一的尼德兰国家"更强劲。

在更广泛的社会中，主流观点认为，其他主要省份的居民都是"外国人"，不应准许他们担任本省的官职，他们的利益与本省人的利益毫不相关。这种观念在荷兰、佛兰德和布拉班特都同样流行。荷兰省还存在另一种观念：乌得勒支、上艾瑟尔和其他北部省份的利益尤其应该从属于荷兰省的利益。此外，事实证明，由于荷兰省自13世纪以来就一直是大河以北唯一合适的权力基地，上述观点在塑造尼德兰未来时将发挥决定性作用。

哈布斯堡尼德兰的矛盾也反映在荷兰语的复杂演化上。16世纪荷兰语的发展反映了哈布斯堡治下中央集权和统一的倾向；但也同样反映了低地国家缺乏真正的中心和主要权力区块继续分立的情况。法语是位于布鲁塞尔的哈布斯堡宫廷的官方用语。这一事实不仅在哈布斯堡政权与绝大多数民众之间制造了语言隔阂，更重要的是，在近代早期的环境下，它导致宫廷无法影响任何一种荷兰语。中世纪晚期存在五种主要的荷兰语（Dutch）变体，包括佛拉芒语、布拉班特语、荷兰语（Hollands）、林堡语和东北部荷兰语［north-east Dutch，或"奥斯特语"（Oosters）］。1543年之前，低地国家的政治分裂状态巩固了这些不同变体的分化。[55] 安特卫普占据商业优势，宫廷虽然说法语但位于布鲁塞尔，这些事实有助于布拉班特语的发展，但这并非决定性的。在北部，主要是荷兰语（Hollands）获得发展，这得益于早期印刷品在阿姆斯特丹、代尔夫特、莱顿、豪达和乌得勒支的传播。不过，尼德兰东北部与虔信运动联系密切，坎彭和代芬特尔出版业生机勃勃，艾瑟尔河沿岸各城镇敌视荷兰省，受这些条件滋养，奥斯特语一度在东北部立稳脚跟，并且被荷兰省一些宗教改革者广泛使用。

弗里斯兰地区也有自己独特的口音——弗里斯兰语。数十年间，一种带有弗里斯兰色彩的荷兰语分支稳步取代弗里斯兰语，成为教会、文化、学术和法律用语。而弗里斯兰语则作为一种大多数人使用的方言，从近代早期留存至今。起初，这种变化或许是因为许多居住在弗里斯兰修道院的修会教士并非弗里斯兰人。[56] 但是从15世纪末开始，这一进程便随着出版业的兴起加速。16世纪早期，弗里斯兰各个图书馆里的大多数书籍不是用拉丁文印刷，而是用荷兰省版本的荷语印刷。

毫无疑问，出版印刷、早期宗教改革和哈布斯堡治下的统一，一起大大加强了荷兰语标准化、统一化的趋势。它有众多标志。1525年出版的荷兰语《新约》告诉读者，这本书开头的《福音书》用的不是"荷兰语（Hollands）或布拉班特语，而是介于两者之间的语言"，这是一种折中性的"通用语"，所有荷兰语（Dutch）地区都能理解。[57]但是，政府和教会没有专门的语言政策，宫廷和高级贵族又只用法语，这样的环境阻碍了语言标准化、统一化进程的完成。各种不同的荷兰语变体，特别是荷兰语（Hollands）、布拉班特语和奥斯特语，继续充当着地方宗教和文化的主要载体。

第5章

1519—1565年：荷兰宗教改革早期

宗教改革前夜的尼德兰教会

低地国家的宗教改革开始得很早，并且迅速扩散到社会各个领域，深入发展。但是在好几十年里，它又是一场不成功的宗教改革，政府的行动阻碍着改革进程，让宗教生活，进而还有一切思想和文化，处于极其迷乱和停顿的状态。尼德兰宗教改革的进程与德意志、瑞士、不列颠和斯堪的纳维亚半岛截然不同，因为本质上来说，它是自下而上的改革，而非在政府领导下自上而下的改革，在其关键的前加尔文宗阶段尤其如此。

荷兰新教运动最终将受加尔文宗主导，但加尔文宗在低地国家登场较晚，在16世纪50年代前并未真正发挥作用。在此之前，宗教改革最深远的影响、新教观念的传播和国教的衰弱大体上已经清晰可见。到1559年，加尔文宗才刚刚开始有所影响时，低地国家的天主教会已经相当弱，以至于它是否能以传统形式存活都成问题。国王腓力二世本人在迫使教宗同意设立14个新主教区时，向教宗表示：没有彻底的变革，"我不知道我们的宗教如何才能在这些邦国为继"。然而，即便做出了这样的变革，拯救尼德兰教会依然很困难。[1]

腓力二世的"新主教区"方案出台前，尼德兰教会最显著的特征是教会组织的次要性，这在大河南北都一样。尼德兰整体有超过300万人口，却只涉及5个主教区，即阿拉斯（Arras）、康布雷（Cambrai）、图尔奈、列日和乌得勒支，其中4个位于最南端的法语省份。[2] 尼德兰的大片荷兰语地区属于区区2个主教区——列日和乌得勒支。列日位于哈布斯堡的领土之外，此外，2个教区的教会司法权都在选帝侯科隆大主教手上。这将查理五世置于非常奇怪的位置——他大部分北部领地的宗教事务都受到邻国小封臣的监管。这幅教区重叠和边缘化的图景因为下列因素而更加复杂：康布雷教区由兰斯大主教管辖，他是皇帝的主要敌人法兰西国王的臣民；尼德兰东北部部分地区位于乌得勒支主教区之外，格罗宁根大部分地区与弗里斯兰部分地区组成了隶属于明斯特主教区的弗里西亚（Frisia）副主教区。弗里西亚与乌得勒支主教区之间传统的边界划分，将东海尔德兰的大片区域，包括亨厄洛（Hengelo）、格罗（Grol）[*]、博屈洛-利赫滕福德和布雷德福特，留给了明斯特主教区。[3] 此外，奈梅亨属于科隆主教区，而格罗宁根与神圣罗马帝国之间的边界飞地韦斯特沃尔德归奥斯纳布吕克（Osnabrück）教区，这让"拼图"更加混乱。

这种凝聚力的匮乏一直困扰着尼德兰的勃艮第-哈布斯堡统治者。大胆的查理、马克西米利安、腓力一世和查理五世全都考虑过重组教会的计划，尤其致力于结束列日主教对勃艮第-哈布斯堡大片领地的宗教影响。不过，他们的不满是政治性而非宗教性的，没怎么获得教

---

[*] 格罗（Grol），今荷兰赫龙洛（Groenlo），Grol 为其中世纪名称。——编者注

宗的支持。最终，他们的努力也没什么结果。

这几个主教基本上来自主要的贵族家庭，而且有着鲜明的世俗倾向。图尔奈主教夏尔·德克罗伊（Charles de Croy，1525—1564年在任）是瓦隆大贵族家庭的子孙，他对自己的教会职责基本没有兴趣，1540年才第一次在图尔奈主持弥撒，基本上总是缺席。[4] 类似的，查理五世的乌得勒支主教乔治·范埃赫蒙德（1535—1559年）来自一个主要家族，是旧式的、前宗教改革时代世俗主教的又一例证。除了无力的教会结构导致的疏漏与混乱，这里还存在中世纪后期人口变化带来的差异和不平衡。例如，大河以北的堂区分布仍受13世纪社会情况的影响，那时大部分人口和重要城镇还集中在东北部。于是，乌得勒支主教区里有上千个堂区，但是内陆的堂区数量大约是荷兰与泽兰的2.5倍。[5] 实际上阿姆斯特丹和代尔夫特这些荷兰省大型城镇的堂区组织相当少。

毫无疑问，教士纪律涣散、训练匮乏、时常缺席等现象普遍存在于各个层次的教会生活中。16世纪早期和中期，批判教会的常见模式就是攻击教士的道德缺陷。有人抱怨教士没能遵守独身和禁欲的誓言。[6] 我们可以获得一些零散的数据，它们显示教士之中的非法同居现象事实上相当普遍。海特勒伊登贝赫周边的乡村里，近20%的下层教士有同居生活；在其他地区，似乎有多达25%的教士这么做。不过这些怨言的新颖之处并不是同居事实本身，而是世俗人士对教士同居现象的态度变化。

主教之下设有副主教和教区长，他们通常也是世俗贵族。不过在许多地方，教会最富裕、最有权势的部门是大修道院和各类修道院。同样，它们常常以对宗教兴致不高的贵族为首。修道院为数众多。1517年，乌得勒支主教区下辖193座男修道院和284座女修道院。许多修道院很小，不怎么重要，但大型修道院深刻地影响着广大区域的政治和文化。在泽兰的中心瓦尔赫伦岛，最有名的神职人员是米德尔堡大修道院院长。1572年之前，他是泽兰三级会议中唯一的教会代表，虽然他在三级会议中的席位主要仰赖他的地产和收入，而非其教士身份。1561年，14个新主教区之一的哈勒姆主教区成立，其收入大多来自哈勒姆以北的埃赫蒙德大修道院，该大修道院院长的职位与新主教的尊贵职位合二为一。在格罗宁根，古老、著名的爱德华大修道院一直以来都是该省精神生活的中心。

在16世纪早期和中期，尼德兰教会虽然世俗化且缺乏统一的组织，但是它们富裕、有权势，并且跟之前数个世纪一样，对社会施加着重大影响。1572年前，尼德兰最大型、最重要的艺术委托任务都来自教会，乌得勒支之所以能成为大河以北首要的艺术中心，是因为它是主要的宗教中心。[7]埃赫蒙德主教像其前任一样，是个慷慨的赞助人，他为许多教堂安上彩色玻璃窗，添加祭坛画，正如马尔滕·范海姆斯凯克在1540—1541年为阿尔克马尔主教堂作的画。大修道院院长也是主要赞助人。扬·范斯霍勒尔是绘画变革的先驱，不过他接到的委托任务总是来自各个教会机构。

如前文所述，社会与国教的疏离开始于人文主义带来的教育和虔信方面的变化。结果正如众多证据证明的，教会在1520年以前开始衰落。事实上，从表面上看，尼德兰的天主教会在1519年之后的数十年间仍然颇有权势和活力。16世纪的头六七十年里，无数教会建筑工程完工，包括布雷达、阿默斯福特和格罗宁根的巨型教堂尖顶，这些建筑通常部分由平信徒捐助。[8]豪达的主教堂圣约翰教堂是北尼德兰最辉煌的教堂建筑之一。它于16世纪初建成，但是在1552年因火灾严重损毁,随后在大起义前的最后一段时日得到完整修复。它最有名的彩色玻璃窗安装于1555—1570年,当时宗教骚动正日渐增长。然而,有迹象表明,平信徒对新宗教基础设施和建筑的热情基本上在15世纪80年代之前就耗尽了。这些完成于16世纪中期的宏伟计划,其提议和设计方案大多都能追溯到15世纪。因此,1519年之后的几十年里这些大型计划的完工,能反映出教会依然富有、资源丰富,却不一定能说明教会依然享有此前的声誉。

在教士数量方面,教会也显得十分壮观。马斯河以北的尼德兰有未来的荷兰共和国近四分之三的领土,16世纪早期,这里有近5 200名堂区教士(parish clergy),约3 000名普通修士,还有几千名修女。[9]总的来说,教会的人员总共约1.5万人,占总人口的1%—2%;此外,还有直接依附于教士的人,包括助手、管家、情人和私生子,这些人又占了总人口的1%。在某些地区,教士的集中化程度特别高。乌得勒支城有约1 500名正式教士,360多名在俗教士(resident secular clargy),占低地国家北部堂区神职人员总数的7%。豪达的圣约翰教堂和多德雷赫特的主教堂各自有大约50名教士为其服务。1522年,格罗宁根城至少有50名在俗教士,此外还有相当多的正式教士。甚至像布拉班特北部的奥斯特韦克(Oisterwijk)这样的大型村庄,也可能有15名常驻神父服务于20座小教堂。

尽管数量惊人,但这个数字在整个尼德兰都在持续下降,这一过程在宗教改革之前,甚至在1500年之前就早已开始。[10] 1493年,25岁的伊拉斯谟离开豪达附近的斯泰因修道院时有幻灭之感,他正在参与一场伟大社会变革的第一轮骚动,这场变革将对整个低地国家产生深远影响。各地的修道院都越来越空。[11]海牙附近的瓦特灵恩

（Wateringen）修道院在1485年建立时有13名修士，到1538年只剩3名。莱顿附近的莱茵斯堡（Rijnsburg）贵族女修道院1453年时住着36名修女，1494年减少到29名，1553年只剩20名。在弗里斯兰和格罗宁根，修道院过去势力强大，在中世纪发挥着异常重要的作用。弗里斯兰修道院的数量远远多于别处，共50个左右。1511年，单是正式神职人员，男女共有2 000多名，高于弗里斯兰总人口数（7.5万人）的2%。[12] 而接下来的几十年里，在该省人数逐渐增多的同时，修道院的人数却在逐步减少。

比人数减少更严重的是教会正在丧失其声誉和社会地位。[13] 1525年，伊拉斯谟记录道，荷兰、泽兰和佛兰德的民众普遍厌恶修道士。1567年，弗里斯兰执政、旧教会的坚定支持者阿伦贝格伯爵（Count of Aremberg）承认，在弗里斯兰，正式教士遭到"普遍的厌恶"。[14] 一些主要的宗教裁判所的裁判官也承认这一点。此外，旧教会教授的宗教仪式和观点明显越来越不能约束民众。朝圣，包括到耶路撒冷朝圣，在16世纪初仍然相当流行，然而到16世纪50年代，这种活动已经丧失了此前的吸引力。在各个市镇，传统的宗教游行依然在市议事会和行会的组织下像从前一样上演，但是许多迹象表明，多数民众并不像从前那样虔诚地对待它们。[15] 到16世纪早期，对教士的公开批评已经随处可见。在宗教改革酝酿时期的尼德兰文化中，耶罗尼米斯·博斯（约1450—1516年）在许多方面或许完全是个独特的文化现象，但他的画作揭示的修士的贪婪、修女的罪恶和告解神父的放荡，都不是什么非同寻常的主题。

路德的影响

如果说1520年之前旧教会就开始走上名誉扫地、丧失道德权威的道路，那么1520年之后，这个进程毫无疑问由于马丁·路德的影响而大大加速了。路德，尤其是前期的他，因其掷地有声地抨击教会的道德败坏和信仰堕落，专注于《福音书》，而对低地国家产生了巨大影响。对《福音书》的强调本身就包含了宗教和思想上的革命，因为无论是在低地国家还是在别的地方，中世纪晚期的虔信行为主要采取圣礼、教会和大众仪式等复杂形式，而不是《福音书》。人们接触到的《福音书》通常只有拉丁语的。早在1518—1519年，埃姆登（Emden）、多德雷赫特、代尔夫特和安特卫普等地就出现了路德早期作品的各种版本。[16] 1519年5月，伊拉斯谟从安特卫普写信给托马斯·沃尔西（Thomas Wolsey）称，路德的作品在低地国家"到处"传播。[17] 1521年6月，当时身在安特卫普的阿尔布雷希特·丢勒记录道，他与科尔内留斯·赫拉费乌斯（Cornelius Grapheus）交换路德的文本。赫拉费乌斯受雇于安特卫普，也是尼德兰在宗教改革早期就公开支持路德的少数几个官员之一。宗教改革在埃姆登并没有遭到压制，它得到东弗里斯兰伯爵——伟大的埃查德的批准。路德的文本四处传播，到16世纪20年代初，"宗教改革"已经成为各低地国家重要的宗教和文化因素。[18]

神圣罗马帝国皇帝查理五世的回应是谴责路德及其著作，路德的作品被公开烧毁，宗教裁判所建立了起来。佛兰德颁布了皇帝1521年3月发布的禁令，法令查禁"这个路德及其所有追随者和信徒的书、布道辞和文章"，下令烧毁这些作品。随后哈布斯堡尼德兰和周边邦国颁布了一系列地方禁令，其中列日、乌得勒支、科隆和明斯特这些教会公国尤其如此。公开焚书的举动让我们得以窥探路德的文字在多大范围内侵入了尼德兰。1520年10月，鲁汶烧毁了80本路德著作。1521年7月，安特卫普在皇帝面前销毁了400多本路德著作，据说其中的300本是从书商那里抄没而来。同样在1521年7月，根特将另外300本路德著作投入烈火。1522年，更多的公开焚书活动接踵而来，较为有名的在布鲁日，而安特卫普又烧了两次。[19]

不过，虽然焚书地点大量集中在南尼德兰，但人们不应误认为打击路德出版物的浪潮在北部会更温和。当然，由于北尼德兰远离中央政府，许多地区事实上仍然在哈布斯堡的势力范围之外，北部的镇压活动变得不那么激烈。然而，1522年5月，莱顿市议事会命令城市居民交出所有的路德文本。1524年9月，代芬特尔的治安法官抱怨，路德的作品正广泛传播，连教士和平信徒都会阅读。[20] 1525年8月，伊拉斯谟记录道，多数"荷兰人、泽兰人和佛兰德人都知晓路德的教条"。[21] 皇帝在1525年9月颁布了针对荷兰的法令，法令将路德影响力的传播重点归咎于两点：一是许多教士采纳了路德的观念，二是淳朴的民众阅读路德作品的译本。北尼德兰大批焚毁路德文本的活动开始于1521年的教会城市乌得勒支；但是，直到1526年，焚书活动才首次在哈布斯堡的北尼德兰领地上出现，此次焚书发生在阿姆斯特丹。[22] 英格兰驻哈布斯堡尼德兰大使约翰·哈克特（John Hackett）爵士十分了解该国及荷兰语。1527年5月，他向红衣主教沃尔西报告称，路德的影响力"在这一地区深入"传播，"尤其是在荷兰、泽兰、布拉班特和佛兰德"，低地国家"已然处在极大的危险中，因为基本每三个受到'污染'的人中就有两个公开秉持路德的学说"。[23] 后一种说法或许多少有些夸张，但是毫无疑问，路德在尼德兰的影响相当广泛，不过法语地区除外。[24]

路德的出版物和路德文本的摘录在说荷兰语的尼德兰传播得比在法兰西、英格兰和斯堪的纳维亚半岛更普遍，这并不奇怪。首先，相比周边地区，尼德兰的社会高度城市化，因此拥有更高的识字率。其次，基督教人文主义早已在尼德兰兴起，到16世纪20年代初，它对尼德兰城市的拉丁语学校和社会整体产生的影响也比对其他地方的大。尼德兰最著名的早期新教徒中有像赫拉德·赫尔登豪尔和兹沃勒拉丁语学校校长赫拉尔杜斯·利斯特里厄斯这样重要的人文主义者。利斯特里厄斯早在1520年之前就是路德的追随者，1521年他因对市民生活造成的影响而被市议事会驱逐。[25] 再次，或许除了巴黎，安特卫普是全欧洲最重要的出版中心，而尼德兰整体上以其数量众多的出版商和书商著名。最后，德意志与尼德兰之间密集的内河与沿海交通使低地国家成了德意志文献的主要输出地。

在北尼德兰，大批量的路德文本来自汉萨同盟城镇、埃姆登和安特卫普。在16世纪20年代早期和中期，在政府的迫害变得更为系统之前，这些作品还在本地印刷。北尼德兰主要的印刷中心包括代芬特尔、兹沃勒、阿姆斯特丹和莱顿。[26] 无疑，路德本人的作品只占尼德兰出版物的较小一部分。1540年之前，不算路德德语版《圣经》的译本和编入其他书的路德文本节选，大约有50种路德作品以荷兰语在各个地区出版，包括并入哈布斯堡尼德兰之前的上艾瑟尔。同一时期，活跃在安特卫普的56家印刷商在1500—1540年间出版了2 480种书，考虑到这个数字不到尼德兰出版物总量的54%，路德作品的出版数量其实不算太大。[27] 然而，假如印刷品总量和书店、图书馆数量没有如此庞大，路德作品的版本数量将会少得多，其他作品不标注路德之名而摘录其文字的频率也会低得多。

开始，查理五世在打击尼德兰宗教改革时遇到了相当大的困难，在北尼德兰尤其如此。尽管新教只是缓慢地沿莱茵河渗透（绕过了科隆），但宗教改革早在1524年就在不来梅和东弗里斯兰取得了胜利。此外，路德的影响力在北尼德兰传播了许多年后，这里的大部分地区仍然在哈布斯堡的控制之外。在1526年查理五世的执政颁布打击路德及其作品的禁令之前，弗里斯兰没有采取任何措施打压宗教改革。16世纪30年代末之前，查理五世对格罗宁根同样无能为力。[28] 在乌得勒支，追随伊拉斯谟的主教菲利普（死于1524年）本人似乎对路德的主张不无赞同，在1533年之前，这里没有异端被处以火刑。同样，从16世纪20年代早期往后，秘密新教在上艾瑟尔各城市传播，不知道在阿尔瓦公爵到来之前，这里有没有真正对新教施加任何程度的压力。[29]

尽管困难重重，查理五世还是逐渐建立起了一套令人畏惧的镇压体系。[30] 在这一过程中，他展现出了巨大的决心，同时他还受益于将哈布斯堡势力扩散到尼德兰东北部的政治发展，以及受益于邻近的列日采邑主教此时不断加强的迫害。查理五世策略的核心是尼德兰宗教裁判所，它于1522年设立，由弗兰斯·范德许尔斯特（Frans Van der Hulst）担任总裁判官，教宗在次年予以批准。一些人被任命为副裁判官，包括多明我修会的雅各布·范霍赫斯特拉滕（Jacob van Hoogstraten）和尼古拉斯·范埃赫蒙德（Nicolaas van Egmond）：前者是臭名昭著的蒙昧主义者，受到德意志和荷兰人文主义者的厌恶；后者是伊拉斯谟畏惧的反人文主义者。宗教裁判所一开始将注意力集中在路德本身所属修会奥斯定会的修士身上。在低地国家，奥斯定会被怀疑是路德教义传播的沃土。[31] 宗教裁判所处决的头两个人亨德里克·富特（Hendrik Voet）和扬·范埃滕（Jan van Etten）都是来自斯海尔托亨博斯奥斯定会的修士，他们于1523年7月在布鲁塞尔的大市场广场被处以火刑。他们不仅是尼德兰也是西欧的第一批新教殉道者。他们殉道的消息在低地国家以及整个德意志引起了轰动，这促使路德从维滕贝格（Wittenberg）发出著名的致"荷兰、布拉班特和佛兰德所有亲爱的基督教兄弟"的公开信，哀悼这两位牺牲的"基督的珍珠"。随后出现了更多处决，不过直到1525年，宗教裁判所才在北尼德兰火烧了第一个牺牲者。[32]

这些年处决的新教徒人数很少，但影响很大。武尔登的扬·詹森原是海牙的神父，他支持路德的事业，并曾到维滕贝格拜访路德。1526年9月，詹森在海牙行政管理中心荷兰三级会议大厦被处以火刑，到场的人包括多位裁判官、高级官员和法官。[33] 第一位在荷兰省被处决的女性是蒙尼肯丹（Monnickendam）的文德尔穆特·克拉斯多赫特（Wendelmoet Claesdochter）。1527年11月，她在海牙被烧死在三个裁判官面前。显然，许多人十分同情这些殉道者。修辞学会的成员创作了哀悼他们命运的诗歌，这些诗歌开始广泛流传。此外还有来自官方的阻碍。1523年，海牙拉丁语学校的校长威廉·涅费乌斯（Willem Gnepheus）因其异端言行被宗教裁判所逮捕，但是荷兰省三级会议将其释放。1525年他再次被捕，并被判处死刑，不过在被处决前，有人帮助他逃到了德意志。[34]

与此同时，皇帝加强了给北尼德兰各省政府的压力，要求打压宗教改革。1525年，荷兰省的迫害真正开始。同年，新任乌得勒支主教一改前任的宽容政策，开始采取镇压措施。弗里斯兰在1530年首次火烧异端分子。[35] 海尔德兰公爵卡雷尔教唆奈梅亨和阿纳姆的主教处决了第一批异端分子。[36] 事实上，在16世纪20年代中期人们开始感受到压力之前，支持宗教改革的观念和文本已经传播得相当广泛，这样的宗教改革根本不可能被镇压。裁判官们知道，新教的著作至少在城镇随处可见，人人都知晓并谈论它们，相比之下，人们对国教的支持却普遍很弱。[37] 但这并不意味着宗教裁判所的迫害和行动没有意义。正相反，考虑到宗教裁判所掌握的有限资源，它在帮助皇帝镇压低地国家的宗教改革方面，可以说相当高效，甚至在一定程度上使其瘫痪。做到这一点，它靠的是瞄准知识精英，尤其是教士、书商、学校教师和官员，它让这些人不能在不牺牲自己职位、财产或生命的情况下，公开支持宗教改革。镇压活动并没有让低地国家的新教运动销声匿迹，实现这一目标的可能性从不存在。但是，镇压运动迫使该国知识精英遮掩起他们的宗教信仰、宗教讨论和阅读活动，从而制造了一种分裂，制造了信仰与行动之间的鸿沟，这打碎并损害了尼德兰的精神世界。表象与真实的分离以及诡计、伪善和虚假的盛行很快渗透到了低地国家生活的每个角落。早在1522年，代尔夫特拉丁语学校的校长就评论道，多数人私下保持着对新教的支持，城镇充满了尼哥底母主义（掩饰性的）。[38]

最具决定性的是，在皇帝的镇压政策下，人们若公开建立新教组织或团体，会面临极大的风险。到16世纪20年代中期，亲宗教改革的观念已经广泛传播，至少在荷兰语省份如此。在这些地方，印刷品、人文主义和路德学说已经产生了重要影响；相应的，人们强烈渴望新的崇拜和精神引导形式。1527年，荷兰省执政宣称："荷兰省，尤其是阿姆斯特丹、代尔夫特和霍伦，严重被异端'污染'，满是路德学说。"[39] 新教的动力犹在，但缺乏机遇。一些证据显示，16世纪20年代末，某些地方，特别是莱顿、乌得勒支、斯海尔托亨博斯和费勒（Veere），出现了有组织的宣讲新教教义的秘密宗教集会。[40] 但事实证明这些活动是暂时的，后来因为路德本人谴责秘密集会而进一步受阻。[41]

分裂

　　16世纪20年代末，宗教改革缺乏组织结构的普遍情况，将对随后尼德兰新教运动的发展产生持续的影响。正当德意志的新教采取强硬路线，各地新教教义的地位变得根深蒂固时，在低地国家，赋予宗教改革严密的神学结构和组织结构一事希望渺茫，在之后的几十年里它们仍旧没出现。可以说，荷兰和德意志在宗教改革及新教文化方面的分化早在16世纪20年代末就发生了。当然，这并不意味着尼德兰的秘密新教运动不受德意志和瑞士逐步升级的关于圣餐礼和其他神学问题的争论的影响。相反，大约在1525年之后，低地国家，包括东弗里斯兰，能强烈地感受到茨温利派（Zwinglian）和布塞尔派（Buceran，程度相对较小）的影响。[42] 1525年7月，马丁·布塞尔（Martin Bucer）本人从斯特拉斯堡给茨温利写信说："整个荷兰和弗里斯兰"都知道路德与其新教批评者之间日益加深的分裂，开始采纳茨温利-布塞尔一方的观点。[43][这主要是欣内·罗德（Hinne Rode）活动的结果，他是乌得勒支希罗尼米斯学院的前任校长，1523—1524年间曾在苏黎世的茨温利圈子里待了好几个月]但是在低地国家盛行的宗教环境中，宗教路线难以制定，也难以变得强硬。这样的情况下，1525年后路德宗更具组织性、更教条的形式在尼德兰没获得什么发展。[44] 1530年之前，德意志和尼德兰的宗教改革在宗教观点和事态发展方面都已相互分离。荷兰早期新教的特点并非像人们通常宣称的那样是伊拉斯谟式的、非教条的，而是教义多元、彻底分散的，其教义和观点多到令人困惑，其间各种潮流一直流转不定。尽管后来加尔文宗兴盛，但上述宗教面貌一直持续保持力量，并在1572年后成为北尼德兰宗教世界不可分割的一部分。直至1580年，格罗宁根还将"茨温利派"一词当成通用术语，指代新教各种潮流的集合。[45]

荷兰早期的新教相当多变，因此很难分裂。在16世纪30年代，唯一有广泛重要性的教派分裂，就是主流的荷兰秘密新教运动与再洗礼派之间的分裂。[46] 1530年之前，低地国家的新教徒中并没有再洗礼派信徒；1530年之后，也只有极少数的人属于再洗礼派。但是，狂热的再洗礼派将自己与其他新教徒分离，他们拒绝进入教堂，并且无视政府禁令，组织自己的祈祷集会。[47] 他们是甘冒风险的新教徒，并为此付出了代价。他们的挑衅行为带来的是持续30多年的严厉迫害。他们在立场上毫不妥协，很容易遭到攻击，这使得他们在拒绝国教的人群里一直占极少数；但是，在低地国家毫无保留地争取宗教改革的人群里，再洗礼派占了多数。他们因为遭受磨难、站在前线而获得一种道德优越感，其他教派则为了活命而退缩。这制造了一种吊诡的情形。在1530年至16世纪60年代这漫长的酝酿时期，再洗礼派尽管是极少数派，且在教义上不具代表性，却成了荷兰宗教改革的先锋。不过有些地方是例外：一是东弗里斯兰[48]，这里非再洗礼派的荷兰新教流亡者，如欣内·罗德，可以自由组织宗教活动；二是信奉路德宗的飞地，它们处在于利希、克莱沃及海尔德兰的边境上。

再洗礼派运动首先在16世纪20年代中期发端于苏黎世，随后迅速传播到瑞士其他地区和德意志。直到1530年6月，再洗礼派运动才传到低地国家。当时，梅尔希奥·霍夫曼（Melchior Hoffman）从斯特拉斯堡来到埃姆登，在数月内组织起一个团体。埃姆登成了荷兰再洗礼派运动早期的中心。梅尔希奥的皈依者进入哈布斯堡领地，建立起尼德兰再洗礼派团体最初的网络，其中著名的人物有在吕伐登工作的裁缝西克·弗雷尔克斯（Sikke Freerks）以及阿姆斯特丹的扬·福尔克特斯·特赖普马克（Jan Volkertsz. Trijpmaker）。这些荷兰再洗礼派的早期领导者很快被消灭：1531年3月，弗雷尔克斯在吕伐登被斩首；特赖普马克和另外8名阿姆斯特丹再洗礼派团体成员被逮捕并送往海牙，于1531年稍晚些时候在那儿遭处决。然而，这增强而非减弱了运动的吸引力。再洗礼派团体迅速四处扎根，尤其是在荷兰省北部、弗里斯兰以及格罗宁根。当时格罗宁根还在哈布斯堡尼德兰的势力范围之外，直至1537年，[49]这里的再洗礼派教徒都相对安全。

尼德兰的梅尔希奥再洗礼派尽管狂热，在组织和教义上来说却是一场易于分裂的无序运动。[50]与其说它在神学上激进，不如说在情绪和心理上激进。尼德兰日益强化的镇压活动催生了一种挫败感和被压抑的破坏偶像的愤怒，这又在另一个方面将荷兰宗教改革与其他地方区分开来。在1530年前后的低地国家，一些人对于不得不压制自己疏远旧教会的情绪感到无比愤怒，除了转向再洗礼派，他们根本无处可去。另一些因为过于亢奋而难以保持平静的人最终也混入了再洗礼派之中，其中就包括代尔夫特的大卫·约里斯（David Joris），他是荷兰宗教改革中最为著名的人物之一。荷兰宗教改革的路德阶段（1524—1528年）就频繁出现激进主义的迹象，例如严厉斥责那些在大街上跪在圣母玛利亚塑像之前的人，或是将新教文本藏在教堂里的人。约里斯在代尔夫特引起了一场骚动，他在大街上叫嚣着反对一场宗教游行，最后被迫躲藏起来。吸收激进主义力量赋予尼德兰的再洗礼派与德意志和瑞士的再洗礼派截然不同的角色。在德意志和瑞士，总体上说，再洗礼派在社会和神学领域都是边缘派别。然而在低地国家，从1530年到16世纪50年代末，再洗礼派发挥着一种关键功能——充当宗教改革的武器和喉舌。[51] 相当多的路德派和茨温利派信徒成了再洗礼派信徒。[52]

这场运动迅速分裂成了两派：一方拿起武器，协助上帝摧毁不敬虔的秩序，以表达他们对旧教会的反抗；另一方主张以消极抵抗来应对迫害。[53] 更为激进的一派尤其将派内思想与对锡利亚说的向往以及《启示录》的教义相融合。宣扬革命的人，如哈勒姆的先知扬·马泰斯（Jan Matthijsz）和莱顿的先知扬·伯克尔斯（Jan Beuckelsz），掀起了一场骚乱。1534年初，他们将运动传播到威斯特伐利亚的明斯特城。[54] 当地的再洗礼派与刚到来的荷兰人一同夺取该城，并驱逐所有拒绝进行再次洗礼的人。随后，来自明斯特的召唤传播到低地国家的各再洗礼派团体，呼吁他们拿起武器，带上妻子，协助建造新耶路撒冷。数百名经过武装的再洗礼派信徒——其中有大约200名来自莱顿地区——从荷兰、弗里斯兰以及马斯特里赫特和鲁尔蒙德附近的马斯河河谷涌来，他们穿过艾瑟尔河和莱茵河前往明斯特，[55] 不过许多人遭到当局阻截，随后散去。

政府一开始就有组织地围城，因此来自其他地区的再洗礼派信徒就无法再进入明斯特。但围城加强了一种感觉，即尼德兰正处在《启示录》所载的伟大且暴力的末日变革的边缘。据估计，阿姆斯特丹有3 000多名再洗礼派信徒，城中的狂热情绪引发了一场冲突。1534年3月，一小队信徒赤裸着跑过城市，他们挥舞着剑，威吓不信神者。[56] 市民兵组织受到召唤，一场镇压活动随之开始。3月底在哈勒姆和阿姆斯特丹水坝处决了一批再洗礼派信徒。明斯特的激进分子顽固坚守，围城战拖了18个月，战事对整个尼德兰荷兰语地区产生了令人不安的影响，其中包括佛兰德以及于利希-克莱沃和威斯特伐利亚。[57] 除了阿姆斯特丹和哈勒姆，代尔夫特的宗教狂热也充满动力，这里的玻璃绘师大卫·约里斯越来越频繁地参与当地的再洗礼派集会，试图避免明斯特式的战争。跟弗里斯兰的门诺·西门（Menno Simons）一样，一些人受到明斯特起义的触动，产生了强烈的和平主义倾向。[58]

1535年3月，一支由300名弗里斯兰再洗礼派信徒组成的武装队伍夺取了博尔斯瓦德附近的奥尔德克洛斯特（Oldeclooster）西多会大修道院，并筑起防御工事。这些人中就有门诺·西门的兄长彼得·西门（Pieter Simons）。[59] 他们摧毁塑像和祭坛，在那里建起新耶路撒冷。执政申克·冯·陶滕堡率军包围大修道院，用大炮攻击守卫者。大修道院陷落之时，死伤无数。幸存者中，24个男人或当场被绞死，或随后被斩首，妇女则被带到河边溺毙。另一支来自格罗宁根的队伍没能抵达奥尔德克洛斯特，他们试图攻陷瓦尔瑟姆（Warsum）大修道院，但未成功。这些事件，加上明斯特持续的抵抗，使得当局加强了迫害力度，阿姆斯特丹、海牙、莱顿、马斯特里赫特、列日、米德尔堡、代芬特尔和克莱沃的韦瑟尔（Wesel）掀起了一波又一波处决浪潮。1535年5月10日，武装的激进分子夺取阿姆斯特丹市政厅（town hall）。经过一场激战，他们才被市政当局驱逐。在这个过程中，几十人战死或身负重伤。随后到来的是更多的处决。5月15日,阿姆斯特丹用溺刑一次处决了7名再洗礼派妇女。

暴力反抗与镇压之间的循环不断加强,随后在1535年夏,明斯特的陷落又带来灾难性的影响。荷兰的再洗礼派由此被推上宗教危机的顶峰。再洗礼派运动以各种各样的方式回应这场震动,分裂成了相互冲突的派系。[60] 到明斯特革命的最后阶段,莱顿的扬·伯克尔斯和其他领导人已经建立起新的社会秩序,包括权力等级制度和一夫多妻的婚姻制度。但事实证明,明斯特公社运动及其暴力造成了严重的分裂。各分裂团体的领导人试图重新统一再洗礼派运动,他们分别于1536年9月和1538年在博霍尔特(Bocholt)和奥尔登堡(Oldenburg)组织来自全尼德兰和威斯特伐利亚的代表集会,但成效甚微。[61]

明斯特公社运动之后,尼德兰和德意志西北部的再洗礼派世界大体由6个团体构成。[62] 首先,是明斯特派,他们支持莱顿的扬·伯克尔斯的方案,保留着他对千禧年的狂热期盼,沉浸在激进的末世论和对不信神者的神圣复仇情绪中。其次,是一个更为极端的派别,一群活跃的激进分子,其领导是荷兰贵族的私生子扬·范巴滕堡(Jan van Batenburg)。他们活跃于威斯特伐利亚西部和尼德兰北部,成群结队地在乡间游荡,洗劫村庄、修道院和教堂。巴滕堡派造成了相当大的影响,甚至在1537年巴滕堡本人被捕、处死之后依然如此。1535年12月,60多名武装激进分子试图夺取代尔夫特附近的哈泽斯沃德(Hazerswoude)村,结果10人死于冲突,一些人被俘,多数人逃脱。

在和平主义这一方,有最初的梅尔希奥派(Melchiorites)、大卫·约里斯派(Davidites),最后还有奥贝·菲利普斯(Obbe Philips)派和门诺派。这一阶段，最后一派主要活跃于弗里斯兰和格罗宁根，更具乡村色彩。一项研究分析了70多名活跃于1536—1540年间的著名荷兰再洗礼派教师和领袖，研究显示，大卫·约里斯派是这一时期最为重要的团体，门诺派是较小的分支。[63] 1536年的博霍尔特会议集合了来自荷兰、弗里斯兰、格罗宁根、上艾瑟尔、海尔德兰、于利希-克莱沃和威斯特伐利亚的25位代表，会议上，针对巴滕堡派和明斯特派主张的对不信神者进行神圣复仇的末世论，大卫·约里斯领衔发起和平抗议。[64]

令人瞩目的是，16世纪30年代末，大卫·约里斯通过东躲西藏在代尔夫特幸存下来，当时政府重金悬赏他的人头。他掀起的运动遭到惨烈镇压。1539年，单代尔夫特一地就有27名大卫·约里斯派信徒被处决，其中包括大卫·约里斯的母亲。同年，至少另有73名追随者在荷兰省被处决，其中13人在哈勒姆被处决。[65] 忍受着恐惧带来的压力、信徒遭受的司法清洗，再加上长时间僵直地躺在没有暖气的阁楼上，大卫·约里斯越来越容易体验到宗教幻觉。尽管环境恶劣，大卫·约里斯在向荷兰、弗里斯兰和乌得勒支扩大影响方面仍然有所成就，其影响力甚至一度超越此前的整个巴滕堡派。

虽然约里斯的教义得到了传播，他的运动仍然主要以荷兰省为基地，具有城市性特征。学术研究确定的219名大卫·约里斯派信徒中，约三分之二以上居住在荷兰省主要城镇。[66] 而另一个典型特征是，他们都是"外来者"，大多是从外省移居到荷兰省的工匠。大卫·约里斯派信徒中，织布工人尤多；少数是富人，甚至是贵族。大卫·约里斯派的城市性特征有助于解释其运动与门诺派之间的显著差异。门诺派随后成了荷兰再洗礼派的主流，他们有彻底的分离主义和宗派主义特性，[67] 严格地孤立于非信徒的世界之外。然而大卫·约里斯派除了适应城市环境之外别无选择。在城里,坚持举行独立的秘密宗教集会等同于自毁。大卫·约里斯因此准许信徒融入周围环境,参加天主教教堂圣事,包括接受传统洗礼。

大卫·约里斯的生活与工作中,尼哥底母主义式的妥协与通向殉道的毫无保留的献身之间时常相互撕扯。大卫·约里斯派运动说明,在荷兰当时的城市环境下,和平主义再洗礼派面临巨大风险。最终,除了大卫·约里斯派这种半尼哥底母主义,唯一可行的就是巴滕堡派的游击战。尽管大卫·约里斯仍然在再洗礼派阵营之中,但他已无可救药地陷入宗教困境。一方面,他畏避公开反抗导致的牺牲;另一方面,当有人控诉他劝导自己的信徒隐藏信仰、避免殉道时,他又驳斥道:"我不建议任何人在这儿求生。"他写道:"我也不提倡他们逃避死亡,相反,他们应当渴望抵抗'敌人',像羊一样准备好把自己交到屠夫手里。"[68]

1539年,大卫·约里斯逃出代尔夫特,先逃到哈勒姆,随后到代芬特尔,最后到达安特卫普。他在那里得到一个贵族家庭的庇护,得以藏身。1540年之后,大卫·约里斯的教义越来越背离此前再洗礼派运动的道路。[69]尼哥底母主义倾向占了上风,大卫·约里斯转变到一种本质上属于唯灵论的立场。其新立场的核心是承认所有现实事物具有二元性,承认内在真理高于外在表象。对于大卫·约里斯来说,所有外在手段,包括圣礼和《圣经》本身都丧失了中心地位。与所有唯灵论者一样,他在意的是让圣灵直接进入信徒的心灵和思想。[70]虽然我们并不清楚当时大卫·约里斯是否直接受到伟大的德意志唯灵论者塞巴斯蒂安·弗兰克(Sebastian Franck)和卡斯帕·冯·施文克费尔德(Caspar von Schwenckfeld)的影响,但是很明显,这一时期这些宗教领袖在低地国家越来越有名。由于尼德兰面临着的迫害在严厉程度上仅次于伊比利亚半岛的迫害,唯灵论自此在荷兰宗教改革中占据着相当重要的位置。大卫·约里斯最终在1544年与再洗礼派运动分道扬镳,他搬到巴塞尔,随后在那儿度过了余生。

1540年之后,荷兰再洗礼派运动追随着以奥贝·菲利普斯、迪尔克·菲利普斯(Dirk Philips)和门诺·西门(约1496—1561年)为首的弗里斯兰运动的"脚步"不断发展。和平主义再洗礼派如今已在荷兰、乌得勒支、上艾瑟尔,较南部的安特卫普、佛兰德以及瓦隆的零星地区站稳脚跟。但是这场运动的进一步巩固还是发生在弗里斯兰和格罗宁根。门诺·西门可能是荷兰宗教改革中最伟大的人物,在很多方面也是影响深远的代表性人物。据他后来的记录,16世纪20年代初之前,他曾私底下被路德的教义征服。[71] 随后,与许多荷兰秘密新教徒一样,他摒弃路德转向茨温利。最后,在1531年前后,他又放弃茨温利-布塞尔道路,转而支持再洗礼派教义。[72] 然而,(与许多人类似)门诺·西门表面上依然忠于旧教会,依然在弗里斯兰的维特马瑟姆(Witmarsum)村担任天主教堂区神父。1534—1535年间,他激烈地宣扬抵制明斯特派的暴力。[73] 直到1536年,在做了10多年的秘密新教徒之后,门诺·西门才终于公开与天主教会决裂。他与再洗礼派信徒一同逃往格罗宁根,却发现哈布斯堡的迫害在一年后也随之而至。随后,门诺·西门回到弗里斯兰,回归秘密新教徒的身份。在这里,他写下重要著作《基督教救赎教义基本读物》(*Fondament-Boeck*,1539年),现代美国的门诺派信徒称之为《基督教教义基础》(*The Foundation of Christian Doctrine*)。1541—1543年间,门诺主要在阿姆斯特丹工作。1543年之后,他主要活跃于德意志西北部,拓宽了影响范围,从科隆一直向东延伸至波罗的海沿岸的吕贝克。不过,门诺·西门依然时不时地前往哈布斯堡尼德兰北部及埃姆登,仍然通过书信与荷兰各宗教团体保持着联系。

在迪尔克·菲利普斯的协助下,门诺·西门稳定并振兴了荷兰再洗礼派。虽然不能说他建构了一套宏伟的神学体系,但他确实以比从前更有条理的方式创立了和平主义的再洗礼派教义。《基督教救赎教义基本读物》之于再洗礼派信徒,正如加尔文的《基督教原理》之于加尔文宗信徒。[74] 门诺·西门并非伟大的学者或《圣经》注释家。他的伟大主要在于他的人格和能力,他能通过文字和生活方式,宣传一种实践神圣和臣服于圣会的观念,一种根据《圣经》有纪律地、清醒地生活的观念。[75] 门诺·西门对信徒的要求是谦逊,是虔诚地实践基督徒的生活方式——按照他所理解的基督曾生活和教导的方式。至于妇女,他还要求她们避免"不必要的装饰和炫耀,不要裁制或渴望超过必要需求的服装"。[76] 时至今日,他的启示依然是基督教世界的一股力量。

门诺·西门谴责暴力,但并不是说他对哈布斯堡政府和国教的态度被动。相反,在某种意义上,他担起了明斯特派的斗争任务,但同时拒绝后者的武器。门诺·西门的武器是笔。16世纪30年代晚期,门诺·西门在弗里斯兰用荷兰语完成了一系列著作,并强烈渴望把它们传播到尼德兰各地。他在阿姆斯特丹的主要帮助者之一是书商扬·克拉松(Jan Claeszoon)。扬·克拉松一直热情地传播门诺·西门的作品,直到他在1544年遭到逮捕并被处决,而此前门诺·西门刚刚逃往德意志。门诺·西门的著作是写给哈布斯堡政府和公众的,当然也是写给虔诚的再洗礼派的。它们不只是对神学的阐释,还是一种反抗,反抗门诺·西门本人及其信徒一直遭受的迫害。在《基督教救赎教义基本读物》中,门诺·西门力劝世俗和教会当局"以耶稣之名保持谦逊":"我想说,检视我们的教义吧,承蒙上帝的恩典,你们会发现它是纯粹、不折不扣的基督学说,是神圣之言,是圣灵之剑,所有生活在世间的人都要受它审判。"[77] 门诺·西门可能曾经是和平主义者,但与再洗礼派的好斗分子和巴滕堡派类似,他劝诫信徒,除了基督的统治,不要承认任何人的统治。[78] 门诺·西门的攻击针对的不只是世俗权威和天主教会,还针对路德和布塞尔。对前者他厌恶至极;而后者在他看来只是伪先知,他们声称自己正以《圣经》为基础革新基督教,但事实上却漠视《圣经》。对于这点,他认为这不仅是在讨论婴儿洗礼的问题,他还强调:对于婴儿洗礼,路德和布塞尔与天主教信徒信奉同样的教条,而这样做就损害了他们自己的信誉,"因为承蒙上帝的恩典,我们知道,《圣经》中没有任何内容可以被他们用来支持这一信条"。[79]

与门诺·西门类似,迪尔克·菲利普斯(1504—1568年)也是弗里斯兰的和平主义者,他支持戒律和圣会,用笔对抗国教。他是一名热心的学者,比门诺·西门更了解伊拉斯谟和路德的著作,同时他也是个不知疲倦的组织者和讲道者。他还更信从权威主义,更强调个人对圣会和长老的服从。他的《基督教手册》(*Enchiridion*)与《基督教救赎教义基本读物》一样综合论述了和平主义再洗礼派的观点,是最厚重也最重要的荷兰宗教改革著作之一。[80]

对秩序和戒律的新强调让门诺·西门再洗礼派获得持久的生命力,以及比此前任何德意志或荷兰再洗礼派运动更强大的扩张能力。门诺·西门以朴素的荷兰语写作,雇用全职的巡回讲道者,此外还建立了一套强大的权力等级制度。通过这些措施,门诺·西门和迪尔克·菲利普斯组织起了较有凝聚力的运动,其活动范围不仅包括尼德兰北部,还包括尼德兰南部的荷兰语地区以及邻近的威斯特伐利亚和东弗里斯兰部分地区。在佛兰德，随着明斯特运动兴起的最早的再洗礼派起义在事实上受到严厉的镇压，尤其在1538年的打击下已走向消亡。但是大约从1550年开始，在门诺·西门教义的启发及其代表活力充沛的劝导下，佛兰德的再洗礼派运动得以复兴。门诺派的代表中有一直四处奔波的莱纳茨·鲍文斯（Leenaert Bouwens），还有不停在亚琛（Aachen）、安特卫普、根特和科特赖克（Kortrijk）之间穿梭的希利斯·范阿肯（Gillis van Aken）。[81]

在边缘省份弗里斯兰，迫害命令执行得较为敷衍，大批普通民众蜂拥归向门诺派。事实上，到16世纪末，再洗礼派教徒占弗里斯兰总人口的20%，甚至多达25%。[82] 相较之下，在内陆省份，因为再洗礼派对政府和国教的反抗，沦为宗教迫害牺牲品的多为再洗礼派信徒，这在南方和北方都一样。在安特卫普，1522—1565年间因为异端罪名被处决的161人中，有6名路德宗信徒，十几个加尔文宗信徒，各种流派的再洗礼派信徒则多达139名。在根特，被处决的56名殉道者中，50名属于再洗礼派，整个佛兰德伯国都是同样的情况。[83] 马斯河河谷中的马斯特里赫特和鲁尔蒙德，以及列日主教区北部的荷兰语地区，也是如此。与路德宗和茨温利派类似，再洗礼派在列日北部荷兰语地区的势力要比南部法语地区的大得多。弗里斯兰殉道者的总数仅有几十人，但几乎全是再洗礼派信徒。在荷兰省，16世纪三四十年代的殉道者相当多，[84] 不过仍是再洗礼派占了多数。

然而，我们并不能通过考察殉道者的情况来理解16世纪40年代困扰尼德兰的宗教危机的性质。再洗礼派信徒只占总人口的少数，其中没有人文主义者、官员或摄政官，商人或有教养的人也很少。真正的危机是受过高等教育之人、国家精英和大部分公众，对旧教会无声的、形式各异的背叛。在16世纪50年代，它给第一批加尔文宗讲道者带来的恐慌，一点儿不比给政府和宗教裁判所的少。相较于大部分在内心厌弃现存教会的人，许多再洗礼派信徒的观念并没有什么不同。再洗礼派与其他人真正的区别在于：前者在外在形式上与教会隔离，建立自己的组织；而大多数人——秘密新教徒和尼哥底母主义者则坚持中间道路，即不明确表态地"走"在宗教改革和天主教之间。[85] 第一批加尔文宗讲道者，如活跃在瓦朗谢讷（Valenciennes）和图尔奈的居伊·德布雷斯（Guy de Brès），大惊失色地发现，他们所到之处不仅有再洗礼派和大卫·约里斯派，还有大批的半路德宗信徒、宗教自由主义者、伊壁鸠鲁派以及在布雷斯看来更糟的尼哥底母主义者和顽固的伪君子。[86]

官员、摄政官、贵族以及名义上的天主教神父，不愿意因为公然支持新教而背离哈布斯堡政权，这是人之常情，核心省份更是理所当然。在高级贵族中，只有菲亚嫩的亨德里克·范布雷德罗德（Hendrik van Brederode）或屈伦博赫伯爵这样没有希望赢得统治者宠爱的贵族，以及因为领主的司法自治权而有安全感的高级官员，才会最终或多或少地表露他们对新教的支持。[87] 整体而言，尼德兰精英的主要导向是争取某种神学的中间道路。他们在内心拒斥旧教会，接受新神学理论，但与此同时在表面上遵从天主教。在尼德兰北部的几个边缘省份，由于王室对司法程序的控制较弱，人们对这种变通之术的需求也相对减少。[88] 整个16世纪30年代，只有几个再洗礼派信徒在艾瑟尔河上的3座城市被处决。而即便在迫害行为延续最久的坎彭，这些行为事实上在1543年之前也结束了。在此之后，上艾瑟尔再没有处决路德宗、改革派或再洗礼派信徒的事件，直至阿尔瓦到来。城市治安法官几乎公开宽容新教活动。1539年，一位天主教教士（Catholic priests）试图强行将一位有名的秘密路德宗讲道者驱逐出坎彭，这一行为激起一场骚乱，并最终被治安法官挫败。到16世纪40年代，事实上再没有上艾瑟尔法官试图执行反异端的法令。海尔德兰的情况也大体相同。[89]

大体而言，加尔文主义兴起之前，16世纪中叶低地国家的宗教情况与威斯特伐利亚、德意志北莱茵地区的普遍情况相似：在这两个地方的大部分地区，旧信仰得到国家的坚定支持，但是社会对天主教的支持普遍很弱；例外情况仅存在于瓦隆各省和列日的法语地区，这些地方的新教印刷品要少得多，所受的早期宗教改革的影响也因此较小。在尼德兰荷兰语地区和毗邻的德意志地区，各种流派的新教四处传播。这些德意志地区说的低地德语结构与低地国家东北部的奥斯特语相近。尼德兰-德意志边界线（当时尚未清晰划定）两边，许多地区并没有实行对新教的强力压迫。威斯特伐利亚和北莱茵地区大部分受科隆、明斯特、奥斯纳布吕克和帕德博恩（Paderborn）的教会王公统治，他们在打击宗教改革方面依旧是皇帝坚定的盟友。结果，威斯特伐利亚的宗教改革一方面与尼德兰类似，以一种分裂的方式发展；另一方面与德意志和斯堪的纳维亚半岛的大部分地区相反，更多是由下而上而非由上而下地发展。[90]明斯特城似乎因为1534—1535年的再洗礼派革命成了一个特殊例子，但在被再洗礼派占领之前，路德宗就已经在这里占据了主导地位，直到17世纪早期，各流派的新教教义仍然在明斯特兰广泛传播。[91]科隆与哈布斯堡尼德兰有紧密的贸易联系，又坐拥一所持极端保守主义和反伊拉斯谟主义的大学，因而依然忠于旧教会，但也必须与新教妥协。而在该地区的其他城市，如亚琛、埃姆登、不来梅、帕德博恩、韦瑟尔和奥斯纳布吕克，新教的扩张则更猛烈。16世纪40年代之前，奥斯纳布吕克就主要信仰路德宗。最后，除了东弗里斯兰，还有一些宽松的新教采邑，它们分布在从埃姆登到亚琛这一带边境上，楔入各教会邦国与哈布斯堡尼德兰之间。本特海姆［包括施泰因富特（Steinfurt）］伯爵领地就是其中之一，1544年它正式信奉路德宗。[92]

唯灵论与迫害的影响

在哈布斯堡尼德兰的核心省份，人们能获得各种信仰和思想，受过教育的人可用它们跨越天主教与新教之间的裂痕。贵族和摄政官青睐采用政治家的方法。[93] 典型的政治家无疑是尼德兰最大的贵族沉默的威廉，他不仅相信强迫个人的良心是错误的，而且在16世纪60年代早期，就曾在布鲁塞尔的国务委员会上宣称，正派的国家政府不应当压制个人的良心，应当停止执行反异端的政令。甚至在1561年与信奉路德宗的女继承人萨克森的安娜结婚前，威廉就向德意志的新教王公透露，他（和父亲一样）在内心是个"路德宗信徒"，[94] 不过他在此表达的是自己在宽泛的、非信仰意义上对新教的支持。他在安特卫普秘密会见公开的新教徒，商讨如何阻止哈布斯堡政府的宗教政策。早在1563年，他就在自己位于法兰西南部的领地奥伦治公国，采取了对加尔文宗新教徒有限宽容的态度。

但是奥伦治的威廉的宗教立场，本质上是一种混合着早期国家利益和宽容观念的政治立场。许多身为官员、治安法官、教士，或杰出商人、学者、艺术家的尼德兰人需要的是一种中间道路，比起单纯的不表态、回避或妥协，它在宗教上更令人振奋，在神学上更令人满意。[95] 正是这种情形解释了为何平和的唯灵论在尼德兰有越来越强的吸引力。这些唯灵论的思潮起源于德意志宗教改革，它们反对路德和茨温利，宣称表象的、虚假的外在现实与内在真相之间存在鸿沟，肉体和精神之间存在分离。[96] 在德意志，源自塞巴斯蒂安·弗兰克和卡斯帕·冯·施文克费尔德的唯灵论思潮从长远来看处于边缘地位。但是在尼德兰，由于这里截然不同的政治环境，唯灵论成了宗教改革的重要分支。大卫·约里斯的《奇迹之书》(Wonder-Boeck，1542年)中充满了唯灵论的神秘主义，它将人类的身体视为精神的对立面，认为人的精神会产生内在力量和光，会在喜悦中与上帝融合。这种说法在事实上将信仰剥离出了所有的传统基督教教义。[97] 大卫·约里斯后期坚定地主张人们应从外在遵从国教，只通过内在寻求精神的真理。[98] 另一个颇具影响力的流派是家庭派，或者说爱之家庭（Huys der Liefde），由亨德里克·尼古拉斯（1502—约1580年）建立。[99] 尼古拉斯于1540年在阿姆斯特丹开启他的运动，在接下来的20年里他基本上居住在埃姆登，随后在16世纪60年代居于坎彭和鹿特丹，最后移居科隆。尼古拉斯是个富裕商人，在整个尼德兰和威斯特伐利亚都有信徒和联系人。他教导个人在表面上服从他居住地盛行的任何官方教派。[100] 他和信徒避免正面冲突、殉道或改宗，相信救赎是一个纯内在和个人的过程，来自与上帝的直接交流。这一运动内在分离于国教，又有所掩饰，因而吸引了安特卫普重要的西班牙新教商人，如路易斯·佩雷斯（Luis Perez）和马科斯·佩雷斯（Marcos Perez），还吸引了杰出的知识分子，如安特卫普伟大的印刷商克里斯托弗·普朗坦（Christopher Plantin）、地理学家亚伯拉罕·奥特柳斯（Abraham Ortelius）、著名人文主义者利普修斯，以及居住在尼德兰的西班牙人文主义者贝尼托·阿里亚斯·蒙塔诺（Benito Arias Montano）。[101]

其他的唯灵论者、神秘主义流派来源各不相同。弗里斯兰法学家阿赫哈乌斯·德阿尔巴达（约1525—1587年）在1533年成为弗里斯兰高等法院成员。他年轻时代在德意志学习时，受到冯·施文克费尔德的启发，后者在斯特拉斯堡和乌尔姆（Ulm）等城镇的拥护者大多是显贵和贵族。阿尔巴达渴望建立一个由谨慎且见识广博的人组成的教会，并以非正式的、秘密的方式集会，摒弃礼仪和教士，人们可以在平和的气氛中学习《新约》。[102] 尽管他的观点与其他唯灵论者类似，但是阿尔巴达却与家庭派和尼古拉斯大相径庭。阿尔巴达的与众不同之处在于，他公开支持宗教宽容，反对迫害异端。1559年之前，尽管没受到别的妨害，他非正统的观念已经明显到足以让他被撤职。不过，最重要的唯灵论者还是迪尔克·福尔克特松·科恩赫特——荷兰宗教改革中最杰出的人物之一。科恩赫特是商人之子，1522年出生于阿姆斯特丹。16世纪40年代初，他在赖瑙德·范布雷德罗德（Reinoud van Brederode）位于菲亚嫩的宫廷里第一次接触到新教观念。赖瑙德的一个情妇是科恩赫特的本家姐妹。16世纪40年代中期，科恩赫特居住在哈勒姆时，与尼古拉斯，以及唯灵论艺术家马尔滕·范海姆斯凯克保持多年密切联系。尼古拉斯还多次与他同住。1566年，科恩赫特在劝阻破坏圣像者攻击哈勒姆教堂时发挥了重要作用。他是一个相当不受宗派拘束的人：他反对路德和加尔文的宗教改革，主张留在天主教会中，但又支持与天主教反宗教改革教义截然相悖的唯灵论和宽容观念，同时还支持反抗腓力二世的大起义。大起义时期，他是荷兰最热切的宗教宽容支持者，主张宗教领域的宽容；像其他唯灵论领袖和再洗礼派领袖一样，他引用《圣经》的篇章为其辩护。[103] 科恩赫特支持的神学与尼古拉斯和阿尔巴达的神学有诸多相似之处,但他厌恶爱之家庭派、大卫·约里斯派和施文克费尔德派,因为这些派别等级色彩太浓,并且过度痴迷于领导者的个人魅力。[104]

科恩赫特对爱之家庭派及其权威著作——尼古拉斯的《正义之镜》（*Glass of Righteousness*）的批判,在他1579年的《邪恶之微镜》（*Little Glass of Unrighteousness*）里达到顶峰。他控诉尼古拉斯妄自尊大地宣称自己的语录是新《福音书》,控诉他宣称自己的精神领袖地位不可动摇。尼古拉斯的妄自尊大确实削弱了爱之家庭派。1573年,门徒亨德里克·扬森·范巴雷费尔特（Hendrik Jansen van Barrefelt）与尼古拉斯决裂,多数杰出信徒也跟着叛变。不过,科恩赫特对主要唯灵论流派的抵制是超越个人和领导者的议题的。他反对追求"安全的平静",反对爱之家庭派对广泛传播教义的不情愿。[105]与其他唯灵论者一样,科恩赫特对外在的仪式性宗教和内在的真理性宗教做了区分。但他认为个人与上帝之间完全不需要解释上帝言语的中介,在这一点上他更忠实于宗教改革的源头——伊拉斯谟的思想。与天主教教徒和新教徒不同,科恩赫特拒绝原罪论和预定论,他认为人有自由且有能力完善自我。[106]对他而言,真正的宗教在于个人臣服于上帝,赞美上帝,仿效上帝。爱之家庭派主张的政治理论认为,世俗权威有权利把单一的宗教强加于人,并实施审查制度,惩罚公然反抗公共教会的人。然而科恩赫特坚信治安法官没有这样的权利,认为这样的信条应当被驳倒,而那些看清道路的人,背负着启蒙同伴的责任。

到16世纪40年代末,科恩赫特及其圈子发展出了一种以《圣经》为基础、非教条的虔信方式。它关注个人的精神修养和为获得救赎付出的努力,摒弃有组织的宗教。[107]科恩赫特助力创作和出版众多印刷品，[108] 而这是宣传其神秘主义的、伊拉斯谟式的基督教的主要途径。这些作品，包括他在1550年与范海姆斯凯克合作出版的著名系列读物，都描绘了个人争取和获得救赎的各个阶段。

镇压异端的措施不断强化，宗教改革的内在化也日益加强。1545年，皇帝不满镇压成果，决定设立地方宗教裁判所网络，以便能像西班牙那样开启大规模的审判活动。然而，他缺乏人手和资源，各省市当局也不愿意配合，这意味着尼德兰的宗教裁判所网络只能缓慢地、一步一步地建立。到16世纪50年代，仍然仅有几个省份的宗教裁判所积极参与了对异端的斗争。1550年4月，为了澄清法律的立场，皇帝颁布了"终极法令"，规定对异端判处死刑，并没收异端的所有财产及传播中的异端文本。[109] 根据该项法令，承认自己信奉异端的男人将被斩首，女人将被活埋，那些依然顽固、拒绝表态的将被活活烧死。

16世纪40年代末到1566年持续的这场危机中，行动最活跃的宗教裁判所就位于佛兰德。1545年，彼得·蒂特尔曼斯（Pieter Titelmans，1501—1572年）被任命为这所裁判所的裁判官。[110] 他狂热地与异端为敌，带着一小队人马利用有限的资源不知疲倦地奋力加强镇压。他不停地在佛兰德省、里尔地区、图尔奈和杜埃（Douai）穿梭，收集信息，逮捕犯罪嫌疑人，审问证人，安排审讯。蒂特尔曼斯的策略是打击关键团体，尤其是书商、修辞社团和再洗礼派圣会的成员。1550—1559年这10年间，蒂特尔曼斯举行了494场对异端的审判，佛兰德处决的异端中超过半数（200人中的105人）由他负责。他展现了宗教裁判所的能力，但是如弗朗西斯库斯·桑尼乌斯（Franciscus Sonnius）所言，考虑到政治和司法的阻碍，在大河以北，如荷兰、海尔德兰和弗里斯兰等省份，不可能取得类似的成果。[111] 宗教裁判所让一般公众焦虑不已，无论在宗教裁判所顺利运转的地方，还是在它不活跃的省份，如弗里斯兰和格罗宁根，它都激起了人们深深的恐惧。它遭人厌恶，甚至在许多场合下，愤怒的民众采取武力释放囚犯，攻击裁判所人员以及护卫他们的士兵。此外，人们还普遍认为宗教裁判所侵犯了各省和各城镇的权利。"没收被定罪的异端的所有财产，进而让异端的家人跟异端本人一起遭受惩罚。"——早在16世纪30年代，皇帝就通过各省高等法院引入了这一原则，但它大大刺激了摄政官和普通民众。而如今，宗教裁判所又开辟了"新天地"，它们将审判权从市镇治安法官手上夺走，经常将城镇市民作为犯罪嫌疑人带离他们的城镇。

对于那些负责在低地国家推行查理五世政策的人来说，事情很明显，残酷的镇压本身既不能阻挡新教的发展，也不能拯救当地的天主教会。1523—1565年间，哈布斯堡低地国家总共约有1 300人因为异端罪名遭到处决，[112] 仅比日后阿尔瓦实施镇压的那些年里被处决的人数多一点点，但这显然只是冰山一角。当局认为，真正需要做的是彻底重组尼德兰教会以巩固它的地位，并阻止新教运动的进一步发展。弗朗西斯库斯·桑尼乌斯与尼德兰代表团一起出席了特兰托公会第二阶段（1551年5月—1552年4月）的会议。在会上，他首次提出了一套全面重组教会结构的方案。[113] 这个想法本身并不新颖。不过按照桑尼乌斯的方案，教会将重新分配大小修道院的收入，用它们支付新主教区及其神学院的开销。这项方案蕴藏着深远的结构性转变。[114] 然而，现实的困难推迟了它的实施。主要的阻碍来自查理五世与教宗尤里乌斯三世之间激烈的争执以及对法战争的压力。不过事实证明，相比于父亲，腓力二世更支持这一观念。1556年，布鲁塞尔就在极其保密的情况下设计实现桑尼乌斯方案。到1559年4月，方案最终获得教宗批准。

政府新主教区方案背后的紧迫感来自以下现实：到16世纪50年代末期，官方教会的崩溃甚至肉眼可见。困扰尼德兰的宗教危机进入了新阶段：越来越多的人联合抵制官方教会。有证据显示，阿姆斯特丹出席圣餐礼的人数大幅下跌。[115] 重要裁判官威廉默斯·林达纳斯（Wilhelmus Lindanus）在1559年报告称，当年在吕伐登参加集会、履行复活节义务的人数比前些年少了几千人。[116] 据估计，在斯内克，定期到教堂礼拜的人数在几年之内减少了四分之一。多克姆（Dokkum）的会众据说少了一半。布鲁塞尔的政府开始更加关注如何强行让民众上教堂礼拜。1564年4月，荷兰省三级会议听到政府的方案时都震惊不已。方案谴责那些缺席礼拜的人，规定连续四个月不去望弥撒的人"应当被驱逐出荷兰省领地，并被没收财产"。[117] 这是一项无法执行的提案，但确实显示了腓力二世不可动摇的决心。

加尔文宗的兴起

直到16世纪50年代，在低地国家的宗教改革中，加尔文宗依然是次要角色。不过在瓦隆的一些城镇是例外，早在16世纪40年代中期，加尔文宗就在这些地方登场并扎根了，其中最著名的是瓦朗谢讷和图尔奈。[118] 长期以来，历史学家一直认为，荷兰宗教改革后期显著的加尔文宗特点必然源自瓦隆的早期发展，因此加尔文宗主要是从法兰西进入荷兰语地区的。而近年来的研究证明，事实完全不是这样。在尼德兰南部，跨语言界限的思想和宗教交流相对较弱。即便是在紧邻瓦隆地区的佛兰德荷兰语地区，归正会（Reformed Church）之所以能兴起并最终在尼德兰宗教改革运动中占支配地位，其背后的动力也并非来自瓦隆的城镇，而是来自流亡于伦敦和德意志的荷兰语教会。[119] 在伦敦，加尔文宗在尼德兰难民中的发展于1533年中断，当时玛丽·都铎继位，天主教的反攻随即到来。但这一事实反而巩固了德意志流亡者教会中日益增长的加尔文主义思潮，因为从伦敦出逃的主要流亡者都聚集在这里。在德意志地区，如埃姆登、韦瑟尔、杜伊斯堡（Duisburg）、法兰克福和弗兰肯塔尔（Frankenthal），荷兰流亡者教会中的加尔文主义根植于更早的归正会传统——一种布塞尔派和茨温利派影响下的混合物，它一直是荷兰以及德意志、瑞士归正会传统的重要组成部分。因此，尼德兰的归正会运动在起源之时和早期发展阶段绝非纯粹加尔文主义，它与加尔文、日内瓦以及法兰西新教运动都没什么直接联系。

未来领导归正会在尼德兰大部分地区获胜的人物，常常是曾在德意志度过较长时间的流亡者，尤其是16世纪50年代身处德意志的流亡者，如彼得·达特纳斯（Pieter Dathenus，1531—1588年）。1566年，他成为安特卫普加尔文宗信徒的主要领导人；16世纪70年代末，他在根特领导了加尔文宗的革命，同时他还将成为沉默的威廉的强敌，反对他的宗教政策。达特纳斯最初是加尔默罗会修士，大约在1551年他逃出佛兰德，并于1555—1562年在法兰克福的流亡者教会担任归正会讲道者。在法兰克福，他与整个德意志以及日内瓦的归正会团体保持着联系。[120] 再如在安特卫普宣扬加尔文主义的重要人物赫尔曼·莫德（Herman Moded），他原来是教士，1566年之前也是个流亡者。他在埃姆登流亡者教会学习归正会新教教义——这个教会或许是德意志最重要的流亡者教会。

宗教改革之前，埃姆登是个只有约4 000名居民的偏僻小镇。在东弗里斯兰伯爵恩诺二世（1528—1540年）的统治下，埃姆登和整个东弗里斯兰都正式皈依路德宗。但在恩诺的继任者安娜女伯爵统治期间，出现了根本性转变。安娜邀请反路德的波兰改革者约翰内斯·阿·拉斯科（Johannes à Lasco）接管东弗里斯兰教会。拉斯科将一套新的宗教改革方案引入东弗里斯兰，他采用布塞尔-茨温利传统的信条和教会规程，抛弃路德宗的模式。他坚决打击再洗礼派、天主教和路德宗的教义。在与大卫·约里斯派信徒（以及在1544年与门诺本人）公开论战之后，拉斯科得以正式在东弗里斯兰镇压再洗礼派。1544年，他建议设立埃姆登的教会会议和信纲，而它们成了日后尼德兰宗教法院和归正会信条的重要来源。[121] 然而，由于查理五世取得了施马尔卡尔登战役（1546—1548年）的胜利，东弗里斯兰归正会新教运动的发展被打断。战争的结果是皇帝与路德宗信徒和解，而被牺牲的则是其余的改革教派。战争结果迫使安娜女伯爵正式改宗路德宗。随后，拉斯科和其他东弗里斯兰归正会的领袖移居伦敦。他们加入伦敦新建立的荷兰流亡者教会，帮忙打造了主要以日内瓦惯例和加尔文神学为基础的教会规程和信纲。1552年后，东弗里斯兰教会重新转向归正会阵营，而在玛丽女王的统治下，英格兰开始了天主教对新教的反攻。拉斯科及其助手于是回到埃姆登，重启他们曾中断的事业。16世纪50年代，位于德意志的荷兰流亡者教会是整个尼德兰荷兰语地区归正会运动的堡垒。[122] 随着其信念立场被定义得更加鲜明，东弗里斯兰归正会也变得愈发不宽容：1557年，剩余的天主教神父被驱逐；1560年，唯灵论领袖尼古拉斯被驱逐。与此同时，埃姆登的人口和商业的重要性都有了显著增长，原因在于哈布斯堡尼德兰的商人、海员和宗教难民大规模涌入埃姆登。埃姆登与荷兰沿海本已紧密的联系现在更紧密了。

在16世纪50年代的欧洲北部，加尔文宗的强大让宗教改革的布塞尔派和茨温利派黯然失色，不过加尔文宗也部分吸纳了它们。从教义上讲，加尔文主义的力量来自它清晰、系统的论述方式，这一点在加尔文的著作《基督教原理》中尤为明显。这种方式能为教义和教会组织提供一个稳定、有序的结构，这正是克服神学思潮的分裂和繁多所必需的。而这种分裂和繁多正是尼德兰早期宗教改革的特征。那些因周围宗教改革流派过多而沮丧的人，在加尔文那里找到了他们渴望已久的解药。几十年来，含糊、混乱的新教教义已渗透到低地国家各个地区，加尔文主义运动以这类教义中的大部分内容为基础，将它们吸收到自身教义之中。相较而言，佛兰德、布拉班特和瓦隆广泛存在纯农业乡村，卢森堡、上艾瑟尔东部和德伦特的纯农业乡村更是普遍。这些乡村地区没有触及工业、航海业和捕鲱业，也没怎么受到甚至完全没受到人文主义和荷兰早期宗教改革的影响，加尔文主义通常难以在这些地方扎根。[123]

不过，在16世纪50年代，尼德兰加尔文主义可见的胜利仍主要局限在国外的流亡者教会中。建立一套稳固的教义和稳定的组织这一追求严重依赖宗教机构的成功组建，依赖其中资深且拥有圣职的讲道者，而这些条件，在当时的哈布斯堡尼德兰和列日采邑主教区内，既危险又困难。16世纪50年代末，有组织的加尔文宗团体仅存在于几个瓦隆城镇和安特卫普，几乎不能在别处立足。这些团体相互联系，与德意志的流亡者教会也有关联；瓦隆地区的团体还与法兰西新教徒有联系。

1559年后，低地国家的加尔文宗获得了新动力：一方面，法兰西、不列颠和德意志的加尔文宗迅猛发展；另一方面，哈布斯堡的权力在尼德兰有所减弱。16世纪60年代早期，有组织的秘密宗教集会开始兴起，它们主要集中在佛兰德的根特、奥斯坦德、许尔斯特（Hulst）、奥德纳尔德（Oudenaarde）、翁斯科特（Hondschoote）、布鲁日、布拉班特的布鲁塞尔、梅赫伦、布雷达，以及米德尔堡和弗卢辛；在荷兰省的阿姆斯特丹、恩克赫伊曾和阿尔克马尔也有一些试探性的活动。[124] 显然，1565年之前，加尔文宗在大河以北地区的兴起远没有在佛兰德、安特卫普和瓦隆地区那样显著。然而，因为荷兰语地区内部及周边有众多训练有素的讲道者，并且加尔文宗此时在教义上与新教运动的归正派联系紧密，因此加尔文主义即将或者说很有可能同样主导大河以北的地区。16世纪60年代早期，哈布斯堡政府的控制有所松弛，新教的布道和其他活动得以公开进行，正如1566年时的情况，加尔文宗将如期发挥主导作用。

随着宗教法院的激增，低地国家的加尔文宗开始有了地域范围更广阔的组织，教义也进一步紧密整合。16世纪60年代，一系列秘密加尔文宗宗教会议在以安特卫普为主的城镇召开。一个尤为重要的发展是，瓦朗谢讷加尔文宗圣会的传道者居伊·德布雷斯在1561年草拟了后来被称为《尼德兰信纲》（Confessio Belgica）的文件。它很快就得到认可，成了全尼德兰各归正会团体的信纲。这一文本不仅在低地国家加尔文主义运动兴起的早期发挥了强大的影响力，还作为文化和教育工具，在接下来的荷兰新教运动史上发挥作用。[125] 1562年初，它的第一个荷兰语版本在埃姆登印刷，这有力地证明了东弗里斯兰在荷兰宗教改革开始时的中心角色。

16世纪50年代末之后，加尔文宗成了尼德兰新教运动中最强劲的力量。它清晰的教义和强大的结构，让低地国家的新教运动有望组织一场史无前例的有力运动。至于此前那些更松散、传播更广的流派，加尔文宗尽管对它们有所吸收，却不能完全替代它们；这在管理严格的流派与"自由"流派之间制造了深刻的对立，而这种对立在整个近代时期都处在荷兰新教运动的核心位置。

第6章

大起义前的社会

土地、乡村社会和农业

从12世纪开始,整个低地国家就普遍出现了将农民从封建束缚和封建义务中解放出来的发展趋势。在佛兰德和布拉班特以及大河北部,土地的开垦和新地区的殖民,加上高度的城市化,使贵族和教会愿意给农民提供具有吸引力的条件和自由的身份,以诱惑他们到新开垦的地区或留在旧有的土地上耕作,同时这也是为了抵消他们移民德意志新殖民地区的吸引力。[1] 因此,在尼德兰南部和北部的大部分地区,在只收取货币地租的条件下将土地租给不受封建控制的农民,成了普遍之事,而且相比法兰西和英格兰,有加快发展的趋势。

封建依附关系在尼德兰南部和中部地区解体了,而在最北部的地区——弗里斯兰、西弗里斯兰*和格罗宁根——封建组织和封建制度从未获得任何控制力。于是,到1500年,在低地国家的大部分地区,土地多是无条件继承的不动产,大多数农民都是自由身。[2] 各个地方,无论西部还是北部,发展的趋势都是将土地划分成小块,它的主人可以是

---

* 历史上的一个地域名。——编者注

贵族、教会、城镇居民，也可以是小土地所有者自己。在新开发的围垦地，乡村遍布着中等大小的农舍，它们按照各地的风格建在标准规格的小片土地上。通常认为，这种规格的土地足够维持一个家庭的生存。这是一种尽量降低领主和乡村机构影响力的趋势。在远离围垦地的地区，到处是古老的公共田地和牧场，不过相较于从前的规模，它们现在只是微小的零头。大部分公共田地也都被分给了小农，而例外只有弗里西亚群岛和阿姆斯特丹附近沙质土的霍伊（Gooi）地区。

于是，整个尼德兰成了领主对土地控制较弱的地区，它的特点是盛行以货币地租来短期租赁农场的模式，在高度城市化的省份尤其如此。此外，这时的北部与南部存在鲜明对比，北部的特征是相对缺乏属于大贵族的大片的、集中的土地。勃艮第和哈布斯堡尼德兰的高级贵族大多偏向南部，主要因为他们在南部的领地和影响力都更大。确实，有少数显赫的家族在南部和北部都有大规模的地产，但在这种情况下，天平依然明显倾向南部。奥伦治亲王是当时低地国家最富有的贵族，1567年，哈布斯堡政府没收他的土地时发现，他在佛兰德、布拉班特、卢森堡和瓦隆的土地带来的收入是他大河以北土地收入的2倍。[3]虽然埃赫蒙德家族起源于荷兰省，但到查理五世时期，这位伯爵收入的一半以上都来自南部土地，他的多数宅邸也同样位于南部。

奥伦治-拿骚王朝在布拉班特北部和大河沿岸拥有众多土地。1551年，沉默的威廉头婚娶了比伦的安娜——比伦、莱尔丹、艾瑟尔斯泰因和克伊克（Cuyck）独立领地的女继承人，而这又大大扩张了家族土地。[4]埃赫蒙德家族也拥有荷兰省北部的领土和广阔的贝赫领地。贝赫领土夹在哈布斯堡海尔德兰、明斯特兰、利默斯和维施（Wisch）伯爵领地之间，其中维施伯爵领地是斯海伦贝赫小镇旁的一片独立主权领地。但除此之外，尼德兰北部就再没什么属于高级贵族的大规模土地了。

在内地的上艾瑟尔、海尔德兰、德伦特、乌得勒支东部、林堡和布拉班特东北部树木繁茂的沙质土地区，还有卢森堡和旁边的威斯特伐利亚部分地区，那里的乡村社会形态确实更接近于欧洲西部地区。这些地方，乡村的凝聚力更强，领主的影响力更大。但是，近来的研究强调，虽然这里的乡村生活并没有人们从前想象的那样平静、自给自足，但是这里的农民相对自由。[5]沿海地区（包括南部和北部）与东部内陆地区在农业方面存在深刻且持久的差别，虽然这里面有土质和社会结构差别的影响，但更本质的原因在于，西部的城市市场发挥着巨大影响，而东部的城市市场功能相对较弱。[6]东部农作物的产量明显低于大河南北的沿海地区，非耕作农业和经济作物的专业化也不够普遍。相比西部，东部地区城镇发展更为缓慢、缺乏活力，这也意味着投资、采取新技术提高产量的动力明显匮乏。最后，在格罗宁根还有另一个重要因素，即这里相对广阔的领土受制于一个享有广泛重要特权和经济占统治地位的城市。就这方面来说，格罗宁根在北部几乎是独一无二的。[7]

北部的大部分贵族土地归属于人数相对较多的中等贵族和小贵族，它们被分割成分散且多数面积较小的地产。1500年，在荷兰省，组成当地贵族的大约200个家族占有该省大约5%的可耕地，与多数欧洲贵族相比这无疑相当少，但绝不是微不足道，特别是考虑到他们的地产实际囊括了许多最好的土地。[8]荷兰省的教会同样落后，只拥有不到10%的土地，不过这些土地往往也是最好的。在其他北部省份，贵族土地的占比明显比荷兰省的高，不过在多数地区，贵族土地也远没有占到多数。德伦特贵族的土地占比仅比荷兰贵族多一点点。[9]

到大起义前夕，奥默兰贵族大约拥有本地15%的可耕地。[10]

在荷兰省，三分之一的土地在城镇居民手上，泽兰和乌得勒支西部的比例可能与此相当。15和16世纪，商业利润流回土地购买和开垦领域很常见。这些扩张的土地随后被租给农民以定期收取地租。有时，城市商业和土地开发之间也存在更直接的联系。16世纪，在哈勒姆、代尔夫特和豪达的统治精英中占据主导地位的酿酒商拥有数量可观的泥炭沼泽，它们遍布荷兰省，被用来为主人的啤酒厂提供燃料。于是在荷兰以及泽兰，作为土地的持有者和开发者，城镇居民占有的土地要多于贵族和教会。[11] 不过，在西部沿海地区，农民本身占有最大比例的土地，例如荷兰省农民占有这里45%的土地。不过我们必须注意，农民很少拥有最好的土地，并且在该省不同地区，他们手里的土地占比差异巨大。相比荷兰省南部，农民的土地所有权在该省北部和远离城镇的地区占比更大。与德伦特和上艾瑟尔的情况类似，农民所拥有的土地很贫瘠。荷兰省各乡村中，农民占有土地的比例，在北荷兰省泰瑟尔岛（Texel）和维灵恩（Wieringen）高达100%，在南荷兰省诸岛则只有8%。[12] 土地被分割成独立的农场，上面盖着各自的农舍，这种情况意味着土地所有权很少集中在隶属于特定家族或城镇的村庄或少数人手上。即便是农民拥有土地数量相对较少的地方也是如此。[13] 特韦斯克（Twisk）村就是西弗里斯兰的典型代表。这里大概一半的土地属于城市居民，但是它们又均匀地分散在河运城镇霍伦和梅登布利克的居民手中。1514年，另一个村庄阿贝克尔克（Abbekerk）也有一半的土地属于城市居民，它们同样均衡地分散在阿尔克马尔和霍伦的市民手中，还有一些属于其他城镇的市民。

虽然一般而言，土地的买卖是顺畅的、不受法律限制的，但是因为声誉、传统和法律地位，贵族和教会对待土地所有权的态度与独立农民或城市居民不同。贵族和教会更关注社会和庄园方面的问题，不太愿意疏远自己的土地。[14] 在内陆省份和弗里斯兰，贵族和教会占有的土地比例要比在佛兰德或荷兰的高。因此这里的乡村社会有更静止、更受控的特点。不过，相比欧洲其他地区，它们仍然更具流动性。在弗里斯兰和格罗宁根，贵族没有形成一个法律意义上的特殊等级，并不像其他地方的贵族那样享有正式的特权。但在事实上，即便没有明确的法律特权和单独的司法地位，最北部省份的贵族仍是地位相当稳固的乡村精英。他们从土地和司法职位中获取收入；比起荷兰、泽兰或佛兰德那些法律地位更明确的贵族，他们在地方事务中发挥着更具主导性的作用。[15] 大河北部，上艾瑟尔和海尔德兰是例外，它们的土地大部分由贵族占有。16世纪晚期，上艾瑟尔省萨兰区（Salland）的贵族拥有这里35%的土地，特文特区（Twenthe）的贵族占有当地52%的土地。[16] 海尔德兰同样因为贵族人数显著多于其他北方省份而引人注目。16世纪晚期，海尔德兰3个位于大河以北的区中，有超过300名得到认可的贵族，而大多数民众只占有极少的地产。[17]

除了弗里斯兰、格罗宁根以及16世纪末之前的德伦特，尼德兰其他地方的贵族身份都由法律界定，都已制度化。1578年，76名贵族有权作为贵族院成员参加上艾瑟尔省三级会议，他们都拥有被视为贵族席位来源的采邑。在泽兰，贵族曾经（当时也宣称）由首席贵族代表。在荷兰、佛兰德和布拉班特，贵族不是一个根据土地所有权或特殊社会职能定义的阶级，它由司法、政治和社会特权定义。特权让他们区别于其余民众,并为他们提供获得某些权力和影响力的途径。[18] 一般而言,贵族享有独特的司法地位、优先权、狩猎权,有权以特殊的称谓相称;在大多数省份(不包括泽兰),他们在省三级会议和地区三级会议(有这种地方机构的话)中有单独的代表。贵族也是唯一在省三级会议和地区会议中拥有代表的乡村社会成员。这一点上,弗里斯兰、格罗宁根和德伦特又一次是例外,这些地方的其他土地所有者也有代表;另一个例外是泽兰,这里的乡村社会没有任何一个团体有代表。最后,在1500年之前,贵族都一直垄断着农村地区的高级司法官员职位——如"巴尔尤夫"或"德罗斯特",弗里斯兰的"格里特曼"。不过到16世纪中叶,这些职位却受到了哈布斯堡政府的广泛侵蚀。

领主影响力最大的地区有:海尔德兰;布拉班特的边远地区,包括该省南方和北方的主要城镇;最南端的法语地区,尤其是埃诺东部、那慕尔和卢森堡。教会在这些地区也有有力的代表,例如在采邑主教区列日和乌得勒支。通常,教会在布拉班特、瓦隆和尼德兰东北部拥有的土地也明显多于在沿海省份。在弗里斯兰,该省的43座男女修道院总共占有20%的可耕地;在格罗宁根,当地25座男女修道院拥有该省25%的土地,当地教会成员占有的比例还要更可观。[19]

不过,当时在布拉班特、佛兰德、荷兰、泽兰、西乌得勒支、弗里斯兰和格罗宁根这些高度城市化的沿海地区,农业最显著的特征在于其长久的集约性、多样性以及比欧洲其他地方都高的作物产量。这是当时欧洲唯一一个经历了真正"农业革命"的地方,而且在佛兰德和布拉班特南部,这场革命到1500年就基本完成了。[20] 尼德兰人发展出了以堤坝、运河和风车为基础的成熟的排水技术；他们把牛关在厩中积肥，大量使用饲料，从而使集中施肥成为可能。农业领域的这些变革单单发生在上述地区是因为这里独特的环境：洪水的威胁、数量众多的城镇和异常高水平的城市化，导致这里需要大量的谷物、乳制品、肉和啤酒来供给城市人口。此外，高地租以及土地被分割成众多小型农场带来的压力，也有助于集约化和农作物产量的大幅度提升。

鉴于从波罗的海进口到低地国家的谷物数量不断增长——从1500年到1560年涨了5倍，预计的耕作农业将会实行缩减，并为出产更多乳制品让路，至少北部地区应当如此。一些乳制品，尤其是奶酪，是值钱的出口物品；而且，乳制品的产量也确实有了一定的增长。但矛盾的是，农业主要的变化趋势是耕作农业扩大，连弗里斯兰也是如此。这主要是受到佛兰德和布拉班特城市发展和工业需求的刺激。[21]正是这个原因，1585年前，荷兰、弗里斯兰和乌得勒支的农村人口增长得比城市更快，尽管同一时期城市工资涨得更快，而且一直劳动力短缺。[22]北部沿海地区乡村雇工数的急剧上涨缘于农业活动整体的集约化和不断提升的专业化。16世纪早期，这片土地依然存在广阔的未开垦的土地，弗里斯兰和格罗宁根尤甚，现在它们都得以开垦。在以牧场为主的西弗里斯兰，产量增长的主要原因是这里引入了更大型、动力更强的风车，因此排水和开荒随之有了改善的可能性，可以用于乳制品农业生产的地区得以扩展。[23]另一个现象主要出现在荷兰省南部和泽兰，即此前用于种植谷物的土地现在转而用来生产劳动力密集型的经济作物，如供给啤酒厂的啤酒花以及大麻、亚麻和茜草。[24]

从1514年到1575年，荷兰省乡村人口从14.8万增长到22万，而荷兰省19座城镇的人口仅从12.7万增长到18万。尼德兰北部沿海地区农业的不断集约化和专业化只能部分解释这一令人瞩目的人口增长现象。沿海地区与内陆地区乡村社会的鲜明差异在于，前者很大而且越来越大的一部分人口基本不参与农业活动，这部分乡村无产阶级主要在海事行业和捕鲱业工作，而非农业。[25] 许许多多海员和渔民居住在乡村而非城镇。沿海地区还有大量的驳船船员、泥炭沼泽挖掘工和造船业工人，此外还有受雇来修缮堤坝的村民。在1514年的南荷兰省，主要活跃于非农业领域的无地贫民占乡村人口的三分之一。[26] 类似的，弗里斯兰也居住着数量可观的非农业乡村劳动力。

低洼地区的堤坝、排水和控水技术在16世纪显著提升，主要因素就是发明新风车并将之普遍用于排水。用风车抽吸堤坝环绕的围垦地的水，这种技术可以追溯到15世纪早期，不过16世纪风车结构的重大改善提升了这项技术，使它的应用变得更加普遍。虽然16世纪控水技术有所改善，也没再出现1421年11月圣伊丽莎白洪水那样的恐怖灾难——那场洪水淹没了南荷兰省的大片地区，吞没了72个乡村，海水几乎渗入多德雷赫特的围墙，还冲毁了西弗里斯兰的部分土地——但是16世纪仍然存在堤坝被淹没带来的周期性灾难。1530年，圣菲利克斯洪水造成的结果尤为悲惨。那场洪水吞没了泽兰省南贝弗兰岛（South Beveland Island）的一大片地区。1551年和1555年的洪水也同样骇人，泽兰城镇赖默斯瓦尔（Reimerswal）被淹没。1570年11月的万圣节洪水给荷兰、泽兰以及弗里斯兰造成了大面积破坏。

城市化

中世纪晚期，欧洲有两大商业和工业发展重镇——北意大利和低地国家。这两个地区的城市化进程比欧洲大陆其他地方快得多。早在1300年，南尼德兰就是高度城市化的地区。这里也有大量乡村人口。总体来说，它与北意大利、巴黎盆地和南英格兰一样，是欧洲人口最密集的地区。到1500年，情况依然如此。相比之下，北尼德兰在1300年还是人口相对稀少的地区，而到1500年，这里出现了一种独特的局面，即虽然北尼德兰整体而言人口相对稀少，但其城镇居民的比例很高。

1500年，将日后组成荷兰共和国的北布拉班特也算在内，北尼德兰整体人口总数不到100万。[27] 这个不大的总数掩盖了它极其独特的结构。尽管北尼德兰最主要的城镇乌得勒支、多德雷赫特、莱顿和阿姆斯特丹还不能跟南尼德兰的六大城市相比，但事实上，从城乡居民比例来看，北尼德兰已经成为欧洲城市化程度最高的地区。[28] 到1560年，阿姆斯特丹在波罗的海的大宗货运贸易发展接近顶峰，它开始可以与梅赫伦和布鲁日相抗衡，不过依然比安特卫普、布鲁塞尔和根特弱小很多。（参见表3）到1550年，算上米德尔堡和斯海尔托亨博斯，北尼德兰居民上万的城市已不少于12座；考虑到该地区整体人口相对稀少，这一数字相当令人注目。[29] 这12座城市的总人口约18.2万。不过令人惊讶的是，位于荷兰省的5座城市总共只有8万人，或者说，远少于北尼德兰12座城市总人口的半数。荷兰省大约一半的人口在城镇。[30] 不过城镇居民占比高这一现象绝不局限于荷兰省。北尼德兰的其他地区，也是大部分地区，同样高度城市化。

15世纪末,单单上艾瑟尔的三大城市就拥有该省38%的人口,若加上其他小城镇,城市人口占比约为52%。[31] 北尼德兰各省中,除了德伦特,没有一个符合当时欧洲多数地区那种乡村占主导的模式。德伦特之外,即便是最具乡村色彩的省份弗里斯兰,也有将近20%的人口分散在该省11个可称为城镇的地方。[32]

表3 低地国家主要城市的人口(1300—1560年,概数)

(单位:人)

	1300年	1400年	1500年	1560年
1.佛兰德、布拉班特、林堡				
安特卫普	10 000		45 000	85 000
布鲁塞尔		25 000	35 000	50 000
根特	50 000		40 000	45 000
布鲁日	35 000	20 000	30 000	35 000
梅赫伦		12 000		30 000
斯海尔托亨博斯		9 000	17 000	17 500
马斯特里赫特	5 000	7 000	10 000	13 500
2.荷兰				
阿姆斯特丹	1 000	3 000	12 000	27 000
哈勒姆	2 000	7 000	11 500	14 000
莱顿	3 000	5 000	14 000	14 000
代尔夫特	2 000	6 500	10 500	14 000
多德雷赫特	5 000	8 000	11 500	10 500
豪达	1 000	3 000	7 000	9 000
鹿特丹		3 000	5 000	8 000
恩克赫伊曾		2 000	3 500	8 000

(续表)

	1300 年	1400 年	1500 年	1560 年
3. 东北部省份				
乌得勒支	5 500	9 000	15 000	26 000
格罗宁根	4 000	5 000	7 500	12 500
代芬特尔	4 000	10 000	8 000	10 500
兹沃勒		10 000	7 000	10 000
坎彭	3 500	12 000	10 000	8 000
奈梅亨	3 000	6 000	8 000	11 000
4. 瓦隆				
里尔	20 000	12 000	20 000	30 000
列日		20 000	20 000	
图尔奈			20 000	

数据来源：Van Uytven, 'Oudheid en middeleeuwen', 23; Van der Woude, 'Demografische ontwikkeling', 134—136; Visser, 'Dichtheid', 19—20; Van Houtte, *Economische en sociale gesch*, 130, 209—211; De Boer, *Leidse facetten*, 7; DuPlessis, *Lille and the Dutch Revolt*, 322—323; Van Houtte, 'De zestiende eeuw', 73.

另一方面，佛兰德和布拉班特乡村密集，并拥有大量农村人口，而北尼德兰惊人地缺少乡村这种专事农业的生活单位——也正是它们构建了当时惯常的欧洲生活。在北尼德兰，不仅乡村人口占比相对低，而且正如前文所述，这些人口虽然居住在乡村的独立农舍或别的地方，却通过海运、内河运输、捕鱼和泥炭沼泽挖掘等行业维持生计，并不从事农业。因此，正是乡村的稀缺以及出奇高的城乡比例，而不是这些城镇本身的规模，使得北尼德兰城市化的程度早在大起义之前就比欧洲其他地区高。

表4 低地国家与不列颠的城市化比较（1375—1800年）

	（a）居民过万的城市数量								（单位：个）
国家或地区	1375年	1475年	1500年	1550年	1600年	1650年	1700年	1750年	1800年
北尼德兰*	2（0）	9（4）	10（5）	11（6）	19（12）	19（12）	20（12）	18（10）	19（10）
南尼德兰	11	11	11	12	11	12	12	12	18
不列颠	1	1	5	4	6	9	13	23	47
	（b）各地区所有人口过万城市的人口总和								（单位：人）
	1375年	1475年	1500年	1550年	1600年	1650年	1700年	1750年	1800年
北尼德兰	20 000	98 000	120 000	182 000	365 000	600 000	640 000	570 000	580 000
南尼德兰	210 000	310 000	300 000	360 000	250 000	360 000	380 000	350 000	460 000
不列颠	35 000	70 000	80 000	110 000	250 000	500 000	720 000	1 020 000	1 870 000

* 括号内是相关地区的城市数量。

数据来源：与表3来源相同，外加 De Vries, *European Urbanization*, 29, 271—272; Klep, 'Urban Decline', 266—267; Visser, 'Dichtheid', 16.

在接下来的一个半世纪里，荷兰社会的这一特性变得越来越突出。[33] 1500年，北尼德兰的城市化程度超过了南尼德兰，但差距并不是特别大。大起义之后，北尼德兰与南尼德兰的差别日益扩大，它与英格兰、法兰西和意大利之间也是如此。（参见表4）到1600年，每4个荷兰人中就有1个居住在人口过万的城镇中，而在同时期的英格兰，这个比例不到十分之一。[34]

16世纪的北尼德兰的活力主要来自沿海城市以及乌得勒支和格罗宁根的迅速发展,来自乡村地区、非农业无产阶级的迅速壮大。[35] 尽管各座城镇发展的速度不尽相同,但这里并不存在单一地点进行城市化的趋势,也就建立不起一个被大片乡村化小城镇环绕的超级大都市——这一点与英格兰、巴黎盆地和西班牙中部的情况恰恰相反。在城市化相对分散方面,北尼德兰即便与南尼德兰、北意大利相比也独具特色。后两个地区也没有单一大都市,但有几个超级大城镇在政治和经济上影响着特定的区域。北尼德兰拥有许多中型城镇,而非几座大型城市。它们中没有一座城镇能够拥有布鲁日、根特和安特卫普在它们各自区域内的那种影响力,即便是阿姆斯特丹和乌得勒支也不例外。根据1514年的调查统计,荷兰省当时最大的城镇是人口1.25万人的莱顿,而它绝不是特别大型的城镇。该省另有4座城镇和它规模相近,即阿姆斯特丹(1.2万人)、多德雷赫特(1.15万人)、哈勒姆(1.15万人)和代尔夫特(1.05万人)。[36] 在大起义前,北尼德兰缺乏真正的大都市,城镇人口分布均衡——荷兰省尤其如此:这种环境对接下来荷兰政治和社会的发展起决定作用。它们既表明这里财富和经济资产分布广泛,而这是大宗货运、内河运输和捕鲱业天然的特征,又表明主要经济中心的生存有赖于为数众多的外港及其附属仓库。

城市经济

在16世纪,南尼德兰城市经济的活力,一方面来自"高利润贸易",另一方面来自其相关产业。前者包括纺织、香料、金属和糖产业，它们最主要的基地在安特卫普；后者包括基地位于佛兰德和布拉班特各城镇的毛料布、亚麻布、挂毯和精炼糖产业，以及以列日和亚琛为中心的金属加工业。相较而言，北尼德兰主要城市的经济活力来自大宗货运业和捕鲱业。在1585年之前，"高利润贸易"几乎没在大河以北发挥什么作用。唯一的例外是旧式莱顿布料的出口行业，但在1520年之后它并没能成功击败英格兰的竞争。[37]

从16世纪初到80年代，大河以北获得迅猛发展的城镇大多位于沿海地区，荷兰省的情况更是几乎完全如此。发展最快的阿姆斯特丹主要为波罗的海进口的谷物和原木提供仓库。这一阶段，阿姆斯特丹的商业缺乏"高利润贸易"和重要的大商人，它的贸易对象大体上局限于波罗的海南部的海岸城市，大型谷物与原木港口但泽（Danzig，今格但斯克）、柯尼斯堡（Königsberg，今加里宁格勒）和里加（Riga）。米德尔堡也有专属的贸易，自从1523年获得政府特权以来，它成了公认的为哈布斯堡尼德兰提供法兰西葡萄酒的主要贸易港。1550年，进口到哈布斯堡尼德兰的所有葡萄酒中（包括通过内河驳船运输到多德雷赫特的莱茵葡萄酒），大约有60%是进口到米德尔堡的法兰西葡萄酒。与阿姆斯特丹类似，西弗里斯兰港口城市霍伦、恩克赫伊曾和梅登布利克也建立了繁荣的波罗的海商业。霍伦还专门从挪威进口大量原木，从法兰西和葡萄牙进口盐。

捕鲱业同样十分重要。与大宗货运类似，捕鲱业稳步发展，尽管没有前者迅猛。1470年前后，捕鲱业只有大约250艘双桅捕鲱渔船，配备了不到3 000人；到1560年，则增长到约500艘船，7 000多人。[38] 北尼德兰捕鲱业主要有三大部分：泽兰船队，基地位于济里克泽、费勒和布劳沃斯港（Brouwershaven）；南荷兰船队，基地是位于马斯河口、鹿特丹南部的小海港；最大型的北荷兰船队，基地在恩克赫伊曾。大起义前，佛兰德海港敦刻尔克、奥斯坦德、尼乌波特（Nieuwpoort）也游弋着一支小型捕鲱船队。所有捕鲱业城镇都为鲱鱼生意进口并储存大量的盐；一些城镇，尤其是霍伦和济里克泽，还形成了重要的精制盐产业。

航海业的各个方面——包括船舶的建造、装备、人员配备，绳索与船帆的制作，以及用来运输和储存货物的桶和麻袋的制作——共同组成了规模巨大的经济活动。据估计，到16世纪60年代，单单荷兰省就拥有近1 800艘航海船，其中有大约500艘以阿姆斯特丹为基地。[39] 这比当时人们能够在欧洲其他任何地方看到的都要多很多。据估计，威尼斯在巅峰时期，也就是1450年前后，也只有300多艘航海船。荷兰省的船只绝大部分开往波罗的海、挪威，或法兰西西部和葡萄牙。16世纪60年代中期，北尼德兰有1 000多艘船每年进出波罗的海一次，这个数字是北德意志船数量的3倍多。[40] 有的船甚至在一个季节里来回两趟。开往波罗的海的北尼德兰船中，有大约五分之四以阿姆斯特丹和北荷兰省海港为基地，剩下的五分之一以弗里斯兰为基地。[41]

在缺乏"高利润贸易"的情况下，北尼德兰的船舶制造商建造了价格低廉的船：它们设计简单，尽可能减少绳索的使用，没有装备武器，海员数量少，谋求以最低的成本运送最多的货物。这些船并不适宜运载贵重货物，但是它们运送大宗低价货物的价格是任何外国竞争者都无法比拟的。大宗货运船的代表作是著名的福禄特帆船，这一设计源自16世纪90年代的霍伦。

尼德兰南部和北部在商业和工业结构方面的差异，即"高利润贸易"与低廉的大宗贸易的差异，也反映在双方商业船队的差异上。以安特卫普为基地的船队规模小，但拥有坚固、造价高昂的船，它们是设计来远距离运输贵重商品的。许多贵重货物，如英格兰的布料，装载在类似的英格兰船或汉萨同盟船上以抵达安特卫普。两个贸易领域和两种船队的差别又转而反映在各自商业精英的身上，反映在他们投资船舶的方式上。在安特卫普，存在一个相当富裕的商人阶层，他们富裕到足以拥有自己的船只，或2人、3人、4人共同持有船只。相比之下，北尼德兰在1585年之前并不存在重要的大商人。虽然这里的船舶属于廉价得多的种类，所有权却相当广泛地分散在众多中等富裕的酿酒商、磨坊主、谷物和原木采购者、捕鲱业商人这类人手中。于是，16世纪北尼德兰的船舶由许多人共有，所有权通常分为32或64份，[42]这种情况与当时英格兰和北德意志也不尽相同，而同时它使得北尼德兰在资本没有高度集中的情况下，有可能拥有一支前所未有的大型商业船队。

不过，北部依赖手工业和制造业的内陆城镇就远没有南部的繁荣。15世纪，荷兰省的制布产业有所发展，但是从16世纪20年代开始，它便走向衰落。无论是在制布业的主要中心莱顿，还是哈勒姆、豪达等制布集中的地区，情况都是如此。[43]荷兰省的布匹之前在面向波罗的海的出口贸易中还有微弱的优势，但是到1550年已缩水到无关紧要的程度。基本上，除了造船业、鲱鱼包装业和其他与海事行业有直接联系且局限于近海地区的行业，16世纪荷兰省的其他产业要么具有地方性特征，要么适应南尼德兰城镇的消费需求。在荷兰省、格罗宁根城和其他一些内陆城镇，最为重要的就是酿酒业。[44]因为啤酒的酿造量和消费量都很庞大，同时又容易迅速变质，所以啤酒的生产分布广泛。不过，三座内陆城镇哈勒姆、代尔夫特和豪达获得了极好的名声。它们的产品质量高、酿造专业，而且精于通过内陆水道大批量运输啤酒，尤其是运往南部。然而到了16世纪，酿酒业虽然仍是重要产业，但在荷兰省有所衰落，同时又在安特卫普、布鲁塞尔和鲁汶蓬勃发展。在哈勒姆，作为该镇主要产业的酿酒业在1520年之后持续且急剧衰退；到16世纪60年代，该镇的啤酒产量仅是1519年产量的三分之一多一点。[45] 豪达的经济更是停滞不前，这里的啤酒产量从15世纪80年代的每年29万桶锐减到1557年的12.2万桶，并在此后进一步下跌。[46] 代尔夫特的状况比其他城镇稍好一点。1500年之后，荷兰省所有内陆城镇不是陷于停滞就是仅仅略有进程，只有近海城镇在迅猛发展。

在内陆腹地，也有一些城市取得了较为惊人的发展成果，比如乌得勒支和格罗宁根，不过更普遍的是大部分城市的发展近乎趋于停滞。艾瑟尔河沿岸城镇兹沃勒、坎彭、代芬特尔和聚特芬的情况尤其如此。这里部分原因是艾瑟尔河的淤积使这些城镇丧失了出海要道。到16世纪中叶，它们与莱茵地区一度繁荣的贸易损失了大半。

城市生活的组织：行会、民兵组织和修辞学会

在整个低地国家和德意志西北部，城镇经济与行会制度深刻缠绕在一起。每座城镇都拥有大量行会，安特卫普的行会远远过百，多数大城镇也有数十个。跟前几个世纪一样，行会依旧算得上城镇最重要的组织之一。这些行会组织扩展到整个经济领域，各行各业的商人和交易商组织行会，工匠、店主、车夫、港口起重机操作员

也是如此。16世纪，无论是在尼德兰还是在欧洲其他地区，城镇的生产主要在小型工坊中进行。工坊通常只有一个独立工作的师傅以及几个帮工的学徒和熟练工。城镇议事会支持行会并常常鼓励其制定规章，因此行会一直对经济生活发挥着重要影响，但这有时候也是一种束缚。

所有城镇都有面包师、肉贩、鱼贩、食品杂货商、裁缝、鞋匠的行会，常见的还有搬运工和驳船船员的行会；在有纺织活动的地方，还有织工、漂洗工、染色工等的行会。行会最重要的功能是设置贸易和经济活动的准入门槛，只允许那些被承认为行会成员的人进入。而要成为行会成员意味着他必须已被认可为该城镇的市民，取得各种资格并缴纳了会费。此后，成员应当遵守规定的工作惯例和质量控制的规范——城镇议事会通常坚决要求这一点——有时他们还要遵循价格指导。因此，行会的基本目的是限制竞争、管理生产，最重要的是为已缴纳会费的成员提供一定程度的安全保障，同时用某种方式保护消费者权益，使其远离假货和劣质品。[47] 行会的一个重要目标就是压制外来者，保护现存成员的后代；这方面的严厉程度会根据不同时代的经济和从业人数有所变化。在16世纪初的根特，酿酒商行会批准进入行会的新人几乎全是当时行会师傅的儿子。[48]

每个行会都有自己的标志、整套的仪式用品和会议室，大城镇的主要行会还有自己的宅邸，它们通常是城里最壮观的建筑。宗教改革之前，行会全都参与宗教节庆和游行，它们在教堂里供奉着自己的小礼拜堂和祭坛。行会用会费和成员自愿捐献的钱财来支付管理的开销，还为行会举办的文化和宗教活动及庆典提供资金。行会为城市众多的福利捐赠项目和福利机构做了大量贡献，尤其是在关爱生病、无劳动能力和年迈的行会成员及其家属时。

行会的管理在许多方面都与城镇议事会关注的事务交织在一起。城镇的各种活动都受到他们管理。例如，鱼贩子只能在市里的鱼市上卖鱼，同时要遵守各项规定。此外，随着荷兰省和其他北部省份的工业和内陆经济在16世纪（一直到16世纪80年代）日渐停滞，管理纺织、酿酒和零售行业的主要行会都倾向于扩大控制范围、加强管理，以便给予行会成员最大的保护，避开外来商品带来竞争。

艺术家也有自己的圣路加行会。在其所处的各座城镇里，此类行会同样进行着细致的管理，同样收取会费，注重资格审查和行会规章。毫无疑问，在主要的艺术中心，它们为将共同体精神注入艺术活动贡献良多，并准备持续如此。在接下来的几十年里，行会向其他城市扩张，例如1609年，它们扩张到了此前并不存在艺术家行会的鹿特丹。直到18世纪，它们仍然在荷兰省艺术家的生活中扮演着重要角色。[49]

行会是企业团体组成的网络，构成了城市生活的重要侧面。不过城市中还存在一些别的组织。另一个重要组织是民兵组织，它们是城镇维持秩序、镇压骚乱的主要力量，也在必要时保卫城镇。荷兰的城市民兵组织可以被恰当地称为"第二等级的精英"，其社会地位高于工薪阶层低于显贵。[50] 他们通常是手工业师傅、店主，或乳制品、鲱鱼、原木等行业的交易商。该组织成员需要付出相对高的费用来购买制服、武器，支付民兵组织的花销，尤其是食物和饮料，因此穷人和工薪阶层被排除在外。研究显示，莱顿民兵仅有5%征召自较贫困人口，绝大多数民兵来自中等富裕的有产阶级。从14世纪末开始，荷兰各城镇的管理模式就是维持每5 000人中有100—150名民兵。[51] 因而，

第6章 大起义前的社会

16世纪60年代，莱顿和哈勒姆都存在大概400人的民兵队伍，而阿姆斯特丹维持了一支约600人的民兵队伍。民兵队伍的军官通常与城镇议事会成员关系密切。

在组织和征召方式方面，民兵与行会十分相似，事实上它被称为"民兵行会"。与行会类似，民兵不只是功能性团体，还是文化和宗教团体。成员们定期会面以组织射击训练和社会活动，他们还游行，并在城门口、城墙附近巡逻。每个民兵团体都有自己的活动场所，附带射击场；夏季，他们通常每月举行射击比赛，而后以精致的宴会结束活动。与行会一样，每个民兵团体都有自己的徽章，每名民兵都有一套铠甲和礼服。16世纪20年代起，以阿姆斯特丹为源头，兴起了将民兵分队的大幅集体画像挂起来的风俗。1522年之后，阿姆斯特丹有3个民兵组织，或者说民兵行会，它们各自又有12支分队，每队17人。现存的最古老的世俗民兵团体画像创作于1529年的阿姆斯特丹，画中展示了一整支17人分队。第一幅描绘民兵分队围在餐桌旁宴饮（虽然并不丰盛）的画像可以追溯到1533年。

同样经常组织宴会，且同样构成尼德兰南部和北部城市生活重要侧面的还有修辞学会。它是法兰西修辞学会的分支，15世纪初开始在尼德兰流行。[52] 15世纪时，这些业余诗歌和戏剧社团主要演出虔诚的神迹和神秘戏剧。但是到了16世纪二三十年代，人文主义和它带来的广泛文化影响已经变革了业余戏剧参与者的活动，正如人文主义变革了宗教艺术一样。新观念并没有改变这些城市文艺团体从中世纪晚期就开始的组织形式，也没有改变它们演出的形式和通俗格调，但确实改变了内容，例如引入了道德主义的内容、基于古典神话的寓言，还时常用《圣经》题材传递稍加掩饰的时事信息。[53]

修辞学会在组织上类似于行会和民兵组织。他们也有自己的规章和会议室,由执事和领导层管理。他们专门从事戏剧和文艺活动,但同样也有市政和宗教活动。宗教改革之前,他们在精心安排宗教节庆和宗教仪式方面起着突出的作用。但到16世纪二三十年代,跟社会的其他团体一样,修辞学会弥漫着浓厚的新教观念和伊拉斯谟精神:他们反圣礼主义,抵制圣像和圣骸。[54] 可以预见的是,这让他们遭到教会和哈布斯堡政权的怀疑,甚至可能是公开敌视。许多演出遭到荷兰省高等法院和其他司法机构的审查或禁止。[55] 而这样的后果是让修辞学会也成了当时社会上常见的秘密、低调的新教"堡垒"。它们的特殊性在于有所掩饰地不敬和反对旧教会,并为在民众中宣传这样的观念尽了相当大的努力。

贫困和城市福利

出于财政目的,尼德兰会对城镇人口进行分类,其中由于太贫困而不用负担财产税的人口所占比例严重受经济波动影响,每年都发生剧烈变化。[56] 莱顿留存下来的一些统计数据显示,这类贫困人口的比例从1514年的33%先下降到1529年的一个较低的数字,而后又在16世纪40年代上升到40%左右。[57] 其他内陆制造业城市的这一比例可能与此类似。然而,因为北尼德兰受贫困蹂躏最甚的城镇——内陆城镇,也是1500—1585年间发展最慢的城镇,所以这一地区的城市贫困问题并不像南尼德兰、法兰西或德意志那些发展相对较快的城市那样严峻。

在北尼德兰，16世纪中期的贫民数量与1500年的相差无几，这种情况与邻国截然不同。无疑，正是这一主要原因，使北尼德兰各城镇议事会在彻底改革城市济贫制度时面对的压力比南尼德兰的要更小。

中世纪晚期给西欧所有城市遗留了一大堆杂乱无章的慈善基金会和救助机构，它们由个人、行会和教士建立，由各种各样的团体管理——不过它们的雇员常常是宗教团体的成员。城市分布着众多慈善机构和修道院，它们分发救济金、食物和燃料，照顾病患。大型城镇还有综合性的慈善收容所，它在哈勒姆被称为"圣伊丽莎白济贫院"，主要收留生病的穷人；城镇里还有较小的济贫院、孤儿院，通常还有由成群的小房屋组成的"霍夫耶（hofje）"，它们为某类出门不便的贫民免费提供服务，这些人通常是年迈残疾的行会兄弟或行会成员的遗孀。"霍夫耶"和多数慈善救助机构都有详细的章程，它们会将救助对象限定于特定人群。整个体系事实上刻意排斥外来人，不过朝圣者和流浪汉能获得救济物和短期的食宿。

16世纪上半叶，有关贫困救济问题的新观念和新方法席卷西欧，新教地区和天主教地区都是如此。这一变革背后有几个原因。一是回应对修道士的人文主义批判，回应无限制给乞丐救济物和救济金的原则。二是宗教改革的内在结果。宗教改革清除天主教教士、没收教会地产和收入之后，给城市的福利留下了一大块空缺，城镇议事会除了自己填补别无选择。三是人口的增长，欧洲大部分地区大型城市迅速扩张，贫困问题加剧。

根本性的变革不可避免，能承担这项任务的只有城镇议事会。福利的管理方式和目标都变了。中世纪晚期的宗教信仰赋予贫困、乞讨和施舍以神圣的含义，这是新人文主义济贫哲学不愿意认同的。现在，人们优先考虑的是调查贫困、流浪和游手好闲现象，于是新济贫法即便不是公开敌视，也倾向于更多地质疑乞讨和施舍行为。德意志、意大利和法兰西的许多城市，还有南尼德兰的一些城市，设计了雄心勃勃的计划，重新组织实施城市福利。[58] 16世纪20年代，一些佛兰德城市禁止乞讨（特定的团体除外），打击流浪行为，将福利体系置于城镇议事会设立的福利部门或协会集中管理。1527年，里尔效仿布鲁日和伊珀尔，采取新的济贫法令，打压乞讨活动（朝圣者和孤儿例外），谴责游手好闲，将施舍对象限定为在里尔居住两年或两年以上的人，设立市政协会管理福利体系，此外还登记谁有资格获取救济及获取多少。[59] 赋予贫困救济"纪律和秩序"的关键一步在于，将现存的捐助和基金转变成新市政协会管理下的中央济贫专款。

北尼德兰并没有忽视佛兰德和瓦隆城市的这些根本性转变。1527年，荷兰省三级会议采取行动，搜集布鲁日和伊珀尔相关举措的信息。不过尽管如此，大起义之前，大河以北并没有采取重大的济贫措施。[60] 于是，不同于南尼德兰，北尼德兰城市济贫方针的转变直到大起义之后才开始，并且是作为大起义的内在组成部分进行的，因为大起义清除了修道院、行会的宗教功能和旧教会本身。直到16世纪七八十年代，莱顿、哈勒姆这些城镇才开始采取措施，在城镇议事会的管控下推动贫病救济的理性化、标准化和集中化。

摄政官

城市社会的最高层是摄政官，他们后来也是共和国历史上最具重要性的阶层。广义上说，摄政官是作为市议事会成员参与城镇议事会管理的人。这种市议事会在荷兰省被称为弗鲁斯哈彭（vroedschappen），在尼德兰东北部被称为拉德（raad），在布拉班特被称为马希斯特拉（magistraat）或韦特（wet）。摄政官并不是由出身或社会地位定义的寡头集团，不过，他们尽其所能，将自己发展成了联系紧密的显贵寡头集团。他们有自己独具特色的生活方式，在大约1650年之后尤其如此。他们倾向于只在内部成员之间联姻。将他们界定为一个团体，并且一直作为他们在城市社会权力基础的，是他们握有的城镇议事会官职。[61] 于是，出身于摄政官家族的青年和妇女如果未担任市政官员就不能成为摄政官。此外，尽管在原则上，被选举或被任命为市议事会成员意味着获得了终身成员资格，但在某些情况下，市议事会成员可能会被驱逐，永不复职，这些人也就不再担任摄政官。因此，即便某人当上摄政官，也不是自然就能终身任职的。

自15世纪中叶开始，几任勃艮第公爵就刻意鼓励关系密切的摄政寡头集团发展。他们减少进入城镇议事会的机会，将这种机会限制在城市最富裕的人群中。[62] 在15世纪末和16世纪，富裕显然是进入摄政官阶层的基本条件，作为城市人口当中最重要的成员，摄政官应该代表城市中的有产阶层。人们还认为，如果某人打算认真地投身公共事务，财富可以为他提供必要的自由、时间和手段。不过单单财富还不足以作为进入市议事会的充分资格。首先，市议事会成员理所当然应是本省人，最好是他们担任摄政官的城镇的本城人，他们的家族应该与城镇保持着长久的联系。其次，勃艮第公爵与其哈布斯堡继任者以及他们的执政认为不适合的人选应当被驱逐出或禁止进入议事会。这些不受欢迎的候选人，甚至包括前摄政官，都不可能绕过现在的市议事会而当选市镇的治安法官和许多城镇的市长,因为执政会从城镇议事会按规定提交的双倍候选人名单中进行最终选择。此外,尽管摄政官或许原是城镇中最富裕的群体,但随着时间的流逝、环境的变化,其他人变得同样富裕,甚至更富裕,而摄政官之间的财富差异也会越来越大。因此,无论是在16世纪还是此后,摄政官都不能被简单地等同于城镇人口中最富裕的阶层。相反,他们在城市社会最富裕阶层中的地位是变化的,他们与这一阶层的关系,一直都是复杂的,其中也经常充满紧张的对立,有时候甚至会导致城镇精英内部的激烈对抗。

尽管从理论上说,一个人可以终身担任市议事会成员,但成员资格也可能是暂时的。相较之下,治安法官当选后任期只有一年,而且并非会成为市议事会成员;不过,如果他们不是议事会成员,那么原因通常是他们的某个近亲已经是在任议事会成员。被任命为治安法官的人,绝大多数早晚都会进入市议事会。不过,各城镇中主要的带薪官员,也就是市镇秘书或"议长*",并不一定会被认定为是摄政官,因为这个重要职位需要的是一位受过法学训练的有能力的官员,他很有可能是受雇的,还常常来自外地。[63] 但这样的人同样可能属于某个摄政官家族——既可能是他担任秘书的市镇的家族,也可能是其他城镇的。后来的格劳秀斯就是这样的例子,他来

---

* 注:pensionary,最早出现于15世纪,是荷兰各城镇的市政秘书或法律顾问,该词源于这一职位是受领薪俸的。到16世纪末,"议长"发展为荷兰省和泽兰省各城镇的首席官员或市议事会议长,具有相当大的影响力。他也是城镇在省三级会议中的代表和发言人。荷兰省三级会议中,贵族院有自己的pensionary,他同时担任省三级会议的议长,权势可与执政相较。奥尔登巴内费尔特倒台后,省三级会议中的"议长"一职被废除,代之以大议长(Raad-Pensionaris, Grand Pensionary)。

自代尔夫特的摄政官家族，却成为鹿特丹的议长，随后显然算是一名摄政官。

摄政官群体对城镇议事会权力的垄断让这些人相互团结并具有同质性，同时还影响了城镇的捐助活动和对慈善机构及福利的管理。但这种团结、同质性和影响力在某种程度上因为摄政官阶层各不相同的背景和经济来源有所折损。例如在16世纪中叶的鹿特丹，人们可以区别一个人是属于关系紧密的核心团体还是新形成的团体。前者自勃艮第和哈布斯堡统治早期以来，数十年里都是鹿特丹权贵的组成部分。而后者大多是酿酒商，或布匹、鲱鱼、乳制品交易商，他们是相对新生的团体，大多与旧贵族没什么联系；他们的家族常常几十年前才从外地迁到鹿特丹，通常只是新近才发迹，不过也有一些来自其他城镇摄政官家族的成员案例。[64]

在16世纪早期的阿姆斯特丹，摄政官精英主要由波罗的海贸易商组成。自1477年以来，他们就用自己圈子的成员填补市议事会的空缺。但是这种惯例因为城中新教的传播而被打破。与许多城市团体一样，阿姆斯特丹的摄政官团体都持有新教观念并且对新教持支持态度。1535年再洗礼派起义之后，哈布斯堡当局清洗了议事会的多数成员，代之以"虔诚的天主教教徒"。这些新人所属的家族通常刚来到阿姆斯特丹，或新近才变得富裕；[65]他们组成团结紧密的寡头集团，维持了40年（1538—1578年）的统治；他们多数是酿酒商，布匹、乳制品、鲱鱼交易商，或肥皂制造商，而不是海外贸易参与者。[66]乳制品交易商扬·费赫特斯（Jan Vechtersz，1520—1591年）生于霍伦；酿酒商扬·米希尔·卢夫斯（Jan Michiel Loeffsz）生于海牙；另一名新成员、律师阿伦特·桑德莱恩（Arent Sandelijn，卒于1607年）同样生于海牙，日后是坚定的保王党成员，大起义之后，离开荷兰，成了保王派的海尔德兰高等法院的成员。1538—1578年间的"虔诚天主教"寡头集团有两名关键成员，他们是约斯特·伯伊克（Joost Buyck,1505—1588年）和赛布兰特·奥科（Sijbrant Occo, 1514—1587年）。伯伊克是酿酒商之子，他本人则是布匹交易商，1549—1577年间他17次担任阿姆斯特丹市长。奥科是寡头之中最具国际性的人物，他曾在英戈尔施塔特（Ingolstadt）、鲁汶、布尔日（Bourges）、奥尔良和博洛尼亚（Bologna）学习。奥科与他父亲一样，也是德意志大银行家富格尔（Fugger）家族在阿姆斯特丹的代理人。

在内陆省份，摄政官显贵集团同样有所发展，不过路线稍有不同，发展得并不那么充分，也较少受到外部控制。尼德兰西北部的城镇议事会模式中，市长、治安法官和普通的市议事会成员行使着独断的控制权，仅受上级干预。与此不同，在乌得勒支和尼德兰东北部的城市，行会在传统上发挥着更大的影响力。这些地方普遍存在第二议事会，它是市议事会的补充，是个更广泛的顾问机构。第二议事会的设置旨在充当一种补充权力、一种抗衡的力量。在乌得勒支，行会在1528年以前曾主导城市政治；而在该地并入哈布斯堡尼德兰之后，乌得勒支的城镇议事会按照荷兰省模式进行改组，行会的影响力被终结。其他城市的发展形势是，第二议事会的规模要比市议事会大，并代表着行会和城市共同体的利益。它需要每年选举市长和治安法官。这种议事会在格罗宁根和代芬特尔通常被称为"宣誓委员会"，在奈梅亨和海尔德兰其他城镇被称为"议事会"。[67]事实上，市议事会希望对宣誓委员会施加影响。市议事会确保宣誓委员会的空缺由双方共同选出的显贵填补，当选的显贵随后终身任职，他们与市议事会成员关系密切。通过这种方式，市议事会将宣誓委员会吸纳到摄政官寡头集团中。但是行会的影响力从未被彻底消灭，而且在城市共同体内部出现骚动或冲突时，行会的势力还趋向于变强。可以说，东北部倾向于让城市政治中的权力更分散。东部的市议事会普遍比西部的弱小。例如在格罗宁根，市议事会包含16名成员，其中包括4位市长，而宣誓委员会则有24人。在做重大决定时，根据惯例，市议事会要咨询宣誓委员会，并以两者的共同名义行事。

在中世纪末期的佛兰德和布拉班特，城市显贵寡头集团普遍陷在与纺织业行会持久且通常剧烈的冲突中。相比北部，在让行会加入城镇议事会一事上，南部这些寡头集团被迫做出更多让步。安特卫普（从1486年开始）和其他一些城市不断消除行会的政治影响，或者大大削弱行会的力量；但在其他地方，如根特（直到1540年）和梅赫伦，行会的"会长"和"宣誓"代表人依旧占据市议事会多数席位，是其重要组成部分。北部城市通常有4名市长（泽兰是例外，这里的米德尔堡、济里克泽、弗卢辛都只有2名市长）。与此不同，佛兰德和布拉班特的城市通常只有2名市长。与北部类似的是，南部各城市的治安法官人数差异较大，鲁汶和布鲁塞尔各有7位，根特有13位，安特卫普在1556年之后有不少于18位治安法官。在南尼德兰，查理五世统治下的布鲁塞尔宫廷，通常通过各省执政，有力且系统性地行使着它的选择权，其程度不亚于北尼德兰。他们每年从市议事会提交的2倍或3倍候选人名单中选出市长和治安法官。只有安特卫普享有真正的自治权。根特在1540年后遭到了统治者尤其严厉的控制。

随后，整个哈布斯堡尼德兰的城市都由显贵精英管理，他们是各城市最富裕、最杰出的市民。但是，布鲁塞尔的宫廷及其执政掌控着选择市长和治安法官的权力，市政管理又大大缩减了官员们发展私人生意的时间，摄政官精英（尽其所能）自给自足的趋势也随之受到抑制，这两方面的条件叠加起来，导致城市精英之间的鸿沟普遍扩大：一方是摄政官精英；另一方则是城里活跃的商业精英，也很可能包括外地来的移民和新近发迹的人。这种鸿沟，外加对宗教、对统治制度的不同观念，使得双方的对立情绪从16世纪20年代开始加剧。

第7章

1549—1566年：哈布斯堡政权的崩溃

大起义的火种

1492年之后，哈布斯堡尼德兰大体保持着平静。随着1522年之后大河北部统一进程的加速，低地国家从表面看来正成功地融合为单一且整合程度越来越高的国家，并受到一个日益壮大、接受过大学训练的官僚体系管理。[1] 诚然，哈布斯堡尼德兰这个朝着更有序、更具凝聚力转变的进程，并非在各个方面都那么顺利。统一化、中央集权化和官僚化必定会造成严重的紧张对立，在变革最为广泛的北部尤其如此。新合并的省份显得极不愿意接受新的省高等法院和哈布斯堡政权引入的各种改革。在荷兰省，哈布斯堡政权的政策是将省高等法院转变为中央政府的工具，雇用经过大学训练的律师为工作人员，这终结了勃艮第时期留下的从荷兰、泽兰两省贵族中选取高等法院法官的惯例。此外，哈布斯堡当局还普遍（并且越来越多地）依赖非贵族行政人员。这些做法在哈布斯堡政权和地方贵族之间埋下了不和的种子，它将在日后造成严重的后果。[2] 荷兰省贵族同样不满意哈布斯堡当局将荷兰省的官职分配给"不说荷兰语"的布拉班特人，或分给"不属于皇帝陛下在这片领土上的臣民"，也就是不属于低地国家的人。[3]

另一个令三大省份贵族不满的原因是哈布斯堡政府故意将自己信任的、来自弱小省份的官员放到重要职位上，这就将先前由主要贵族行使的任免权，转到了这些新人手上。在这方面的一个典型例子就是1550年任命弗里斯兰法学家维赫厄斯·范阿伊塔（Viglius van Aytta，1507—1577年）为荷兰省的宪章管理人。阿伊塔以自己的弗里斯兰背景为傲，并在腓力二世统治时期，又成为布鲁塞尔中央政府的重要人物。[4] 与此同时，反异端运动也制造着中央政府与地方当局之间的紧张对立。后者担心丧失司法裁判权，担心各省的"特权"遭到侵犯。

不过，在16世纪50年代之前，这些紧张冲突尽管有相当大的规模，但似乎仍然可控。看上去，哈布斯堡政府似乎成功统一了尼德兰，扩大、改善了中央政府的机构。即便未能消灭，它也压制住了新教运动，同时没有激起自己无法应对的反抗。然而，16世纪40年代之前，这种转变之所以相对平稳，部分原因是没有出现与战争相关的压力。在没有遭受重大军事威胁时，国王也没有必要给人民增加新的苛捐杂税。

16世纪40年代，这种相对的安宁结束了。1540年之后，哈布斯堡尼德兰再次卷入与法兰西的长期冲突和战争中。结果，所有省份都不得不承受沉重的新负担，包括征税、征兵、临时设营、提供补给和调动军队。[5] 在一定程度上，查理五世及继任者——西班牙的腓力二世应该庆幸压力是在这个时候增大的。当时，安特卫普在发展成欧洲"高利润贸易"中心的过程中刺激着工业活动，为南部创造了新财富；与此同时，荷兰省大宗货运和捕鲱业的扩张增加了北部近海地区的财富和人口。[6] 不过，也正是经济的成功给哈布斯堡政权增添了危机。相较西班牙或哈布斯堡意大利，哈布斯堡尼德兰日益繁荣，安特卫普的金融市场发展成熟，这些必定会引诱这个竭尽全力扩张军事成果的政府过度依赖这些资源。在尼德兰随时可以借到或募集到钱，获得所需的一切，这些因素都倾向于鼓励哈布斯堡国王在财政、后勤和战略上畸形地依赖尼德兰各省。[7]

16世纪40年代的根本性变革源于哈布斯堡-瓦卢瓦欧洲冲突焦点的转移。大约在16世纪40年代之前，西班牙与法兰西争夺欧洲霸主地位的斗争主要聚焦在意大利。这两大西欧霸权先是争夺对那不勒斯和意大利南部的控制权，而后争夺对米兰的控制权。几十年来，意大利是欧洲的军事学校，新型防御工事和军事技术在这个战略要地发展起来；它还是全欧洲的练兵场，主要强国在这里检阅它们的军事力量，争夺霸主地位。

然而，到16世纪30年代末，法兰西被有效地赶出了意大利，弗朗索瓦一世开始寻找扩大战争和有效挑战哈布斯堡霸权的途径。他把军队和物资调到尼德兰边境，在这里建起了一串能抵御炮火的意大利式新堡垒，对佛兰德和瓦隆等省份造成了战略威胁。而查理五世别无选择，只能按照同样的模式增加"筹码"。[8]重要的新堡垒形成网络，其中包括蒙斯（Mons）和格拉沃利讷（Gravelines）的堡垒。布鲁塞尔的政府对尼德兰资金、人员和补给的需求开始猛增。

随着法兰西和尼德兰边界两侧军事投入的持续增长，哈布斯堡-瓦卢瓦欧洲冲突焦点的转移事实上明显有利于哈布斯堡而不是法兰西。16世纪40年代，形势变得很明朗，从许多方面来说，尼德兰是哈布斯堡政权在欧洲理想的战略基地。这一点在16世纪50年代更为突出。[9]在低地国家，交通运输和战争后勤体系运作起来比在意大利更方便、更高效,为军队提供食物和补给也更容易,还能迅速获得资金;在战时,它的地理位置更是特别有利。弗朗索瓦一世难以建造足够多的堡垒来有效守住法兰西边界,于是法兰西这边的领土诱人地向哈布斯堡尼德兰敞开了。而边界另一边的尼德兰则密布着堡垒、城墙环绕的城镇、堤坝、水道和河流——它们把哈布斯堡尼德兰打造成了几乎难以穿透的防御网络。此外,巴黎本身距尼德兰边境并不远。哈布斯堡的军队仅仅穿越边界,就能引起法兰西的恐慌。因此,从尼德兰向法兰西施加压力,要比从意大利、西班牙更有力。查理五世仅凭经验就可以知道,从法兰西的南部或东部边境入侵该国一定会带来令人挫败的不确定结果。[10] 简而言之,尼德兰一旦武装起来、做好准备,就是欧洲无与伦比的战略基地。如果西班牙将军事基地建在这儿,那么它们将获得永久的内在有利条件。它们几乎能够任意地入侵法兰西,而法兰西则极少能影响尼德兰。于是,正如西班牙大臣日后的说法,尼德兰开始被视为约束法兰西的缰绳。[11]

但是,尼德兰想要实现它缰绳的潜能,就必须有充足的资金流,查理五世必须说服十七省合作,或至少要获得它们的默许。而这必然存在阻力。不过一开始,这些阻力似乎并没有造成巨大的难题。只有根特直接抵制皇帝的要求,它在1539—1540年通过起义反抗皇帝的摄政——匈牙利的玛丽。查理五世亲自镇压叛乱,他以废除该城特权的方式严厉惩罚根特,并以此警告其他地区反叛将带来怎样的后果。[12] 16世纪40年代,哈布斯堡政府似乎正在尼德兰实现着它在战略、经济、行政管理和政治方面的所有目标。1542—1544年,各省通过增税满足国王的需求:他们一方面对富人征收直接税,另一方面增加了一堆消费税,尤其是针对啤酒、葡萄酒、盐和鲱鱼等商品,这些措施被称为"新手段"。¹³ 布鲁塞尔政府还实现了一个重大突破：它说服各省三级会议采用发放有息年金债券的新方法（此前曾有个别城市做过尝试）。新方法以发放长期债券为主要手段，筹措各省给中央政府的款项，而债券的发放由各省三级会议自行管理。当战争针对海尔德兰展开时，荷兰省三级会议是很乐意合作的，而筹钱方式的转变恰好发生在1542—1543年征服海尔德兰之时。

通过向公众发放有息债券，各省三级会议募集到大笔资金，它们被用来资助中央政府的战争开支。而各省三级会议在地方上有关系、有地位，因而能够激励民众相信政府会定期支付债券的利息。¹⁴尽管一开始各类城市和教会团体是被迫认购了一部分债券，但从一开始，公众也真的对此感兴趣。荷兰省三级会议债券的买主常常是政府官员，尤其是荷兰本省的城镇治安法官和摄政官，他们把这当作家族投资。¹⁵

刚开始，事实证明，这个以省为基础、资助中央政府战争开支的新体制是一种有效的手段，它能应对重负，减少财政压力增加带来的破坏性影响。但随着时间的推移，中央政府的需求并没有减少。很明显，皇帝习惯性地把尼德兰当作他的主要战略堡垒和资源库，并以此追求那些对他而言至关重要，对尼德兰而言却无甚关系的目标。¹⁶ 这种情绪在大河以北尤为强烈，荷兰省三级会议向来认为，南尼德兰与法兰西的冲突与他们无关。1552—1559年，哈布斯堡与瓦卢瓦的战争再度开启时，这种不满情绪迅速上升。这次军事行动的规模远远大于16世纪40年代那次，哈布斯堡对各省资金、人员和补给的需求也随之增加。1542—1544年战争期间，政府的开支就达到了前所未有的数额；而这次战争中，尼德兰的军事开支增长到40年代的2倍。此外，这次战争也持续得更久。各省除了增加消费税，还不得不频繁地对计税财产征税。长期债券超负荷发放，到1557年，政府无担保的赤字水平累积到1544年的7倍。[17]

各省以不同的方式应对财政危机。很多省只是屈于压力，发放了空前多的有息债券。一些省份和城镇的政府将这一筹钱方式用到了极限，它们为了获得一段时间的持续安宁，付出了日后财政严重混乱的代价。例如，在1562年之前，里尔还一直都能偿付该城16世纪50年代发放的巨额债券的利息，但没多久，它发现自己陷入了长年的财政困境中。[18] 只要这套体系还能顺利运转，社会上最富裕的团体就很乐意与布鲁塞尔合作。公众通过间接税为债券产生的利息买单，于是债券作为一种投资项目对有权有势之人的吸引力日益增长。1550年之后，三级会议再不需要安排强制性认购。荷兰省的主要问题在于，中央政府最终索要的金额太大，无法在不把消费税提到难以承受的情况下，通过债券体系筹集。结果导致债券政策的推行越来越需要以额外的赋税做补充。

然而，新合并省份的情况截然不同。在这里，中央政府的巧取豪夺遇到了不太发达的金融体系，于是激起了宪法、政治以及财政各种问题。新征服省份的贵族和摄政官坚称，重税和政府的其他政策有悖于各地的宪法，以及他们过去承认查理五世为君主的前提条款。[19] 弗里斯兰、上艾瑟尔和海尔德兰人察觉，发生骚乱的不只是自己，于是备受激励。他们坚持主张，除非自己的不满得到解决，否则不会给皇帝拨款。1544年，弗里斯兰执政成功哄骗了该省三级会议，他承诺将在三级会议批准一项款项后，解决人们抱怨的问题。但是这种做法可一不可再，后来直到1558年的集会之前，弗里斯兰三级会议都拒绝批准任何款项。

皇帝力图将新征服的省份与哈布斯堡尼德兰的其他部分整合在一起，他为此采取了诸多措施。中央政府还强行夺取各省的权力，这些本就会导致这些省份根深蒂固的厌恶政治的情绪，财政压力的增加更是恶化了敌对情绪。在上艾瑟尔和海尔德兰，皇帝设立省高等法院、将省政府置于中央政府之下的措施，尤其成为议论的焦点。[20] 在弗里斯兰，贵族除了讨厌新的高等法院，还不满国王夺取任命乡村治安法官权力一事。16世纪20年代之后，哈布斯堡在弗里斯兰的政策成功地将乡村治安法官中的弗里斯兰贵族削减到只占少数，这些重要职位大多被分配给弗里斯兰的平民或非弗里斯兰人。[21]

在一些省份，财政危机导致三级会议功能增强，这进而加剧了省三级会议与中央政府支持下的省高等法院的紧张对立。哈布斯堡的核心目标是让各省管理机构从属于中央政府。但因为战争的压力，再加上急需更多资金，哈布斯堡别无选择，只能给三级会议越来越大的征税权和财政管理权。长期债券体系运行的基本原则就是由省三级会议发放，[22] 三级会议为债券作保，它本身就能激励公众的信心。因此，三级会议职权的增强不可避免。结果便是政治危机的形成，它正是16世纪50年代整个尼德兰日渐增强的冲突的根源。[23]

与过去相比，各地的三级会议都开始更频繁地集会，行使更多的职权。1542—1562年间，荷兰省三级会议进行了不少于285次的集会，平均每年13.5次。[24] 在时任荷兰省三级会议秘书，或者说"议长"，阿德里安·范德胡斯（Adriaen van der Goes，1543—1560年）的经营下，该职位的责任和权力范围迅速扩张。这些现象直接导致众多省份越来越热烈地在讨论：省三级会议是有权自主集会、决定自己的议程，还是只能经由统治者，或其执政，或高等法院召集，根据中央政府设定的议程开会？这个问题暂时没有定论。

16世纪50年代，宫廷突然发生混乱，这对局势毫无助益。被战争和职责弄得疲惫不堪的查理五世决定让位给儿子腓力。事实证明，权力的移交是个相当复杂的过程。1555年9月，腓力从西班牙来到尼德兰，他将在这里度过此后的4年时光。10月22日，宫廷宣布腓力为金羊毛骑士团的统领。3天之后，布鲁塞尔召集尼德兰总三级会议全员集会，除上艾瑟尔外，其余省份代表团悉数到场。在所有代表面前，年迈的查理五世倚着年轻的奥伦治亲王的肩，宣读他的退位诏书，宣布腓力为尼德兰十七省的新统治者。

不过，尼德兰只是查理五世移交给腓力的第一块领土。当时查理五世似乎并不打算完全移交权力。他表明自己即将退位，但人们普遍推测，他只是在一定程度上离开权力舞台，通过任命一大批高级行政、教会和军事官员实现幕后操纵，而腓力当时除了认可这些任命别无选择。[25]暂时缺乏明确的权力中心这个问题因为其他一些因素变得更为复杂：腓力身在西班牙，他与查理五世在处理帝国面临的一系列战略性问题时意见大相径庭；此外，人们还预测腓力很快就会离开尼德兰。正因如此，查理五世（在与腓力商讨之后）选择让萨伏伊公爵埃马努埃莱·菲利贝托（Emanuele Filiberto，1528—1580年）来到布鲁塞尔，担任尼德兰"副总督"和事实上的摄政。菲利贝托深得查理五世信任，早在1546年就被批准进入金羊毛骑士团（同时进入的还有阿尔瓦公爵）。除了任命萨伏伊公爵，查理五世在决定国务委员会的成员组成上也发挥着主要作用，年轻的奥伦治亲王、格兰维尔、拉兰和维赫厄斯都进入了委员会。[26]然而与人们预测的不同,尽管腓力在1556年1月被宣布为西班牙和美洲之王,还在1553年成了英格兰玛丽女王的丈夫,但他一直留在布鲁塞尔,还在不咨询国务委员会的情况下行使权力。这样的现实制造了一种不同寻常的权力交叠的环境。查理五世(依然顶着神圣罗马帝国皇帝的头衔)在1556年9月之前也一直留在尼德兰,但这丝毫没有缓和上述尴尬局面。

1556年3月,腓力给尼德兰总三级会议下达了第一批财政要求。这时,国王紧急财政要求的总额已经达到闻所未闻的300万荷兰盾。它们将通过对计税财产征税直接筹集,包括对固定资产征收1%的税,对流动资产征收2%的税。[27]以布拉班特为首的各省拒绝这种要求。随后,恼怒的萨伏伊公爵于8月在瓦朗谢讷再次召集总三级会议,坚持称战争现在处在关键节点,迫切需要钱。代表们认定,相比西班牙、西属意大利,尼德兰已经付出太多,而正在进行的战争更多是对西班牙和意大利而不是对低地国家有利。于是,他们将时间花在表达不满上。国王十分不悦。直到1558年,总三级会议才迟迟批准大部分拨款,而且即便如此还附带了各自的条件。他们提供的款项被称为"1558年九年制资助金",它将发放9年,由总三级会议征收、管理和记录。腓力没有别的替代方案,只能接受。1558年的会议虽然是在紧张的形势下召开的,却是国王、各省和总三级会议最后一次能找到共同基础的合作。

与此同时,腓力成功赢得了对法战争的胜利。1557年,他的军队最大限度地利用尼德兰提供的战略优势,从康布雷越境,在圣康坦(Saint-Quentin)给予法军沉重打击,夺取了该城和周边地区。哈布斯堡一方原本计划将国王塑造成征服者,但萨伏伊公爵被迫开战时，腓力其实还身处一定距离之外的康布雷，打造形象的计划于是多少有些受损。不过，这场重大胜利仍使西班牙国王的声誉在全欧洲大大提升。无论如何，这是战略兼心理上的双重胜利，因为圣康坦就位于布鲁塞尔通往巴黎的主干道的半途。哈布斯堡的胜利在巴黎掀起了恐慌，并迫使亨利二世进行和谈。战争打响的那天是8月10日圣劳伦斯日，这件事后来在宏伟的埃斯科里亚尔宫的绘画艺术主题中十分重要。埃斯科里亚尔宫是腓力献给"圣劳伦斯"的建筑，始建于1563年。埃斯科里亚尔宫及其装饰的用意，不仅是纪念腓力二世在尼德兰的胜利，还纪念了他在宗教和政治双重意义上夺取了欧洲的霸权。[28] 埃斯科里亚尔宫战争厅里有关圣康坦战役的绘画创作于16世纪80年代晚期，它刻意将这次胜利与1431年基督教的卡斯蒂利亚王国在伊格鲁埃拉（Higueruela）对格拉纳达穆斯林的胜利相提并论。圣康坦战役的一个重要作用就是，它让腓力腾出手来重启对新教和伊斯兰教的战争。

1559—1566年：危机

1559年4月，腓力二世在卡托-康布雷齐（Cateau-Cambrésis）与法兰西达成和约，此后他决定返回西班牙。当时的人就准确地察觉到这个决定十分关键。与法兰西的战争结束了，但是低地国家因战争而形成或加剧的问题并没有就此得到缓解。布鲁塞尔的国王幕僚，尤其是他新近的得力助手、来自弗朗什-孔泰的非贵族官僚安托万·佩勒诺·德格兰维尔（Antoine Perrenot de Granvelle，1517—1586年）力劝国王留在混乱的尼德兰，不要返回西班牙。腓力跟他们一样深陷焦虑。国王累积下了巨额债务，致使1556年和1558年两次总三级会议集会场面尴尬，新兼并的省份难以驾驭，政府急需现金来给军队付费（许多军队现在必须解散），贵族躁动不安，新教发展难以抑制：每一个都是可怕的难题。它们加起来对哈布斯堡政权和天主教信仰构成了令人胆寒的挑战。萨伏伊公爵拒绝在腓力二世缺席的情况下继续摄政，但情势并没有因此得到缓解。[29]

腓力二世返回西班牙既不代表他低估尼德兰，也不代表他轻视正在吞噬他君主制世界北部的危机。相反，他相信低地国家的形势极其严峻，尤其是宗教形势。[30] 他同时也相信整个西班牙君主制都处在危机之中，事实确实如此。他刚刚击败法兰西，但法兰西似乎依然强大，很可能继续挑战西班牙的霸权，这将大大消耗腓力二世的资源。除此之外，他还要应对奥斯曼在地中海日益增强的攻势——这个问题因为西班牙几十年来对南部防御的忽视而更显困难，以及应对西班牙本身无数的财政和管理问题。腓力二世回到卡斯蒂利亚后，重新开始在地中海部署帆船舰队，组织对穆斯林进攻的反击。此外，腓力二世还相信，只有在西班牙重申国王权威、节约资源，他才能挽救帝国整体（包括尼德兰），使其免遭即将来临的崩溃。

在某个方面，前景异常光明。法兰西与西班牙刚签订和约不久，法兰西的强硬国王亨利二世就意外死于马上长枪比赛。结果，法兰西开始保持中立态度。事实上，它很快陷入内部混乱的状态，并在1562年开始了长达几十年的内战，它的国际力量也随之衰弱。低地国家的压力因此得到缓解。然而，如同1492年一般，由法兰西将注意力从尼德兰身上转移开曾带来的好处，在这次并没有得到重现。这次，外部威胁消失后,统治者与被统治者之间的关系并没有轻易变得和谐。因为与他的父亲和祖父不同,腓力不打算将权力委托给大权贵,也不准备允许他们的庇护对象垄断政治、行政和教会任免权的收益。1492年之后,马克西米利安和腓力一世大体上认可权贵的优势地位——当时也没有别的可行道路。但腓力二世是有其他替代性政治策略的,而且他对有权有势之人根深蒂固的怀疑以及他的宗教信仰,都鼓励他采取新策略。[31] 与所有西欧地区一样,尼德兰崛起了一个受过大学训练的非贵族官僚集团,他们填补了司法和财政管理机构的多数空缺。新官僚的兴起在国王和贵族之间制造了隔阂。这种隔阂在1500年之前几乎不存在,现在却不可消除,除非逆转自马克西米利安时代开始的中央管理机构和中央政府的权力增长。[32] 而低地国家如果要摒弃中央集权化和官僚化,也就必然要放弃打压异端和重振天主教会的努力。

为了在自己缺席的情况下管理低地国家的中央政府,腓力二世选择任命他同父异母的姐姐帕尔马的玛格丽特为摄政。玛格丽特是个私生女。他知道这位哈布斯堡家族的女性缺乏经验和政治手段,需要大量的建议和指导。与此同时,腓力二世也在表面上宣示他对大权贵们的信任,任命奥伦治的威廉为荷兰、泽兰和乌得勒支执政,任命埃赫蒙德伯爵拉莫拉尔(Lamoraal)为佛兰德和阿图瓦执政。名义上,权贵们又一次构成了政府的核心,他们成为布鲁塞尔国务委员会成员,与王室官僚集团首领格兰维尔以及委员会主席维赫厄斯·范阿伊塔并排而坐。[33] 然而,从一开始,尽管腓力二世有给玛格丽特正式的指令,但决策权与行政机构、教会的任免权事实上却掌握在格兰维尔与维赫厄斯手上。[34] 在离开之前,腓力二世竭尽所能做好稳妥的安排,保证与大领主的合作。然而,因为不善言辞和冷漠的个性，腓力缺乏他父亲那种能与领主随性交往的能力。在离开的前夕，腓力召集金羊毛骑士聚会，告诫权贵们打击异端，支持教会，每日望弥撒。权贵们认为腓力的言辞是在暗示他们此前都忽视了宗教事务，于是并不乐意听取。[35]

腓力离开后，权贵与格兰维尔的分裂迅速加深，这反映了尼德兰社会中权力结构和庇护体系之间的裂痕。格兰维尔在司法管理机构和教会各部中有牢固的支持基础，并受到一两个抵制奥伦治亲王的大权贵的支持，如著名的阿尔斯霍特公爵菲利普·德克罗伊（Philippe de Croy）和阿伦贝格伯爵让·德利涅。[36] 不过，格兰维尔和腓力二世很清楚，反叛的大领主在十七省各个层面都有强大的影响力。关键在于奥伦治的威廉扮演什么样的角色。奥伦治的威廉是最富有、最机敏、最擅长雄辩的权贵。他后来的绰号"沉默的"指的并不是沉默寡言的性情——事实上他很健谈——而是他不表明自己的想法。这位相当精明的政治家很快成了与格兰维尔争夺权力的主要对手。1544年，沙隆的勒内去世后，威廉便从迪伦堡（Dillenburg）前往拿骚家族在布雷达的祖宅，成了拿骚家族的首领，[37] 并且一直是布鲁塞尔和布拉班特的重要政治人物。此外，在那之前，他一直是王室政策积极的支持者，[38] 给了皇帝许多帮助。腓力二世继位之后，奥伦治也为组织对法战争做了相当大的贡献。腓力二世任命他为荷兰、泽兰和乌得勒支执政的举动，不仅表明认可他的权力和财富，还表明国王期待他未来能像过去那样支持王室。

在腓力二世前往西班牙之前，威廉与国王就已经有了不和的征兆，特别是在国王希望让一些西班牙军队留守尼德兰这个问题上。[39] 而且，冷漠而虔诚的国王与外向的大领主可能早已在个人层面相互厌恶。不过，在腓力离开之前，乃至之后的两年里，并没有迹象显示威廉很快将不再充当王室及其政权的核心支柱。一直到1561年，威廉再婚，迎娶萨克森的安娜，亲王与格兰维尔之间的紧张对立才转变成公开的决裂。起初，奥伦治之所以抵制王室在尼德兰的政策，可能只是出于16世纪大贵族常见的动机——追求权力和名望。格兰维尔认为，尼德兰贵族潜在的不满和新教运动的发展很可能会诱使奥伦治等主要领主成为日益增长的反抗势力的领袖，利用反抗势力实现私人目的。[40]这一想法在法兰西内战爆发后变本加厉，因为在法兰西内战中起到主要作用的都是大贵族。不过，尽管威廉与格兰维尔的决裂在一定程度上是因为私人野心，但从一开始，相比尼德兰其他大领主，威廉确实更深刻地致力于良心自由和宗教宽容事业。[41] 这无疑与威廉的早年背景及其家族与德意志新教的联系密切相关。威廉的父亲"有钱的威廉"就表现出了强烈的路德宗倾向。

无论如何，到1561年，奥伦治与格兰维尔的决裂变得不可挽回；威廉通过迎娶德意志主要路德宗王公的侄女——萨克森的安娜，公开宣称自己不可更改的宗教宽容立场。这场联姻必定会加重腓力二世的疑心，促使公众将威廉视为宗教宽容政策的支持者。作为一个彻头彻尾的政客，威廉不会坚定地投身任何宗教观念，他极其灵活地游走于两股冲突的势力之间：一边是尼德兰正在发展的新教运动不可抵挡的力量；另一边是腓力二世天主教狂热不可动摇的目标。他见人说人话，见鬼说鬼话，在给腓力二世的信中，威廉仍在公然宣称自己对天主教会的忠诚毫不动摇。但他的基本目标始终如一：充当中间人，促成哈布斯堡尼德兰各派协商达成宗教妥协，让他领导下的尼德兰权贵成为其中的仲裁者和政治受益者。[42]

格兰维尔与维赫厄斯领导的行政机构力图加强反异端运动,同时强化中央政府对各省和各城镇的行政和司法控制,抵制格兰维尔的权贵们因此自然会努力抵抗反异端潮流。16世纪60年代初,一些贵族,尤其是大河以北的贵族,开始宣布自己对新教的支持,并公开宽容新教激进主义,这在一定程度上模仿了法兰西贵族的做法。荷兰与乌得勒支两省之间的菲亚嫩是布雷德罗德家族的领地,16世纪60年代初,这里就多多少少出现了公开的新教化活动。[43] 海尔德兰爵位贵族的飞地,如屈伦博赫、博屈洛至利赫滕福德和巴滕堡,也盛行着类似的新教化氛围。[44] 类似的,身处领地布雷达城的威廉,即便没有积极宣扬新教信仰,也在公开插手庇护新教徒,以防官方迫害。[45] 霍恩伯爵菲利普·德蒙莫朗西(Philippe de Montmorency,1524—1568年)在其自治的霍恩伯国也做了类似的事。

腓力二世本人明白,哈布斯堡尼德兰天主教会的地位现在岌岌可危。[46] 新教或公开,或半隐藏,或尼哥底母式地渗透到整个尼德兰。更严重的是,王室权威和行政机构的中央集权化是反异端运动能在尼德兰推进或仅得以幸存的唯一基础,但这座大厦的根基如今也被严重动摇。这一方面是因为国务委员会的分裂,另一方面是因为1561年国王在三级会议和贵族的压力下,不得不将最后一批西班牙军队从尼德兰召回。王室行政机构的控制力明显被削弱了。然而,尽管危机清晰可见,国王依然断定,假如他不想看到低地国家的天主教会在几年内彻底崩溃,他就只能继续改革尼德兰教会,并强制推行打压异端的措施。

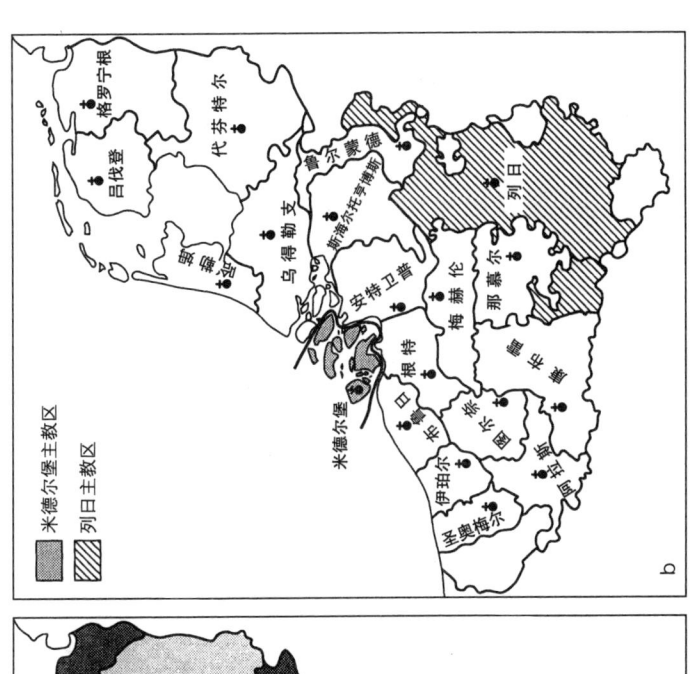

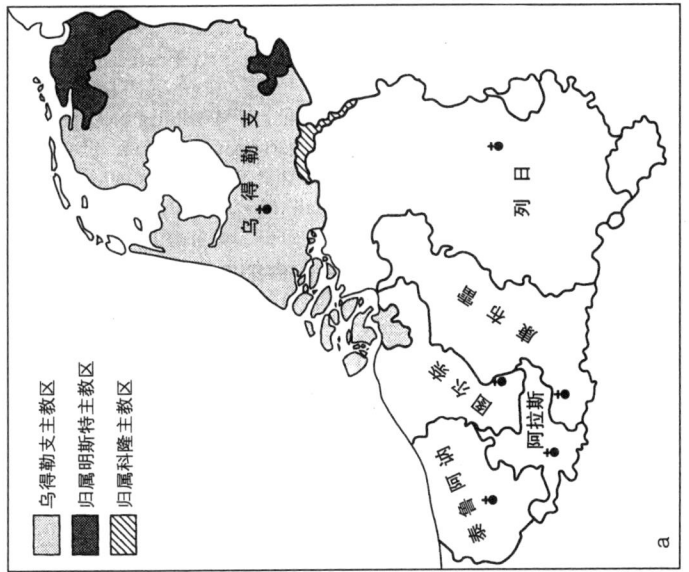

地图6 1559—1570年间引入新主教区前（a）后（b）尼德兰主教区对比

第7章 1549—1566年：哈布斯堡政权的崩溃

1559年的教宗诏书公布，准备重组尼德兰教会，设立新的大主教区和主教区，以建造一个稳固的教会结构。[47]然而，直到1561年，划定新主教区及其边界、分配修道院土地和其他教会收入的初步工作才完成（参见地图6b），将它们转移到新主教职位名下的工作也才做好准备，而更有难度的执行工作才刚刚开展。腓力二世和格兰维尔都希望将新主教区委托给高效、可靠的神职人员。神职人员将因受教育程度和对宗教的热情当选，而非因贵族关系。为了监督教会改革的进程，格兰维尔本人被任命为尼德兰教会总主教，同时也是首任梅赫伦大主教。在国王的司法机构任职的均为新法学家和官僚，而国王如果希望新创造出来的主教阶层能在教会中起到与过去司法机构类似的作用，他就不得不在实践中向地方的庇护网络妥协，向权贵（包括沉默的威廉）和高阶教士妥协——毕竟这些高阶教士通常并不是最倾向于镇压异端的人。[48]于是，第一任乌得勒支大主教由懒散的贵族小申克·冯·陶滕堡（Schenck von Tautenburg, the younger）出任。他既没有能力，也没有意愿管理乌得勒支的神职人员。[49]同时，一些新主教出身寒微，仅仅因宗教热情高、全力镇压新教、行政效率高而被选中。出身寒微的米德尔堡新主教尼古拉斯·德卡斯特罗（Nicholas de Castro），斯海尔托亨博斯新主教兼新主教区方案的设计者桑尼乌斯，还有被指派到鲁尔蒙德区的威廉默斯·林达纳斯，都是职业的裁判官和狂热的天主教教徒，国王可以依靠他们实现自己满怀热情制定的目标。哈勒姆新主教尼古拉斯·范尼乌兰德（Nicholas van Nieuwland）也是专业裁判官，但也是个臭名昭著的酒鬼，因而并不那么合适。

心怀不满的权贵毫不费力地煽动起对新主教区计划的抵制，北尼德兰尤其如此。这里新兼并的省份,准确地说这里的贵族,将新主教区计划视为削弱他们势力的政治、行政手段,对其抱着难以消解的怀疑。[50] 一旦改革计划对收入和圣俸的改变有威胁到现有庇护体系的地方,教士团体内有权势的成员就会顽强反抗。任命桑尼乌斯为斯海尔托亨博斯主教的计划就受到迈赖(Meierij)修道院院长和布拉班特三级会议的阻挠。幕后主使奥伦治的威廉也在进行阻挠——他在斯海尔托亨博斯周边有大片土地。[51] 1562年4月,大学毕业生、多德雷赫特市长的儿子林达纳斯在梅赫伦被格兰维尔祝圣为鲁尔蒙德区主教。但鲁尔蒙德区议事会向海尔德兰省三级会议抗议,随后帕尔马的玛格丽特担心若得不到三级会议认可,自己接下来可能要应对重大难题,于是无限期推迟了对林达纳斯的任命。然而,正如桑尼乌斯1559年从罗马给腓力二世写信时预言的,最顽固的抵抗来自上艾瑟尔、弗里斯兰和格罗宁根的三级会议。[52] 在上艾瑟尔,代芬特尔、兹沃勒和坎彭领导了一场意志坚决的运动,谴责新主教是"异端猎手和裁判官"。在这些省份,教会改革没有获得任何发展,直到1567年阿尔瓦公爵到来。

教士的不受欢迎已经显而易见。桑尼乌斯在1562年11月进入斯海尔托亨博斯时,发现该城笼罩着浓重的对立情绪。人们无视1559年发布的对蔑视教会和教士的歌曲、戏剧和讽刺文的禁令,肆意传播不敬的文字。[53] 海尔德兰方济各会修士抱怨,他们的生活极其贫困,因为人们憎恶罗马教会,拒绝给予他们任何捐赠。[54] 此外还有零星的暴力冲突。1563年3月,莱顿附近的一座西多会女修道院被心怀敌意的暴民洗劫。[55]

对格兰维尔的抵制十分强烈,这导致腓力二世不得不在1564年

12月罢免他。由此，奥伦治似乎已经实现了目标：腓力二世似乎很快也会被迫暂停反异端的法令、宗教裁判所的处决活动。在国务委员会上，亲王的发言比以往都要强硬，他批判统治者力图用暴力强迫臣民，通过强制手段推行宗教统一。[56] 奥伦治、霍恩和埃赫蒙德刻意煽动对反异端措施和新主教区的抵制情绪，意图扩大影响力，但他们并不想挑衅腓力二世的最高权力或权威，也不想煽动三级会议去尝试建立一种新的国家形式。1564—1565年间，奥伦治与荷兰省在三级会议是否有权自行召集的问题上观念相左。奥伦治坚决反对荷兰省三级会议的观点，考虑到事情后来的发展，这相当具有讽刺意味。[57] 在这一阶段，不管是奥伦治还是其他权贵，都致力于取代格兰维尔和维赫厄斯这些官僚的优势地位，而不是改变国家政府。[58] 罢免格兰维尔之后王室长时间的沉默，以及1564—1565年间尼德兰王室权威的明显削弱，似乎都证实了奥伦治的判断，证明他处理尼德兰形势的手段是有效的。

于是，1565年10月，腓力二世从塞哥维亚（Segovia）森林发来的著名信件造成了轰动性反响。国王否决了国务委员会放宽反异端政策的建议，坚持继续推动镇压异端的运动。对于那些决心停止压迫的人来说，奥伦治等权贵的努力突然间显得软弱而徒劳。一大波抗议小册子和手抄讽刺文席卷尼德兰。布鲁塞尔当局，尤其是维赫厄斯，因此越来越焦虑。[59] 在过去几年里，一些贵族，主要是北方贵族，已经有人开始信奉新教，[60] 现在他们开始自行采取行动。亨德里克·范布雷德罗德的家族在15世纪就曾领导过吊钩派反叛活动，现在他以在菲亚嫩领地的司法自治权为基础带头起事。跟他一道的还有屈伦博赫伯爵弗洛里斯（Floris，与布雷德罗德和奥伦治一样，弗洛里斯娶了一位信奉路德宗的德意志妻子），⁶¹ 以及奥伦治的弟弟，拿骚的路易（1538—1574年）伯爵。他们利用中阶和低阶贵族中日益激烈的骚动，于1565年11月成立了著名的"宗教宽容联盟"（贵族协会）。⁶² 在这场运动中，新教和秘密新教贵族希望吸引所有渴望"宗教和平"的支持者，然后遵循法兰西胡格诺派争取"宗教和平"的方式。1566年4月5日，在布雷德罗德的带领下，来自低地国家各个地区的200多名贵族来到布鲁塞尔，强行面见帕尔马的玛格丽特，并递交了著名的《宽容请愿书》(*The Petition of Compromise*)。请愿书激烈谴责并要求解散宗教裁判所，这包含着几乎毫无掩饰的威胁——如果请愿书被否决，贵族们将诉诸军事叛乱。这份请愿书以荷兰语、德语以及法语出版了几个版本。正是在这一场合，"乞丐"这一绰号首次被安放到这些持不同政见者身上。这一称呼于是固定下来，反叛者们骄傲地将它用作自己的称谓。

《宽容请愿书》谴责的只是宗教裁判所，而非国王、王室管理机构或教会。⁶³ 挑战王权之人通过将火力集中于宗教裁判所，得以表明他们并不反抗国王或教会的意图，并宣称他们唯一在意的，就是撤销这个在低地国家遭到广泛憎恨的机构。不过，与此同时，请愿者明确表示，在他们看来，宗教裁判所不仅邪恶，还破坏法律和社会，有悖于国家的权力和福祉。他们断言，宗教裁判所"将剥夺国内三级会议表达意见的所有自由，消除所有的古老特权，包括特许经营权和豁免权。它不仅让国内的市民和居民痛苦不堪，让他们成为卑鄙的裁判官永远的奴隶，甚至还让治安法官和所有贵族都受到他们调查的摆布"。⁶⁴ 无论谁力图授权或支持宗教裁判所，他们都不会在这个问题上让步。

玛格丽特除了让步别无选择。她答应暂停反异端法令，在此期间，三级会议将派遣一支代表团前往西班牙向国王请愿。[65]哈布斯堡尼德兰的王权现在显而易见地在瓦解。布雷德罗德得意扬扬地跑了一座又一座城镇，争取支持并为《宽容请愿书》征集贵族的签名。[66]在佛兰德、布拉班特，尤其还有荷兰，大量贵族在请愿书上签了名。哈勒姆、阿姆斯特丹等城镇还出现了民众游行，人们高呼着对"乞丐"表示支持。

随着王权瓦解、宗教裁判所受到制约，整个尼德兰不可避免地立即涌现出大量的新教活动，其中包括加尔文宗宗教法院的建立。大批流亡国外的加尔文宗讲道者——他们以前通常是天主教修士——拥入尼德兰，参加组建有组织的圣会。贵族团体中此前遮遮掩掩的新教支持者现在摆脱了一切约束。新教化活动进行得尤其明目张胆的地方是自治的贵族领地，特别是霍恩、巴滕堡、屈伦博赫和布雷德罗德的菲亚嫩城。维赫厄斯后来将菲亚嫩描绘为"大起义的多头蛇""各种异端的聚集地"。[67]

布雷德罗德在布鲁塞尔逼宫的次月，佛兰德西部兴起了在户外进行的加尔文宗大众布道，即所谓的1566年树篱布道。这一运动迅速传播。到6月，加尔文宗大众布道活动在安特卫普、布雷达和斯海尔托亨博斯这些城镇郊外举行，出席人数多在数百人，数千人出席的情况也不在少数。[68]在荷兰省，大众布道活动于7月中旬在霍伦郊外开始，随后迅速向恩克赫伊曾、哈勒姆、阿姆斯特丹传播；8月传到了除多德雷赫特和豪达之外的南荷兰省各城镇。[69]同样在8月，乌得勒支郊外也开始了大众布道活动。在弗里斯兰，新教徒于9月在吕伐登举办户外活动，与其他地方类似，大批群众前来聆听加尔文宗讲道者的布道。[70]

树篱布道的大量涌现缓解了已经累积40年的紧张对立。令人兴奋的对革新宗教的期待横扫低地国家，由此产生的狂热情绪渗透到文化与社会意识的每个角落。不过暂时来说，虽然城外对国王的顺服已经瓦解，但市议事会统治的城镇在表面上的限制依然存在。城墙内，无论是口头、行动、出版物还是木刻上，都还没有出现对教会的公开攻击。然而，还是有许多迹象透露出这几个月的精神骚动，艺术领域尤其如此。马尔滕·范海姆斯凯克从1565年开始出版一系列画作，描绘愤怒的人们挥舞着锤子和斧子，砸毁崇拜偶像的圣殿和塑像。也正是在这一时期，著名的彼得·勃鲁盖尔（Pieter Breughel，卒于1569年）在布鲁塞尔绘制了壮观的《施洗者圣约翰的布道》（*Sermon of St John the Baptist*）。画作中，大批群众聚集在城外的树下，专心聆听着布道，这事实上是在赞颂树篱布道。类似的还有他后来描绘的遭到士兵侵袭、白雪覆盖的布拉班特村庄。它们精准描述了1566年、1567年之交那个冬天的事件造成的创伤，描绘了哈布斯堡政府对高涨的新教活动的镇压。格兰维尔十分喜爱彼得·勃鲁盖尔，并将他的一些画作收藏在梅赫伦的大主教宫里。

树篱布道活动规模宏大，在五个月里，它们传遍了从佛兰德到弗里斯兰的整个低地国家。这让哪怕是最胆怯的人都认为，中央政府和教会现在无力阻止新教运动的发展。在政府权威崩塌的情况下，前几十年累积的挫败感几乎是不可避免地爆发了，民众掀起了一场圣像破坏运动。在圣像破坏运动前不久，即便是新教教派中最为激进的加尔文宗讲道者，也在"用暴力手段实现上帝目的是否合乎法理"这一问题上存在分歧，多数人并不赞同使用暴力，但运动现在爆发了。[71] 8月10日，在佛兰德西部的斯滕福德（Steenvoorde）附近，民众在一次布道后袭击了一座女修道院,砸毁了圣像。圣像破坏运动由此开始。在四处游荡、有组织的激进分子团体的助力下,运动自发地向佛兰德、埃诺、布拉班特、泽兰、荷兰、乌得勒支、海尔德兰传播,最终也传到了弗里斯兰和格罗宁根。

几十年来,伊拉斯谟人文主义者和秘密新教徒在低地国家的学院、修辞学会、酒馆,甚至教堂里进行的反崇拜偶像教化有了成果。几十年前人们就开始疏远传统崇拜形式,如今这一行动已经进展到如此程度,大多数人已经不再带着尊敬的目光,许多人甚至带着敌意,观望低地国家那些宏伟古老,因圣像、绘画、法衣、祭坛和教会金银器皿而金碧辉煌的宗教建筑。[72] 一个社会以这样的规模远离它自己的宗教文化,这种现象史无前例,也无可比拟。历史学家有时试图从经济视角解释圣像破坏运动。16世纪60年代中期,因为波罗的海的战争以及暂停从英格兰进口半成品布匹,尼德兰经济出现混乱。这些措施确实降低了就业率,提高了食品价格。[73] 经济的萧条和不安全感可能对点燃圣像破坏运动起到一定作用。然而,1566年爆发的圣像破坏运动并未伴随着对政府官员或市政厅的袭击,也没有出现攻击包税人、洗劫商店或粮仓的行为。从形式上看,圣像破坏运动单纯只是攻击教会,而非其他事物。

这股狂风横扫南尼德兰,并于8月21—22日抵达安特卫普。在这里,大批群众围观圣像破坏者游行,大喊"乞丐万岁"。[74] 该城42座教堂全部遭到洗劫,圣像、绘画和其他物品被拖到大街上砸毁,金银器皿则被偷窃。夜晚,人们在火炬下继续进行这些活动。安特卫普事件发生两天后,激进分子袭击了米德尔堡和弗卢辛,洗劫了米德尔堡的大修道院教堂和瓦尔赫伦岛上的众多乡村教堂。同一天,圣像破坏运动在布雷达爆发。第二天,一伙年轻人袭击了阿姆斯特丹的一座主要教堂。

一开始,北部的圣像破坏运动与南部一样,具有迅速、自发的特征。但是,从1566年8月末开始,随着大河以北圣像破坏运动的发展,它变得更具系统性和组织性,一些贵族和有名的市民插手指导暴力运动。[75] 在斯海尔托亨博斯,新教徒占领该城数座教堂,并在主教座堂前唱赞美诗,随后圣像破坏活动才开始。乌得勒支圣像破坏运动的爆发则得到了当地新教贵族的领导。在这里,一大批艺术珍品、法袍,还有方济各修会的整座图书馆被付诸火海。[76] 到9月,大河以南的暴力活动基本结束,但北部的暴力活动还在发展,并且越发有组织。9月25日,海牙和莱顿的圣像破坏运动在贵族武装团体的保护下爆发。9月中旬,屈伦博赫伯爵和巴滕堡伯爵下令夺取各自领地教堂的祭坛和圣像。[77] 在布里勒镇及其周围乡村地区,教堂都遭到了系统的掠夺,这在一定程度上是因为运动得到了威廉·布卢瓦·德特雷斯隆(Willem Blois de Treslong)等地方贵族的支持。[78]

在那些民众给予天主教重大支持的哈布斯堡尼德兰地区,城镇政府动员民兵迅速镇压,甚至完全阻止了圣像破坏运动的爆发和新教圣会的设立。足以对抗新教热情的天主教忠诚是存在还是缺乏至关重要,这不仅决定了1566年低地国家宗教冲突的结果,还在很大程度上影响着事态的发展。在民众对天主教较为支持的地方,新教徒即便人数较多也没机会向前发展,因为中央政府和市镇政府都坚定地打压他们。类似的情形也可以在16世纪六七十年代的法兰西北部看到,具有决定性的通常不是新教徒的人数和决心,而是各地在政府支持下动员天主教反攻的力度。

因此，尽管新教暴力活动声势浩大，但1566年尼德兰圣像破坏运动中最令人注目的事件并不是它，而是大多天主教教徒的几不可闻的回应，大河以北的回应尤其乏力。事实上，对于旧教会及其圣像、祭坛遭到的系统性攻击，只有南部省份，外加海尔德兰的天主教才有回应。在瓦隆各城镇，如里尔、列日、那慕尔和杜埃，天主教教徒激烈地抵抗新教的挑战，其程度堪比法兰西北部地区。在里尔，天主教教徒比新教徒更狂热、暴烈，[79]新教圣会根本没有成立的可能。与此相反，天主教教徒冲击新教集会，洗劫新教徒的家，强迫他们的孩子重新洗礼。天主教的支持力量在安特卫普较薄弱，但在布拉班特其他城镇则强得多。在海尔德兰，圣像破坏运动在鲁尔蒙德区和较北部的零星地区爆发。[80]但这些地方同样有天主教教徒的强烈抵抗。尽管当时爵位贵族大多转向新教，但许多低阶贵族还时刻准备着拿起武器以保卫旧教会。树篱布道于8月底传到奈梅亨，新教徒轻松占领了该城。然而，奈梅亨地区的天主教土地贵族发起反扑，重夺该城，清洗了新教徒和秘密新教徒组成的市议事会。[81]相较而言，在须德海沿岸小镇哈尔德韦克与埃尔堡，加尔文宗的兴起就没有遭遇天主教抵抗。而海尔德兰执政梅亨伯爵（Count of Megen）派兵驻守的阿纳姆和聚特芬则保持着平静。

除了海尔德兰，新教活动激起天主教强烈反抗的地区大多集中在大河以南。南部地区各城镇确实存在显著差异，这或许与各地经济环境和城镇福利政策的不同相关。[82]里尔对天主教的忠心比图尔奈和瓦朗谢讷坚定得多；梅赫伦对天主教的忠诚度也比安特卫普和布雷达强。但是在1566年，北尼德兰（除了海尔德兰）最令人注目的事实是，这里并不存在天主教对新教活动的普遍性对立。无疑，这里只有少数民众是坚定的新教徒。如果把坚定的天主教教徒的标准设定为愿意为了捍卫旧教会及其标志和教士而到大街上游行或战斗，那么这个群体的人数还要少更多。实际上，他们的人数少到无力介入这场对抗中。

在阿姆斯特丹，市民分成了三派。一是激进地支持破坏圣像的少数派，他们大多是底层民众。二是新教市民的主体派别，他们由新加尔文宗宗教法院领导。法院的主席是反对暴力的商人劳伦斯·雅各布斯·勒阿尔（Laurens Jacobsz. Reael）。三是多少有些消极的大多数市民，他们不信奉也不积极参与前两派。[83] 与别处类似，阿姆斯特丹形势的关键影响因素在于市镇民兵的行动，因为民兵是维护城镇法律和秩序的基本力量。如果民兵拒绝打压破坏圣像的激进分子，或不愿向他们开火，那么城镇的摄政官们就无力行动。[84] 而事实上，民兵几乎在每一案例中都拒绝与激进分子对垒。他们的拒绝及其支持布雷德罗德和宽容联盟的态度，让圣像破坏运动从最初的自发爆发，转变成了对教会更有序、更系统的攻击。代尔夫特的摄政官与别处的一样，试图阻止新教崇拜，而这里的民兵不仅拒绝压制10月5日新一轮圣像破坏运动，还协助强迫市议事会将方济各会的小修道院移交给加尔文宗。[85] 在哈勒姆，民兵威胁市议事会称，他们既不会打击圣像破坏者，也不会压制新教布道活动。市议事会别无选择，只得暂停修道院之外的天主教崇拜活动，同时还同意组建加尔文宗宗教法院。[86] 在一些城镇，只有出现圣像破坏运动的二次爆发，或鲜明的暴力威胁，市议事会才批准在城墙内举行新教崇拜活动，但是几乎所有地方都在有势力的市民和民兵的压力下，违背市议事会意愿，建起了新教圣会。

在安特卫普以南，8月后只有马斯特里赫特爆发了重大的圣像破坏运动。而在北部所有新教信仰没能正式确立的地方，圣像破坏运动到秋天依然在推进，并加快着变革的进程。9月，吕伐登的市议事会迫于民兵的压力，亲自拆解了堂区教堂的圣像，批准新教布道。该城大多数天主教教士，要么逃亡，要么加入新教。接下来的几个月里，归正会宗教法院在弗里斯兰各地成立。[87] 除了执政和高等法院，没有人切实进行抵抗。在弗里斯兰乡村地区，三四十名贵族组成了强有力的核心团体，主持建立新教会、抄没教堂。[88] 在奥默兰乡村，如米德尔斯特姆（Middelstum）、温瑟姆（Winsum）、滕波斯特（Ten Post）、哈斯特赫伊曾（Garsthuizen）等地，则是当地农民在土地贵族的教唆下破坏堂区教堂和圣像。[89] 温瑟姆的里珀达家族、哈斯特赫伊曾的斯塔肯博赫（Starckenborch）家族，都是圣像破坏运动的领导者。

圣像破坏运动让尼德兰贵族陷入日益严重的混乱中。他们已然分裂成三派：一派支持阿尔斯霍特、阿伦贝格、梅亨这类权贵，他们依然忠于国王的政策；一派支持奥伦治和主张"宗教和平"的人；还有一派支持布雷德罗德和其他宽容联盟鼓吹者主张的更加激进的路线。现在，由于圣像破坏运动，许多曾追随奥伦治领导或支持宽容联盟的人感到惊恐。而在最初，就连布雷德罗德本人也被吓了一跳。8月到9月初，布雷德罗德与多数权贵一样，试图限制暴力，将其庇护范围扩大至埃赫蒙德大修道院等领域。[90] 然而，随着更多贵族重新支持布鲁塞尔政权，布雷德罗德及其支持者转而采取更激进的方式。多数权贵深受震动，力图通过支持玛格丽特恢复秩序而重新掌控事态发展，前提条件是，她同意在那些新教崇拜已然实践的地方认可新教。1566年8月23日，这项"协定"达成，宽容联盟解体。对于布雷德罗德来说，这项协定则是一次巨大的"震动"。[91] 奥伦治和中间团体似乎一度有望成功和平瓦解国王的政策,以协定为基础达成"宗教和平"的目标。连续几个月,奥伦治不知疲倦地奋斗着,先是在安特卫普、布雷达,而后是在阿姆斯特丹、哈勒姆等荷兰省城镇。他在新教徒和市议事会之间调停,商定地方宗教协议,将教堂分配给天主教教徒和加尔文宗信徒——在许多地方,如安特卫普,还分给路德宗信徒。[92] 奥伦治的政策有效地恢复了地方秩序、缓解了地方冲突,特别是在1566年9月的安特卫普。但是,在哈布斯堡尼德兰的大环境下,这种政策还是因矛盾重重和难以为继而失败。一方面,奥伦治试图维持与某些南部贵族的关系——他们拒绝支持以武力反抗国王、反对新教的煽动行为;另一方面,他又结交布雷德罗德和那些公开举起武装反抗旗帜的人。到1566年年底,中间派的主张已经难以支撑,他们要么选择武装起义,要么选择屈服。

玛格丽特和协助她的权贵招募了政府军,并从12月开始镇压瓦隆各省的新教徒。愿意应战的贵族主要集中在大河以北,他们开始筹集资金和人力,强迫城镇支持自己。在这一时期,奥伦治或许想过把自己推上起义领导者的位置,但是,他的中间立场已经瓦解,而他曾经的盟友埃赫蒙德、霍恩和霍赫斯特拉滕又坚决不与国王对战。这些因素让他确信,反叛者的阵营希望渺茫。[93] 一开始,布雷德罗德为新教的武装反抗拉拢到了可观的支持,尤其是在阿姆斯特丹、乌得勒支和邻近地区。[94] 然而,1567年3月,起义军在安特卫普附近战败;几天之后,瓦隆地区的加尔文宗堡垒瓦朗谢讷也在遭受可怕的长期围城后投降。起义的核心被剿灭了。[95] 到4月底,布雷德罗德也变得灰心丧气。后来,国王希望阿尔瓦率领西班牙军队逼迫低地国家就范,但事实上早在他们到来之前,武装反抗就已瓦解。对新教的公开支持也随之消退。[96] 早在1567年1月,瓦隆乡村地区就不再有新教布道活动,数百名加尔文宗信徒回归天主教。在北方,许多城镇逃过了圣像破坏运动,因为新教信仰在这里没遭到太多抵抗就建立起来了;1566年9月之后,弗里斯兰的斯内克和弗拉讷克(Franeker)、西弗里斯兰的霍伦,以及上艾瑟尔城镇等地,情况基本相同。但是,这些地区全都与曾爆发过暴力活动的地方一样受到了压制:新教讲道者都在1567年春逃亡,新教教堂被关闭,宗教法院遭到镇压。1567年4月17日,阿姆斯特丹的市议事会下令禁止该城的新教布道活动。[97] 布雷德罗德也随即出逃。奥伦治判断,离开尼德兰在外待上一段时间是明智之举,于是他在5月前往家族在迪伦堡的城堡。类似的,霍赫斯特拉滕、屈伦博赫和其他权贵贵族也迁往德意志。

起义似乎终结了,尼德兰似乎在受到威吓后屈服了。整片土地上弥漫着鲜明的恐惧和意志消沉的氛围。然而,通过国外荷兰新教团体的建立,以及逐渐扩散并越来越成熟的政治宣传,坚决的抵抗一直持续着。1566—1567年反叛活动的一个重要支持者是佛兰德贵族——圣阿尔德贡德的菲利普·马尼克斯(Philip Marnix of St Aldegonde, 1540—1598年)。他力图维持起义精神的活力,后来成了威廉的秘书和主要宣传员。1567年,马尼克斯出版《真实的叙述与辩白》(*Vraye Narration et apologie*),宣称国王已经侵犯了尼德兰各省的特权和"自由"。这个主题此后将由雅各布·范韦森贝克(Jacob van Wesembeeke, 1524—1575年)进一步展开。1556—1567年间,范韦森贝克受雇于安特卫普城镇议事会,他曾协助调停该城加尔文宗信徒、路德宗信徒和天主教教徒之间的谈判,随后跟随奥伦治出逃。在1568—1569年发表的一系列小册子中,范韦森贝克宣称"天赋自由,至高无上,不可剥夺"。⁹⁸ 在范韦森贝克看来,在此后的起义意识形态中,抽象且单数的"自由"是第一要义,尽管它不可避免地与城镇、各省特权以及它们的繁荣缠绕在一起。他认为,西班牙国王普遍侵犯了尼德兰的自由,尤其损害了特权,这足以成为武装反抗西班牙权威的合法理由。许多人都赞同他的观点。

第8章

1567—1572年：阿尔瓦公爵的镇压

随着1566—1567年起义走向低谷，反新教活动聚起了势力。在3月取得胜利后，布鲁塞尔政府感觉自己已经足够强大，可以分散力量，将部队派往各城镇。[1] 阿伦贝格将部队引入吕伐登、斯内克和斯洛滕，还镇压了弗里斯兰的新教崇拜。哈勒姆、芬洛和鲁尔蒙德等众多城镇尚未被政府军占领，却已驱逐了加尔文宗的讲道者，消灭了城墙内外的新教仪式。4月，这里的新教徒开始大批离去。

8月，阿尔瓦公爵到达，他率领着1万人的西班牙和那不勒斯军队，以及作为补充的德意志雇佣军。然而在那时，不仅可见的新教活动已经全然销声匿迹，与布雷德罗起义和良心自由骚动有关的许多人也已经逃亡或转入地下。不过，无论是阿尔瓦还是国王都没有满足于此。此时，西班牙帝国在地中海正面临困境和危险，腓力二世向尼德兰派遣军队实属形势所迫。西班牙消耗着如此多的资源，对奥斯曼人的战事又仍在继续，因此很难长期承担在低地国家维持军队的压力。既然现在拥有一支强有力的军队，国王自然决心利用它产生足够的效果：即便不能根除起义和阴谋，至少也要将其彻底镇压，以保证尼德兰在将来维持和平、安全的状态，成为可靠的天主教国家。[2]

第三任阿尔瓦公爵唐费尔南多·阿尔瓦雷斯·德托莱多（Don Fernando Alvarez de Toledo，1507—1582年）是卡斯蒂利亚的一名大贵族，他坚定不移甚至狂热地憎恶新教异端。他享有铁腕人物的名声，本人也确实十分冷酷，是个强硬的威权主义者，性格极其易怒。阿尔瓦公爵来到尼德兰时已经60岁了，痛风的加剧和其他身体上的折磨让他的脾气随着时光的流逝而日渐暴躁。他能做出极其残忍的事，但总是出于深思熟虑，他的观念诡异地混合了人文主义的世界大同观念和排外的偏执。他是个精通拉丁语、法语和意大利语的贵族，也说一些德语。然而在观念上，在对两性问题非同一般的严苛上，他是个不折不扣的卡斯蒂利亚人。他极度怀疑尼德兰贵族和民众，态度中带着近乎公开的轻蔑。[3]

一开始，腓力二世意图让玛格丽特继续担任摄政，并将阿尔瓦公爵的权力局限在军事和维持秩序方面。然而，形势逐渐显示出，是阿尔瓦公爵把握着布鲁塞尔的权力，而非玛格丽特。阿尔瓦公爵严厉的行动让玛格丽特彻底丧气，她在9月辞去摄政职位，并于12月前往意大利。于是，阿尔瓦公爵无论是在名义上，还是在事实上，都是西属尼德兰的总督了。他是腓力二世最能干的将军，多年来也一直是西班牙宫廷中铁腕政策的主要支持者，他认为这是在尼德兰保卫王权、保卫天主教信仰的最好办法。现在，阿尔瓦公爵有机会展示铁腕的效用了。

尤其令玛格丽特愤怒的是，阿尔瓦公爵于9月在布鲁塞尔的一场宴会后，逮捕了尼德兰的两名重要权贵——埃赫蒙德和霍恩。这两人一直忠于旧教会，后来还协助过玛格丽特，于是他们认为自己不必害怕国王。而如今，他们发现自己犯了大错。他们的文书被收缴审查，人也因叛国罪受审。阿尔瓦公爵来到低地国家10个月之后，这两名伯爵在布鲁塞尔的大广场上被斩首，周围都是惊恐的民众，许多人公然为此落泪。而就在他们被处决的四天前，已经有18名起义贵族遭到了处决，其中包括布龙克霍斯特·范巴滕堡家族的三兄弟卡雷尔（Carel）、迪尔克和海斯贝特（Gijsbert），此外还有布雷德罗德的其他下属，他们来不及逃亡就被捕了。在随后的反西班牙宣传文本和图画中，两位伯爵的处决成了常见内容。

甚至，早在两名伯爵被逮捕、玛格丽特辞职之前，阿尔瓦就已经按照他此前在西班牙制订的计划，设立了很快就臭名昭著的暴动事件委员会（Conseil des Troubles，即血腥委员会）。它将成为阿尔瓦的主要工具，用以调查前两年的骚乱事件，惩处罪犯。在1569年，这一机构设置了170名检察人员，按照16世纪的标准，它表现得相当高效。在阿尔瓦统治时期，共8 950名来自社会各个阶层的人因叛国、异端或两罪兼具而遭受审判，上千人被处决。[4] 可以预见的是，在埃赫蒙德和霍恩被捕后，会再有一批贵族因恐慌逃出尼德兰。大批贵族宅邸遭到搜查，文书被抄没。屈伦博赫遭受洗劫。阿尔瓦向奥伦治家族在布雷达的宫殿派驻了部队，将这里的多数武器和物品（装了7艘平底驳船）运往根特。

沉默的威廉比埃赫蒙德和霍恩更为谨慎，他与霍赫斯特拉滕伯爵一样，无视阿尔瓦公爵传唤他们返回布鲁塞尔的要求，继续待在德意志。不过，他也没能正确理解国王下令进行的镇压力度有多大。于是，威廉将13岁的长子菲利普斯·威廉（Philips Willem，1554—1618年）留在鲁汶，让他继续在大学学习。他再没能见到儿子，男孩被抓走了。在格兰维尔（他甚为愉快地利用这个机会来反击他的老对手）[5]的建议下，国王认定应当将男孩带往西班牙，部分原因是把他当作人质，但重点是要把他培养成正直的天主教教徒和忠诚的臣民；腓力二世或许认为，这个孩子能够取代他被驱逐和罢免的父亲，成为新奥伦治亲王。1568年2月，菲利普斯·威廉被送往西班牙，在埃纳雷斯堡大学重新开启学习生涯。

尽管有一些贵族被捕，但积极参与1565—1567年起义的贵族大多逃过此劫，许多人后来还回来参与了大起义。与南部不同，北部的大部分贵族都曾公开参与煽动起义，反对教会和王权。荷兰省的情况尤其如此，相比尼德兰其他省份，荷兰省有更多贵族签署了1565年的《宽容请愿书》，人数超过50人，其中包括荷兰省11位贵族院成员中的6位。[6]在乌得勒支、弗里斯兰和奥默兰，也有大批贵族选择起义。[7]荷兰省贵族中，超过四分之一直接与异端和起义活动有牵连，对腓力二世的政策鲜少支持的贵族则更多。即便是在上艾瑟尔省（1566年这里并没有出现破坏圣像的暴力活动），局势也很明朗，大部分贵族抵制反异端运动，只有特文特的贵族院例外，贵族院成员支持强硬的天主教政策。

许多著名贵族逃往德意志，参加那里的密谋，其中包括：布雷达的治安法官霍德弗里德·范哈斯特雷赫特（Godfried van Haestrecht）；德吕嫩领主威廉·德特雷斯隆（Willem de Treslong），他是1566年的圣像破坏者，之后在1572年夺取布里尔（Brill）的行动中有突出表现；奥布丹领主海斯布雷赫特·范德伊芬福尔德（Gijsbrecht van Duivenvoorde，1540—1580年），他在日后保卫哈勒姆的行动中功勋卓著；瓦尔蒙德领主雅各布·范德伊芬福尔德（Jacob van Duivenvoorde，1509—1577年），他在夺取布里尔和1574年保卫莱顿的战役中表现突出；雅各布·厄姆·范韦恩哈登（Jacob Oem van Wijngaerden）；兰赫拉克领主弗洛里斯·范登布策拉尔（Floris van den Boetzelaer），他曾批准门诺派和加尔文宗信徒在自己的领地做礼拜；威廉·范泽伊伦·范尼费尔特（Willem van Zuylen van Nyevelt），他是乌得勒支一位持不同政见的贵族和圣像破坏者。

北部周边省份的镇压行动确实常常敷衍了事。[8] 不过，在代芬特尔、格罗宁根和其他边缘城市也有人被处决；政府也在采取措施，保证这些地方比以往更加服从来自布鲁塞尔的命令。根据阿尔瓦公爵的指示，格罗宁根城墙内建起了堡垒，服务于国王的德意志军队驻扎到城中，以威慑民众。[9] 政府也向代芬特尔派驻军队，拟订在这里建造堡垒的计划。

众多摄政官和城市治安法官被暴动事件委员会判处死刑，其中最著名的是荷兰省三级会议的议长雅各布·范登艾恩德（Jacob van den Eynde，约1515—1569年）。他被关押在布鲁塞尔附近，不久后在此过世。然而，相较于1566年以各种方式参与传播新教信仰的共谋者的总人数，此时被迫害的人数量相当少。就像在安特卫普一样，在荷兰省的许多城镇，即便是哈勒姆的尼古拉斯·范德拉恩（Nicolaas van der Laan）这样批准将教堂移交给新教徒的市长，也没受什么烦扰地留任了。[10] 在吕伐登，2名市长和6名治安法官中的4名出逃并被判死刑，这种情况并不具有代表性。哈勒姆的众多市政官员中，只有城镇秘书迪尔克·福尔克特松·科恩赫特一人被捕，但即便是他后来也成功逃离，跑到了莱茵地区。后来，科恩赫特成了北尼德兰有关宽容议题最伟大的作家。

首先遭到阿尔瓦公爵判刑、没收财产的是地位仅在摄政官、治安法官和受雇官员之下的中等阶级上层。大批富裕市民沦为布鲁塞尔政权镇压活动的牺牲品。在哈勒姆，13名市民被判定为该城新教运动的元凶，其中有数名富裕的酿酒商。[11] 在阿姆斯特丹，1567年率领人们出逃的人以及前些年在该城领导建立新教崇拜的人，都来自商人阶层，地位仅在摄政官之下。1578年，这个商人团体接手该城政府。他们中的一些成员创造了黄金时代阿姆斯特丹伟大的摄政官世家，如劳伦斯·雅各布斯·勒阿尔（1566年阿姆斯特丹归正会宗教法院的建立者）、扬·雅各布茨·海德科珀（Jan Jacobz. Huydecoper，1541—1624年）、迪尔克·扬茨·德格雷夫（Dirck Jansz. de Graeff，1529—1589年）、阿德里安·保（Adriaen Pauw，1516—1578年）和科内利斯·彼得斯·霍夫特（Cornelis Pietersz. Hooft）——著名作家彼得·科内利斯·霍夫特（Pieter Cornelisz. Hooft）的父亲。[12] 阿德里安·保是一名富裕的谷物商人，在1566年的骚乱中，他曾担任军事指挥，利用自己在市民中的影响力支持新教徒。

泽兰的情况与此类似，逃难者中有许多杰出市民，日后他们将建立泽兰的一些主要摄政官世家。[13] 这些人包括彼得·博雷尔（Pieter Boreel）、扬·范德珀勒（Jan van der Perre）、加斯帕尔·范福斯贝尔亨（Gaspar van Vosbergen）和萨尔法多·德拉帕尔马（Salvador de la Palma）。米德尔堡的彼得·博雷尔逃到诺里奇（Norwich），并于1568年于此逝世。他的长子雅各布曾与他一同前往英格兰，并于1574年之后多次担任米德尔堡市长，最终成为荷兰共和国驻英格兰大使，并被英王詹姆士一世封为骑士。扬·范赖赫斯贝赫（Jan van Reigersberg）是费勒的药材商，他于1567年出逃，之后于1575年成为家乡城镇的领导人物，从那时起，奥伦治的威廉就把他纳入了市议事会中。

在北尼德兰边缘地带的大部分地区，只有极少的犯罪嫌疑人被判死刑。在坎彭，2名新教讲道者此前活跃了近半年的时间，这里还有数百名加尔文宗信徒，但只有4人被判死刑。[14] 兹沃勒总共有12人被判死刑，弗拉讷克有16人，哈灵根有11人。[15] 边缘省份的其他地方，记录在册的获死刑的人数更多，但无论如何都没有彻底消除新教的存在。代芬特尔有78人被判死刑，并且全都集中在1571年，但新教在该城的影响力无疑要比这一数字所显示出的广泛得多。在同一省份的不同地区，被判死刑的人数差异巨大，强行赋予这种现象过多意义是不明智的。然而，值得注意的是，如果将南部的某几座城镇排除在外，如图尔奈（1 063人）、安特卫普（525人）、瓦朗谢讷（425人）、伊珀尔（478人），那么从整体上看，暴动事件委员会在南部城镇判处的死刑数量相对较少，这进一步证实，在遥远的北部地区存在有组织的异端煽动和宣传活动。多数南部城市只记下了数量很小的死刑判决，如根特（248人）、布鲁塞尔（157人）、布鲁日（149人）、翁斯科特（116人）、科特赖克（84人）、梅赫伦（83人）、里尔（68人）、那慕尔（21人）、鲁汶（20人）和杜埃（4人）。而在较远的北部，特别是考虑到那里城镇规模较小，它们记录下的数字显得更高，如斯海尔托亨博斯（360人）、乌得勒支（288人）、阿姆斯特丹（242人）、格罗宁根（209人）、奈梅亨（187人）、布雷达（140人）、米德尔堡（140人）、吕伐登（105人）、布里尔（88人）、莱顿（83人）。不过，也有一些北部城镇的数字异常少，如哈勒姆（35人）和豪达（6人）。[16]

不是因为南部与北部在宗教问题上的根本差异，而是因为北部贵族和城市精英更多地卷入1566年的煽动性活动，以及从大河以北出逃的重要流亡者人数相对较多，才导致流亡难民、反阿尔瓦政权和反西班牙运动的领导权日益集中到北方。1568年奥伦治的威廉一举起起义的旗帜,就有贵族聚集到他身边,其中大多数贵族来自北部而非南部。1568年,起义者建立起军事力量"海上乞丐"(Sea Beggars),里面的军官中大部分来自荷兰省和弗里斯兰省,只有几个南部贵族。[17]

逃离低地国家的潮流主要有两股:第一股在1567年春;第二股在第一次逮捕浪潮之后,即1567年年末到1568年年初的冬天,结冰的须德海帮助了流亡者。据说,仅恩克赫伊曾一地就有350多名流亡者越过冰面前往东弗里斯兰。逃出尼德兰的人主要往三个方向走。来自阿姆斯特丹、西弗里斯兰城镇、弗里斯兰和格罗宁根的人潮涌向德意志的西北角,尤其是埃姆登。来自佛兰德和泽兰的人,主要通过海路迁往英格兰。来自布拉班特、南荷兰省和乌得勒支的流亡者大多倾向于去往克莱沃和莱茵地区。据估计,出走的总人数大概或者说接近6万人。[18]

许多人移居他地。然而,镇压行动并没有,也没能力灭绝尼德兰的新教活动(更别说新教信仰)。居民普遍且根深蒂固地疏远天主教会,灭绝新教是不可能的。不仅在边缘省份,就算是在荷兰、布拉班特和佛兰德,也有许多曾在1566—1567年参与创立新教圣会的人逃脱侦查,毫发无伤地留在家乡。[19]在代尔夫特、哈勒姆、恩克赫伊曾和吕伐登这类城镇,包括宗教法院在内的整个归正会圣会,在秘密的环境下一直幸存到1572年。[20]在16世纪60年代早期和中期同样获得了许多新皈依者的门诺派也类似,它不仅在弗里斯兰和奥默兰幸存下来,还在南荷兰省和其他地区得以幸存。从表面上看,尼德兰正在重新天主教化。1567年阿尔瓦公爵到来时,许多多年没有参加天主教弥撒的人重新出席仪式。[21]但这种表面上的服从并没有持续多久。到16

第8章 1567—1572年:阿尔瓦公爵的镇压

世纪70年代初，政府又收到了与16世纪五六十年代初一样的报告——人们有所不满，复活节去望弥撒的人数量很少。[22] 1570年，在霍伦主教堂布道的修士被一群唱着赞美诗抗议的市民打断。[23]

在阿尔瓦政权刚开始的几个月里，武装反抗哈布斯堡在低地国家的统治似乎前景黯淡。1567年6月，"大乞丐"布雷德罗德造访迪伦堡，却没能赢取奥伦治对武装反抗事业的支持。几个月后，布雷德罗德在消沉中过世，而奥伦治的名字已经从他的遗产继承人的名单上被删除。1567年到1568年年初，奥伦治的名声和支持率都急剧下滑。[24] 然而，似乎直到1568年年初，当奥伦治知道暴动事件委员会判他死刑并抄没了他在尼德兰的所有财产之后他才断定，鉴于自己丧失了土地，自己的名声在国王和起义者那里都一落千丈，现在仅剩的选择就是代替布雷德罗德扬起起义的旗帜。[25]

作为起义的领导者，奥伦治能支配的资源远远多过此前的"大乞丐"。在邻近的德意志新教王公，尤其是加尔文宗普法尔茨选帝侯的帮助下，奥伦治募集到了一大笔资金。[26] 他在自己周围聚集了一大批流亡尼德兰贵族组成的扈从，其中包括他此前在布雷达的家臣。奥伦治以他人封君、德意志（新教）王公以及法兰西南部奥伦治公国领主的身份，与其他德意志王公和欧洲统治者谈判。奥伦治带了技艺高超的宣传家来协助自己，最有名的是他的天才秘书圣阿尔德贡德的马尼克斯。奥伦治从拿骚-迪伦堡发起一波宣传，详细阐述"西班牙的残暴"，中伤阿尔瓦公爵，并向尼德兰民众保证，自己诉诸武力是将国家从"不可容忍的奴隶制"中解救出来的唯一方法。

奥伦治否认自己在反抗国王本人，他承认腓力二世是自己的合法封君。他的反抗针对的是邪恶的政策，尤其是针对阿尔瓦公爵的暴政。而且，迄今为止，他也不是加尔文宗信徒。奥伦治是个真正的政治家，他避免承认支持某个特定的宗教立场，因为他既不想烧毁所有与腓力二世沟通的桥梁，也不想疏远德意志的路德宗王公。[27]此外，奥伦治的宣传削弱了冲突的宗教因素。他1568年的宣言重在强调，尼德兰"值得尊敬的居民在此前的时代享有自由"，必须将他们从残暴的专制中解救出来。[28]

于是，在这段黑暗的时期，即阿尔瓦公爵到来的第一年里，对于尼德兰那些依然在心中反抗哈布斯堡政权的人来说，奥伦治的威廉基本成了唯一的希望。同样是在1568年，或1569年初，一位不知名的诗人创作了著名的英雄赞歌《威廉颂》，这并非巧合。歌曲赞颂了威廉的虔诚和英雄气概，希望通过威廉必将归来的承诺，安抚恐慌、志气消沉的人民。《威廉颂》常常被誉为最早的现代国歌。在某种意义上，确实如此。这首歌成了整套"乞丐军"战歌组曲中最为人熟知的一支，它首先在荷兰传播，1572年后传播到瓦隆尼亚（Wallonia）和莱茵地区，还出现了法语、德语和意大利语版本；但即便如此，在17和18世纪，这首歌主要是属于奥伦治家族拥护者的赞歌，它将奥伦治亲王奉为"祖国之父"，这令反对派蹙眉。直到19世纪末，这首歌才被定为荷兰国歌。

一开始，威廉的招兵买马和煽动性宣传在尼德兰内部，在居住于德意志西北部和英格兰东南部的6万尼德兰新教流亡者中造成了重大影响。早在拿骚的路易于1568年5月在海利赫莱战役中击败阿伦贝格伯爵，赢得起义者的第一次胜利（也是许多年里的唯一一次胜利）之前，就有数百名来自整个弗里斯兰和格罗宁根的支持者涌到他的麾下。也是在占领格罗宁根东北角的短暂时期,路易伯爵利用许多拥向他的人,在埃姆斯河口建起了起义者的海军力量,即"海上乞丐"。随后的1568年7月,阿尔瓦公爵在耶姆古姆(Jemminghen*)击垮起义军,并在埃姆登附近、德意志边境一侧的埃姆斯河岸屠杀了大多数起义军。这场溃败中,有大批北尼德兰人和德意志雇佣军丧命。

作为军事指挥官,奥伦治无法与阿尔瓦公爵匹敌,随后,他亲自率军深入布拉班特的行动也以失败收场。1568—1572年间,他没能再组织起大规模进攻,情势留给他的唯一选择就是投身于消耗战。这一策略包括从德意志发动零星的小攻击以及后来与同样来自南边的胡格诺派结盟。不过,更有效的措施是"海上乞丐"舰队的劫掠活动。这支军队在埃姆登周围劫掠,也间歇性地抢劫英吉利海峡的口岸。到1571年春,"海上乞丐"的船增加到30多艘,它们全都带着奥伦治签署的私掠许可证。[29] 他们不仅扰乱尼德兰海岸周边的海上贸易,还发动了一系列登陆行动,洗劫修道院,抢夺补给。1570年,他们洗劫了欣德洛彭(Hindeloopen)和沃尔克姆(Workum)。

多数贵族流亡者要么为奥伦治服务,要么四处旅行。乌得勒支贵族威廉·范泽伊伦·范尼费尔特是个例外。他定居于克莱沃的埃默里希(Emmerich),以书籍装订工作为生,参与加尔文宗团体的政治活动。[30] 大多数非贵族流亡者必须工作,从事贸易或制造业以养活自己和家人。在整个德意志西北部(远到南边美因河畔的法兰克福)和英格兰东南部,流亡尼德兰人的归正会团体数量激增。这些圣会由一个日渐形成的团体领导,其成员是几十名来自尼德兰的加尔文宗牧师。

---

* 本书出现过 Jemminghen、Jemmingen 两种拼写方式,因此战常称 Battle of Jemgum,故译为"耶姆古姆"。——编者注

他们中的一些人之前是天主教的教士或修士，但在1566年，他们与天主教决裂，并协助塑造了尼德兰新形成的归正会团体。

流亡中的圣会需要协调相互间的活动，整合他们的神学和政治观念。但是，他们刚开始组织活动，分歧和冲突就出现了。1568年11月，代表们在克莱沃的韦瑟尔举行了第一次聚会。会议在教义方面遇到难题，而他们应对难题的方式对未来影响深远。[31] 来自南尼德兰的流亡者往往出身中等阶级下层，其代表中鲜有名人，因而他们倾向于坚持严苛的加尔文宗正统教义，而且不信任那些曾在城镇议事会里把持权势位置的人。[32] 相较而言，来自荷兰省的流亡者通常出身于较高的社会阶层，他们倾向于更开明宽松的宗教立场，也更尊重世俗权威。这个一开始就存在的裂痕，被尼德兰第一次加尔文宗全体宗教会议加深了。会议于1571年在埃姆登召开。身在埃姆登的阿姆斯特丹流亡者、世俗领袖劳伦斯·雅各布斯·勒阿尔指责那些更教条的反对者，称他们试图让流亡的圣会臣服于严苛教义这个"新教宗"。[33] 不过在当时，胜出的一方是由赫尔曼·莫德和彼得·达特纳斯领导的严厉的加尔文宗。埃姆登宗教会议的决议规定，宗教法院独自负责任命尼德兰归正会未来的牧师，他们没有给世俗权威赋予任何角色。[34] 决议也没有像勒阿尔的支持者期望的那样，对路德宗做出和解的姿态，没有提及任何武装斗争，也没有宣布支持奥伦治。在一定程度上，这或许是因为，对于武装反抗合法政权——无论它多么残暴——新教教会向来有所犹疑。不过，宗教法院没有明确支持，可能也是出于对奥伦治政治宣传的厌恶——奥伦治使用世俗的腔调，以加尔文宗信徒和非加尔文宗人士（包括天主教教徒）双方为宣传对象。奥伦治的意识形态旨在推翻阿尔瓦公爵的暴政和宗教裁判所，重建"自由"，而不是将整个国家导向上帝的真理和唯一"正确的信仰"。[35] 奥伦治的大起义并不是莫德和达特纳斯这类人能认同的类型。

大多数新教流亡者分化为加尔文宗信徒和自由开明的归正会信徒,两派都急于建立一个综合性的尼德兰归正会,但是,流亡人群中还有一些别的团体,不能纳入上述两派。"海上乞丐"确实狂热地反对天主教,他们能以最暴虐的方式处死修士。不过,在许多归正会流亡者看来,他们是纪律涣散、不敬神的团体,他们海盗式的行径以及与妓女狂饮的行为,都将他们排除到体面社会外。[36] 另一个群体是知识分子,他们不那么狂暴,但对归正会牧师也并没有更友好。他们通常是职业学者或律师,与人文主义者和唯灵论者一样,他们既拒斥天主教会,又敌视归正会的教义(和教规)。这些"自由思想家"中有许多名人:伟大的人文主义学者于斯特斯·利普修斯,他急于逃离低地国家的动乱,前往路德宗的耶拿大学学习;迪尔克·福尔克特松·科恩赫特,他在莱茵地区发展了自己强大的个人灵性,未来会成为利普修斯乃至加尔文宗的敌人;政治家阿德里安·范德迈莱(Adriaen van der Mijle),他来自多德雷赫特一个重要的摄政官家族,此前在海牙担任高级司法官员,1567年出逃,随后到意大利游学;年轻律师扬·范奥尔登巴内费尔特(Jan van Oldenbarnevelt,即后文的约翰·范奥尔登巴内费尔特),他于1568年在海德堡成为一名名义上的加尔文宗信徒,不过从一开始,他就对加尔文的教义保留着强烈的质疑。在欧洲大陆的数所大学游学之后,奥尔登巴内费尔特于1570年返回海牙。与许多人一样,他是个秘密新教徒,表面上顺服于天主教会。[37]

腓力二世和阿尔瓦公爵竭力通过暴动事件委员会及其在各省的

委员会打压异端和煽动性活动。此外，国家还必须在不给卡斯蒂利亚太多财政负担的情况下，确保自己免于国内外敌人的侵害。因为现在必须维持一支大规模的现役部队，所以国王认为必须在尼德兰征收更多赋税。在国王的认可下，阿尔瓦公爵采取的军事策略是将军队分为众多小分队，让它们在各座城镇安营扎寨，建立堡垒，以威慑尼德兰的所有城镇。事实上，这种策略仅仅增加了财政压力。[38]不过在腓力二世看来，这一策略最重要、最关键的部分是在尼德兰复兴天主教会，并帮助天主教赢得民众的心。威吓只是达成这一目的的手段。

随着阿尔瓦公爵的到来，抵制新主教和抵抗特兰托公会决议实施的活动很快停止。[39] 桑尼乌斯被安排到斯海尔托亨博斯，随后被推选为格罗宁根第一任主教。林达纳斯于1569年3月被派往鲁尔蒙德，泽兰人克内勒斯·彼得里（Cunerus Petri）在1570年2月成为第一任弗里斯兰主教。1570年10月，最后一位新主教被派往代芬特尔。各个新主教区都颁布了特兰托公会的决议，召开了经过革新的主教区会议。[40] 低地国家的天主教宗教改革开始运转。但事实证明，巩固和复兴天主教的任务困难重重。整个教会组织的结构、地方政治和国家的教育都不能与改革接轨。在多数事例中，市议事会依然不合作，而这在许多方面造成了深远影响，最重要的是对学校控制权的影响。新主教的一个重要目标是尽可能清洗所有学校中不可靠的院长和校长，尤其是城市拉丁语学校里的那些，并代之以热情的天主教教徒。但长期以来，对城市学校教职的控制权就是市议事会竭力捍卫的特权。正如林达纳斯在强行把自己的候选人任命为奈梅亨拉丁语学校校长时所发现的，在阿尔瓦公爵统治下，克服市议事会的阻挠是一项令人恼怒的漫长事务。[41]

从最终的意义上说，腓力二世希望将尼德兰转变为西班牙权力的安全堡垒，以及抑制异端传播的壁垒。他并没有幻想自己可以彻底消灭新教。然而，镇压运动证明，国王不仅有可能通过武力控制国家，能促使新教活动转入地下，还能削减异端文本的出版和传播——即便不能终止。严厉的措施，加上政府对天主教改革和重组的热情支持，或许能适时促成尼德兰社会有效地重新天主教化。

对于这项日程来说，至关重要的是征收新税。在管理财政方面，16世纪的欧洲君主们正处在最虚弱的阶段。不过，即便虚弱，在能充分施展政治手段的地区，他们还是能迅速采取影响深远的财政措施。在返回西班牙时，腓力二世已成功增加了大量收入，并以此获得了与奥斯曼人作战所需的资源。他在尼德兰有第二重要的军事任务，那就是能够像在西班牙一样，解决获取收入的问题。

制定新赋税政策的工作马不停蹄地进行着。1569年3月，阿尔瓦公爵召集尼德兰总三级会议，这在1559年后还是第一次。他给各省代表发布了新的财政要求，命令各省通过三项相互独立的措施，募集巨额的新款项。[42] 第一项措施，也是争议最少的一项，就是征收百一税，即对计税财产征收1%的税。第二项是对商品征收5%的税，即双什一税*，政府打算将它作为一项常规税。第三项就是著名的什一税，即对商品征收10%的固定税，这一项大体上仿照卡斯蒂利亚的商品税设立。这些税收要求具有深远的政治、宪法以及财政意义。这不仅因为通过获取这些税收，哈布斯堡政权将有办法维持现役军队，还因为通过默许这些常规税，各省三级会议和总三级会

---

* 此项5%的流转税又称"双什一税"（Twentieth Penny）。——编者注

议将不得不放弃自己对政府收入的影响力。假如腓力二世成功推行了这些政策，他就可以解除宪法的制约——此前正是它限制着勃艮第和哈布斯堡在尼德兰的权力。

各省三级会议和城镇政府确实被最近两年的事件惊吓到了，不过也没有恐慌到愿意在宪法这条底线上让步的地步。大多数新兼并的省份被批准免缴什一税；作为交换，他们同意投票通过拨给国王的年度津贴。只有此前过度激怒公爵的乌得勒支省，以及哈布斯堡尼德兰世代的核心地区，屈服于镇压运动，屈服于阿尔瓦公爵现在正着手进行的惩罚性军事入驻。[43] 阿尔瓦公爵明确表示，他打算获得大笔新税收，不得阻碍、拖延。

1569年，总三级会议达成共识——在阿尔瓦公爵的理解中，这意味着三级会议在原则上同意了三项政策，然而各省三级会议和各城镇的议事会其实是否决了这些政策。作为权宜之策，阿尔瓦接受了各省同意的临时性津贴。但是与公爵的理解不同，各省三级会议认为，通过这项津贴是为了换取阿尔瓦公爵同意放弃什一税和双什一税。[44] 1571年，临时性津贴到期，阿尔瓦公爵则重提他的要求，坚持索要什一税和双什一税，并通过1571年7月31日的法令，单方面把这些赋税强加给尼德兰。一股充满愤怒和仇恨的挫败感席卷整个国家。不过，最让人不满的是阿尔瓦公爵为强制各城镇政府执行其新税收政策而采取的措施。荷兰、泽兰和乌得勒支的新执政博苏（Bossu）伯爵指派荷兰省高等法院的官员去监督三个省份执行新政策，所用方法即是威胁市政官员：假如不任命收税员，假如收税机制没能开始运行，他们就将被处以罚金，以豪达为例，每个市长罚1 000荷兰盾，治安法官则罚500荷兰盾。[45] 即便比其他地方坚持得更久，阿姆斯特丹最终也屈服了——就在布里尔的"海上乞丐"到来之前不久。

民众对新赋税政策怨声载道，佛兰德、布拉班特和荷兰尤其如此。对相关摄政官而言，与被派来监督收税情况的省法院官员合作，都冒着相当大的人身风险。在布鲁塞尔，不断出现叛乱即将到来的信号，因而这里的市长更愿意直面阿尔瓦公爵而不是民众。不过，即便是在没有骚乱的地方，冲突依然尖锐。在豪达，市长给自己配备了护卫。治安法官焦虑地咨询民兵队长，打探假如政策继续执行，他们能否指望民兵镇压骚乱。豪达的民兵部队回答道，他们不会为强制推行什一税做什么，即便国王亲自要求也不行。1572年3月，许多民兵队伍已与自己的城镇政府离心。[46] 因而，虽然两项新的常规税已经在相当程度上降低了，事实上也从未真正征收过，但它们仍在中央政府和各省三级会议中间制造了裂痕，无可挽回地损害了市民和民兵眼中城镇政府的威望。

事实上，关于什一税的政治风暴不是巩固，而是严重损害了国王的地位，由于累积了民众的不满，奥伦治的威望越来越高。对维赫厄斯和低地国家政府中最忠诚地支持国王的人来说，这一事实显而易见。维赫厄斯怀疑，阿尔瓦公爵，还有他对什一税的疯狂坚持，并不代表国王所表达的意愿，而是阿尔瓦公爵自己的执拗；维赫厄斯甚至怀疑，腓力二世是否充分了解实际情况。[47] 即便是尼德兰贵族中最密切支持阿尔瓦公爵的人，如贝尔莱蒙（Count of Berlaymont）伯爵查尔斯，也背着公爵给马德里写信，警告国王，坚持什一税会严重伤害尼德兰臣民对国王的忠诚。就连佛兰德主教和其他极端效忠派也试图让阿尔瓦公爵暂停什一税。然而，阿尔瓦公爵固执地拒绝改变路线，直到1572年，而那时一切都已太迟了。

第9章

大起义的开始

一场革命,一种能根本性改变历史进程的真正的大起义,其诞生的必要条件是拥有经过长时间酝酿的宪政、社会、意识形态和宗教方面不可调和的裂痕。短时间的苦难可以催生各种各样的起义。但就算阿尔瓦公爵的统治比此前的更残暴、更具掠夺性,这种压迫和剥削本身也并不能导致1572年尼德兰那样广泛否定社会政治和宗教根基的情形。要造成这种结果,必须有一段持续几十年的准备时期,其间人们的态度、意识形态和宪政观念不断两极分化。因此,推动1572年起义爆发的经济和军事环境虽然并非不重要,但基本上是次要的。

当阿尔瓦公爵单方面强征什一税时,公愤确实大大加剧了在1571年和1572年年初就困扰尼德兰的紧张局势。但这是因为什一税成了一种象征,标志着不受约束的中央权力肆意地凌驾在备受尊崇的宪政程序之上,标志着政府的不合法和城镇中存在的残酷压迫。

在回应什一税方面,尼德兰北部和南部之间没有差别。[1]类似地,军事占领带来的可憎负担、在重要城镇修筑堡垒、新主教区的划分、宗教压迫和暴动事件委员会,这些同样无差别地影响着整个哈布斯堡尼德兰,不分南北。然而,1572年的起义很快在北部和南部造成了截然不同的形势:这种鲜明且根本性的差异随后不仅将决定性地塑造大起义的进程，还会使南北之间的分歧日益加深。² 北尼德兰对1572年大起义的回应与南尼德兰如此不同，原因是双方在社会结构、宗教形势和经济生活方面存在基本差异，这些差异要追溯到几个世纪以前，而不是仅仅几年或几十年以前。事实证明，有三个基本差异是根本性的：第一，北方只有一个权力中心，而南方有几个；第二，北方有大批权贵支持大起义，而南方并非如此；第三，在瓦隆和布拉班特部分地区，激进的天主教信徒是一股强大的势力，但在大河以北，民众中实际上并没有坚定的天主教支持力量。此外，还要加上一个战略性因素：毫无疑问，对西班牙军队来说，在低洼地区，尤其是荷兰省和泽兰省，有效行动的难度要比大河以南地区大。

宪政结构上的差异是悠久的历史留下的遗产：佛兰德和布拉班特都缺乏内部凝聚力；相较而言，荷兰省三级会议习惯于扮演省政府的角色，保护荷兰省的大宗货运业和捕鲱业，再加上两个行业都没有以六大城镇的某一城作为主要基地，由此，荷兰省成了哈布斯堡尼德兰唯一有办法实现制度性团结的省份。同样重要的是，佛兰德和布拉班特一直没有能力介入北部事务，或对北部施加政治或军事影响。结果是，假如哈布斯堡政权动摇，根本没人能挑战荷兰省对北部其余地区的潜在领导地位。社会精英方面的差异在一定程度上也是悠久历史的遗产。在大河以北，城市显贵的影响力要比在大河以南小，不过北部城市工匠的势力也比较小，而且不怎么习惯与权贵对抗，于是社会内部发生分裂，以至于社会瘫痪的概率也更小。不过这种社会因素也受到1566—1567年起义结果的影响。因为相比南部，北部的圣像破坏运动和新教崇拜的建立，更有组织，有更多精英参与；此外，比起南部，北部也有更多贵族和有势力的人物被迫流亡，面临着永久丧失其权势和财富的危险。这意味着，在1572年，相较南部的情况，北部有更多重要人士有兴趣推翻现存政府，用不同的东西替代它。

大起义由"海上乞丐"引爆。1572年4月1日，600名"乞丐"夺取了布里尔小港。这些人不久前刚刚因为伊丽莎白女王的命令被赶出英吉利海峡的港口。率领他们夺城的是列日贵族吕门·德拉马克（Lumey de la Marck），当时奥伦治已经任命他为自己在南荷兰省的代表。布里尔港当时并没有西班牙守军，因为阿尔瓦公爵将军力集中到了法兰西边境，以防卫一场预计中的来自法兰西的入侵。副指挥官威廉·布卢瓦·德特雷斯隆说服吕门，让他不要单纯洗劫布里尔及其教堂（它们还是遭到了彻底的洗劫，被夺走了所有圣像），而要尽力守住布里尔，防备必将到来的还击，因为该城难以接近，四面水路环绕，地理位置优越。

1568年以来，来自"海上乞丐"的威胁日益增强，这促使阿尔瓦公爵在斯海尔德河和马斯河河口周围布下重兵。之前，一些士兵被抽调到法兰西边境地区服役，但是得到布里尔被攻陷的消息，增援部队立即被派给博苏伯爵和新上任的弗里斯兰和格罗宁根执政——葡萄牙人加斯帕尔·德罗布莱斯（Gaspar de Robles）。荷兰和泽兰的摄政官们最近才因为被恐吓而在什一税的问题上让了步，他们担心自己的市民会造反，再加上他们还宣称自己是坚定的天主教教徒，所以非常乐意以国王和教会之名，竭力阻止"海上乞丐"入境。[3] 但是，西班牙和瓦隆援军的逼近把他们置于几乎无望的境地。城市的民兵才威胁过官员，表示他们不会帮助市议事会去镇压被什一税触发的民众起义。现在，如果市议事会为了让西班牙军队进城而对"乞丐"紧闭大门，那么这些官员更没有理

由认为民兵会突然转而支持自己——情况只会相反。⁴

布里尔是座小城镇，相对来说不那么重要。然而，当"乞丐"一意识到尼德兰西北地区的局势有多脆弱，政府、教会和摄政官们的地位有多岌岌可危，便乘着民众愤恨城镇政府和哈布斯堡政权的浪潮，立即扑向更大的猎物。夺取布里尔之后的第五天，目标就轮到了斯海尔德河河口的战略性港口弗卢辛。阿尔瓦公爵此前选择弗卢辛作为建立新堡垒的地点之一，以威慑市民，并更稳固地控制尼德兰。但相比安特卫普、格罗宁根和乌得勒支这些令人畏惧的堡垒，弗卢辛的这些堡垒仍然处在刚建成的时期，它代表的更多是压迫作用而不是要塞功能。西班牙援军接近时，市民夺取该城，驱逐其瓦隆守军，邀请"乞丐"入内。800多名"乞丐"乘着8艘船从布里尔到来。城镇政府被撤换，起义者以奥伦治亲王（和西班牙国王）之名发布诏令，坚决禁止攻击教堂的行为，违者将遭到严厉惩罚。4月末，费勒起义反抗西班牙人，除米德尔堡外，瓦尔赫伦岛的其余地区纷纷跟随费勒。费勒的"渔夫"攻下了该城。在泽兰，支持"乞丐"的情绪十分强烈，甚至当地的海员拒绝到国王的军舰和补给驳船上服务，西班牙人反攻的努力因此大大受挫。⁵ 弗卢辛，这个绝佳的海军基地，保证了起义者对斯海尔德河河口的控制。⁶

博苏伯爵没能将"乞丐"驱逐出布里尔，随后他切断该城与荷兰省其他地方的联系，将它包围起来。鹿特丹对博苏关上了大门——城镇内部虽然存在分裂，但大多数人支持"乞丐"。⁷ 然而，博苏的军队闯入了鹿特丹，镇压了这里刚开始的起义。正在荷兰与泽兰的形势悬而未决之时，拿骚的路易伯爵为了抓住机会，入侵了埃诺，夺取了哈布斯堡尼德兰在法兰西边界上的要塞城镇——蒙斯。然而，从4月到7月，无论荷兰和泽兰的形势有多危险，阿尔瓦公爵都深知必须让他的大部分军力留守更南边的位置。直到几周之后的8月，巴黎发生圣巴托罗缪之夜大屠杀，才消除了在胡格诺派支持下从法兰西大规模入侵西属尼德兰的威胁。[8] 起义者守卫在荷兰、泽兰的飞地，阿尔瓦公爵的军队则在蒙斯附近驻军。与此同时，另一支起义军在海尔德兰显贵范登贝赫伯爵的率领下，从德意志入侵海尔德兰，夺取了聚特芬，引得海尔德兰和上艾瑟尔大部分地区揭竿而起。最后，在8月（巴黎大屠杀之后），奥伦治亲自率领大批德意志雇佣军（1.6万人）进入布拉班特，意图减轻蒙斯的压力。令人疑惑的是，只有两座南部城镇梅赫伦和奥德纳尔德立即同时起义，请求奥伦治提供军队。

布里尔、弗卢辛和费勒陷落之后，西班牙军队和保王派在荷兰和泽兰的状况似乎暂时稳定下来。米德尔堡内部冲突尖锐，这里的摄政官和市政官员由阿尔瓦公爵任命，牢固地守卫着该城，而普通民众则希望仿效弗卢辛。[9] 不过随后，西班牙人派来了增援部队，稳住了该城的局势。长时间的暂停后，下一场起义就降临在北荷兰省的恩克赫伊曾。它与费勒一样是个重要捕鱼港，因为"海上乞丐"的捣乱备受磨难，不过人们将这场萧条归咎于西班牙人。5月21日，城镇中的民兵选择支持"乞丐"，夺取了该城。[10] 该城的保王派摄政官出逃，剩下的人同意加入大起义，在这之后，市民才邀请"乞丐"入内。6月2日，"乞丐"的首领、奥伦治在北荷兰省的指挥官迪德里克·索诺伊（Diederik Sonoy）在恩克赫伊曾建立基地，它成了起义者在北荷兰省行动的神经中枢，同时在最开始它还是弗里斯兰行动的中枢。

恩克赫伊曾的起义加剧了整个北荷兰省亲哈布斯堡、亲天主教的城镇议事会的困境，不过不到一个月，霍伦和阿尔克马尔也起义了。这两座城市都是通过内部起义而非"乞丐"干预来反抗现任摄政官的。霍伦（与阿姆斯特丹类似）内部存在尖锐的分裂，一方是亲哈布斯堡政府的统治权贵，另一方是贸易团体（许多成员先前已流亡）。起义后，市议事会的多数成员逃亡，从埃姆登归来的杰出新教徒顶替了他们的位置。[11] 哈勒姆直到7月初仍在表面上忠于哈布斯堡，在大多其他的荷兰省重要城镇起义后，这里的市议事会依然尽可能拖延推诿。随后，摄政官感受到了市民情绪并咨询了城市民兵，拒绝了博苏伯爵提供的军队，转而认可奥伦治的使者。他们同意承认奥伦治为合法的荷兰省执政，这等于自愿加入大起义。[12] 哈勒姆摄政官们如此行动，原因是城镇中的人们强烈同情奥伦治和"乞丐"，而支持国王和教会的人少之又少。向奥伦治的使者敞开城门的同时意味着接受"宗教和平"以及随之而来的新教崇拜，而摄政官们十分清楚，一旦阿尔瓦公爵重夺哈勒姆，这一政策会给自己带来极其严重的后果。打开城门的两周之后，哈勒姆市政当局同意在市内的一座教堂举办第一次归正会仪式。[13]

随着哈勒姆的陷落，除阿姆斯特丹之外的整个北荷兰省都落入起义者手中。随着大起义的传播，它带来了零星的暴民示威、对不得人心的摄政官的反抗、默默进行的破坏圣像活动以及驱逐天主教教士和关闭天主教教堂的行为——尽管奥伦治力图阻止这类活动。在南荷兰省，政府在军事方面处于较强势的地位：因为博苏伯爵在这里集结了大批军队，而且可以向驻扎的乌得勒支的西班牙军队请求支援。但在南荷兰省，市政权贵的处境与遥远北部的一样危险，一样易受愤怒群众的攻击。豪达是受1565—1567年风暴影响最小的城镇之一，也是第一座倒向大起义的南荷兰省重要城市。一群"乞丐"在地方贵族阿德里安·范斯维滕（Adriaen van Swieten）的率领下夺取了奥德瓦特

（Oudewater），随后在6月21日兵临豪达。他们要求豪达摄政官服从奥伦治亲王的权威。市议事会发现豪达城内没有支持国王和教会的势力，便带着极大的不情愿，相当迅速地投降了。[14] 在莱顿，市议事会里坚定的效忠派很快被内部压力压倒。[15] 民众和民兵官员支持大起义——后者直截了当地拒绝镇压该城的民众骚乱。部分市议事会成员也是如此，领头的议长保吕斯·伯伊斯（Paulus Buys）迅速成了南荷兰省亲奥伦治摄政官的领导人。两位市长和几名效忠派议事会成员出逃。莱顿完全是在内部压力下加入大起义的：十天之后，"乞丐"才进了城。不过，"乞丐们"确实起到了推动革命激进化的作用。"乞丐"进城之后，城市的天主教教堂被洗劫、关闭，圣像被夺走。[16] 事实证明，奥伦治阻止洗劫教堂的努力越来越没作用。

莱顿之后轮到的是多德雷赫特。一般认为，在所有荷兰省城镇中，多德雷赫特在观念上最保守、最亲哈布斯堡。1566年，它就是个例外，这里的城市民兵十分忠诚，阻止了新教的布道活动和圣像破坏运动。尽管多德雷赫特的多数摄政官支持哈布斯堡，还是有一个核心小团体是奥伦治派和秘密新教徒，其著名成员包括科内利斯·范贝弗伦（Cornelis van Beveren）、阿德里安·布莱延堡（Adriaen Bleyenburg）和雅各布·默伊斯·范霍利（Jacob Muys van Holy）。由于民兵和整座城镇都缺乏支持保王派或天主教立场的势力，这个小团体迅速在争夺控制权的斗争中占了上风。[17] 城镇人民开始游行示威时，民兵加入了他们，效忠派摄政官十分惊恐，迅速将权力移交给了奥伦治派。"乞丐"涌入城镇时，这里有名的效忠派离开了。接下来的几个星期里，多德雷赫特的教堂遭到洗劫和掠夺。只有几座教堂因用于新教崇拜而重启，大多数教堂被关闭了。

博苏伯爵竭力扭转趋势，他给荷兰省各城镇权贵发布召集令，要求他们参加一场荷兰省紧急三级会议。会议地点设在海牙，因为这里有西班牙军队驻守，而且到7月底，市政当局依然忠于国王。[18] 不过，在召集令发布时，依然忠于哈布斯堡的大城镇仅剩阿姆斯特丹、鹿特丹、代尔夫特和海牙，此外就是几座小城镇，如斯希丹（Schiedam）、斯洪霍芬（Schoonhoven）和赫斯登（Heusden）。为与博苏伯爵的召集令抗衡，荷兰省大多数城镇（现在都是奥伦治派）于7月19日在多德雷赫特（而不是海牙）召集了敌对的荷兰省三级会议。[19]

这是反腓力二世起义者主持召集的第一次荷兰省三级会议，它值得我们关注，因为它在诸多方面标志着与过去的决裂，而且对接下来大起义的发展和共和国的构建造成了不容小觑的影响。[20] 通常都会派代表出席的六大城镇中，阿姆斯特丹和代尔夫特两城拒绝参加，它们依然忠于国王。另一方面，许多小城镇派了代表，如阿尔克马尔、霍伦、恩克赫伊曾、梅登布利克、埃丹、蒙尼肯丹（Monnikendam）、奥德瓦特和霍林赫姆（Gorcum）；过去它们只是偶尔派代表出席。[21] 鹿特丹比其他城市晚几天派出代表，当时西班牙军队刚刚撤走。尤其值得注意的是，几乎所有被派往多德雷赫特起义方三级会议的代表，要么是新进入三级会议的摄政官，要么是刚成为权贵的人。[22]

沉默的威廉派自己的秘书马尼克斯为代表，并给了他与三级会议达成临时协议的指令。[23] 无论是亲王的提案，还是最终达成的条款，都奇异地混合着保守主义和革命精神。亲王和三级会议都渴望尽可能保持表面上的合法性和宪法上的得体。当时，腓力二世已经任命博苏接替奥伦治的执政之位，奥伦治公开抵抗这一决定，称自己仍是荷兰、泽兰、乌得勒支三省的总督和执政，因为自己不是"根据国家的习俗和特权所要求的方式被罢黜的"。[24] 荷兰省三级会议认同奥伦治的说法，承认他是三省的执政和总指挥。此外，他们还承认："在国王陛下缺席的情况下"，奥伦治是整个尼德兰的"保护人"。这是令人震惊的一步，因为它彻底否认了阿尔瓦公爵的权威和任命。[25] 三级会议进一步认可奥伦治有权任命副省长，承认吕门和索诺伊分别是南荷兰省和北荷兰省的地方军事长官。

奥伦治亲王（当时远在芬洛）敦促三级会议放弃"西班牙人的事业"，与"祖国"——也就是整个尼德兰——的其余民众并肩而战，以保卫各省历史上的"权利与特权"。三级会议同意了，允诺负担很大一部分的开销，拨款60万荷兰盾以支付军队所需，这笔钱预计通过售卖被没收的教会财产来筹集，款项将在三个月内支付。[26] 此外，三级会议还采取措施对代尔夫特、阿姆斯特丹和乌得勒支施压，想促使它们倒向大起义。奥伦治向三级会议提出要求，同时，还力求就更广泛的大起义达成一致。不过，奥伦治也做出承诺。他保证，倘若未来三级会议希望他统治荷兰省，他只会在获得三级会议整体或"至少三级会议大多数成员"同意的情况下接受，而且他一定会顾及三级会议的意见。[27] 此外，亲王和三级会议庄严地允诺，除非双方一起或获得双方同意，任何一方决不参加与腓力二世或其代表的谈判，也不独自"决定关于全省的任何事"。

三级会议似乎一直秉承着合法性进行。然而，在所有这些活动中，国王的威权、权利和意愿将得到尊重这种说法的虚假性是显而易见的。三级会议佯称，执政的权威和军事责任源于且只源于国王。但是，他们不仅公然蔑视国王的执政而自行集会，还承认别人为执政，进而就关于赋税、军队开支，乃至军事问题、海军组织、教会和外交这些事务做出重要决断，这些基本上都属于君主的职权范围。[28] 荷兰省三级会议一直宣称，在没有国王召集的情况下自行召集会议、决定自己的议程是他们既有的特权。但用这种说法为他们的行动寻求合理性，完全没有说服力。[29] 1572年7月的这次会议在其他方面的革命性还未立刻展现出来。由于承担了此前从未执行过的行政管理功能，从此刻起，三级会议集会的频率要比以前密集得多，开会时间也长得多。[30] 荷兰省三级会议已经从一个临时的、主要是咨询性质的机构，变成了一个初级阶段的政府。它一面努力组织和资助战争，一面维持秩序和正义，接掌了行政机构的控制权，不过这些改变要在日后才会变得明显。

  1572年的大起义随着时间的流逝，先是轰轰烈烈，随后势头渐弱。荷兰省起义者三级会议的第一项战略性行动就是围攻代尔夫特。该城的效忠派摄政官准备抵抗，他们雇用了特种部队，关闭小酒馆，在市政厅周围布置了火炮。但他们很快就被迫屈服了，而且更多是由于内部而非外部压力。[31] 反西班牙、反天主教和反保王派的情绪高涨。代尔夫特陷落后，4名市长全部出逃，他们的宅邸和城内的教堂、修道院遭到洗劫。[32] 起初，起义还在东北部获得了发展，范登贝赫巩固了对海尔德兰和上艾瑟尔的控制。尽管执政加斯帕尔·德罗布莱斯在8月成功阻止了"乞丐"的几次登陆，大起义也还是发展到了弗里斯兰。罗布莱斯还试图通过把军队派到更多城镇进而扩大自己的控制范围，然而他在斯内克激起了叛乱，斯内克人对他的瓦隆军队大门紧闭，罗布莱斯的处境因而进一步恶化。[33] 斯内克之后，博尔斯瓦德给范登贝赫派出的一支分队打开了大门。这支军队的长官是海尔德兰的新教贵族迪德里克·范布龙克霍斯特·范巴滕堡（Diederik van Bronkhorst van Batenburg），他被任命为"奥伦治亲王的弗里斯兰省长"。之后，弗拉讷克成了第二座起义的弗里斯兰城镇。与此同时，多克姆居民因为愤怒自发袭击了罗布莱斯在乡间的军队。但是弗里斯兰的起义者高兴得太早了。多克姆遭到了罗布莱斯军队的残暴洗劫，许多市民被屠杀。罗布莱斯从格罗宁根获得支援，夺取了吕伐登和其他要地。起义者内部也出现了政治混乱。范登贝赫任命布龙克霍斯特为弗里斯兰"执政"的同时，奥伦治把另一个人也安排到了这个位子上。奥伦治的人选于9月来到弗里斯兰，而这造成了相当大的混乱。

在北方，至少在荷兰、泽兰和弗里斯兰，出现了众多针对阿尔瓦公爵和国王的自发性地方反抗活动。然而在更靠近阿尔瓦的南尼德兰，情况完全不是这样。奥伦治缺钱，同时还因为与加尔文宗联系日益密切而遭到德意志路德宗王公和教士的厌恶，这让他活动受限；[34] 不过他本人亲自向布拉班特和佛兰德的城市求助，希望它们宣布支持自己，以便将尼德兰推入普遍起义的状态，进而迫使阿尔瓦公爵放弃对蒙斯的围攻。然而，回应寥寥。9月19日，就在弗里斯兰形势扭转的同时，蒙斯向阿尔瓦公爵投降。阿尔瓦公爵向曾给奥伦治敞开大门的南部城镇梅赫伦进军，决心严厉惩罚梅赫伦的不忠。当阿尔瓦公爵快抵达时，当地的奥伦治派很快逃亡，城镇大门敞开。[35] 不过阿尔瓦公爵还是准许手下洗劫该城，进行屠杀。此外，他还废除了该城的特权。这一教训立即促使其他南部起义城市投降，鲁汶、奥德纳尔德和迪斯特（Diest）等城镇在缴纳巨额罚金后逃过一劫，而安特卫普、布鲁塞尔和佛兰德的城镇并没有发生骚动。奥伦治别无选择，只能狼狈地退到海尔德兰，却发现来自梅赫伦的可怕消息也削弱了这里的士气。10

月中旬，阿尔瓦公爵向海尔德兰进军，亲王开始绝望。他知道东北部的局势难以维持，不相信荷兰和泽兰可以独自进行长期抵抗。带着消沉的情绪，奥伦治决心撤到荷兰省。[36]

大起义在布拉班特的瓦解激励了阿尔瓦公爵，他打算同样迅速地促使北方投降。随后，新一轮屠杀发生在11月14日的聚特芬。该城7500多人中，数百人遇难。正如阿尔瓦公爵盘算的，聚特芬的命运迅速促使海尔德兰和上艾瑟尔等其他被起义者控制的城镇屈服。[37] 在弗里斯兰，起义者同样丧失了民心，聚特芬大屠杀后，博尔斯瓦德、斯内克和弗拉讷克等城镇全部投降，接纳了瓦隆军队。

现在只剩下荷兰和泽兰了，其中还不包括阿姆斯特丹和米德尔堡。尽管已到年末且面临财政困难，阿尔瓦公爵依旧急于完成任务，他不希望给反叛者一个冬季的时间去巩固势力。阿尔瓦公爵再度希望通过屠杀的方式来推动叛乱城市的大规模溃败。[38] 他发现行军路线上的纳尔登（Naarden）迟迟不愿投降，便批准杀害城里的每个成年男人、女人甚至孩子。1572年12月2日的纳尔登屠杀中，居民几乎全部遇难，只有少数人在黑暗中冒着风雪逃脱。纳尔登屠杀给低地国家的人民造成了巨大的冲击，成了凶恶和残暴的代名词。几天之后，西班牙军队占领了哈勒姆周围地带。

第10章

大起义与新国家的诞生

1573—1575年：大起义的幸存者

然而，纳尔登大屠杀在荷兰省造成的结果，与梅赫伦大屠杀和聚特芬大屠杀在布拉班特和尼德兰东北部造成的不同。至于为何如此，则直指荷兰大起义的核心问题。布拉班特和佛兰德没有出现大范围的自发起义，阿尔瓦公爵快来时，这些地方已经士气衰弱，奥伦治委派的摄政官和民兵指挥官也已纷纷出逃。相比之下，荷兰省的主要城镇既没有被"乞丐"征服，也没有被雇佣军占领，却自发起义反对哈布斯堡政权和教会，其中就包括即将惨遭围困的哈勒姆。[1] 与在布拉班特和尼德兰东北部不同，在荷兰省，阿尔瓦公爵的逼近起到了相反的作用。尽管前途暗淡，抵抗却更猛烈了。人们的观念进一步两极化，不过，被埋没、压制和边缘化的是效忠派。在代尔夫特，民兵催促亲王对天主教信仰和教会财产采取严厉措施。[2] 阿尔瓦公爵的军队接近时，哈勒姆的城市民兵知道部分议事会成员想要投降，便与该城的指挥官韦赫博尔特·里珀达（Wigbolt Ripperda）协力发动政变。哈勒姆城的议长阿德里安·范阿森德尔夫特（Adriaan van Assendelft）被指控与博苏共同策划阴谋，于是被押往代尔夫特，在亲王的指令下遭斩首。也是在此时，哈勒姆的圣巴夫大教堂（St Bavo Church）中的圣像被没收，教堂转变为新教礼拜场所。³ 在民兵的压力下，市议事会遭到清洗，众多新人以及众所周知支持新教和奥伦治的一些现任摄政官，当选为新议员。⁴

最具决定性的因素在于，在荷兰、泽兰和弗里斯兰，1572年大起义如今已进行了数月。此时这些地方已经实现了初步的新教化，并且反西班牙国王的起义体制也已经成形——这一事实让这些地方的起义领导人身处与南部和东部省份的领导人截然不同的处境。归来的流亡者和"海上乞丐"已然彻底改变了荷兰、泽兰城镇的政治和宗教结构；而南部和东部既没有足够多的著名流亡者归来，也没有足够多的时间，去完成大起义的新教化和制度化，也就无法进一步扩大起义者与国王之间的分裂。⁵ 结果，到1572年秋，如果说立刻投降对南部和东部的城镇还有意义的话，对荷兰和泽兰则毫无意义：这里的重要市民和归来的流亡者参与清洗城镇议事会；三级会议主动提出革命性举措；起义者洗劫和关闭天主教教堂；新教崇拜再现。所有这些都意味着，它们只有坚持军事上的抵抗才有幸存的希望。

相比南部和东部，西北部的大起义发展得更为深远，也有更充裕的时间（从7月到12月）去巩固势力。这一事实催生了革命的热情和韧劲，催生了斗争到底的决心，这些因素在尼德兰其他地方都不存在。哈勒姆的防御工事不够强固，但守军和民兵带着这股韧劲抵抗着，在旧工事之内修筑新的堡垒，不断袭击战壕中的西班牙军队。在凛冽的寒冬里，西班牙围城者在战壕中被困了数月，伤亡惨重，同时也开销巨大。长期且可怕的围困后，哈勒姆被迫投降。不过这要到1573年7月，也就是该城倒向大起义的一年多后才发生。而到哈勒姆沦陷时，它已严重打击了西班牙军队的势力和声望，给其他起义城镇创造了足够长的缓冲期，去组织它们的防备。起义的情势已然改变。哈勒姆的陷落使起义者占领下的荷兰省一分为二，这严重削弱了起义者的战略地位，但阿尔瓦公爵之子、指挥荷兰省军队的唐法德里克·德托莱多（Don Fadrique de Toledo）转而向北进军、试图攻陷阿尔克马尔的行动，淡化了哈勒姆陷落造成的影响：因为北荷兰省其他地方的抵抗以及那里的小城镇，都是次要事务。大起义的命运系于南荷兰省的成败。

争夺西北部的高潮出现在接下来18个月里对米德尔堡和莱顿的大围攻。瓦尔赫伦岛上的起义者从一开始就严密包围了米德尔堡。然而，这座城市守卫森严，艰苦地抵抗了20个月。哈布斯堡方面奋力为该城解围，从安特卫普和贝亨都派出了几支大型内河舰队，却被泽兰人的战舰击退。最终，弹尽粮绝的西班牙守军被迫在1574年2月投降。在莱顿，则轮到起义者挨饿了。在大起义的诸多重大围城战中，莱顿之围虽然不是时间最长的——米德尔堡之围更长——却是耗资最大、斗争最艰难、最具决定性也最具史诗性的。城镇中的职业军人相对较少，防御的支柱力量是城镇民兵。[6]西班牙围城军差一点就成功了：假如莱顿陷落，海牙和代尔夫特将难以防守，整场大起义都很可能溃败。[7]围城的第一阶段，西班牙人占领了南荷兰省的大半乡村地带。威廉的兄弟在德意志组织军队，力图从东面减轻荷兰省的压力。1574年3月，西班牙人被迫撤军以应对东边的军队，第一阶段围城结束。然而，威廉兄弟领导的起义军在蒙斯遭到挫败，路易伯爵被杀。5月，围城之战重启。到这一阶段，奥伦治已经在荷兰省创造了初步的军事管理机构，军队的人数也增加到差不多1.5万人。不过，从人数上来说，荷兰省的军队依然不到国王军队的一半，素质更是差得多。[8]

到1574年8月，莱顿的补给已经耗尽，守军处境可怜。整场大起义的结果悬而未决，奥伦治押上了一切，力图挽救这座似乎劫数难逃的城镇。他通过飞鸽传书，向正在忍饥挨饿的市民承诺，只要他们能再多坚持一下，他就能解救他们。在海军司令布瓦索特（Boisot）的指挥下，船只、补给和数千海员从泽兰出发。尽管荷兰省三级会议中存在反对的声音，马斯河沿岸的堤坝还是被炸开，以使河水淹没更北边的地方。然而，河水并没有上涨到足以迫使西班牙人撤退的程度，也没能将救援舰队送得足够远，舰队停在了代尔夫特和拼命抵抗的莱顿之间。他们的通道被阻断，但是已进入听力能及的范围，救援舰队开炮，以鼓励受困者的士气，但是在接下来的好几周里，他们没能前进一步。到9月末，在奥伦治反抗西班牙的英雄传奇里，他第三次陷入绝望，坚信一切都完了。最终，风云逆转，大雨普降，用当时新教徒的话说，上帝介入了。大雨下了几天，水面上涨。西班牙人被迫撤退，布瓦索特得以通行。此时，莱顿的守卫者已经虚弱至极，城里没几个人还能站起来。

莱顿的解围是个关键事件。西班牙军队随后撤出整个南荷兰省，退守乌得勒支和哈勒姆。[9] 现在，在南荷兰、泽兰以及阿姆斯特丹和哈勒姆以外的北荷兰，大起义已经相当安全了。1573年10月11日，双方在须德海上展开激烈战斗，保王派的阿姆斯特丹人和西班牙人溃败，博苏被俘。自此以后，起义者在斯海尔德河口到弗里斯兰这片战区里，也享有海军优势。保王派的阿姆斯特丹人和哈勒姆人在16世纪70年代中期惨遭磨难，他们被切断与常规市场的往来。

鉴于阿姆斯特丹、哈勒姆和乌得勒支还在保王派的手上，西北部的战争具有某些内战的性质。但是支持国王和教会的力量非常有限，甚至它只在微不足道的意义上算是场内战。破坏圣像者关闭了荷兰省的天主教教堂，如果说有天主教军事力量能被煽动起来对抗他们，那也几乎小到难以察觉。只有摄政官群体中才有人坚定地代表着保王派和亲天主教，而且其性质本质上是政治上的。保王派和天主教的摄政官数量相对较多，但是并不能代表城镇和城市民兵的观念。到1573年，这些摄政官大多已经出逃或被撤换。[10] 当然，这并不意味着依然留任城镇议事会的摄政官大多会坚定地投靠奥伦治和大起义。相反，大多数摄政官更愿意留守而不是出逃。正如我们在哈勒姆和莱顿被围时所看到的，那些勉强认同起义的人并没有表现出什么战斗到底的愿望，他们只是在城市民兵、坚定的新教摄政官和城镇议事会的奥伦治派新成员的威逼胁迫下才勉强行动。[11] 1575年济里克泽被围困时，发生的也是同样的事。海员、渔民和普通人构成了大起义的主心骨。市议事会里只有少数人表现出了坚定的决心。[12] 剩下的人只有在受到胁迫时才会行动。

  阿尔瓦公爵的尼德兰手下和盟友远没有他这么顽固。[13] 如今的处境有，或似乎有谈判和妥协的余地，其间也不乏中间人。早在1573年春围困哈勒姆时，许多德意志新教王公就带着谈判和协调的提议接近奥伦治的弟弟。结果，随着时间的流逝，奥伦治亲王感觉到了压力，他必须更明确地定义他领导的大起义的目标。奥伦治及其支持者（无论多伪善）宣称自己是西班牙国王忠诚的臣民，这样一来，原则上就不再存在谈判的障碍。1572年7月，荷兰和泽兰政府引入的改革确实具有革命性内涵，不过它们也可以被视作临时性的紧急措施，也就是在通过谈判而回归双方同意的原状后，这些措施可能会被废止。值得一提的是，1573年的进程中，沉默的威廉在谈论自己的目标时，并没有宣称自己正努力建立一个独立的国家，也没有声称为新教信仰而战。[14] 他称自己是在追求"良心的自由和正义、法律、秩序方面的公民自主权"。[15] 为了达成和捍卫这些目标，在任何即将到来的谈判中，起义者需要从国王那里获得两项重大妥协：第一，腓力二世必须将西班牙和其他外国军队全部撤出尼德兰；第二，国王必须正式宽容归正会和路德宗的公共宗教仪式。

考虑到日益恶化的财政处境、战略上的困难、西班牙整体地位所承受的风险，还有神圣罗马帝国皇帝不断要求妥协的劝诫，腓力二世于1573年11月任命唐路易斯·德雷克森斯（Don Luis de Requesens）取代阿尔瓦公爵，担任尼德兰新总督，并授权他探索通过谈判来结束大起义的可能性。[16] 双方的对话开始于莱顿解围之后，对于西班牙人来说，这一事件终结了他们迅速镇压大起义的所有期望。1574年12月，重要的学者、人文主义者埃尔贝特斯·莱昂尼纳斯（Elbertus Leoninus）被派去跟奥伦治和荷兰省三级会议商谈。莱昂尼纳斯是鲁汶的法学专家，家乡在海尔德兰，他是维赫厄斯的朋友，也是许多尼德兰贵族的亲信。他是伊拉斯谟学说和政治灵活的人文主义传统的典型代表。莱昂尼纳斯本人愿意在表面上作为天主教教徒生活，他力图说服起义领导相信，西班牙国王绝不会正式批准自己领土上的新教信仰自由，坚持这一要求将把尼德兰置于无止境的冲突和混乱中。在1575年，这再明显不过，这个问题已经成了阻碍通过谈判来解决荷兰大起义的绊脚石，就像在1565年那样。假如奥伦治不是那么老练、坚定地领导，大起义很可能已经被武力镇压了。但是，在起义最初的1572年，盛行于荷兰和泽兰城镇的意识形态框架就是建立在反对天主教、坚持新教信仰的基础上的，同时天主教的支持力量又如此薄弱，难以发起真正的政治挑战，这意味着，即便奥伦治更为顺从，谈判协定也不可能达成。[17]

不过雷克森斯又重启了1575年春在布雷达进行的正式谈判。起义者的立场由奥伦治和三级会议共同表述。[18]他们宣称，自己并不希望"脱离"国王陛下独立，只想做陛下忠诚的臣民。但国王未来必须遵照他自己维护各省"权利和特权"的誓言，来统治尼德兰，当然也要批准新教崇拜。起义者坚持要求有限君主制，坚持总三级会议和各省三级会议分享政府权力。[19]无论是政治方面，还是宗教方面，这些要求都远远超出腓力二世愿意妥协的范围。于是，1575年的布雷达谈判向所有人揭示，国王与起义者在宗教和政府形式这两个至关重要的问题上都根本性地势不两立。[20]事实上，妥协的前景渺茫到可以忽略不计。

从1576年《根特协定》到1579年乌得勒支同盟

腓力二世一方面要为镇压尼德兰起义者的战争付款，一方面要为抗击地中海的奥斯曼人付款，到1575年秋，叠加的财政负担让国王捉襟见肘到了不能给热那亚银行家支付利息的程度。他不得不暂停为王室的贷款支付利息这件事。这让西班牙君主国的整个财政机制陷入困境。而雷克森斯与安特卫普的银行家交好，他凭借自己的信誉保证日后西班牙会汇款还钱，因而他在1575年年末到1576年年初的冬天还能继续借到钱。然而，整个冬天都没有来自西班牙的新汇款到账，雷克森斯又在1576年3月过世，于是低地国家的王室财政彻底瘫痪。从西班牙、天主教和效忠派的角度来看，结果是灾难性的。

军队并没有立即解散。在没有军饷和补给的情况下，西班牙军队继续围攻济里克泽，直至1576年7月2日该城投降。然而仅仅几个小时之后，备受饥饿折磨的老兵便发生哗变，抛弃了自己如此费劲才夺取的城镇。哗变迅速传播。济里克泽陷落三周之后，哗变的士兵袭击了距布鲁塞尔仅几英里远的阿尔斯特（Aalst）。王室国务委员会认为当前别无他法，只能允许布拉班特三级会议招募自己的军队，以保卫布鲁塞尔和周边城镇免遭西班牙士兵劫掠团伙的侵害。雷克森斯去世之后留下了权力真空，布拉班特三级会议意图在1576年9月的总三级会议中夺取控制权。这次的总三级会议并非由统治者召集——1477年之后这还是首次。[21] 会议的主要目标就是结束与起义者的战争，荷兰和泽兰并没有参加。[22] 10月30日，总三级会议的委员最终与荷兰和泽兰三级会议的委员达成停战协定，双方同意合力将哗变的西班牙军队驱逐出尼德兰，并就宗教问题进行商讨。

11月初，西班牙哗变军队的主力袭击安特卫普，击垮了力图守城的布拉班特三级会议军队。接下来的好几天里，这座欧洲最大的商业和金融中心遭受着杀戮、洗劫。来自安特卫普的恐怖消息将震惊和厌恶之情传到整个尼德兰乃至境外——尽管事实上可能只有数百人被杀害，[23] 但奥伦治及其宣传家将它引起的情绪利用到了极致。根据某些报道，多达1.8万名安特卫普市民遇害。安特卫普的"西班牙人的狂怒"事件带来了重大的政治和宗教影响。它使西班牙人残暴不仁的"黑暗传说"进一步流传，让西班牙政权和军队的名声进一步受损，还进一步证实了起义者的主张——要摆脱低地国家的绝境，除了武装起义别无他法。"西班牙人的狂怒"还增加了商讨宗教问题的紧迫感：一方是荷兰和泽兰这两个新教省份，另一方是布拉班特和其他依然在名义上归属天主教的省份。[24]"西班牙人的狂怒"过去几天之后，双方委员就签署了被称为《根特协定》的重要协定。现在，尼德兰有两个权力中心——布拉班特和荷兰。暂时来说，它们都不受西班牙控制，但它们都宣称承认西班牙国王的最高权力。根据协定条款，南方各省及乌得勒支同意与奥伦治亲王和荷兰、泽兰三级会议联手，驱逐西班牙人，建立只受总三级会议领导的临时政府，而总三级会议将继续在布鲁塞尔集会。[25] 总三级会议虽然想最终解决宗教问题，但仍然应用了一项临时协议。据此项协议，新教的公共仪式只在荷兰和泽兰获准，其他地方依然只有天主教获得官方认可。[26] 在荷兰和泽兰之外的地方，贵族和摄政官都丝毫不希望因为正式引入新教崇拜而将自己置于与西班牙无休止的战争中，置于公然反抗国王的位置。此后，与镇压异端相关的王室法令全都被暂停执行，于是私人的新教仪式和持有新教书籍的行为在各处都得到允许。只有那慕尔、卢森堡，以及林堡部分地区反对协定，依然忠于西班牙。

总三级会议还同意承认奥伦治亲王为执政，不过只是当前在他领导下的荷兰部分地区与泽兰的执政；在乌得勒支以及当时尚未承认奥伦治权威的荷兰其余地区（哈勒姆和阿姆斯特丹），奥伦治的权力被暂停，直至三级会议商定的宗教协议能让相关市议事会满意。[27] 各省还同意为了财政稳定而统一货币，摧毁阿尔瓦公爵设立的公共纪念碑和铭文，并在商定分派额的基础上分担保卫尼德兰整体的开销。在荷兰省，与其他大起义早期阶段的决定性时刻一样，市议事会为了保证自己能获得所需的公众支持，在批准《根特协定》前，咨询了城市民兵对条款的意见。[28]

至此，南部各省和总三级会议事实上与荷兰、泽兰一道加入起义，对抗西班牙国王。不过，南北双方的起义运动之间仍然存在鸿沟。[29] 一方已经与腓力二世彻底反目；以布拉班特和佛兰德为中心的另一方暂时仍然在表面上信奉天主教，且随时准备和解。布鲁塞尔的总三级会议愿意承认腓力二世新任命的总督——奥地利的唐胡安（Don Juan），前提是他遣返西班牙的军队、宣誓支持《根特协定》，并同意与总三级会议共同统治。唐胡安既没有钱也没有军队，无法采取别的行动，于是勉强同意，并于1577年2月与总三级会议签订所谓的《永久敕令》。但在奥伦治的怂恿下，荷兰省和泽兰省并不想签订协议，因为它不但没有给归正会任何保障，还将剥夺荷兰省和泽兰省对军事的所有控制权。[30] 与此同时，南方各省内部，冲突愈演愈烈。奥伦治本人还在荷兰省，不过在布鲁塞尔有支持者和代表。他希望通过与代表市民观点的主要集团（包括行会和民兵团体）联盟，煽动南部大起义走向激进，反抗那里的权贵——这些人多半反对奥伦治的领导和他的政策，并且拥有坚定的天主教立场。[31] 西班牙军队于4月撤离。

接下来是三方的竞争：唐胡安力图重建王室权威，将总三级会议的权力最小化；权贵统治下的总三级会议急切地希望与国王达成协定，同时也支持天主教——前提是腓力愿意做出一些政治让步，不再把西班牙军队派驻到尼德兰；奥伦治、荷兰省和南方的激进派则想要走得更远。[32] 三方谈判安排在海特勒伊登贝赫进行，但谈判很快就崩溃了，因为形势很明显，荷兰省和泽兰省既不会结束它们领地上的归正会公共仪式，也不打算放弃自己三级会议取得的新权力，甚至不承认唐胡安是总督。唐胡安的手段越来越软弱，再加上被南部温和派与激进派日益增强的冲突所挫败，他在7月与总三级会议决裂，逃出布鲁塞尔,在那慕尔设立新指挥部,并迅速召回西班牙军队。唐胡安与总三级会议的决裂迅速缩小了总三级会议与荷兰、泽兰三级会议间的分歧。[33]如今,南部各省(除那慕尔和卢森堡)只得与新教徒并肩作战、反抗国王。9月,沉默的威廉暂时与总三级会议达成一致,以胜利者的姿态进入布鲁塞尔。

从1577年9月到1583年夏,沉默的威廉一直居住在布拉班特。他先是在布鲁塞尔,而后是在安特卫普力图将南部的大起义置于与荷兰省协作的切实可行的基础上。亲王竭力打击各省的特殊主义,促进它们在大起义中团结。[34]然而他并不能有效地将荷兰和泽兰纳入他正努力在南部建立的新框架中。相反,从他抵达布鲁塞尔一口回绝总三级会议的提议,不准荷兰、泽兰重新举办天主教公共仪式的那一刻起,事实上就直接接受了尼德兰权力和结构上根本的二元性。[35]沉默的威廉在尼德兰的许多地方拥有地产和家族遗产,尤其是在布拉班特,因此他十分愿意反对北部与南部的分裂。但是,在权力结构的问题上,他从未着手处理过,事实上他也没有办法处理。从这个意义上说,大起义建立的基础就存在根本的二元分裂,这种分裂一直没有得到改变,因此也构成了起义的内在矛盾,未来必将导致路线的分化。后来,根特的加尔文宗信徒在打压天主教崇拜时,遭到了威廉的奋力反对。根特人控诉威廉在大河北部追求一种治国方略,而在南部追求截然不同的另一种,他们的指责具有一定的合理性。从1577年起,荷兰、泽兰就在财政与军事问题上自行其是,鲜少表现出对安特卫普总三级会议的尊重。威廉谴责这一日渐增长的趋势,但对改善这些问题无能为力。[36]

于是,虽然南北立场更接近且南北一直并肩作战,但尼德兰依然同时进行着两场互不相容的革命。南北两势力为争夺优势地位而斗争。事实上，尽管沉默的威廉不懈地维护一些团结的表象，但在深层，两个集团间的裂痕并未收窄，而是扩大了。[37] 这是一场更具有政治意义而不是宗教意义的信念斗争：归根结底，这是敌对精英间争夺地方霸权的斗争。来自布鲁塞尔的领导反哈布斯堡新革命的贵族大多一直为王室而战，他们无情打击起义者，其中一些还是奥伦治家族的死敌——这样的事实使得南北的斗争更为残酷。当时支持布鲁塞尔总三级会议权威的尼德兰贵族中，能力最强的是耶尔日男爵希勒斯·德贝尔莱蒙（Gilles de Berlaymont），他自1574年起接替博苏出任荷兰、泽兰和乌得勒支执政，后来又兼任海尔德兰和上艾瑟尔执政。理论上说，耶尔日现在正与沉默的威廉一道起义反抗国王。但实际上，他在1567年曾帮助国王攻陷瓦朗谢讷；在1568年曾在阿尔瓦公爵指挥下镇压耶姆古姆起义军；在哈勒姆围城战和莫克战役（沉默的威廉的两个弟弟死于此战）中，他也在国王一方表现突出；在1575年以国王的名义洗劫奥德瓦特的事件中，耶尔日男爵也负有责任。此外，他还是最渴望通过与唐胡安达成协议而重建国王权威的人之一。

1577年，这两场无法调和的革命势力在乌得勒支省发生正面冲突，冲突最为激烈的时候，耶尔日男爵又一次身处其中。此前，布鲁塞尔的总三级会议判决，乌得勒支不在奥伦治的威廉的执政区内，并承认了耶尔日男爵在该地的权力。耶尔日男爵担起管理该城市民和德意志军队领袖的职责，包围了依然留在重要堡垒弗里登堡的西班牙人。1577年2月，弗里登堡的西班牙人投降。但是，西班牙人刚被赶走，耶尔日男爵的权威就立即受损，因为几个分属贵族与保守派的乌得勒支摄政官公开决裂：前一派的摄政官由弗洛里斯·廷（Floris Thin）领导，参与的贵族支持沉默的威廉，希望新教的正式仪式获得批准；后一派则得到所有教士的支持，他们依然承认耶尔日男爵的执政地位。[38]此外，如果说大多数执政官支持耶尔日男爵，城市行会和民众则支持沉默的威廉。[39]让事情更加复杂的是，还有一股强大势力支持第三位竞争者博苏夺取执政之位。最后，奥伦治派占了上风，耶尔日男爵叛逃到唐胡安一方。1577年10月9日，乌得勒支三级会议承认沉默的威廉为该省执政（尽管有违阿默斯福特的意愿）；认可宗教宽容的条款，在名义上保留了天主教会的至高地位，这在某种程度上类似于刚刚通过的关于哈勒姆城的决议，以及1577年春通过的关于泽兰城镇胡斯（Goes）和托伦（Tholen）的决议——这两座城镇自1572年就在西班牙人手里。[40]乌得勒支的弗里登堡要塞被拆毁。

同时，从1576年秋开始，荷兰式大起义与布拉班特式大起义的斗争蔓延到了最北部的省份。当时，哗变的瓦隆军队已经在格罗宁根俘获了加斯帕尔·德罗布莱斯，亲奥伦治派与反奥伦治派为争夺格罗宁根和弗里斯兰的控制权而开始斗争。在这一令人胆战心惊的复杂局势中，依然清晰明了的是，一场植根于效忠哈布斯堡王朝的主要的天主教起义，其唯一的方式便是提高布鲁塞尔总三级会议的权威，削弱沉默的威廉和荷兰省三级会议的影响力。总三级会议中反奥伦治派的领导人包括：阿尔斯霍特公爵菲利普·德克罗伊（1526—1595年），他是奥伦治亲王沉默的威廉的宿敌；埃赫蒙德的菲利普（Philippe of Egmond），他的父亲老埃赫蒙德伯爵此前遭到处决；博苏。[41] 1577年10月，反奥伦治派在他们的带领下取得重大胜利，他们把哈布斯堡家族的王子——奥地利的马蒂亚斯（Matthias，1557—1619年）大公带到尼德兰，奉之为"总督"；这期间举行了盛大仪式，总三级会议还颁发了具有宣传意义的奖章。马蒂亚斯年轻、缺乏经验且软弱，从一开始就只是个傀儡。他宣誓忠诚地遵守《根特协定》，接受分配给他的有限权力，并且只在与总三级会议联合的情况下实行统治。[42] 马蒂亚斯和布鲁塞尔总三级会议力图扩大他们在北尼德兰的权力，他们最初采取的行动之一，便是以腓力二世的名义，任命保守派天主教贵族伦嫩贝格伯爵乔治·德拉兰（Georges de Lalaing）为弗里斯兰、格罗宁根、德伦特、上艾瑟尔（和林根）执政。伦嫩贝格伯爵支持维持现状，他接受来自安特卫普总三级会议的指示，只准许天主教公开举行宗教仪式。[43] 他还力图阻止激进分子将弗里斯兰高等法院的法学家、保王派摄政官和其他此前支持西班牙政权的人从有权有势的位子上赶走。在弗里斯兰，要罢免保守派和保王派，尤其是把他们从乡村治安法官的位子上赶走的，主要是奥斯特霍（Oostergo）和韦斯特霍（Westergo）区的贵族和城镇居民。弗里斯兰的乡绅们认为："鉴于过去几年西班牙人罢免了许多人的官职"，伦嫩贝格伯爵应该恢复"每个人的职务"，开除西班牙人安置的乡村治安法官。[44] 敦促弗里斯兰变革的著名乡绅属于此前菲特科普派的家族，他们有着仇视勃艮第和哈布斯堡中央集权政策的传统。[45]

伦嫩贝格伯爵内心并不情愿却被迫顺服。他先是在吕伐登的市议事会，随后在1578年2月的弗拉讷克、斯内克、博尔斯瓦德和哈灵根的市议事会上清洗了内部的保王派。同样在2月，伦嫩贝格伯爵逮捕吕伐登主教，将他囚禁在哈灵根，不过后来主教获准隐退到科隆。[46] 3月，保王派被清除出高等法院。最后，根据三级会议的意愿，大部分乡村法官被撤换。[47] 然而，与荷兰、乌得勒支和布拉班特一样，弗里斯兰精英争夺控制权的斗争难以与宗教信仰的冲突相分离。因为实际上，天主教会唯一坚定的捍卫者正是王室权威的强劲支持者，如治安法官、市长和法学家。清除阿尔瓦公爵指派的官员之后，接下来便是弗里斯兰天主教会的自动崩溃。1578年夏，弗里斯兰出现了公开性新教活动的复兴；秋季，随着吕伐登教堂被洗劫，新一轮圣像破坏运动开始。

保守和激进两种起义之间的斗争以及1577年7月之后它们与唐胡安三方之间的斗争在海尔德兰最为激烈，其激烈程度超过了其他任何地区。耶尔日男爵变节之后，海尔德兰的冲突从竞选新执政的斗争开始。在1577年11月和1578年1月的会议上，海尔德兰三级会议考虑了好几个候选人。效忠派（由高等法院领导）希望耶尔日男爵的朋友博苏伯爵获胜；反荷兰省的温和派迫切要求意志坚定的天主教教徒、反奥伦治的埃赫蒙德的菲利普当选；激进派要求选举奥伦治。这一次又是阿尔瓦公爵安置的官员和摄政官，尤其是奈梅亨和聚特芬的摄政官，成了天主教候选人的主要支持者。[48] 然而，海尔德兰天主教教徒的势力非常薄弱，他们阻挡奥伦治的唯一方式就是支持一个替代人选，即奥伦治的弟弟——拿骚的约翰伯爵，他们以为约翰是路德宗信徒。在奈梅亨，民兵和市民迫使摄政官同意约翰的任命。1578年3月，海尔德兰三级会议最终确定选择约翰。[49]

不久，保守派和温和派都震惊地发现，他们的新执政最近摒弃了自己的路德宗信仰，成了加尔文宗信徒。约翰虽然宣誓效忠总三级会议和海尔德兰三级会议，但他拒绝宣誓效忠西班牙国王。此外，约翰不顾海尔德兰摄政官、莱昂尼纳斯和马蒂亚斯本人的反对，抓住所有机会在海尔德兰推广加尔文宗事业。[50] 城市的权贵竭力捍卫天主教会，但他们缺少民众支持。这些海尔德兰权贵此前与阿尔瓦公爵合作密切，因而十分不得人心。在每座城镇里，都有越来越多的声音反对他们的骚乱。事实上，坚定的加尔文宗信徒相对较少，但依然坚定的天主教教徒更少。在每座重要城镇，情况都差不多。首先，会有所谓的"爱国者"坚持要求，应当将某座教堂交出来以供新教崇拜之用。随后，街头骚乱将迫使摄政官同意这个提议，无论他多不情愿。接下来，就会有人要求关闭天主教教堂，并交出该城镇的主教堂用于新教崇拜。最后，就像1579年2月在奈梅亨发生的那样，"爱国者"席卷教堂，毁坏圣像和画像。[51] 几乎没有任何地方会出现天主教教徒的反游行活动。在一些事件中，受执政鼓励的新教士兵发挥着领导作用，其他情况下，参与者只是城镇居民。到1579年1月，各座城镇的市议事会都已遭到清洗和新教化，在哈尔德韦克、埃尔堡和其他小城镇，还有阿纳姆和奈梅亨，天主教崇拜在事实上被镇压了。最后采取行动的是聚特芬，这里的市议事会是保守派和天主教势力的支柱。1579年4月，从荷兰省来的新教军队抵达，并突然爆发了反抗摄政官的地方起义。官员出逃，教堂遭受洗劫。

1578年，荷兰大起义的荷兰省模式在整个北部盛行。布鲁塞尔的总三级会议试图插手，遏止弗里斯兰、海尔德兰和其他地方起义的发展态势，但没能成功。各地的天主教会都在崩溃，包括乌得勒支——北部唯一的大主教座堂所在地，也是荷兰天主教教士人数最多的城市。一旦乌得勒支三级会议承认奥伦治为其执政，可以预见的结果是，正式宽容新教崇拜的"宗教和平"必将强加到这座城市上。在奥伦治看来，这就足够了。但是这并不能令乌得勒支的市民满意，他们胸中满溢着对摄政官和教士的不满。1578年6月10日，乌得勒支城爆发人民起义,教堂被抢劫、破坏。[52] 随后,市议事会遭到清洗。

阿姆斯特丹政府,荷兰省最后的保守派堡垒,也在1578年被征服。首先,当年2月,阿姆斯特丹政府与荷兰省三级会议拟定了一份"补偿"协议,据此阿姆斯特丹将准许正式的新教崇拜活动,但天主教会仍然保留名义上的至高地位。不过相比此前哈勒姆和乌得勒支的"补偿"协议,阿姆斯特丹的这个协议也并没获得什么民众的尊重。接下来便发生了民众针对天主教教士和教堂的示威游行。随后,最近归来的流亡者被重新安置到能够指挥该城民兵的位置上——此时,民兵已经站在了摄政官和天主教会的对立面。不久发生了"政变",旧阿姆斯特丹摄政官阶层被清洗,其中30人被驱逐出该城。[53] 取代他们的主要是归来的流亡者,都是新教徒。[54] 民兵团体被重组,其中坚定的天主教教徒遭到清洗。该城剩下的天主教教堂也被关闭。从1578年秋起,阿姆斯特丹成了一座新教城市,由新的摄政官团体控制——他们都是阿尔瓦公爵统治时期居住在德意志的中等商人。在17世纪和18世纪,他们的后代将继续统治阿姆斯特丹。[55] 被驱逐的天主教摄政官大多到哈勒姆或莱顿定居,少数移居到德意志。[56]

荷兰省与南部的大起义实质上有可能出现无可挽回的分裂,因此随着这种危险性不断上升,奥伦治又在竭力阻止保守派和天主教地位的进一步崩溃。在北部,那些希望拯救天主教会的势力日渐薄弱,而他们的惨败只能让奥伦治更加得势。在一开始,奥伦治很可能想象过,激进新教在南部的传播会同样获得全面成功,而他本人只需要坐在幕后,看着南方权贵在自己眼前溃败即可。但南部的形势与北部有着根本性的不同。在北部,鲜有天主教教徒占领街道、决意与新教战斗的

第10章 大起义与新国家的诞生

案例。此外，与北部不同，南部贵族大多忠于（虽然是出于政治原因）旧教会，因此天主教权贵和教士普遍处于较强势的地位。1577年10月，加尔文宗市民攻占了根特城。但在当时的佛兰德大部分地区，尤其是布拉班特和瓦隆，支持布鲁塞尔总三级会议的地区依然可控。布鲁塞尔的三级会议基本持保守的、天主教的观念，由贵族统治，以旧权贵家族为后盾。这些人支持马蒂亚斯和总三级会议，不信任奥伦治及其民众支持者。[57]现在，作为布拉班特执政，奥伦治与马蒂亚斯、总三级会议一道驻扎在布鲁塞尔，他确实对该权力机构，尤其是大公，施加着越来越大的影响力，不过这种影响力的前提是，他必须承诺无意削弱南部城镇的天主教权贵和旧教会的地位。[58]

1578年1月，三级会议军在让布卢（Gembloux）惨败于唐胡安之手，布鲁塞尔已经不再安全。马蒂亚斯、奥伦治和总三级会议迁往安特卫普，现在这里成了南部大起义或者说布拉班特大起义的总部。西班牙的权力在南尼德兰南部日益复兴，这一趋势自1577年年末以来就已清晰可见。它预示着整个南尼德兰在政治和社会方面两极化的进程，这一进程又将进一步扩大尼德兰南北之间的裂痕。[59]南部的大贵族一方面嫉妒奥伦治，另一方面痛苦地意识到西班牙的权力正在复兴。对他们来说，如果一场大起义不仅需要赌上他们的土地和身家性命，还消灭了一切与腓力二世和解的可能性，那么这场起义是毫无意义的。南部大贵族最多愿意作为天主教教徒暂时坚持战斗，以便从腓力二世那里获取政治上的让步。[60]一旦三级会议遭受挫败，他们是不会继续坚持的。1578年2月，西班牙人占领鲁汶，这里距布鲁塞尔仅仅15英里（约24千米），西班牙和效忠派的复仇真的近在咫尺。雪上加霜的是，根特的政变是由工匠发动的，这些行会成员传统上就与南部权贵对立。政变催生了南部城市里社会、宗教冲突的危机，权贵和教士都恐惧地看着这样的危机。

与此同时，西班牙权力的复兴及其对布拉班特南部的入侵，还强化了南部统治贵族对荷兰式新教革命、南部加尔文宗好战性的仇恨。[61] 1578年2月，西班牙人从南部进军时，根特的加尔文宗信徒进军奥德纳尔德，驱逐了该地的天主教治安法官，并效仿当前统治根特的行会委员会建立加尔文宗的"十八人委员会"取而代之。3月，加尔文宗市民夺取科特赖克、阿拉斯、伊珀尔和布鲁日。所有这些地区的教堂和修道院都遭到了攻击，圣像被彻底夺去。不久，天主教教士遭到驱逐。随着1578年8月奥伦治"宗教和平"政策的颁布，加尔文宗（以及路德宗和再洗礼派）在安特卫普迅速获得发展。[62]

在南尼德兰，大起义深刻且无可救药地分裂成温和派（天主教）和激进派（新教）两翼。随着西班牙人和加尔文宗双方的进展，南部的权贵开始坚持自己的天主教信仰。1578年夏，埃诺和瓦隆佛兰德的三级会议为对抗奥伦治的"宗教和平"政策，宣布他们绝不会宽容新教的公共活动。[63] 而如果奥伦治想要如自己期望的那样，挽救以布拉班特为政治中心、南北联合的反西班牙尼德兰大起义，他就必须在一个稳定的基础上协调新教与天主教，在教派之间寻求权宜之计。

结果，奥伦治亲王威廉别无他法，只能坚持自己的"宗教和平"政策，准许天主教和新教两方的宗教自由。1578年9月，布鲁塞尔颁布奥伦治亲王的"宗教和平"政策，10月，又在梅赫伦颁布同样的政策。奥伦治亲王把同样的政策再次施加于布雷达，因而直至1581年6月，该城镇的主教堂依然在天主教手上。[64] 然而，这项宗教政策在布拉班特的成功，依靠的是镇压民众掀起的反天主教会骚乱和保护天主教的教堂、教士和宗教的游行。这必定会恶化自己与激进加尔文宗信徒之间早已紧张的关系。1579年5月，安特卫普爆发了反天主教的大骚乱。奥伦治仅从中挽救了180名被俘的天主教教士和马蒂亚斯本人，这期间还遇到了阻碍。[65]

如果说在安特卫普、布雷达和斯海尔托亨博斯，奥伦治亲王面临的问题是限制新教徒，那么在更靠近西班牙前线的地区，他面临的问题就在于迫使权贵接受"宗教和平"政策。1578年10月，梅赫伦坚定的天主教权贵带着极大的不情愿接受了"宗教和平"。但是与里尔类似，在梅赫伦，天主教得到大批民众的支持。当安特卫普1579年5月爆发反天主教起义的消息传到这里时，梅赫伦的天主教教徒揭竿而起，攻击新教徒。为了安抚该城，安特卫普政权不得不撤走所有新教军队。600多名加尔文宗市民随之出逃。统治梅赫伦的天主教权贵依然向马蒂亚斯和三级会议保证，他们忠于三级会议。但是这样的保证并不能令人相信。在1579年的南部，坚持大主教信仰首先意味着愿意与西班牙人谈判，以及期望早日结束战争。在驱逐新教徒的几周里，梅赫伦城的市议事会开始与唐胡安谈判，随后是与继任总督——帕尔马公爵亚历山大·法尔内塞（Alexander Farnese）谈判。[66]

相比之下，在根特、布鲁日、布鲁塞尔及其他如今属于激进加尔文宗的佛兰德和布拉班特城镇，并不缺乏坚定投身大起义、致力于打倒与西班牙国王及其一切相关支持者的人。但是，在16世纪70年代末到16世纪80年代初佛兰德和布拉班特激进大起义的政策和决议之下，潜藏的是怎样的政治构想呢？究其核心其实是这样的：摒弃自15世纪初以来由勃艮第和哈布斯堡王朝确立的省结构，回归被称为"城邦制"的结构,这也是中世纪佛兰德和布拉班特的典型制度。[67]这个新制度以各省为基础,最重要的是以荷兰省为唯一核心,它支撑起大河以北的大起义,将构成现在正在成形的共和国的基础。然而,1577年11月根特的加尔文宗政变之后,佛兰德大起义的整体趋势偏离了这个初现的制度框架。从政治上来说,新加尔文宗的佛兰德三大城市追求复兴古代权力,事实上是在追求城市自治权——每座城市完全地统治着其区域内的其他小城镇和乡村地区的权力。

两个尼德兰

1576—1578年的事件并非开启了尼德兰南北之间的严重分裂,而是揭露并进一步加深了早已存在的巨大裂痕。对北部非沿海省份和弗里斯兰来说,被拉入荷兰省的势力范围或许确实没什么吸引力,但大势所趋,它们正不可逆转地陷入荷兰省的控制范围。而布拉班特总三级会议将自己的势力扩大到大河以北的每一次尝试,都以失败告终。[68]

从结构上看,北部与南部在社会、经济生活和宗教方面的差异很大。但直到16世纪70年代末便存在着一个关键的差别,那就是南部各地只是非常松散地围绕在政治中心布拉班特周围,内部十分散乱,而北部却构成了更有聚合性的实体、一个相对紧凑的集团,并且没有被重大的内部冲突撕裂。这种差异部分是既存体制的问题:南部有两个大省,两个都缺乏凝聚力;[69]而北部只有一个可以起领导作用的大省荷兰,同时荷兰省也更具凝聚力,这不仅像过去一样表现在财政和海事方面，现在还显著地表现在宗教政策方面。这种差异部分也是个宗教问题：南方对天主教的忠诚度比北方高，在瓦隆各省尤其如此（但绝不限于瓦隆）。南北差异还是社会结构的问题：南方社会比北方社会更具有等级性，有更多大贵族、教士和城市富户；南部的统治精英成分复杂，与人多、富裕的中间等级截然不同，因而相较北部的情况，南部精英更能承受民众的压力。奥伦治与布拉班特和佛兰德城市寡头的联盟，一方面疏远了贵族，另一方面排斥了行会。[70]

过去，大河以南的尼德兰地区在政治上一直比北部更有分量。但是在1576—1578年，尼德兰起义越来越威胁到这一传统的平衡，正如一些布拉班特人在1579年所说："布拉班特和安特卫普逐渐被荷兰和泽兰取代了"，实际上还有海尔德兰。[71] 首先，西班牙军队在1578年无情地进攻布拉班特南部和林堡，这大大削减了还在起义者手中的南部领地。此外，对于名义上还在其控制下的城镇和地区，安特卫普的马蒂亚斯、奥伦治和总三级会议越来越无力应对各种各样的政治、宗教潮流。相比之下，荷兰省不仅通过1572—1574年间在自己土地上的作战提高了内部凝聚力，还通过这些战役有效地巩固了对北部其他地区的控制。

这一进程中的重要一步是荷兰与泽兰于1575年6月签署的联盟协定。[72] 协定首次创建了一个共同的（也是新教专属的）政治、军事、财政和宗教实体，这一实体便是随后在1579年建立的国家的雏形。[73] 它采纳了共同的赋税和管理体系，拥戴同一个军事指挥官，明确将奥伦治置于领导国事的位置，要求亲王阁下"维护归正会福音派的宗教活动，结束天主教的礼拜仪式"；与此同时，还要保障没有个体会因为其私人信仰和宗教活动而遭到调查、迫害或惩罚，且无论男女。⁷⁴ 正是在此时，个人良心自由第一次得到了萌芽阶段的荷兰共和国的保障。与荷兰、泽兰的联盟（这是后来荷兰共和国建立的基础）密切相关的是莱顿一所新大学的设立。它在两地联盟之后不久建立，是荷兰、泽兰共同的大学。⁷⁵ 以奥伦治为首的莱顿大学创始人有意识地把它打造为新国家和新公共教会的知识训练场：大学的目标就是培训官员、神职人员和其他专业人士以填补机构缺员。他们还有意识地让新大学成为对抗暴政和宗教压迫的知识堡垒。⁷⁶ 当然，两地联盟与布拉班特总三级会议主持下更广阔的尼德兰体系之间有交叉点。但是，在重大问题上，荷兰、泽兰自行其是，全然不理会总三级会议。泽兰三级会议否决了布拉班特对津贴的要求，声称在为战争筹钱和招募军队方面，泽兰将遵照它与荷兰的联盟条款，完全与荷兰统一步调。⁷⁷

1578年9月，被总三级会议拖欠军饷的部队哗变，一些天主教教士也反抗三级会议，这让南部长年累月的政治散乱状况更加恶化。这些"不满之人"并没有前去与西班牙国王和解，而是使瓦隆许多仍在起义的地区在反抗国王的同时，也开始反抗总三级会议。同时，西班牙军队继续不可阻挡地向北进军，于1578年夏冲击林堡，渗入海尔德兰南部的鲁尔蒙德区的局部地区。这些情况成了催化剂，激励人们提议北部起义反抗西班牙的各省建立"更紧密的联盟"和更有效的军事、政治组织，因为西班牙人已经抵达上海尔德兰，已经威胁到了尼德兰东北部地区，就像南部的情况一样。

面对西南部的瓦隆乡村和东部的双重危机，安特卫普的总三级会议别无选择，只得忽视海尔德兰和上艾瑟尔面临的威胁，将它能召集到的政治和军事力量集中到南边正在发生的事情上。⁷⁸ 而与此同时，无论瓦隆地区的紧急状况多么令布拉班特和奥伦治苦恼，对于北部各省来说它都似乎远在天边。准确地说，荷兰、乌得勒支以及上艾瑟尔担忧的只是正在逼近海尔德兰的威胁。从某种意义上说，1578年的战略困境只不过是自古以来南北战略关注点分歧的经典代表，只是表现得更为残酷。这种分歧将南部与北部分裂开来。佛兰德和布拉班特一直关注着南边和西边，现在又是这样。相对而言，荷兰省则发现对自己利益的重大威胁并不来自南边和西边，而是来自东边和北边。不管海尔德兰人是否喜欢，不可回避的事实是，布拉班特的总三级会议"无法给鲁尔蒙德、代芬特尔和坎彭提供帮助"[79]——1579年1月海尔德兰的请愿书这样写道；而荷兰、泽兰和乌得勒支的三级会议急于确保自己的安全，于是迅速将自己的人力和资金投向东部边境，干预上艾瑟尔的政治，以便打压坎彭（1578年7月）和代芬特尔（11月）尚存的天主教效忠派城镇政府。[80]大批军队从荷兰、泽兰来到海尔德兰和上艾瑟尔，政权需要支付维持军队的费用，还有巩固东部边境沿线堡垒的费用，这就需要以新的、紧密的形式，在北部各省之间建立更广泛的战略和政治关系。[81]这就是著名的乌得勒支同盟的源头，也是成立更广阔的北尼德兰国家的真正起源。

1578年夏末，荷兰省三级会议草拟了新"同盟"的一个早期方案，它得到海尔德兰执政拿骚的约翰和乌得勒支省三级会议议长弗洛里斯·廷的支持。很明显，方案原始的意图是整合所有北部省份，包括德伦特和林根伯爵领地，但排除南部省份和安特卫普的总三级会议。[82]同盟的目的是单纯建立一个由荷兰省领导、排除安特卫普总三级会议的北部防御体系。针对这一构想，从一开始就存在分歧，既有人强有力地支持它，也有人顽固地反对它。在荷兰省三级会议里，最激进、最新教化的城镇在刚受到清洗的阿姆斯特丹的率领下,指挥着大多数城镇,无视莱顿、豪达和代尔夫特的犹疑通过草案。在泽兰,多数城镇赞同结盟,但最大、最具影响力的米德尔堡抗议,声称1576年建立的"总同盟"和《根特协定》就已足够。[83] 米德尔堡、莱顿和代尔夫特的摄政官们正确地理解到,这个构想在疏远国王的道路上又前进了一步,这一措施将强化北部的新教特征,建立一个只会令战争持续化的政治实体。草案文本并没有提到镇压天主教崇拜,但在其语境中,与荷兰、泽兰建立更密切的联系,加入其同盟,显然意味着结束奥伦治和布拉班特总三级会议支持的"宗教和平"政策,而其结果便是乌得勒支、上艾瑟尔、弗里斯兰和格罗宁根这些省份依然准许天主教公开崇拜活动。因此,乌得勒支三级会议中,阿默斯福特、各小城镇,还有教士强烈反对提议中的同盟。但弗洛里斯·廷在乌得勒支城和贵族院的支持下,强行通过了提案。[84]

在海尔德兰,保王派、天主教教徒和反荷兰省的特殊主义者竭力阻挠同盟方案。1578年9月,海尔德兰三级会议遭到了荷兰、泽兰和乌得勒支代表团的施压。提案要赢得鲁尔蒙德区和部分贵族院的支持并不困难,但奈梅亨地区以卢嫩领主巴托尔德·范根特(Barthold van Gent)为首的一些爵位贵族坚决反对,聚特芬和阿纳姆也坚决反对。[85] 与其他省份类似,海尔德兰三级会议中的同盟反对者认为,只要瓦隆各省尚未明确地与总三级会议决裂,就不需要"更密切的同盟",因为这种同盟必将进一步削弱"总同盟"本就不稳固的团结。他们还表达了特殊主义的观点,将草案的安排斥为"荷兰省同盟",批评其禁止海尔德兰与西班牙国王谈判(除非是与荷兰和其他省份一道)的条款。同盟的支持者直面核心问题,主张海尔德兰是荷兰省的"壁垒和护墙",因此各省可以依靠荷兰省保卫海尔德兰,而不能依靠布拉班特。[86]

1579年1月23日,荷兰、泽兰、乌得勒支、奥默兰的代表以及阿纳姆和聚特芬地区的贵族院成员,在乌得勒支签署了最终文件。在建立同盟的漫长而艰辛的斗争中,这仅仅是第一步。[87]各方都敏锐地意识到了"更密切的同盟"所具有的重大意义,在数个月的时间里,各省三级会议和城镇议事会不断爆发激烈争论。海尔德兰的亲布拉班特天主教势力因为城镇天主教权贵的垮台而遭到削弱。2月,奈梅亨地区发生反天主教骚乱,几天之后,该地签署同盟协定。[88] 3月,阿纳姆地区也如法炮制。聚特芬城坚持抵抗,直到4月被荷兰省军队占领。

弗里斯兰也存在反对同盟的势力。起初,新代理委员会积极支持同盟方案。这个委员会建立于1577年,由奥伦治倡导,仿效的是1572—1573年成立的荷兰和泽兰三级会议常设委员会的模式。但在那个阶段,弗里斯兰省三级会议的成员大多数都持反对态度。1579年3月,保守派夺取了代理委员会的控制权。不过,以卡雷尔·罗尔达(Carel Roorda)和维瑟·范卡明哈(Witse van Camminga)为首的支持同盟的贵族成员和三大城镇——吕伐登、弗拉讷克和斯内克拒不接受这一委员会,只承认先前的代理委员会。激进的前委员会残余组织继续以自己地区和城镇的名义签署同盟协定。[89]博尔斯瓦德和其他城镇则陷入残酷的地方斗争中。到6月,所有弗里斯兰城镇都被说服支持同盟(并关闭天主教教堂),只有哈灵根例外。[90]在1579年8月弗里斯兰三级会议的集会上,新教徒重夺代理委员会的控制权,最终以全省的名义签署了同盟协定。

1579年3月海尔德兰决意加入时,建立乌得勒支同盟的斗争事实上就已经胜利了——尽管弗里斯兰三级会议要到8月才整体签署协定,德伦特要到1580年4月才签署,上艾瑟尔因过于分裂而不能回复,格罗宁根城也公然敌视。格罗宁根的敌视并非出于天主教观念(到1580年该城议事会的大多数都已是新教徒),而是不满荷兰省在奥默兰争夺重大特权的地方冲突中支持土地贵族一派。[91] 当然,反对"荷兰省同盟"的声音不仅存在于北方,也存在于南方。安特卫普的总三级会议和奥伦治亲王都对同盟深感担忧。[92] 好几个月里,南部激进加尔文宗重镇中,根特城是唯一签署协定的政治实体。奥伦治理解东部边境的需要,赞许新方案的成功,因而并没有公开反对同盟,但亲王对它缺乏热情也是显而易见。自始至终,奥伦治的主要关注点都在于避免南北鸿沟进一步扩大。假如南部省份不被排除在外,那么亲王则毫无理由反对这样一种更密切的同盟。但大多数人认为这个同盟是反天主教的,而且一定会打压天主教崇拜,因此它必定会促使已在倒戈边缘徘徊的瓦隆各省倒向西班牙军队,并将在布拉班特和佛兰德散播更多分裂因素,就像在弗里斯兰、格罗宁根、上艾瑟尔和海尔德兰一样。[93] 为了应对奥伦治的犹豫,1579年3月,泽兰派代表前往安特卫普,力劝亲王批准同盟。他们指出,拖延就是在鼓励米德尔堡反对同盟,就是在泽兰播种纷争。[94]

迟至1579年4月,奥伦治和布拉班特总三级会议还在为其他形式的同盟拟订方案,新方案想把更多权力分给安特卫普的总三级会议、加强中央权威,同时还想依照《根特协定》的精神,明确保障宽容天主教崇拜。在如何塑造尼德兰的未来这一问题上,两份对立的同盟方案展现了双方截然不同的观念:一方以荷兰省为出发点,另一方以"南方"为出发点。[95] 然而，荷兰省对这样的"新密切同盟"反应冷淡；而瓦隆各省则在4月决议加入阿拉斯同盟，寻求与西班牙和解。这些因素摧毁了新方案，也扫除了奥伦治的大部分犹疑。1579年5月3日，奥伦治亲王威廉签署了《乌得勒支同盟协定》，并开始鼓励布拉班特和佛兰德那些依然有意向签订协定的城镇加入同盟。于是，在1579年5月和6月间，安特卫普、布雷达、斯海尔托亨博斯和其他几座城镇正式加入乌得勒支同盟，不过布拉班特和佛兰德的三级会议以及贵族和教士并没有加入。[96] 奥伦治亲王威廉曾力图发动南北统一的大起义，希望在《根特协定》和"宗教和平"观念的基础上包容天主教，也包容新教。这一努力如今遭到了进一步的严重打击。但到1579年5月，奥伦治并没有现实的替代方案，只得屈服于迅速发展的现实，即一场不妥协的反天主教大起义。它以荷兰省而不是布拉班特省为基地，并以荷兰省和泽兰省组织模式的荷兰归正会为同盟官方的"公共教会"，不过同盟文件中并没有明确的相关规定。[97]

尽管奥伦治亲王威廉现在接受了同盟的不可避免性，接受了加尔文宗的首要地位，但他依然竭力想把布拉班特建成大起义的政治中心，拒不同意在新国家里撤销对天主教的官方容许。因为这样做意味着放弃所有如下希望：一是赢回布拉班特和佛兰德部分地区以及瓦隆各省，这些地方如今已转而投靠西班牙统治者；二是将西班牙权力永远驱逐出尼德兰。加尔文宗教士决不宽容的态度和企图推行神权政治的趋势还冒犯了亲王威廉的个人情感，他下定决心，在新国家中决不把太多势力让给自己鲜少认同的神学理论和教士。日后，在荷兰的黄金时期，即便是最反对奥伦治派的共和派作家，如彼得·德拉库尔（Pieter de la Court），也赞赏威廉的处理方式——在生命的最后几年，沉默的威廉依然对抗归正会教士的自负,甚至到了招致他们永久仇恨的程度。[98]

在北部那些天主教崇拜依然拥有许可的地方,无论是天主教教徒,还是支持奥伦治宽容政策的政治人物和迪尔克·福尔克特松·科恩赫特等自由派新教徒,其处境全都迅速恶化。1579年3月,阿默斯福特清洗城镇议事会之后,天主教虽然幸存但已然缩减,随后4月爆发了进一步的反天主教骚乱,6月骚乱再次爆发。很明显,在乌得勒支全省,迫于民众压力,彻底镇压天主教崇拜只是时间早晚的事。[99]哈勒姆是荷兰省最后一座允许天主教仪式的城镇;1579年,这里的天主教活动持续缩减,城镇的天主教教徒发现自己处境越来越危险。只有上艾瑟尔的天主教崇拜暂时占上风,因为这一北部省份厌战情绪最为盛行,并且打算与帕尔马谈判。但即便在这儿,民众对天主教也普遍冷淡。要寻找更有力的对天主教的支持,人们必须把目光转到大河以南,尤其是瓦隆城镇梅赫伦和斯海尔托亨博斯。斯海尔托亨博斯如今严重分裂,1579年7月,城镇街道上发生了群众激战。[100]

上艾瑟尔对"更密切的同盟"强烈反对,还出现了要求谈判并结束战争的压力,但这绝非预示着该省天主教思想的回潮。相反,该城三位治安法官的保守天主教政策明显缺乏人民的支持。兹沃勒治安法庭曾在1578年7月承认总三级会议支持上艾瑟尔的执政伦嫩贝格伯爵,但前提是他要保证天主教依然是兹沃勒唯一获准的宗教。可是大部分市民和民兵反抗议事会,并很快迫使议事会同意重建市民的宣誓委员会——阿尔瓦公爵征服东北部之后,该组织就在1573年被禁止。随着行会和民兵团体占领兹沃勒,阿尔瓦公爵强行任命的上艾瑟尔高等法院主席因惧怕"狂怒的民众"而出逃。新委员会于1579年1月成立,其中只有6位亲天主教的前治安法官留任。新兹沃勒市议事会由宣誓委员会选举,其中三分之二的成员要么是1573年遭清洗的亲新教人士,要么是新人。兹沃勒的天主教堂早在1578年12月就被抢占并用于加尔文宗崇拜,如今已被正式划归归正会。

代芬特尔有王室军队驻守,他们一直抵抗伦嫩贝格伯爵,直至1578年11月。不过,虽然军队在抵抗,但值得注意的是,城镇民众中鲜有支持天主教的。[101] 城镇一陷落,虽然伦嫩贝格伯爵本人持天主教立场,但新教徒立即占了上风。[102] 在坎彭,摄政官颇有韧劲地追求天主教政策。这座城市从1573年就被西班牙军队占领,从西班牙人手里解放后,市议事会迅速同意"总同盟"和《根特协定》,并下令刚来的新教讲道者停止布道,违者将被认定为《根特协定》下普遍和平的"扰乱者",并遭受惩罚。[103] 坎彭的归正会随后诉诸安特卫普的马蒂亚斯大公要求调停,但议事会粗暴地否决了大公对宽容的请求,重申上艾瑟尔省三级会议的观点,即《根特协定》授权各省决定自己的宗教政策。[104] 不过,虽然天主教一派主导着议事会,但他们在城镇里却缺乏支持。1580年4月,坎彭的天主教领袖遭到逮捕。

尽管上艾瑟尔的效忠派对天主教的忠诚度很低,但是这里对乌得勒支同盟的反对却比北方其他省份的都要强烈。1579年5月,上艾瑟尔三级会议压倒性的决议拒绝乌得勒支同盟,坎彭坚定地重申自己偏向"总同盟"和《根特协定》,支持马蒂亚斯大公在皇帝的支持下与西班牙在科隆谈判达成和平妥协的努力。[105] 5月,瓦隆各省背叛大起义,与西班牙和解,这让上艾瑟尔对科隆谈判的期望更加迫切。尽管上艾瑟尔渴望和平,不喜欢"更密切的同盟",更不喜欢荷兰省的霸权,但三级会议还是决定抵制西班牙军队或任何驻军的回归,抵制重建代芬特尔主教区,抵制再次引入高等法院或重启对新教徒的迫害。[106]

换言之，上艾瑟尔陷入了毫无出路的窘境。最终，三级会议要么选择西班牙，要么选择荷兰省，此外别无他法。

1579—1585年：哈布斯堡重新征服南部

对于仍然支持大起义事业的天主教贵族和官员，还有私底下信奉天主教、期望起义者和国王早日达成妥协的名义上的新教徒而言，随着乌得勒支同盟的形成，他们的前景似乎越来越黯淡。他们一度将希望寄托在科隆的和平谈判上，这场谈判获得神圣罗马帝国皇帝鲁道夫二世的支持。不过谈判迅速崩溃，它向世人证明，中间立场是站不住脚的，尝试妥协也是无望的。走中间道路的人似乎没有出路[107]：他们要么叛逃至国王一方，要么转向加尔文宗。许多当时的重要人物内心充满挣扎，他们不仅参与外部的斗争，内心还在为荷兰大起义而斗争。阿赫哈乌斯·德阿尔巴达是参与科隆谈判的弗里斯兰代表（他还曾留下会议相关的拉丁语报告），他轻易地认同了反暴政起义的合法性，却又为加尔文宗的宗教不宽容而惊骇，就如同他曾经为哈布斯堡当局的宗教不宽容而惊骇。最终，他拒绝做出选择，更愿意永久定居科隆。埃尔贝特斯·莱昂尼纳斯则是伊拉斯谟式的学者型政治家，他将宗教置于对国家的考量之下。一个世纪后的培尔赞许他是新政治精神的真正化身。[108] 莱昂尼纳斯曾是"总同盟"的主要支持者，他愿意维持表面的天主教教徒身份，希望避免与西班牙的最终决裂。意识到以布拉班特为基地的同盟不可能成功后，莱昂尼纳斯便追随奥伦治亲王，成了名义上的加尔文宗信徒。1581年6月，他被任命为海尔德兰高等法院大法官，该机构新近遭到清洗，只剩下大起义的坚定支持者。莱昂尼纳斯成了海尔德兰政治的领导人物，在高等法院驻地阿纳姆领导海尔德兰三级会议。

最具戏剧性的案例是伦嫩贝格伯爵乔治·德拉兰，他曾是"总同盟"一方的弗里斯兰、格罗宁根、德伦特、林根和上艾瑟尔执政，也是起义方仅剩的天主教显贵。好几个月里，他在"总同盟"和乌得勒支同盟之间犹豫。[109] 最终，随着"总同盟"的瓦解，他决心与大起义决裂，投靠西班牙。伦嫩贝格伯爵在格罗宁根城秘密筹备着对抗同盟的天主教反叛。[110] 1580年3月，伦嫩贝格伯爵与奥伦治亲王及荷兰省决裂，宣布自己忠于国王，并号召自己执政区内所有的天主教教徒起义，重建教会，并确认他们自己合法的最高地位。帕尔马公爵随即批准了该城在奥默兰的重大权利。[111]

对抗荷兰国家萌芽期的伦嫩贝格起义，是新同盟面临的首个紧急事件。对于东北部的天主教教徒来说，这是他们展现自己忠诚、推翻新教、重建父辈信仰的大好机会。伦嫩贝格伯爵毫不费劲地护卫着格罗宁根，并给四面八方送信，号召市民起义反抗荷兰省和新教徒的暴政。当时，在伦嫩贝格伯爵控制的各省中，忠于"更密切的同盟"的军队相对较少，而这一事实有助于天主教的反击事业。

东北部的天主教教徒抓住机会，揭竿而起。但是天主教的支持力量太过微弱，以至于起义几乎立即就被镇压了，只有格罗宁根是例外，但即便在那儿，起义的动机似乎更多的是对该城重大特权的热情和对奥默兰的仇恨，而非天主教情结。[112] 大多数地方几乎无甚反响。坎彭、奥默兰和德伦特都没有出现对天主教起义的公开支持。[113] 在兹沃勒，天主教教徒确实曾占领过街道并手持刀剑，但该城的新教徒在没有外部援助的情况下，顺利征服了他们。[114]兹沃勒的天主教权贵出逃后，爆发了圣像破坏运动，该城天主教教堂遭到毁灭。在代芬特尔，被天主教教徒激怒的新教徒冲击了该城所有教堂，摧毁了圣像和祭服。大多数天主教教士出逃。随后，在民众和民兵团体的压力下，天主教崇拜遭到禁止。天主教教徒询问市议事会，他们能否至少保留一座教堂，但城市民兵团体反对这一提议，坚持称，为了城市的和平和团结，只有"大多数"市民的宗教加尔文宗才能获得许可。[115]到1580年3月底，上艾瑟尔的天主教教徒几乎丧失了所有教堂。

伦嫩贝格伯爵执政的各省中，反天主教的强烈反攻迅速到来，而且是毁灭性的。弗里斯兰有零星的起义尝试，且主要集中在博尔斯瓦德，但总体而言，天主教教徒轻易就被缴械了。[116]吕伐登爆发了新一轮圣像破坏运动。在斯内克，市民搬空了该城所有教堂的圣像，驱逐了教士。[117]在整个弗里斯兰的众多小地方，教堂被攻击、抄没，奥默兰和德伦特也是如此。最后，加尔文宗选派的弗里斯兰三级会议关闭了该省剩余的所有天主教教堂和修道院，驱逐天主教教士，禁止弥撒活动。[118]

反天主教的强烈反攻还延伸至伦嫩贝格伯爵控制的省份之外。在海尔德兰、北布拉班特、荷兰，尤其是乌得勒支，许多地方爆发暴力活动。阿默斯福特的民众非常激愤，甚至市议事会不得不临时暂停天主教崇拜，以防进一步的骚乱。[119]天主教的仪式一经查禁，就再没获准在该城任何教堂举行。乌得勒支城同样爆发了反天主教暴乱，所有教堂和修道院都遭到抄没和洗劫。

奥伦治亲王依然没放弃让"更密切的同盟"内各省宽容天主教崇拜的努力。他试图为天主教教徒守卫两座城市教堂，但失败了。到

1580年6月，市议事会已经关闭了该城30座教堂中的大多数，禁止全市的天主教崇拜，不准天主教神父和修士穿着法袍现身。[120] 1582年1月，海尔德兰三级会议正式禁止天主教崇拜，屈伦博赫大约也在此时下令查禁天主教。[121]

在东北部地区，支持伦嫩贝格起义的，除了格罗宁根的行会，就只有上艾瑟尔和海尔德兰的一些贵族，包括林堡-斯蒂伦伯爵。[122] 上艾瑟尔和德伦特还爆发了农民起义，他们抵抗荷兰省派出的军队，当地天主教贵族则被指控煽动起义。然而除了最东边的上艾瑟尔省特文特区，上艾瑟尔和海尔德兰的大多数贵族院成员（虽然不是爵位贵族）都坚定支持大起义。[123] 1580年3月，上艾瑟尔三级会议召开紧急会议，奥伦治亲王出席。尽管对签署《乌得勒支同盟协定》犹豫不决，但三级会议声明自己支持"共同事业"。

于是从大体上说，伦嫩贝格"叛变"的作用只是巩固了大起义和荷兰新教。不过，伦嫩贝格的叛变给同盟造成了重大的战略威胁。格罗宁根是东北部最大的城市，统治着相当广阔的地域，还处在荷兰重要防御工事的后方。6月，帕尔马公爵派出的军队抵达，保王派的控制力随之得到巩固。7月，伦嫩贝格伯爵夺取代尔夫宰尔（Delfzijl），控制了埃姆斯河口。不久，他的军队就部署到了奥默兰之外。9月，他攻占上艾瑟尔省特文特区的主要城镇奥尔登扎尔（Oldenzaal）。此前因为顽固支持国王和天主教而被驱逐出兹沃勒的上艾瑟尔高等法院，这时在奥尔登扎尔重新履职。如今，省内存在两套竞争的管理系统。[124] 与此同时，帕尔马公爵不断在南部取得进展。1579年6月，经过4个月惨烈的围城战，帕尔马公爵攻下马斯特里赫特；随后他又在1580年2月夺下了佛兰德西部的城镇科特赖克。西班牙军队在东北、东南和西南部战线同时推进。为了与之抗衡，总三级会议在布拉班特的军队于4月重夺梅赫伦，参与其中的英格兰军队让这座天主教占主导的城市备受蹂躏，此事后来被称为"英格兰人的狂怒"。

"总同盟"和"更密切的同盟"控制的土地持续锐减。奥伦治亲王威廉现在比以往更坚信，避免彻底失败的唯一方法就是：赢回因为加尔文宗激进主义而疏远的温和派的支持；通过让北部省份更宽容天主教（和路德宗），安抚南部的天主教教徒；赢取法兰西国王和德意志路德宗王公的信任。亲王一方面希望使大起义在宗教方面更宽容，另一方面希望获取外国，尤其是法兰西的帮助。于是他劝诫总三级会议，尼德兰的最高统治权应当交给法兰西国王的弟弟安茹公爵。[125]毫无疑问，这项交付将受到宪法性预防条款的严格限制。[126]奥伦治的政策被布拉班特和佛兰德的三级会议采纳。1580年9月，安茹公爵与总三级会议的代表签署协定。官方亲安茹公爵的政治宣传强调法兰西王室与尼德兰前勃艮第统治者的联系，声称勃艮第统治下的尼德兰远比西班牙治下的要好。[127]

安茹公爵于1581年1月抵达安特卫普，在三级会议面前宣誓尊重特权，随后被宣布为"尼德兰亲王和领主"。马蒂亚斯的地位如今无关紧要且难以为继，他于3月离开尼德兰。从逻辑上说，各省尊奉新的最高统治者前，必须抛弃旧的。然而，直到1581年7月，总三级会议才最终同意《誓绝法案》(Plakkaat van verlatinge)的条款，永久断绝与腓力二世及其继承人的关系。法案宣布废黜西班牙国王，下令移除"总同盟"各省货币上和官方印章上的国王肖像，并将哈布斯堡盾徽从公共建筑和文件中清除。在法庭、市政厅和所有官方机构中，再没有与西班牙国王及其任何头衔的联系。此外，《誓绝法案》要求所有官员、治安法官以及城市民兵重新宣誓效忠。誓言中，官员必须明确他们再也不受先前效忠西班牙国王的誓言限制，必须"进一步宣誓将真诚对待、服从三级会议，反抗西班牙国王及其追随者"。[128]

《乌得勒支同盟协定》标志着荷兰共和国作为一个联邦国家的真正诞生，它囊括了整个北尼德兰；虽然《誓绝法案》由总三级会议在安特卫普制定，但它更多地改变了尼德兰反叛区的面貌。1572年以来，在荷兰和泽兰，承认腓力二世的最高权力越来越缺乏真实意义。例如，1578年为泽兰议长和代理委员会草拟的官方誓言，要求他们宣誓支持荷兰与泽兰的"特殊同盟"，但完全未提西班牙国王。[129] 1579年《乌得勒支同盟协定》的文本倒是提到了"陛下"，不过仅有一次，还是顺带提及。而在其他省份，尤其是上艾瑟尔、海尔德兰、德伦特和格罗宁根这种部分还在王室军队手中的地区，以腓力二世的名义履行司法职能，与在反抗腓力二世的誓言下履职有着天壤之别。这些地方过去一直以西班牙国王的名义任免官员，并宣誓效忠国王，如今宣布废弃过去的誓言是关键性的一步，这确认了对大起义的明确支持。毫无意外，许多人的反应是惊慌失措。[130] 到1581年，人人都还在表面上尊奉腓力二世。然而突然间，他的肖像从反叛的尼德兰的所有铸币上消失了，[131] 他的名字也从建筑和文件中消失了。现在，反抗西班牙国王的大起义印刻到了每一项事物上，无论大小。

《誓绝法案》还让各方的政治宣传战进入白热化。[132] 在将西班牙在低地国家的统治描绘得"专横""野蛮残酷"，以及抹黑腓力二世和阿尔瓦公爵名声方面，奥伦治的威廉在1581年出版的《护教书》（*Apology*）尤其有力。它是在回应国王1580年6月颁布的禁令。禁令宣布威廉不受法律保护，许诺将给予刺杀威廉之人奖赏。帕尔马公爵反对这项法令，但国王（在格兰维尔的鼓动下）坚持颁布。帕尔马公爵认为在宣传方面，这份禁令很有可能起到反作用，事实上确实如此。威廉的《护教书》由专门小组起草，其中包括著名的胡格诺派政治作家菲利普·迪·普莱西-莫尔奈（Philippe du Plessis-Mornay）。它采用常见的宣传策略，将不堪入目的堕落行为加到西班牙国王及其谋臣身上，公然煽动民众对西班牙的恐惧。不过，它也是个非凡的文本，满是冠冕堂皇的辞藻，赞颂"宽容""自由"和尼德兰的特权。奥伦治还坚称，天主教在荷兰和泽兰遭到的打压并不是自己的错，他和三级会议一开始就同意"两种宗教都应得到宽容"，只是由于内部敌人的"蛮横、攻击和背叛"，三级会议才被迫查禁天主教崇拜。[133] 1581年的另一部重要出版物来自唯灵论法学家阿赫哈乌斯·德阿尔巴达，它记录了1579年的科隆和平谈判。它同样论证了在最不能妥协的方面反抗专制国王的合理性。它援引著名的胡格诺派小册子《反抗暴君》（*Vindiciae contra Tyrannos*，1579年），坚持称国王与治安法官一样，应当臣服于法律，也就是说臣服于人民。

如今，反抗的理论在低地国家盛行。但依然有许多人憎恶这些学说，拒斥《誓绝法案》。众多官员辞职，海尔德兰、上艾瑟尔和弗里斯兰地区尤其如此。上艾瑟尔三级会议是带着极大的不情愿接受法案的。[134] 如果说加尔文宗讲道者对此感到愉快，路德宗和天主教教士则表示不满。[135] 然而，《誓绝法案》不仅招致了又一批温和派的敌意，还进一步加深了"总同盟"与"更密切的同盟"之间、布拉班特与荷兰之间、南部与北部之间的分裂。奥伦治亲王将安茹公爵牵扯进来的部分目的，就是让天平向更温和的宗教政策、向总三级会议倾斜，进而向布拉班特倾斜。安茹公爵的权力虽然不大，不过他却以布拉班特作为他的基地。[136]

在佛兰德大部分地区，就像在大河以北地区一样，安茹公爵的权势从来没有增长到多大，事实上就比空有其名好一点儿；上艾瑟尔、海尔德兰和乌得勒支甚至从未在理论上承认他。荷兰、泽兰倒是在表面上认可安茹公爵的地位，但他们使用的效忠誓言里，只有对同盟、省三级会议和作为执政的奥伦治亲王的效忠。

1580年之前，北部与南部已经渐行渐远。伦嫩贝格叛变后，战争分裂为南部和北部两个舞台的事实也比从前更鲜明。安茹公爵和布拉班特、佛兰德的三级会议为阻止帕尔马公爵在南部和西南部挺进，有太多事要做。即便有意愿，也不可能把太多精力和资源投入东部和北部的战争。对大河以北卫队和军队的维持以及必需资源的筹集，完全掌握在以荷兰省为首的北方省集团手中。在16世纪80年代早期，执行权的二元性已经展露无遗。从一个层面说，这种二元性具有偶然性，它源于军事战线的分隔。[137] 但是，南部权力分散，佛兰德各城镇自行其是，荷兰省又在北部稳居首要地位，这些事实反映出南北在权力模式和任命模式上巨大且日渐加深的内在分裂，它们不只追溯到几十年以前，还可追溯到几个世纪前。[138] 显然，佛兰德和布拉班特难以合作，也不能向大河以北施加任何重要影响力，而荷兰省早已将北部的内陆省份视为自己不可分割的腹地和势力范围。海尔德兰、上艾瑟尔和奥默兰已经成为荷兰省的防卫屏障。1581年，安茹公爵手下成立了国务委员会，以指挥战争。而事实上，委员会分成两个独立机构：南部委员会坐落在布拉班特；而所谓的"马斯河以东领土委员会"则负责指挥海尔德兰、上艾瑟尔、德伦特和格罗宁根的战争，它从一开始就完全由荷兰省主导。

奥伦治曾如此坚持请来安茹公爵，然而吊诡的是，公爵的到来并没有带来更多的团结，反而进一步突出了权力的日渐分裂。安茹公爵将他的活动及其法兰西军队集中在南部，却显然未能减缓保王派复苏的步伐。[139] 相反，腓力二世得到了西属西印度群岛的白银，如今又从对奥斯曼土耳其的战争中抽身，他在尼德兰的权力迅速得到恢复。1580年9月，帕尔马公爵手下已有一支4.5万人的军队。到1582年10月，这一数字已经增长到6.1万。[140] 除了数量上的增长，军队素质也得到了提升。1580年，王室军队中几乎全是瓦隆当地招募的士兵和德意志雇佣军，而到1582年，军队中的一大部分是来自西班牙、意大利和德意志的优秀士兵。1581年6月，帕尔马公爵胜利攻占奥伦治本人的城镇布雷达，令西班牙的势力沿着大河南岸扩张，进而在大河南北的反叛地区之间楔入了一道屏障。南北之间日渐加深的分裂因而进一步加剧。

帕尔马屏障两侧起义的前景看起来越来越黯淡。1582年，西班牙军队在海尔德兰挺进，11月，帕尔马公爵夺取斯滕韦克（Steenwijk），这座要塞城镇控制着上艾瑟尔和弗里斯兰之间的陆路通道。这位著名的意大利将军似乎正蓄势待发地要把他口中"该死的乌得勒支同盟"大卸八块。随着西班牙军队的挺进，起义方士气消沉，对安茹公爵越发失望，官员和指挥官与帕尔马公爵秘密谈判的意愿增强了。安茹公爵对加在自己权力上的限制感到厌倦，密谋通过军事政变夺取起义省布拉班特和佛兰德的实权，并于1583年1月行动。他占领了敦刻尔克、阿尔斯特和佛兰德的一些其他地区，但是在安特卫普，市民冲向军队，攻击安茹公爵手下的士兵，并在街上留下了数百具法兰西人的尸体。经过这次惨败，安茹公爵的地位变得难以为继，奥伦治亲王的支持度也降到了1572年以来的最低点，在安特卫普尤其如此。反叛的尼德兰处在比以往更混乱的状态。奥伦治亲王依然相信，拯救大起义和同盟的希望在于获取法兰西的帮助，于是竭力挽救事态。[141]然而，安茹公爵和布拉班特人都受够了。6月，公爵离开了尼德兰。

到1583年春，奥伦治亲王几近绝望。他的亲法战略和"宗教和平"政策都一败涂地。据说，布雷达的陷落是当地天主教教徒向西班牙人大开城门而筑成的杰作。这一事件强烈地激怒了安特卫普的新教民众，以至激发了新一轮圣像破坏运动；尽管奥伦治竭力阻止，安特卫普和布鲁塞尔的天主教信仰自由还是被急剧削弱。随着西班牙人攻城略地，在受到威胁的佛兰德和布拉班特城镇中，新教市民的情绪变得越来越不宽容，越来越仇视奥伦治的"宗教和平"政策。[142]而与此同时，士气却在跌落。1583年夏，随着安茹公爵的离去，西班牙人几乎兵不血刃就夺取了佛兰德的主要新教城镇敦刻尔克和尼乌波特。南部的大起义似乎是在劫难逃。最终，在7月，在日渐加深的消沉情绪中，亲王放弃了在南部给大起义打下基础的努力，永远离开了布拉班特。他把指挥部搬到荷兰省，驻扎在代尔夫特一座女修道院里，如今这里被称为"亲王府"（Prinsenhof）。在生命的最后18个月里，奥伦治亲王威廉一直住在这里，他再次成为以荷兰省为基地的反叛国家的首领。然而，荷兰和泽兰这次授予他的声誉和权力都明显少于1572—1576年。[143]在奥伦治离开的这些年里，荷兰省三级会议已经大大稳固了自己作为国家萌芽期政府的地位。

奥伦治亲王曾设想，在新教和天主教的联合领导下，遵循"宗教和平"政策，进行一场南北联合的尼德兰反西班牙起义。然而，随着搬往代尔夫特，与荷兰省订立新协议，这样的幻想最终破碎了。[144]奥伦治亲王被迫承认，以布拉班特为基础的尼德兰国家不会再出现。如果各地的大起义要继续下去，唯一可能的基础就是荷兰省和禁止天主教崇拜。1583年8月，总三级会议将集会地点从安特卫普迁至米德尔堡，后又迁至代尔夫特，最终驻扎到海牙。[145] 布拉班特的国务委员会于1583年10月自行解散。现在只有一个权力中心——荷兰省。

不过，虽说奥伦治亲王放弃了许多他此前追求过的目标，但他的一个论点并未丧失说服力，即反叛的联省国家自身过于弱小，难以抵抗西班牙，唯一可能的援助来源就是法兰西。荷兰省在联省内的统治地位如今不可挑战。但是，荷兰省又如何才能避开即将到来的溃败呢？佛兰德的西班牙军队如今被帕尔马打造成了具有高度纪律性的战争机器，他们占据压倒性优势，无情挺进，日复一日地聚积着力量。西班牙人于1584年4月夺取伊珀尔，5月攻占布鲁日，9月占领激进加尔文宗的要塞根特。面对一次又一次的溃败，惊恐的新教徒开始从佛兰德和布拉班特逃往荷兰和泽兰。

在生命的最后几个月里，奥伦治亲王比以往更加坚信，除了拜倒在法兰西国王的脚下，尼德兰的"爱国者"没有其他切实可行的办法。无论他自己和别人对法兰西国王和法兰西人持有什么保留意见，奥伦治亲王威廉都毫不怀疑一点，即对于尼德兰而言，在法兰西治下要比在西班牙治下更好。[146] 1581年，荷兰与泽兰三级会议在荷兰省三级会议议长保吕斯·伯伊斯的鼓动下首次提议，将"荷兰和泽兰伯爵"的头衔以及对两省的最高权力，授予奥伦治亲王本人。如今，奥伦治亲王改变了对于这一提议的看法。[147] 早前，这一提议主要是一种策略，杜绝将两省的最高权力授予安茹公爵，而奥伦治当时拒绝这项提案，原因是他不希望削弱安茹公爵的权势。[148] 而现在，安茹公爵已经离开，荷兰和泽兰的多数城镇也同意这项议案，奥伦治亲王也赞同这个主意。

此时，在一些地区，或者说至少在某些城镇的议事会里，对这一提案的热情已有所消退。特别是阿姆斯特丹、豪达和米德尔堡这三座城市，现在转而反对将"伯爵"的头衔授予奥伦治亲王。亲王在北方仍然享有相当高的支持度。在这个起义国家里，再没有其他人达到过类似的地位。然而，奥伦治亲王的名声不好，此时的激进加尔文宗信徒甚至比任何时候都防备他。还有许多温和派，尤其是那些对大起义和加尔文宗教改革态度冷淡的人，典型的比如豪达的议事会成员。他们不满这个主意，因为这一措施将使与腓力二世的最终和解变得比现在更加遥不可及。[149] 虽然大多数的质疑来自上述类似的考量，但在一些人心里，至少在少数荷兰省摄政官眼里，还存在新兴的共和主义倾向。也有人支持这样的观念——应当由荷兰省三级会议，而不是其他任何最高首领掌握在乌得勒支同盟下联合的各省的政治领导权。

在摄政官科内利斯·彼得斯·霍夫特——剧作家兼历史学家彼得·科内利斯·霍夫特的父亲——在1584年6月对阿姆斯特丹市议事会的讲话中，这种思潮表现得非常明显。[150] 霍夫特主张：首先，乌得勒支同盟已然将各省锻造成了一个不可分割的同盟，"它们就像同一个省一样"，这杜绝了两个省份各自选择首领的可能。其次，他坚持称，摄政官的权威来源于大多数市民、民兵和海员的支持，因此在面对这些根本性的问题时，摄政官们决不能在缺乏这些团体支持的情况下推进，霍夫特敦促摄政官同僚，要咨询的"不仅有民兵和城市营房的长官和副官，还有所有体面市民和航海业民众，他们是我们最大的支持力量"[151]。霍夫特坚称，阿姆斯特丹的普通民众愿意继续与西班牙人战斗，但是反对将最高权力授予奥伦治亲王，而摄政官应当尊重他们的意见。

在做出重大决议前，荷兰省摄政官应该在多大程度上咨询市民，尤其是民兵团体和行会的意见？自1566年摄政官与民兵商讨是否容许新教崇拜以来，上述问题就充满争议。1572年以来，荷兰省的民兵和行会时不时地影响决策，例如在批准《根特协定》和乌得勒支同盟时就有所影响。[152] 奥伦治亲王本人有时也力劝城镇的议事会咨询民兵和市民的意见。他知道，相比摄政官，这些民众在反抗腓力二世和西班牙时更加坚决。然而，也正是因为如此，许多摄政官开始对较激进的同僚的手段感到焦躁不安：后者通过诉诸市民团体，来动员民众，施压对抗前者。1581年3月，有关安茹公爵和《誓绝法案》的讨论已进行到最激烈时，这方面的担忧促使荷兰省三级会议决定，从此以后，该省各个城镇的议事会都不会像"某些城镇"近年来所做的那样，就国家事务，咨询"民兵、行会或其他"团体。[153] 不过，并不是所有人，甚至不是所有摄政官，都认为该决议是合适的或合法的。

　　霍夫特发表演讲一个月之后，一个狂热的天主教教徒在代尔夫特亲王驻地的楼梯上用手枪射杀奥伦治亲王，关于提升亲王地位的整个讨论随之成了过时之事。亲王重伤而死，按照荷兰省三级会议的说法，亲王的遗言是："上帝啊，上帝啊，怜悯我和这不幸的人民吧。"[154]

　　事实上，荷兰省三级会议听到这个令人沮丧的消息后的首要行动便是给布拉班特送信，西班牙军队当时正在那儿围攻安特卫普。荷兰省三级会议力劝布拉班特三级会议不要放弃斗争，要为"反抗西班牙暴政，保卫和解放祖国"而战。[155] 第一次，荷兰省不得不在没有奥伦治领导的情况下，一边考虑如何领导大起义，一边考虑如何负担大笔开销。到1584年7月，佛兰德和布拉班特已有诸多地区被帕尔马公爵占领，如今这两个省份的三级会议再不能贡献多少财物。重担从此将落到荷兰省头上。就如何在省内分摊任务一事争吵后，荷兰省投票通过了一项紧急拨款以保卫安特卫普。分摊到莱顿和哈勒姆头上的份额依然较少,因为大围城之后,它们经济状况惨淡。沉重的份额分摊给了代尔夫特,以及大宗货运业和捕鲱业繁盛的西弗里斯兰各港口城市。(参见表5)

荷兰省为南部的战争投入了更多,佛兰德和布拉班特剩余的起义力量也越来越不顾一切,但是这并没能将荷兰省与南部加尔文宗各省拉到一起。[156]正如英格兰国务秘书沃尔辛厄姆(Walsingham)打听到的一种解释,佛兰德人和布拉班特人"对荷兰人没什么好感,认为自己受到荷兰人鄙视"[157]。

表5　1584年荷兰省三级会议给安特卫普的紧急拨款的分摊份额

城　市	占比(%)	城　市	占比(%)
阿姆斯特丹	16.5	鹿特丹	6
代尔夫特	13.5	恩克赫伊曾	6
多德雷赫特	10	霍伦	6
哈勒姆	7	阿尔克马尔	5
莱顿	6	豪达	4.5
海牙	6	(7座小城镇)	13.5
总计	59	总计	41

数据来源:1584年荷兰省三级会议决议,第544页。

荷兰省现在必须找到数量越来越庞大的资源,同时还要提高自身行政机器的效率,提升自身对整个起义国家的政治领导力。在接下来的商议中,大部分的讨论重点放到了1576年成立的荷兰、泽兰特殊联盟上。它既是1576年后形成的大邦联的制度雏形,也是当时唯一一个牢靠的先例,展示着他省与荷兰省在财政、司法、宗教机构以及军事和海军问题上密切合作的可能性。[158] 与乌得勒支的谈判也被赋予优先地位，它也属于所谓的三省核心邦联集团，随后外围省份会发现，自己除了从属于这一核心集团外，别无选择。[159] 有关邦联政府整体的最重要的决议，就是设立国务会议（Raad）。国务会议将作为总行政机构根据获得认可的规章发挥职能，并取代奥伦治和为他筹谋的非正式行政团体。[160] 国务会议身负指挥战争及管理陆军和海军的任务。它的席位也会分配给佛兰德和布拉班特，就像分配给荷兰、泽兰、乌得勒支和弗里斯兰一样。不过起初并没有分给上艾瑟尔、海尔德兰和格罗宁根。

1576—1583年间，起义的尼德兰存在着两个战争舞台以及两个相互独立的指挥中心。而从1583年起，荷兰省独自担任领导并提供资源，以维持起义的尼德兰的存续，这种情况在奥伦治去世后更甚。虽然如此，布拉班特三级会议还是在这个时候最后一次在打造起义国家这个问题上采取了主动。奥伦治认为制衡西班牙的唯一可能便是将尼德兰的命运与法兰西联系在一起。过去，支持这一政策的人主要来自布拉班特，而不是大河以北。如今布拉班特和佛兰德的大部分地区都被敌军占领，除了重拾奥伦治的亲法战略，两省的残余部分看不到任何其他希望。1584年9月3日，布拉班特省三级会议通过他们在海牙的代理人——大商人丹尼尔·范德默伦（Daniel van der Meulen）提议，拯救起义国家及其"自由"的唯一途径，就是同意民众对"一个首领"的强烈要求（布拉班特声称察觉到了这种民意）。布拉班特提醒荷兰省，尼德兰的伟大始于勃艮第统治初期善良的腓力。[161] 此外，布拉班特省三级会议还提醒荷兰人，法兰西国王亨利三世与西班牙国王不同，他既宽容新教，又宽容天主教崇拜。

布拉班特人的提案在荷兰和泽兰引起了激烈争论。荷兰省陷入暂时性的混乱中,阿姆斯特丹的市议事会分裂得极其深刻。布拉班特和佛兰德的绝望情绪开始渗入荷兰,泽兰更甚。到10月,三级会议的多数成员开始转而认同这一观点:尼德兰的最高权力应当交给亨利三世。只有阿姆斯特丹、豪达和梅登布利克依然犹豫不决。豪达之所以如此犹豫,更多是出于失败主义情绪,希望结束战争,而不是反对臣服于法兰西国王治下这个主意本身。[162] 但是,在奥伦治亲王沉默的威廉生命的最后几个月崭露头角的早期共和主义,在把最高权力交给亨利三世的讨论中也发挥了作用。霍夫特再次发表讲话,尽管其中并不包含任何共和主义原则,但他主张,荷兰省各城镇和他们在外省的盟友,应当相信他们自己的领导力和资源,而不要指望法兰西国王的仁慈。[163] 霍夫特反对的主要理由是,法兰西国王不可信任。别的不说,这影射了亨利三世参与谋划了巴黎圣巴托罗缪之夜大屠杀。然而,整体形势的继续恶化使阿姆斯特丹的疑虑被抛到一边。

1585年2月,一名荷兰大使被派往巴黎,并将尼德兰的最高权力交给法兰西国王。亨利三世自己的领土已被内战撕裂,在国内的权威摇摇欲坠,他不仅担心西班牙势力,还担心法兰西的天主教联盟,因此拒绝这一提议的判断才是审慎的。从1584年年末到1585年年初的冬天,帕尔马公爵完成了用驳船和炮座搭建的著名浮桥。浮桥将西班牙在河流两岸占领的要塞连接了起来,受到重重围困的8万安特卫普居民开始挨饿。尽管加尔文宗讲道者不懈地提振士气,越来越深重的绝望情绪还是笼罩了起义国家。3月,布鲁塞尔向西班牙军队投降。1585年4月,荷兰和泽兰三级会议提出要组织一项两栖作战的重大行动,以解安特卫普之围。计划遭到否决。世界商业大都市安特卫普最终于8月投降帕尔马公爵,但没有受到严惩。帕尔马公爵及其军队的行为无可挑剔。不过该城有卡斯蒂利亚精锐部队的重兵把守,[164] 因此拒绝重新改宗天主教的新教徒被命令出卖自己的房子等不动产然后离开。接下来的4年里,安特卫普近半数的人口(约3.8万人)向北迁移。[165]

1585年5月,别无选择的海牙总三级会议转而求助英格兰。不过,面对呈交过来的尼德兰最高权力,伊丽莎白女王的回应与法兰西国王一致。她是一位谨慎的君主,原则上不赞同反叛,也不愿意卷入与西班牙的无止境的冲突里。如果她接受尼德兰的最高权力,那么就意味着将西班牙国王——基督教世界最强大的君主国的统治者——变成势不两立的敌人。但是另一方面,伊丽莎白及其大臣又担心帕尔马公爵的胜利会导致起义国家的瓦解和低地国家西班牙势力的重建,因为这会让腓力二世拥有比英格兰以及法兰西更强势的战略地位,还会让腓力二世对伊丽莎白施加更大的压力,阻止英格兰到新世界探险——英格兰的行动正在西班牙掀起极大愤怒。此外,帕尔马公爵在尼德兰的胜利还会提升整个不列颠和爱尔兰的天主教士气,削弱新教在整个欧洲的地位。

于是,伊丽莎白同意帮助总三级会议和起义各省,但前提是,她要在战略和决策方面,拥有与她对荷兰防卫活动的投资相称的话语权。[166] 如果她将联省置于自己的保护下,为其提供军事援助,那么她希望有权任命共和国的军事和政治领袖,分得国务会议的席位。总三级会议没有选择,只能被迫同意并签署协议,将联省变成英格兰的受庇护国。荷兰方面,保吕斯·伯伊斯在制定协议方面发挥了重要作用。[167]

1585年8月20日的《无双协定》(*Treaty of Nonsuch*)是联省与另一个欧洲国家签订的首个条约。英格兰女王着手派遣包括6 350名步兵和1 000匹战马的远征军，并与三级会议一起承担开支。[168]伊丽莎白任命莱斯特伯爵（Earl of Leicester）指挥这支军队以及低地国家的军队，并以"总督"的头衔担任起义国家的政治领袖。莱斯特伯爵要作为国务会议的首脑，监管起义各省的集体事务。在国务会议中，伊丽莎白还有权任命另外两名英格兰代表。从伊丽莎白的角度看，这一条约最有利的地方在于，如果需要，她可以立即从中抽身出来。

1585—1587年：莱斯特伯爵治下的北尼德兰

英格兰统治尼德兰（1585—1587年）的这段插曲虽然短暂，却在众多方面对荷兰共和国的历史产生了深远的影响。1572年大起义及其随后在北尼德兰的发展，都以荷兰省的霸权为基础，即便是1576年之后奥伦治亲王力图将整个尼德兰的政治领导权集中到布拉班特的那些年里也是如此。正如前文看到的，荷兰省的优势地位是长久以来造就的，可追溯至几个世纪前，而不仅是几十年前。不过，在北尼德兰多数地区，长久以来荷兰省还是遭受不满和抵抗。莱斯特伯爵统治时期的重要性在于，它为特殊主义和反荷兰省霸权的势力提供了机会，让小省份沿着截然不同的路线重新塑造初生的共和国。[169]这些小省份仅靠自己仍旧缺乏的权势和资源，不足以让荷兰省摄政官屈服于某种形式的集体领导。即便格罗宁根、上艾瑟尔和海尔德兰此时没有遭到西班牙的部分占领，情况也是如此。然而，北方各省的反荷兰省的特殊主义势力，再加上英格兰的势力，造就了新局面。在英格兰的支援下，迫使荷兰省服从另一种联邦体系的努力获得了更大的可行性。[170]

莱斯特伯爵统治时期，荷兰新国家处于深刻的危机之中。荷兰省三级会议的领导人物从一开始就决心限制莱斯特伯爵及其北尼德兰政治盟友的势力。这些领导人中包括约翰·范奥尔登巴内费尔特（1547—1619年），在奥伦治去世前，他就一度负责荷兰省的财政管理。这既是关乎控制权的问题，也是关乎原则和目标的问题。荷兰省的摄政官们已经将自己在联省事务占领支配地位的状况，视作大起义目标的体现。霍夫特反对将最高权力交给法兰西国王的一个理由便是：这与大起义的基本目标不相容。按照霍夫特的理解，大起义的目标是"捍卫特权和我们的自由"。对于荷兰省摄政官来说，按照他们对特权的理解，各省特权和宗教、政治"自由"的维持或衰落，取决于荷兰省三级会议能否掌握霸权。

然而，问题不单是英格兰女王和北尼德兰反对荷兰省摄政官的势力通过莱斯特伯爵和驻扎在尼德兰的英军掌握多大的权力，连宗教问题也牵扯其中。荷兰归正会的强硬派加尔文宗信徒并不满意荷兰省摄政官相对宽容的政策，而该派的力量还因为来自佛兰德和布拉班特的狂热加尔文宗信徒移民浪潮而增强。[171] 无论是奥伦治亲王，还是荷兰省摄政官，都不愿允许归正会赋予大起义太多标签，更不愿意达到加尔文宗教士认为合适的程度。自从1571年埃姆登宗教会议之后，就在何种程度上严厉推行加尔文宗大一统一事，教会内部的冲突愈演愈烈。[172] 1573年后，摄政官就禁止在公共教堂举行天主教仪式，但大体上宽容天主教、再洗礼派、路德宗和其他教派的私人聚会或秘密集会。严苛的归正会有三个基本目标：在公共教会内部强化加尔文宗的正统教义；压制对其他宗教活动形式的宽容；增加公共教会对国家和社会的影响力。但他们知道，只要荷兰省摄政官依然掌权，他们的目标就不可能达成。

因此，他们自然会支持莱斯特伯爵——英格兰著名的加尔文宗保护人。

最后，某些贵族的挫败感日渐加重。[173] 荷兰省摄政官是城镇的代表，是荷兰省各城镇本土民众中最富有的阶层。1572年以来，荷兰省摄政官就领导着大起义。但是在北部很多地区，统治阶层仍然是贵族。新总督莱斯特伯爵是英格兰人、加尔文宗保护人，他善待从佛兰德和布拉班特逃来的权贵——他们不满自己在北尼德兰被排斥在权力之外；莱斯特伯爵还是一个大贵族，他鄙视大商人、酿酒商这些擅自控制国家的暴发户，在他看来，这些不过是小店主。一旦在尼德兰安置下来，莱斯特伯爵及其扈从便自然而然地与两个贵族团体建立了联系：一是从南部逃来的流亡贵族；二是北部贵族势力，他们不满摄政官的统治。其中屈伦博赫伯爵弗洛里斯成了莱斯特伯爵的亲密盟友。

莱斯特伯爵罗伯特·达德利（Robert Dudley，1532—1588年），活泼有趣，又多少有些令人困惑。他的父亲诺森伯兰公爵（Duke of Northumberland）是爱德华六世时期英格兰宗教改革的重要支持者。诺森伯兰公爵策划在爱德华六世去世后将简·格雷（Jane Grey）推上王位，并因此被处决。莱斯特伯爵本人的晋升是在伊丽莎白继位之后。女王十分依赖他，也很宠幸他。莱斯特伯爵成了清教徒在英格兰生活和政治中的保护人，同时也是文学和学术的著名庇护者。虽然他奢靡铺张，兴趣广泛，私生活混乱，但在政治上却与荷兰严苛的加尔文宗信徒立场一致，这是他的家族传统和个人关系网络带来的自然结果。在宗教和外交政策方面，莱斯特伯爵的政策始终一致。一直以来，他比女王本身更主张强硬的反西班牙政策。然而，他还个性冲动、缺少谋略，过度喜爱自己作为大贵族的华丽排场。他的性格中,有许多因素与加尔文宗的信条和高度的管理责任不协调。[174]

约翰·范奥尔登巴内费尔特则有着截然不同的背景和个性,他迅速成为莱斯特伯爵在荷兰的头号对手。奥尔登巴内费尔特生于乌得勒支省阿默斯福特的一个摄政官家族。1543年,他的家族因为反哈布斯堡的立场而被奥伦治亲王勒内清洗出市议事会。他母亲所属的韦德斯(Weedes)家族此前就展现出反勃艮第的倾向。随着故乡陷入骚乱,年轻的奥尔登巴内费尔特花了4年时间(1556—1570年)在外国各大学学习。大起义一爆发,他立即支持奥伦治亲王,因此很快便引起亲王注意。奥尔登巴内费尔特的一个专长是了解堤坝和排水系统原理。莱顿之围时,荷兰省三级会议派遣委员去监督破坏堤坝的行动,其中就有奥尔登巴内费尔特。1576年,他被任命为鹿特丹的议长,不久又成了荷兰省三级会议中的杰出人物。他的晋升全凭自己的能力和勤奋,而他又全然缺少奥伦治亲王的魅力和谋略。奥尔登巴内费尔特十分依赖亲王,显然也很仰慕亲王,他对宽容事业的坚定支持和后来的亲法政策,主要归因于沉默的威廉的范例。在亲王生命的最后几年,对于将亲王提升为最高统治者"荷兰伯爵"的建议,奥尔登巴内费尔特是荷兰省三级会议里的主要鼓动者,这是共和国史上最辛辣的讽刺之一。[175] 1585年8月被派往英格兰商讨《无双协定》的代表团中,也有奥尔登巴内费尔特。1586年3月,在莱斯特伯爵抵达尼德兰后不久,尽管奥尔登巴内费尔特只是相对弱小的城镇的议长,是乌得勒支人而非荷兰省人,但这个经验丰富却还不到40岁的摄政官接替保吕斯·伯伊斯,被任命为荷兰省三级会议议长。这一职位的起源可追溯至勃艮第时代,并在1572年之后重要性大增。作为议长,奥尔登巴内费尔特是荷兰省三级会议的重要人物，有时还是荷兰省三级会议在总三级会议中的发言人。

几乎是莱斯特伯爵一到达，并且刚开始商讨他的具体权力形式，荷兰就呈现出冲突和两极化的景象。1586年1月被选派去与莱斯特伯爵谈判的代表团成员包括：两名荷兰省人，泽兰坚定的加尔文宗信徒加斯帕尔·范福斯贝尔亨*，海尔德兰大法官、政治家莱昂尼纳斯，乌得勒支的宗教"自由思想家"弗洛里斯·廷，以及弗里斯兰高等法院主席埃塞尔·阿伊斯马（Hessel Aysma）。[176]尽管上艾瑟尔的贵族院和坎彭城支持《无双协定》，但由于代芬特尔的否决，上艾瑟尔三级会议并未签署协定，于是也没有代表。[177]

谈判要解决的第一个问题是执政的问题。《无双协定》规定，执政从此要由国务会议任命，而会议中有英格兰成员。换句话说，在英格兰女王没有就这个问题表态的情况下，任何人都不能任命某个省份的执政。莱斯特伯爵及其扈从还希望，执政从属于总督和国务会议——英格兰女王力图通过这两套制度，来实践她对联省的保护。此时，海尔德兰、上艾瑟尔和乌得勒支执政是强硬的德意志加尔文宗信徒阿道夫·冯·诺伊纳尔（Adolf von Neuenahr）伯爵，弗里斯兰和奥默兰执政是威廉·洛德韦克·范拿骚（Willem Lodewijk van Nassau）。两位都是在奥伦治遇刺后接受任命，并且从总三级会议处接受的职位。相较而言，在荷兰和泽兰，没人被任命为奥伦治的直接继任者，因为人们认为他最年长的新教徒儿子莫里斯还太年轻、没经验，不能胜任这一职位。直到1577年之前，莫里斯一直居住在他德意志的拿骚领地上。[178]不过，1584

---

* 原文Caspar，为Gaspar的别名。——编者注

年8月,三级会议任命莫里斯为新设的国务会议的首领,并以此将莫里斯指定为未来执政。[179] 不过,直到1585年11月,即《无双协定》签订后、莱斯特伯爵抵达尼德兰(12月)之前,荷兰和泽兰三级会议才进一步任命现年17岁的莫里斯为执政。他们未咨询英格兰女王就做出这些决定,明显是想赶在莱斯特伯爵抵达现场前给他的权力设限。此外,在1586年1月的谈判中,荷兰和泽兰坚持称,不只莫里斯以及其他两名执政,事实上尼德兰的所有执政都是从他们担任执政的省份那里获取权力。两省主张,莱斯特伯爵既不能挑战也不能变更执政的任命,因为过去的哈布斯堡总督,以及莱斯特伯爵的前任、前不久的马蒂亚斯,都无权任命执政。[180] 这项权力为最高权力者保留,而最高权力现在已经移交给了各省三级会议和总三级会议,正是后者将最高权力交给伊丽莎白并宣布莱斯特伯爵为"总督",因此应当由这些机构来任命执政。莱斯特只能抱怨道,奥伦治被暗杀后,奥伦治-拿骚家族的权势已经被削弱,"(他们)可怜得不可思议,(并且)不怎么受三级会议尊重"。[181]

第二个问题是佛兰德和布拉班特三级会议在总三级会议和国务会议中的代表问题。尽管这两个省份只有小片地区残留在起义者手中,莱斯特伯爵仍然渴望保留两省在共和国联邦会议中的代表,以作为自己抗衡荷兰省首要地位的附加手段。因此他坚持保留两省在国务会议中的代表。在莱斯特伯爵统治时期,国务会议主要的集会地点并非海牙,而是新总督驻地乌得勒支城。佛兰德在国务会议的代表范梅特凯尔克(Van Meetkerke)事实上就是伯爵最密切的谋士之一。不过事实证明,将佛兰德和布拉班特代表留在总三级会议里更加困难。随着安特卫普的陷落,在布拉班特三级会议中拥有投票权的城镇现在全都重归西班牙统治。仍在荷兰手上的北布拉班特城镇贝亨和赫拉弗历史上在省三级会议中并没有投票权。鉴于此，荷兰和泽兰拒不允许布拉班特和佛兰德的代表继续参与总三级会议的集会。[182]莱斯特伯爵试图帮助贝亨、赫拉弗和一群布拉班特贵族争取作为"布拉班特三级会议"代表参与总三级会议的权利，但没能成功。[183]

第三个问题是如何管理国家的财政。这一阶段，只有荷兰、泽兰、弗里斯兰和乌得勒支4个省份定期给总三级会议提供款项。他们集体商定，每年为战争支付240万荷兰盾。原则上，他们也赞同需要某种形式的中央国库。[184]但莱斯特伯爵专断地设立了自己的中央"财政会议"，并将它置于雄心勃勃的布拉班特人雅克·兰戈（Jacques Reingauld）的管辖下，这些行为引得群情激愤。兰戈此前曾作为财政顾问，为几任西班牙总督服务过，还曾为安茹公爵和奥伦治亲王服务过。[185]他生性贪婪，但精通法语，而在莱斯特伯爵统治下，法语是国务会议的官方用语。不过，各省抵制他的主要原因是他力图将自己的势力延伸到各省的行政管理领域，接手管理抄没来的教会财产和贵族土地。[186]在荷兰省北区，管理充公教会财产的权力从城镇手上被转移走，分派给了兰戈的党羽、另一个布拉班特人纪尧姆·莫斯泰尔（Guillaume Mostert）。

另一个纷争之源是莱斯特伯爵对敌人控制区实行的普遍禁运政策。[187]从战略角度考虑，莱斯特伯爵坚持这种禁运相当合理。1585年年末至1586年年初的冬天，帕尔马公爵的守军和整个南尼德兰面临着严重的粮食短缺。荷兰共和国拥有足够的海军力量去封锁佛兰德海岸和埃姆斯河口并护卫内河水道，进而阻止食物和军需品被运往南尼德兰以及被西班牙占领的海尔德兰、上艾瑟尔、德伦特和格罗宁根部分地区。莱斯特伯爵的禁运政策从1586年4月起强制推行，到8月禁运范围扩大，为的是禁止与埃姆登、加来（Calais）和索姆河口以东所有法兰西口岸的贸易。

效果正如总三级会议后来在17世纪二三十年代实行的野心勃勃的内河禁运，莱斯特伯爵的禁运政策产生了相当大的影响。[188] 平常沿荷兰内陆水道进行的驳船运输大部分瘫痪或被迫改道。[189] 共和国内，食品价格，尤其是奶酪和黄油的价格下跌，这巩固了城市人口对莱斯特伯爵的支持，但也令贸易和乡村地租缩水。由于荷兰商人不得再向西属尼德兰、西班牙或葡萄牙出口谷物，荷兰船只从波罗的海进口谷物也受到不利影响，以往的航线大多改道英格兰、法兰西，甚至苏格兰。[190]

莱斯特伯爵与荷兰省之间的冲突从一开始就可以察觉，现在则渗透到了荷兰人生活的每个方面。几乎所有新进展都会增加双方的愤怒。从荷兰省的角度看，伯爵的措施中最令人恼怒的是他1586年5月与上艾瑟尔三级会议进行的谈判。该省三级会议一直远离乌得勒支同盟，在过去三年里也只是敷衍地参与总三级会议。莱斯特伯爵对付上艾瑟尔的办法是派遣私人使节和秘密信使，而不是通过总三级会议的正式机制。这引得人们猜疑（大体上是合情合理的），为了换取上艾瑟尔支持《无双协定》以及与英格兰的联盟，总督准备承认上艾瑟尔一直宣称的、它与神圣罗马帝国的特殊联系，并准备尊重上艾瑟尔拒绝全身心加入乌得勒支同盟的愿望。[191]

愈演愈烈的冲突的一个根本方面就是教会事务。许多年来，大多数荷兰归正会讲道者一直要求开设全国宗教会议，以解决1572年来出现的关于教义和组织的分歧。莱斯特伯爵支持了这一要求，全国性宗教会议也定在海牙召开。海牙宗教会议拟定了严厉的加尔文宗教会规章，拒斥各省三级会议监督省宗教年度会议的要求，同时也反对世俗机构控制讲道者的任命。但莱斯特的全国宗教会议只是一个空架子。虽然泽兰、海尔德兰和上艾瑟尔接受它的决议，但荷兰省三级会议简单粗暴地拒不采纳新教会规章。[192] 不过，在荷兰省的宗教圈子里有强大的声势支持莱斯特伯爵的宗教政策，荷兰省的几座城镇也是如此，多德雷赫特尤甚。莱斯特伯爵担任总督期间，多德雷赫特始终选择亲莱斯特伯爵的立场。

1586年6月，荷兰共和国的政治危机变得更加尖锐。当时，乌得勒支民兵团体因为反对该城摄政官宽容的宗教政策，于是开始在城内组织聚会，鼓吹更强硬的加尔文宗立场，并要求再次将联省的最高权力呈交伊丽莎白女王。[193] 8月，60多名反对莱斯特伯爵的乌得勒支摄政官和贵族被驱逐出城，驱逐出省，并被迫到荷兰省避难。这些人与自由派归正会信徒联系紧密。在乌得勒支，自由派势力在讲道者许贝特·德伊夫赫伊斯（Hubert Duifhuis）的圣会里蓬勃发展。10月，莱斯特伯爵在民兵指挥官和该城激进加尔文宗民众团体的支持下清洗市议事会，这个民众团体长期以来一直煽动对天主教采取更强硬的措施。[194] 新议事会得以任命，他们是狂热的加尔文宗信徒，反天主教，亲英格兰。他们的首领是从布拉班特流亡而来的市长赫拉德·普劳宁克（Gerard Prouninck）。1579年，斯海尔托亨博斯曾短暂支持乌得勒支同盟，普劳宁克就是这一政策的主要倡导者之一。

莱斯特伯爵、诺伊纳尔及他们的支持者给予乌得勒支这些亲荷兰省摄政官和贵族的粗暴待遇，令荷兰省摄政官愤怒。荷兰省坚决不允许普劳宁克作为乌得勒支代表被批准进入总三级会议，宣称他是布拉班特人，说他当选市长的程序不合法，侵犯了乌得勒支城的特权。但荷兰省并不能阻止乌得勒支城的新市议事会夺取乌得勒支三级会议的领导权，也不能阻止他们禁止5个教会分会投票，这几个分会自1578

年以来就是权贵势力的支柱。[195] 普劳宁克领导下的市议事会一掌握乌得勒支三级会议的控制权,就成了共和国加尔文宗激进派和亲英格兰势力最积极的工具。乌得勒支的市议事会还成了民众团体在荷兰城市政治中的发言人,为强烈反对天主教的民兵团体和行会发声。

在各个省份,莱斯特伯爵、普劳宁克和他们的伙伴都有大量工作要做。与乌得勒支类似,弗里斯兰也遭受着内部冲突的折磨。弗里斯兰执政威廉·洛德韦克发现自己遭到一群以卡雷尔·罗尔达为首的、狂热的特殊主义贵族的反对;三级会议陷入与高等法院持续不断的争吵中,城镇则与3个乡村地区纷争不断。[196] 弗里斯兰的大多数归正会讲道者都是激进的加尔文宗信徒,他们渴望将联省的最高权力授予英格兰国王。[197] 莱斯特伯爵和国务会议拥有高等法院、奥斯特霍区,除弗拉讷克之外的城镇和归正会教士的支持。城镇的支持主要出于对弗里斯兰代理三级会议的仇视。该机构获取了监督市议事会选举的权力,而此前在哈布斯堡治下,这项权力由高等法院行使。在弗里斯兰,各城镇仅掌握着四分之一的表决权,而乡村地区掌握着四分之三,因而城镇倾向于将省三级会议维持在尽可能虚弱的状态。代理三级会议与荷兰省站在一条战线上。

1586年12月,莱斯特伯爵暂时返回英格兰,当时联省共和国内部的情况已经相当紧张。莱斯特伯爵被指责危及共和国的稳定,将"各个省份推入危险境地"。更重要的是,英格兰士兵和当地民众之间的摩擦越来越令人担忧。1585—1587年正是新教难民从南尼德兰涌入荷兰和泽兰的高峰期。这时,荷兰共和国的房租非常高,住房严重短缺。[198] 总体来说,无论是在根据《无双协定》委托给英格兰管控的"戒备城镇"弗卢辛、布里尔和拉梅肯斯(Rammekens),还是在其他有英军驻

第10章 大起义与新国家的诞生

扎的城镇,英格兰军队的膳宿和补给都非常匮乏,他们倾向于将自己的挫败感发泄到当地民众身上,结果可想而知。"守军中的纪律极其涣散,我们国家的守军尤其如此,"国务会议中的一位英格兰成员托马斯·威尔克斯(Thomas Wilkes)写道,"以至于听到递交给会议的对他们持续不断的怨言时,我感到羞愧。"[199] "我们开始变得令人民讨厌,"他接着写道,"就连西班牙人自己在统治他们征服的城镇时,手段都比我们对自己的朋友和盟友采用的要温和。"

在奥尔登巴内费尔特的领导下,荷兰省三级会议毫不迟疑地利用莱斯特伯爵的缺席,来增强自己的政治势力。多德雷赫特和霍林赫姆认为,不应该在没有莱斯特伯爵同意的情况下引入重大变革。但它们的反对意见遭到无视,三级会议采纳了新规定。据此,在荷兰和泽兰服役的每一个军官都必须从执政那里接受任职,并宣誓效忠省三级会议。省内的军事行动也都不再被视为合法行动,除非得到执政签发的特许状授权。莱斯特伯爵的贸易禁运政策也遭到调整,以抵消它的影响。这项行动令布里尔的英格兰长官大为光火,他表示决不允许在本城宣布这些变革。[200]

在这个关键节点,民众对英格兰军队的抵抗加强了荷兰省三级会议的影响,削弱了普劳宁克和埃塞尔·阿伊斯马(弗里斯兰亲莱斯特联盟的领导)的力量。他们二人力图说服总三级会议,按照与"查理五世从前掌握最高权力"时一样的基本原则,将联省的最高权力授予伊丽莎白。莱斯特伯爵归来时发现,"英格兰派"已被计谋挫败,他们非常衰弱,莱斯特伯爵甚至已认定,在接下来几个月里,他要么放弃努力,要么就得尝试某种形式的政变,就像安茹公爵在1583年时做过的那样。1587年1月,代芬特尔以及聚特芬周围要塞中的英格兰守军厌倦了荷兰，向西班牙人投诚。他们交出了共和国抵抗帕尔马公爵的一些重要的防御工事。随之而来的是民众对英格兰士兵的"极度憎恨"，这转而又在兹沃勒、阿纳姆和奥斯坦德激发了进一步的兵变，由此又催生了民众对莱斯特伯爵和英格兰更为强烈的仇恨。在1587年5月弗里斯兰三级会议的集会上，在泽芬沃尔登（Zevenwolden）区和韦斯特霍区占主导的反莱斯特派取得上风，将他们在奥斯特霍区和城镇中的主要对手排挤到了三级会议外。[201]

但是，在乌得勒支、泽兰、弗里斯兰甚至是荷兰，都还有可观的、支持莱斯特伯爵的残余势力。西弗里斯兰的三座城镇全都支持莱斯特。它们不满三级会议的统治，更钟情于在大起义早期享有的实质上的自治。那时，西班牙在哈勒姆和阿姆斯特丹的军队将西弗里斯兰与荷兰省其他地区隔离开。更南边的地方只有多德雷赫特和霍林赫姆两座荷兰省城镇"反抗三级会议"；不过在其他城市，尤其是阿姆斯特丹和莱顿，莱斯特伯爵在激进加尔文教派民兵中得到了强烈的支持。[202]一些荷兰省贵族似乎也支持莱斯特伯爵。（他们与荷兰省三级会议中领导贵族院的小圈子立场不一致）根据一份1587年2月的报告，"布雷德罗德大人及其夫人（埃赫蒙德家的长女）、国内其他贵族以及大部分民众，尤其是所有的牧师，都支持阁下"[203]。与乌得勒支一样，荷兰省的一些贵族出于阶级原因，对荷兰省摄政官深感厌恶。[204]

1587年夏，莱斯特伯爵筹备着他的政变。他与西弗里斯兰地区的军事指挥官迪德里克·索诺伊合作，煽动市民和民兵反抗荷兰省的各市议事会。索诺伊此前就拒绝许下效忠执政和三级会议的新誓言。9月，莱斯特伯爵把新军队调到荷兰省，占领了豪达、斯洪霍芬和其他地区。他在重兵护卫下进入海牙，可能是意图逮捕莫里斯和奥尔登巴内费尔特，不过并没有成功。失败后，莱斯特伯爵尝试煽动各地民众颠覆摄政官的城镇议事会，特别是在他民众支持度最高的莱顿和阿姆斯特丹。莱顿的亲莱斯特运动似乎主要是佛兰德和布拉班特移民对抗本地摄政官的一种形式。到1587年，这两省的移民总人数已经过万[205]，他们不满摄政官的权威，认为后者的新教信仰太过淡漠。[206] 莱顿的重要阴谋家是强硬的加尔文宗神学教授阿德里安纳斯·萨哈菲亚（Adrianus Saravia），他直接否认荷兰省三级会议拥有该省的最高权力。[207] 阴谋溃败后，萨哈菲亚和一些人得以逃脱，但有3名佛兰德阴谋者被俘获、审判并斩首。莱斯特伯爵做了最后尝试，他亲自前往阿姆斯特丹，但没有成功。这次行动失败后，他带着厌恶的情绪放弃努力，返回英格兰。于是，最后一次也是最广受支持的将起义各省置于外国统治者仁慈庇护和控制下的努力以失败告终。

第二部分

黄金时代早期,1588—1647年

第11章

1588—1590年：共和国的巩固

在1585—1587年这段紧张而艰辛的岁月里，联省呈现出这样一幅景象：各地不断尝试挑战荷兰省在诞生于大起义的初生国家中取得的政治和军事优势。各种心怀不满的团体——绝不仅仅存在于小省份——联合起来，通过支持莱斯特伯爵、支持将起义的尼德兰的最高权力授予英格兰女王的运动，力图挑战荷兰省摄政官的权威，并代之以一种截然不同的体制，也就是一种君主制的、更具贵族色彩的，同时也更支持国教观念的体制（其中所有或大部分民众都必须信奉国教）。相互竞争的两派都没有创造出成熟的政治思想，但他们的确在讨论君主制和共和制的问题。那些支持荷兰省三级会议的人在本质的问题上明白，自己正在支持共和主义的体制和观念。摒弃君主的庇护，尼德兰的"自由"才能得到最好的保留，霍夫特早在1584年的演讲中就曾表述这一观念，而对莱斯特伯爵的抵抗强化了这一认识。1590年7月，托马斯·威尔克斯注意到了气氛的改变，评论道："他们不仅痛恨臣服于某个西班牙人，还因为品尝到了自由的甜蜜，而痛恨臣服于任何国王的政府。"[1]

然而，至少从短期来看，内部的斗争会不可避免地进一步削弱共和国，令她的存续前景黯淡。[2] 如果莱斯特伯爵的政权没能阻止西班牙人逐渐重新征服低地国家的脚步,那么他的耻辱下台也同样无济于事。尽管西班牙在1588年将一些军力转移到无敌舰队对英战争中,但帕尔马公爵的军队依然逐渐从南部、东部和东南部蚕食着尼德兰。[3] 格罗宁根、斯滕韦克和库福尔登的驻军向弗里斯兰发起进攻。帕尔马伯爵没能在1588年的侵袭中攻占贝亨,但也只有一步之遥。1589年,帕尔马公爵得到补偿——荷兰省南部边界海特勒伊登贝赫的英格兰守军变节。

1588年,联省的战略形势似乎比以往都要危急。然而,在1588—1590年这三年里,前景出现了戏剧性的改变,这是荷兰共和国和全欧洲的转折期。共和国从一个分裂、虚弱、无力守卫自己领土的国家,变成可独立发展的邦联。莱斯特时期的特殊主义压力依然显著,但它在一个秩序井然的稳固体制内得到妥善安排。这与晚近的历史形成鲜明对比。1589年4月,托马斯·博德利(Thomas Bodley)写道,荷兰共和国"如今比过去数年都要虚弱;除非得到女王陛下非凡的帮助和忠告——它现在需要帮助,否则它无法坚持下去"。[4] 而一年多之后,对荷兰省三级会议的反抗逐渐消退,这让威尔克斯大受震撼:"此前因为派系斗争而埋藏在人民中的对三级会议的厌恶现在消除了,政府如此平静和稳固(正如三级会议自己承认的),这种情况从他们陷入纷争起从未出现过。"[5]

这一令人瞩目的转变部分是外部因素的结果,尤其是两位重要君主——伊丽莎白和腓力二世在战略方针和外交政策上的转变,但它也是内部变革的结果,荷兰省三级会议权力逐步增强,更重要的是奥尔登巴内费尔特展现出纯熟的治国才能。假如1588年伊丽莎白没有决定撤回她对奥尔登巴内费尔特的反对者的支持,假如1590年腓力二世决心将重心放在法兰西而不是荷兰起义者身上,那么在可以预见的未来,尼德兰的发展可能会有截然不同的道路。但同样真实的是,如果没有找到有效的制度去解决共和国各省之间和各省省内的冲突,即便伊丽莎白和腓力二世做出这些决议,团结和稳定仍然会远离起义的尼德兰。

莱斯特伯爵留下的是一片充满内部纷争、怨恨和背叛的土地。英格兰军队住宿条件差、待遇微薄、经常挨饿,莱斯特离开后,他们与此前同样不满,并且同样倾向于支持激进的加尔文宗信徒对抗荷兰省三级会议,或与西班牙人私通。[6] 奥尔登巴内费尔特的反对者在弗里斯兰、泽兰和上艾瑟尔依然有实力,在乌得勒支还占据上风。[7] 在城市民兵和加尔文宗传教士的支持下,普劳宁克市长谴责荷兰省三级会议将自己的权力和权威置于其他省份之上,谴责其力图统治其他省份而不惜牺牲人民的安全、福祉和灵魂得救。[8] 乌得勒支省三级会议掌控在乌得勒支城贵族和加尔文宗的手上,他们在1588年春依旧毫不妥协地反对荷兰省的领导地位。考虑到总三级会议只不过是荷兰省的喉舌,乌得勒支省三级会议希望这个联邦会议的权力尽可能缩小,[9] 因而更愿意将国务会议当作领导国家、监管各省的合法机构——英格兰而非荷兰省的影响力在这里占优势地位。乌得勒支省三级会议援引《无双协定》,诉诸伦敦,竭力支持国务会议而削弱总三级会议。[10] 如果这会提高英格兰女王在荷兰国家中的势力,那就更好了。1588年4月,乌得勒支省三级会议坚持称,"要克服所有混乱与无序[11],保护这片土地,君主制是最好的,事实上也是唯一的办法"。荷兰省斥责道,根据《乌得勒支同盟协定》的条款,个别省份无权独立于总三级会议,无权自行求助女王或任何统治者,或自行与其谈判。对此,乌得勒支省三级会议坚决予以否定。

弗里斯兰的激烈纷争和经年累月的混乱也在继续。莱斯特伯爵放弃了亲自前往弗里斯兰"解决折磨着他们的所有冲突"的计划。[12] 弗里斯兰执政威廉·洛德韦克和代理三级会议已从支持莱斯特伯爵转向反对他,而他也没能巩固自己的统治,并且面临着普遍的反对。尽管暂时来说,他们得到了卡雷尔·罗尔达及其追随者中坚定特殊主义派别的支持。莱斯特伯爵力图强征"总方案"(General Means)中的赋税和消费税,"与在荷兰和泽兰的做法如出一辙,而这在过去从不存在",罗尔达这派人因此被激怒。[13] 威廉·洛德韦克及其支持者遭到大部分城镇居民、归正会教士和亲英格兰的奥斯特霍区人的反对,他们抱怨"这个省三级会议(新代理三级会议)的代表对他们实施了暴政"。1588年5月,弗里斯兰高等法院主席的兄弟、奥斯特霍区的主要治安法官被该区的贵族派往伦敦,以直接求助伊丽莎白,对抗执政和罗尔达派。

克服小省份中盛行的离心力、各省内的分裂趋势以及加尔文宗的挑战绝非易事。形势得以如此迅速地稳定下来,在很大程度上要归功于奥尔登巴内费尔特在他政治事业早期阶段的能力和技巧。他这时还不完全是精明的。博德利认为这时的奥尔登巴内费尔特"相当死板"、不愿合作,"他的常用表述""有些许粗暴、专断和激烈",[14] 但他很高效。人们曾公正地评论,奥尔登巴内费尔特"从未像1588年的他那样伟大,那时的他为尼德兰的独立奠定了基础"。[15]

奥尔登巴内费尔特聪明地利用了乌得勒支当下的发展趋势,即1586年年末以来这里日益加深的分裂:一方是该省执政诺伊纳尔伯爵;另一方是普劳宁克、强硬派归正会教士和民兵。[16] 伯爵与先前的盟友,尤其是该城重要的归正会传教士赫尔曼·莫德出现矛盾,这导致伯爵摒弃"英格兰派",转而与部分亲荷兰省的乌得勒支权贵结盟。后一团体的领袖是弗洛里斯·廷,即乌得勒支省三级会议的前任议长。[17] 在1588年10月的市议事会选举之前,乌得勒支出现骚乱,诺伊纳尔伯爵以此为借口逮捕普劳宁克,并在市议事会里精心策划了一场政变,清除其中的普劳宁克派,恢复弗洛里斯·廷及其追随者的地位,由此,"英格兰派"及其加尔文宗盟友在乌得勒支的优势地位终结。弗洛里斯·廷重新控制三级会议。乌得勒支省三级会议中被打压的第一等级(教士)得以复兴。许贝特·德伊夫赫伊斯的自由派(非加尔文宗)归正会圣会又开始举行仪式。

以加强荷兰省地位的方式消除的另一个威胁是西弗里斯兰城镇的特殊主义。索诺伊已经把自己禁闭在梅登布利克,他在西弗里斯兰地区强大的亲英派,特别是恩克赫伊曾的支持下,公开反对荷兰省三级会议。[18] 此前,莱斯特伯爵曾将海军和海事事务置于单一的机构之下,意图将荷兰省的势力最小化,现在所有人都认为共和国的海事管理机构必须重组,而在这一问题上,荷兰省三级会议决定支持阿姆斯特丹,压制西弗里斯兰。由于荷兰省三级会议的这一决议,西弗里斯兰各城镇的骚乱进一步加剧。此时,荷兰省用一种有限的武力威胁与谈判相结合的方式,巧妙地消解了西弗里斯兰特殊主义制造的威胁。莫里斯率领荷兰省三级会议军队围困梅登布利克。北部地区的内陆城市阿尔克马尔、埃丹、皮尔默伦德(Purmerend)和蒙尼肯丹受到恩惠,反对西弗里斯兰3个港口城市的权利要求,北部地区的代理委员会由此分裂。最终,1589年10月,奥尔登巴内费尔特以中间调解人的身份提出了一个解决方案,得到各方赞同。根据该方案,阿姆斯特丹和西弗里斯兰各自拥有自己的海事机构和独立的司法区,它们将受总三级会议监管。与此同时,北部地区整体保留独立的代理委员会,但鉴于西弗里斯兰各城镇现在已经被公认为北部地区内的一个实体,它们在委员会中三票的权重被算作与内陆四城镇的权重相等。[19] 该机构依然主要在霍伦集会。

1587年年末到1588年年初的冬天,不仅在西弗里斯兰和海特勒伊登贝赫,就连在纳尔登、费勒和其他一些地区,当地的英格兰士兵们都处在叛乱的氛围中。[20] 但英格兰军队的存在给荷兰省造成的政治威胁,要比人们想象的少。英格兰在众多地区都派驻了少量军队,而重兵集中在4个要塞,它们位于泽兰及泽兰周遭和远离泽兰的地区——如奥斯坦德。这样的驻军方式使得英军并不会对荷兰省或局势最不稳定的省份——弗里斯兰和乌得勒支造成真正的威胁。(参见表6)此外,由于无敌舰队的威胁迫在眉睫,英格兰介入尼德兰事态的危险在1588年年初消失了。伊丽莎白一确信无敌舰队真的准备行动,就意识到她需要荷兰海军的合作,也就不再打算惩治荷兰。不过与此同时,她在共和国的官员依然根据女王之前的诏令阻碍三级会议。1588年4月,伊丽莎白撤回对反荷兰省派系的支持,发布指令要求手下的指挥官从此与总司令莫里斯和荷兰省三级会议合作。于是,在莱斯特伯爵离开几个月后,腓力二世的无敌舰队讽刺性地为缓和荷兰国家的内部冲突以及为荷兰的巩固做出了重大贡献。

1589年10月,也就是伦勃朗的父母在莱顿结为夫妻这个月,诺伊纳尔正在巡视的火药库发生爆炸,诺伊纳尔因此死在阿纳姆。这给了奥尔登巴内费尔特一个机会,即通过安排莫里斯继任海尔德兰、乌得勒支和上艾瑟尔执政,进一步增强荷兰省的优势地位。如此一来,一番波折之后,奥伦治-拿骚家族这位年轻人成了这几个省份的执政。

一个先前独立的军事指挥和任免中心被撤销,荷兰省在决策和管理共和国东部边境要塞方面的影响力提高了。[21]

表6 英格兰在尼德兰的驻军,1588年8月

(单位:人)

驻 地	军 力		驻 地	军 力	
	名义上	实际上		名义上	实际上
弗卢辛	2 100	1 445	瓦赫宁恩	900	606
奥斯坦德	1 650	1 245	乌得勒支	350	315
贝亨	1 750	1 068	阿默斯福特	77	52
布里尔	950	852	贝赫	90	77

数据来源:PRO SP 84/26, fos. 101—102.

不过关键的突破在于,奥尔登巴内费尔特成功地夺取了国务会议的军事和战略决策权,名义上将之转移到总三级会议,事实上则是将其交给荷兰省三级会议。在共和国的英格兰大臣和指挥官试图阻挡这一进程,但是女王已命令他们在其他诸多方面协助奥尔登巴内费尔特,这些英格兰人于是发现,要阻止"各省中最强大、最富庶的"荷兰省成为"其他省份永远仰赖"的主体困难重重。[22] 国务会议里的英格兰成员能做的也只是无力地向伦敦抗议,斥责荷兰省的行事"如此蛮横、如此公然地违背协定,违背国务会议的正当意愿"。国务会议依然负责大量的事务(整个荷兰共和国时期都是如此)。1590年,"除非遇到非常阻碍,国务会议一直坚持每天集会两次,早上从9点到12点,下午从4点到7点"。[23] 国务会议中的一些荷兰成员是各省三级会议的关键人物,包括两名泽兰人——雅各布·法尔克(Jacob Valck)和济里克泽的市长特林克(Teellinck),以及两

名弗里斯兰人。他们愿意帮助会议中3名荷兰省人消除英格兰人的影响，将国务会议从联省的执行机构转变为总三级会议的区区一个行政机构。

随着莱斯特伯爵的离去和国务会议的削弱，总三级会议的活动逐渐扩张。抵制总三级会议三年之久的上艾瑟尔于1587年12月重新加入。[24] 北部省份中，现在只有格罗宁根和德伦特（从未获得席位）依然缺席。到1590年，总三级会议活动繁忙，几乎每天集会，常常上下午都工作。从正式意义上说，奥尔登巴内费尔特是荷兰省三级会议的议长、荷兰省贵族院的议长，在总三级会议中没有正式职责。但由于他是荷兰省的主要发言人，掌控着总三级会议官员手里出入的外交文书，因此对联邦大会中正在发生的事情，享有不可挑战的影响力。总三级会议有自己的秘书去处理收到的外交通信，但占据这一职位的布拉班特人科内利斯·范埃森（Cornelis van Aerssen）越来越屈从于奥尔登巴内费尔特。

到1590年，身处尼德兰的英格兰大臣有望节制荷兰省并在一定程度上维持英格兰影响力的唯一途径，就是鼓励小省份在总三级会议中扮演更独立的角色。但要实现这一点，英格兰人必须加强奥尔登巴内费尔特的反对者在小省份的影响力。1590年弗洛里斯·廷去世时，"英格兰派"一度指望保吕斯·伯伊斯（阿默斯福特一个磨坊主的儿子）接替他，继任乌得勒支省三级会议议长。[25] 尽管伯伊斯曾在1584年10月辞去荷兰省三级会议议长的职务，但他在1585年助力打造联省的亲英战略，从此在英格兰深受敬重。与荷兰省三级会议决裂之后，伯伊斯还成了更为中央集权化的联邦体系的重要支持者，主张建立消除荷兰省优势地位的国务会议。然而，伯伊斯厌恶乌得勒支行会平民主义中的加尔文主义色彩、莫德的神权政治观念和莱斯特对南尼德兰人的偏爱，于是疏远了莱斯特伯爵。[26] 但是，与弗洛里斯·廷和莱昂尼纳斯一样，他依然是总三级会议构想的支柱，他期望总三级会议由复兴的国务会议而不是荷兰省三级会议领导。他还跟奥尔登巴内费尔特一样专横。不过，荷兰省的议长及时挫败了伯伊斯的竞选活动，确保他自己的门徒希利斯·范莱登贝赫（Gillis van Ledenberg）当选。从1590年一直到1618年奥尔登巴内费尔特倒台，乌得勒支省三级会议不过是荷兰省三级会议的附庸。奥尔登巴内费尔特在事实上统治着乌得勒支，也统治着荷兰省。[27]

16世纪80年代后期，荷兰共和国尽管遭受军事挫败，但成功攻克了内部难题，锻造出有序、高效的联邦国家，奥尔登巴内费尔特和荷兰省三级会议在海牙组织和领导着它。一切破坏性的内部压力，即便没有被根除，也得到了压制。这一进程中，荷兰省主导的荷兰联邦国家充分利用了1590年出现的新战略形势所提供的机遇。结果便是共和国将在几乎所有领域取得一系列耀眼胜利。

第 12 章

1590—1609 年：成为大国

领土扩张

16世纪80年代晚期，共和国就像一根被压缩的弹簧，带着积压的动力紧绷着。聚特芬和代芬特尔陷落后，从奈梅亨到埃姆斯河口的整片北尼德兰东部地区事实上都重归西班牙控制，总三级会议的军队撤退到艾瑟尔河以西。1589年，西班牙人夺取海特勒伊登贝赫和莱茵贝格（Rheinberg），围困赫斯登，还在大河沿岸压缩荷兰的南部边界。荷兰共和国的南部、东部和东北部遭到西班牙军队围攻，但在紧缩的领土内，政治体制、军事组织和经济体系都在重建。历史将证明，起义国家幸存的核心地带的前景将因为这些进程而得到无可估量的改善。[1]

16世纪90年代，共和国在国家建设方面取得如此大规模的成就，在历史上实属罕见。只有在内部进行变革，同时外部环境异常有利的情况下，这样的成就才能出现。腓力二世决定将以佛兰德为基地的大批西班牙驻军调离北尼德兰，转而介入法兰西内战，希望阻止信奉新教的亨利四世夺取法兰西国王的位子。正是这一决策改变了战略平衡，给了荷兰机遇。然而，共和国之所以能在16世纪90年代崛起为欧洲一个主要的军事强国，成为首屈一指的商业大国，更重要的是因为共和国核心地区在退守的年月里取得的深远发展。

从1590年开始,共和国的经济环境出现了巨大改善。商业和航运业大规模扩张,城镇也是如此。于是,共和国的财力迅速增长,[2] 短时间内在质量和数量上大幅提升军队实力也成为可能。军队人数从1588年的2万人增长到1595年的3.2万人,而军队的火炮、运输方式和训练方式也得到改进。[3] 在16世纪90年代的攻势中,军队在莫里斯的指挥下攻陷了5个省份——海尔德兰、上艾瑟尔、德伦特、格罗宁根和北布拉班特的大部分地区,共拿下43座城镇(其中包括毗邻的德意志地区的众多要塞)和55座堡垒。(参见地图7)

被拿下的许多城镇拥有强大的防御工事,这些工事和数量众多的堡垒证实了帕尔马公爵不懈的努力。从1585年重夺安特卫普以来,帕尔马公爵就竭力在新近重夺的地区构筑要塞网络。这既是为了守卫这些地区,也是为西班牙进一步进军充当跳板。建设这些要塞网络花费巨大。在1587—1588年腓力二世命令佛兰德军队与无敌舰队共同参与拟定好的入侵英格兰行动时,以及在16世纪90年代西班牙军队插手法兰西事务期间,这一防卫网络对西班牙、对低地国家的天主教事业更显重要,因为帕尔马公爵的堡垒和重新设防的城镇现在成了南北之间的主要壁垒。西属尼德兰的卡斯蒂利亚军队不仅要充当先锋部队,还要守卫最重要的驻地安特卫普、根特、登德尔蒙德(Dendermonde)、守卫佛兰德海岸的敦刻尔克和尼乌波特,守卫位于斯海尔德河口、与荷兰飞地对峙的要塞城镇斯勒伊斯和萨斯范亨特(Sas van Ghent)。[4] 那不勒斯军队守卫着布雷达。帕尔马公爵手下的西班牙高级军官不愿委托"瓦隆"步兵守卫直面荷兰的城镇,帕尔马公爵则并非那么不情

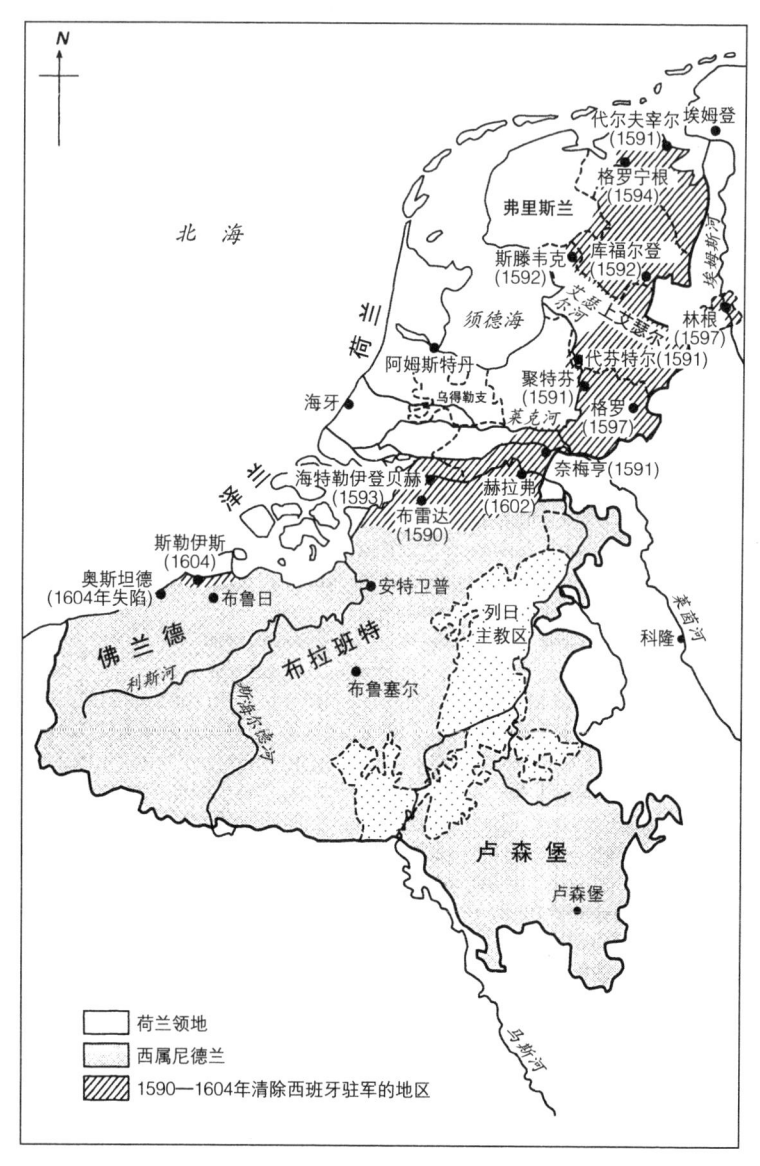

地图7 从西属尼德兰夺回的荷兰地区

愿。然而，无论是在布鲁塞尔还是在马德里，人们依然认为，在为西班牙保卫南尼德兰、守卫分割南北的前线方面，西班牙人和意大利人都至关重要。

1590年，荷兰出乎意料地夺取了布雷达，并以此开始其突破性进展。弗里斯兰执政第一个充分意识到共和国当前面临的机遇，然而尽管有他的鼓励，奥尔登巴内费尔特、莫里斯和国务会议还是在最初组织重大攻势上行动迟缓。不过到1591年春，联省已经做好准备。特殊经费已经筹集，军队已经集结，弗里斯兰省三级会议也被说服，批准军队在远离本省的艾瑟尔河前线采取行动。带着2.6万人的军队，也是共和国部署的第一支大规模野战军，莫里斯和威廉·洛德韦克发起了他们最具轰动性的袭击。[5] 莫里斯采用新发明的运输方式和围城策略，横扫艾瑟尔河，接连攻陷堡垒和聚特芬、代芬特尔两座城市。随后，他冲入奥默兰，夺取所有西班牙要塞，包括代尔夫宰尔——该城控制着在战略和商业上都至关重要的埃姆斯河口。格罗宁根城也被三级会议军队包围了。这一季攻势以占领佛兰德的许尔斯特，兵不血刃地拿下奈梅亨告终。

这些胜利改变了北尼德兰整个东半部的情况。[6] 西班牙在大河以北的威望遭到毁灭性打击，而且再没能重建。荷兰现在控制了莱茵河、瓦尔河和艾瑟尔河，能够重启与德意志之间的大部分内河交通，也能用他们的内河驳船小舰队随意调动军队和补给。随着总三级会议军队的到来，奥默兰的土地贵族起身反抗西班牙人和格罗宁根城，在1592年3月的大会上，他们投票决定签署《乌得勒支同盟协定》，建立归正会教会，禁止天主教崇拜；此外，他们还向总三级会议请愿，要求承认奥默兰为第7个有投票权的省份。[7] 然而，这一提议暂时遭到弗里斯兰人阻碍，他们希望把奥默兰变成弗里斯兰的附庸，而不是让它成为总三级会议中的独立省份。

1591年的攻势为荷兰展现了广阔的前景，同时也激起了总三级会议、国务会议以及奥尔登巴内费尔特与莫里斯之间的争执。[8] 荷兰省也致力于在南部击退西班牙人，希望来年可以用兵围攻海特勒伊登贝赫和斯海尔托亨博斯。然而，弗里斯兰主张，下次应当优先围剿斯滕韦克，毕竟这座要塞扼制着上艾瑟尔西北部，威胁着弗里斯兰和奥默兰；随后是库福尔登——拿下德伦特的关键。海尔德兰和上艾瑟尔偏向于在东部展开攻势，意图收复格罗和奥尔登扎尔。奥尔登巴内费尔特最终说服总三级会议接受妥协方案——在下一季的攻势中，军队将在前半段分成两支，威廉·洛德韦克指挥北方的军队，莫里斯率领南方的军队；随后，后半段时，两军将在扎尔特博默尔会师，进军北布拉班特。[9]

但莫里斯对此置若罔闻，反而加入了其表兄围剿斯滕韦克的战斗。这座城镇由1 060名训练有素的西班牙士兵守卫，围攻这座令人畏惧的要塞，被视为莫里斯最辉煌的功绩之一。传统的战术是封锁这座城镇，用长时间的饥饿迫使他们投降。但斯滕韦克供给充足，用这种方式围城，战斗要持续数个月。莫里斯史无前例地使用大批火炮打击这座要塞，缩短了战事。50门火炮总共射出2.9万发炮弹。莫里斯还采用了其他新奇手段，包括改进战壕和竖井。这些工程由他的主要工程师南尼德兰流亡者约斯特·马蒂厄（Joost Matthieu）和霍林赫姆的雅各布·肯普（Jacob Kemp）设计。另一个新特色是，与16世纪军队的常见心态不同，荷兰军队并不蔑视镐铲作业，他们经过训练，效仿古罗马人，自己挖掘防御工事，不依赖当地农民的支持。几年之前，莫里斯还专门向伟大的人文主义学者于斯特斯·利普修斯咨询罗马人如何组织挖掘工作。斯滕韦克在被围城44天之后投降。

斯滕韦克围城战之后,两位执政接着围剿库福尔登,尽管荷兰省三级会议中有人对此抱怨,但"这场围城行动中,莫里斯采纳的路线与荷兰省主张的特殊方向相悖"——博德利给出如上解释。[10] 库福尔登是西班牙人在东北部尚存的三大重镇之一。在无休止的炮火轰击下,库福尔登6周后就投降了,将整个德伦特置于总三级会议的控制下。弗里斯兰与上艾瑟尔立即开始争论,应当由哪个省驻守库福尔登,哪个省负责守卫德伦特。与荷兰省类似,弗里斯兰急于将固定驻军派到本省分到或者说新分到的地区,并承担相关费用,以此扩张自己的势力。在弗里斯兰省三级会议中,以卡雷尔·罗尔达为首的一股特殊主义势力培育了这样的雄心:不仅要将弗里斯兰霸权扩张到奥默兰,还要扩张到德伦特、上艾瑟尔西北部和更多地方。[11] 相比追逐狭隘的弗里斯兰利益,威廉·洛德韦克更愿意与莫里斯和荷兰省合作,于是多次与罗尔达派发生冲突。罗尔达派指责他们的执政有悖弗里斯兰的利益,意图让弗里斯兰成为"邻省"——荷兰省和上艾瑟尔省的奴隶。[12] 与此同时,上艾瑟尔省三级会议一直在总三级会议抱怨,说弗里斯兰嚣张地破坏上艾瑟尔省的主权,仍然保留着在哈瑟尔特(Hasselt)和斯滕韦克的驻军,即便总三级会议已经令他们调离。[13]

次年,荷兰省坚持,重大的军事行动应当在南方展开,并选取海特勒伊登贝赫为目标。这场围城行动成了莫里斯最著名的功勋之一。该城守备森严,而且坐落于大河附近松软的土地上,在南部西班牙主要权力中心触手可及的范围内。因而就在几年之前,总三级会议还完全不敢考虑冒这样的险,而布鲁塞尔的政权也认为海特勒伊登贝赫是安全的。为了加快完成防御工事,莫里斯再次命令士兵着手挖掘。在常规的军饷之外,莫里斯额外付给士兵每天10斯托伊弗(stuivers)*的报酬——相当于一个劳工一天的工资,此外在特别暴露的位置工作的人还有额外奖金。莫里斯通过这种方式,使士兵迅速且有条不紊地干活。[14] 工程推进的速度非常快,以至于西班牙军队抵达战场时,已经来不及突破重围了。为防止火炮陷入泥地,莫里斯的工程师设计了特殊的木垫。围城方式如此新颖,军队纪律如此严明,因此莫里斯的军营里挤满了当地民众。他们发现没有骚扰平民和偷窃之事,便过来向士兵售卖商品。这里还成了贵妇人的旅游景点,沉默的威廉的第四任也是最后一任妻子路易丝·德科利尼(Louise de Coligny)就在其中。她和同伴从海牙骑马过来参观现场。经过4月的围城,海特勒伊登贝赫于1593年6月投降。

与此同时,各省之间的争吵依然不减。罗尔达反对荷兰省统治弗里斯兰。[15] 但事实是,并没有别的方案能够改变荷兰省的领导权和支配地位。因为各个小省份不仅相互龃龉,省内也缺乏团结和稳定,而没有团结和稳定,任何国家都无法长存。如果联省要作为可独立发展的政治实体而运转,领导权只能来自荷兰省。直到1795年,整段共和国历史中,联省的核心悖论就在于此:它总是混合着两种性质,从理论上来说,它是各个主权省份组成的邦联,而在实际上,它在大多数方面是一个联邦实体。正如一位荷兰历史学家的表述:"政府体制中联邦元素的经线"事实上"交织着清晰无疑的邦联的纬线"。[16] 荷兰省的优势地位及其无可比拟的内部凝聚力成了两大支柱,支撑着联省的存续。没有它们,可能甚至不需要外力施压,内部冲突和衰弱

---

* 斯托伊斯是荷兰在拿破仑战争前普遍使用的一种银币。20斯托伊弗等于1荷兰盾。——译者注

就能将整座大厦压垮。

然而，即便有了荷兰省的力量和奥尔登巴内费尔特的灵活手腕，各个小省份之间及其内部翻腾的争端也没那么容易解决。弗里斯兰人不可调和地分裂着：奥默兰的土地贵族一方面害怕弗里斯兰，另一方面恐惧格罗宁根城；哈瑟尔特和斯滕韦克则抵制上艾瑟尔省三级会议。上艾瑟尔省三级会议转而又宣布自己拥有对库福尔登的主权和对德伦特的历史权利，这一雄心遭到弗里斯兰、奥默兰和格罗宁根的强烈抗议。[17]

奥尔登巴内费尔特在两位执政的帮助下解开了这一死结。无论他们私底下如何看待奥尔登巴内费尔特，两位执政都认为，要使初生的共和国在政治和军事上独立发展，唯一办法就是与荷兰省合作。他们要么帮助巩固荷兰省对其他地区的霸权，要么瓦解整座大厦，没有别的可能性。于是，一整套方案最终在海牙出台，由荷兰省通过总三级会议强制推行。[18] 弗里斯兰人被要求撤出上艾瑟尔西北部，哈瑟尔特和斯滕韦克则归属上艾瑟尔省三级会议管辖；库福尔登暂时继续由弗里斯兰人驻守，而弗里斯兰和上艾瑟尔都没有对德伦特的专属权利。德伦特的未来将由总三级会议，也就是荷兰省决定。

西班牙军队于1593年年末围攻库福尔登，然而未能重夺该城。随着他们的撤退，格罗宁根城的投降和西班牙势力在东北部的消失就只是时间问题。至此为止，总三级会议还没有宣告格罗宁根城未来的命运；但就在围困该城前不久的1594年4月，总三级会议的确以5比1的投票结果（压倒弗里斯兰的反对意见），同意奥默兰成为同盟第7个有投票权的省份，而奥默兰的领土环绕着格罗宁根城。[19] 奥尔登巴内费尔特和荷兰省摄政官明白，格罗宁根城不仅规模大、防备严还决意反总三级会议、亲西班牙。他们希望避免长时间围城造成的破坏和花费，于是尝试各种计策,诱使格罗宁根早日投降。从一开始直到1594年5月,奥尔登巴内费尔特都在劝说格罗宁根市议事会相信,假如守军放下武器,宣布与腓力二世断绝关系,他们就可以逃过长期围城造成的恐怖后果,保留举行天主教崇拜仪式的权利和驻守外围要塞的权利,联省甚至可能承认它是神圣罗马帝国的城市,受皇帝保护。[20] 随后,总三级会议的一名指挥官——荷兰省的陆军中将霍恩洛厄(Count von Hohenlohe)伯爵秘密与该城议事会谈判,讨论是否可能将该城的领主权从腓力二世的手上转移到路德宗的布伦瑞克公爵(Duck of Brunswick)手上,尽管这可能只是一个给该城散播纷争的办法。无论如何,谈判无疾而终。围城持续了两个月,夺取了400名总三级会议士兵和300名守城者的生命,还消耗了1万枚荷兰炮弹。随着城市遭到削弱,治安法官力图安排为天主教教徒保留一座城里的教堂,但被否决。格罗宁根城投降时,自1591年以来就在城墙内寻求庇护的整个修士和教士团体列队而出,与军队和军营中的妇女一道,开始了前往天主教南尼德兰的漫长跋涉。市议事会受到清洗,天主教的崇拜仪式被正式禁止。

投降协定规定,格罗宁根城现在加入同盟,总三级会议将决定如何具体实现。[21] 历史上,格罗宁根城与奥默兰从未构成统一实体,如今它们之间的相互厌恶之情与以往一样尖锐。事实上被荷兰省征服的格罗宁根现在与奥默兰被总三级会议并到了一起,共同组成第7个有投票权的省份——这本质上是个人为制造的、总三级会议中的古怪混合物。[22] 总三级会议设立了一个委员会,来草拟新省份应如何运作的议案,成员包括被任命为新省执政的威廉·洛德韦克(这令罗尔达派不满)、海尔德兰的大法官莱昂尼纳斯、坎彭的一名市长和一位荷兰省代表。

随后产生的便是"格罗宁根城与奥默兰"三级会议——这是格罗宁根省三级会议的官方名称。它包括两方"成员"——格罗宁根城和奥默兰，两者各自拥有该省近半的人口。奥默兰依然划分为3个区——欣辛霍、费弗林霍和韦斯特夸尔捷，各区拥有自己的区会议；格罗宁根城则继续代表它的附属地霍雷赫特和奥尔丹布特（参见地图8）发言。格罗宁根城被赋予签署文件和投票上的优先权，[23] 但除此之外，二者投票的权重相当，可各投250票。由于这意味着永恒的僵局，决定票被分给了执政。奥默兰的土地贵族发现自己被放在既不低于却也不高于格罗宁根城的位置，因而有所不满。更令他们气愤的是，有人建议批准格罗宁根城拥有重大权利。奥尔登巴内费尔特和总三级会议都没有忘记，奥默兰支持大起义时，格罗宁根城表示反对；然而他们决定，不剥夺西班牙国王从前授予该城的特权，因为他们意识到，剥夺特权将让格罗宁根城永远仇视同盟，而如果该城不妥协，整个东北部依旧不安全。事实上，格罗宁根城遭到强行合并，被剥夺了天主教信仰，还要分担大份额的开销——总三级会议支出的6%，这是总三级会议给新省份分派的指标。以这样的方式建立新省，总三级会议——事实上是荷兰省——希望能够同时统治两方"成员"。执政的"指令"是由总三级会议起草，而不是新省。总三级会议还将两个"成员"现存的徽章进行融合，设计了新的盾徽。

格罗宁根城的陷落保证了奥默兰的安全，德伦特的情况基本相似。与"城市与领地"不同的是，德伦特确实组建了广受认可的省份，有自己的省三级会议，代表着领主贵族和人口众多的农民。此外，该省三级会议现在请愿，要求作为第8个有投票权的省份加入同盟，同时要求在国务会议中拥有席位。[24] 然而，德伦特虽然战略意义重大，

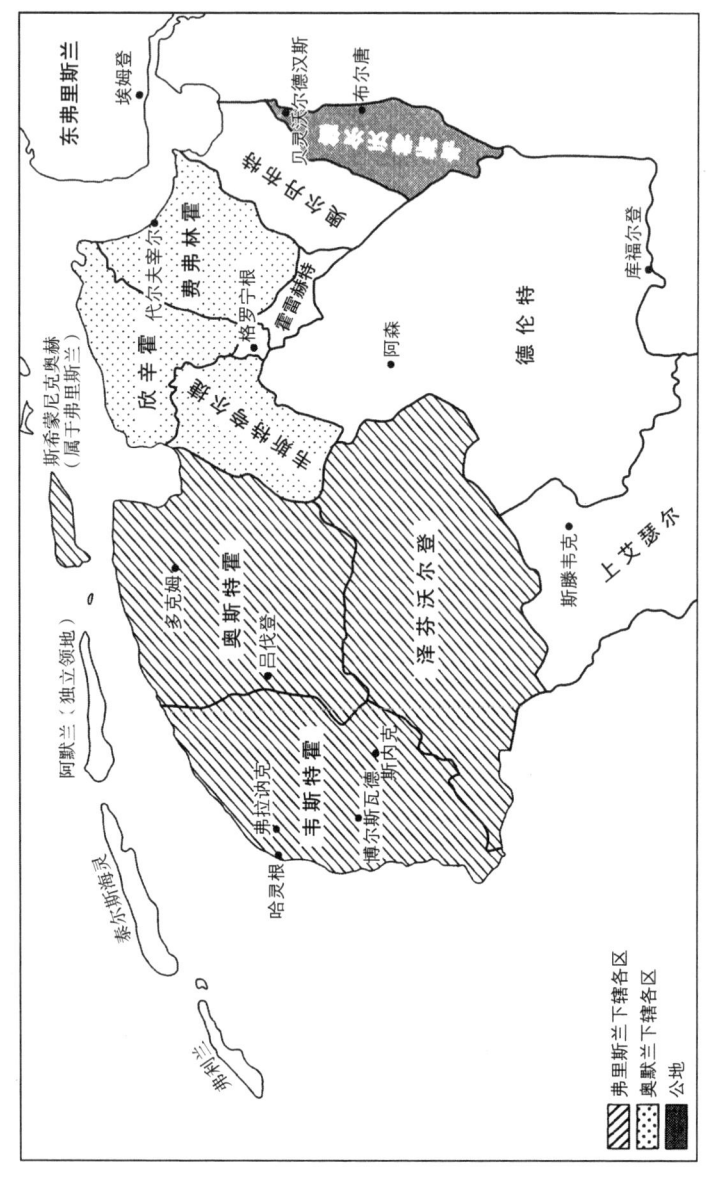

地图8 弗里斯兰、奥默兰各区,以及格罗宁根、韦斯特沃尔德和德伦特

面积也足够大到组建一个单独的投票省，但这里土地贫瘠，总共也只有大概2万人口。荷兰省的摄政官们既不希望德伦特成为全权省份进一步稀释荷兰省在联邦会议中的投票权重，也不希望它成为弗里斯兰或上艾瑟尔的附庸。[25] 于是人们考虑合并德伦特和格罗宁根，以此创建一个能有效抗衡弗里斯兰的实体。考虑到第三个"成员"将终结自己在省三级会议中的优势，格罗宁根城反对这一方案。德伦特于是被拒绝进入总三级会议及其各个机构，然而在其他大多数方面，它又被视为全权省份，有自己的三级会议和执政。1596年，确实是总三级会议任命威廉·洛德韦克为德伦特执政——这是共和国治下德伦特11任执政中的首位，但此后，都是德伦特省三级会议任命自己的执政。[26] 与总三级会议统领的领土不同，德伦特还掌管自己的赋税体系，虽然要依从总三级会议制定的指导方针。然而，德伦特的德罗斯特（同时也是库福尔登的指挥官），即该省最具司法、军事权力的官员，依旧由总三级会议任命。

夺取格罗宁根城转而引发了东弗里斯兰内部权力平衡的改变。在该伯国，埃姆登城在日益增长的加尔文宗势力支持下，与如今的激进路德宗（且亲西班牙）伯爵相争不下。但随着西班牙人从格罗宁根和德伦特消失，埃查德伯爵征服埃姆登的活动会更容易受到阻碍。事实上，1595年发生了东弗里斯兰历史上的一个决定性事件。[27] 在门索·阿尔廷（Menso Alting）领导下，埃姆登加尔文宗宗教法院夺取该城，驱逐伯爵的官员，宣布归正会为埃姆登的公共教会，禁止路德宗信仰，并向总三级会议寻求帮助。阿尔廷生于德伦特，曾在海德堡接受训练，在埃姆登当了20年的传教士。在荷兰省摄政官看来，埃查德及其亲西班牙观念对共和国是个威胁，他们并不反对参与这场能同时打击西班牙、王公权力和路德宗的计划。荷兰军队乘船进入埃姆登,伯爵别无选择,只能到海牙谈判,以达成妥协。根据达成的《代尔夫宰尔条约》(1595年),伯爵必须承认联省是合法国家,承认归正会是埃姆登的公共教会,承认共和国是东弗里斯兰归正会信仰的保护人,同意荷兰无限期驻守埃姆登和莱罗特(Leerort)。事实上,他被迫承认荷兰在东弗里斯兰的霸权。在海牙和埃姆登,甚至有人在此刻讨论将东弗里斯兰并入联省,成为第8个投票省份。[28]

在德意志,没有任何地方的加尔文宗像东弗里斯兰的这样,如此密切地与城市自治、与捍卫地方特权免遭王公权力侵害相连。事实上,埃姆登1595年革命的政治意识形态和教会政治巧妙地补充了荷兰大起义本身更广阔的意识形态体系。[29]正是在16世纪90年代中期,加尔文宗牧师、阿尔廷的朋友,也是反抗西班牙和反抗东弗里斯兰伯爵的大起义的狂热支持者乌博·埃米乌斯(Ubbo Emmius)写下了他著名的弗里斯兰"自由"史——《弗里斯兰领地史》(*Rerum Friscarum Historia*,1596年),将东弗里斯兰与弗里斯兰和格罗宁根,而不是与德意志联系在一起。也是埃姆登的加尔文宗信徒在1604年将约翰内斯·阿尔特胡修斯(Johannes Althusius,1537—1658年[*])推上了埃姆登市镇秘书之位。阿尔特胡修斯是杰出的德意志加尔文宗政治作家,是抵抗王公绝对主义、捍卫城市权利和地方特权的顶尖辩护人。这位加尔文主义和反绝对主义思想家从未忽视这一事实:联省对东弗里斯兰加尔文宗的生存至关重要。他将荷兰驻守埃姆登描绘为该城"自由"的"根基和守卫"。[30]正是在荷兰

---

[*] 生卒年疑误,似应为1557—1638年。——编者注

1595年介入东弗里斯兰事务之后的年月里，伯国内路德宗和加尔文宗之间的势力平衡变得相对稳定，加尔文宗信徒构成略多于20%的人口。荷兰语成为埃姆登城镇议事会、法律和教会的官方用语，并且持续到拿破仑时代结束。

到1595年，荷兰省已在东北部和埃姆斯河沿岸建起强大的总三级会议部队，并压制了在这些地区建立弗里斯兰共管区的努力。罗尔达派不满荷兰省对弗里斯兰的欺凌，不满海牙强加的越来越重的赋税压力，对奥尔登巴内费尔特——他们将这些结果归咎于他——报以最强烈的敌意。[31] 不过，罗尔达派还没有放弃在北部建立弗里斯兰霸权的期望。弗里斯兰军队继续驻守库福尔登以及布尔唐（Bourtange）和贝灵沃尔德（Bellingwolde）这两个关键要塞，控制着边境的韦德（Wedde）、韦斯特沃尔德及东部边境上格罗宁根省司法辖区之外的总三级会议领地（参见地图8）。不过在格罗宁根、德伦特和上艾瑟尔，也有许多人反对弗里斯兰的意图。在总三级会议上，这些省份联合起来，挑战弗里斯兰驻守库福尔登、韦德和韦斯特沃尔德的权力。与此同时，上艾瑟尔和德伦特仍在库福尔登的问题上争论不休。[32]

奥尔登巴内费尔特解决这一难题的办法标志共和国进入新阶段。1596年11月，总三级会议宣布，从今以后，所有以总三级会议名义被驻守，且位于荷兰、泽兰、弗里斯兰和格罗宁根之外的边境要塞，尽管依旧分属各省，但不再由各省控制和管理，而由国务会议代表总三级会议接管。[33] 在创建真正的联邦军队、制定联邦防御政策上，这是关键性的一步，因为大多数重要堡垒位于上述四省之外，分布在佛兰德、布拉班特、海尔德兰、上艾瑟尔、德伦特、韦德和韦斯特沃尔德，它们构成了内陆边境上护卫共和国的巨大弧形屏障。现在它成了受联邦控制的警戒线,由国务会议管理并提供补给,再不是附属于特定省份的一串孤立的点。作为政策变化的一部分,威廉·洛德韦克现在也成了韦德和韦斯特沃尔德的执政。

共和国的第二次大规模攻势于1597年发起,当时西班牙的佛兰德军队依然被牵制在法兰西边境。莫里斯先是沿莱茵河进军,攻占莱茵贝格——这个"战争中的婊子"此前充当着西班牙人在莱茵河沿岸的主要过境站。夺取莱茵贝格后,莱茵河以北残存的西班牙人据点格罗、奥尔登扎尔、恩斯赫德(Enschede)、布雷德福特、奥特马瑟姆(Ootmarsum)和林根孤立无援。莫里斯随后拿下格罗、奥尔登扎尔和恩斯赫德,接着跨境进入神圣罗马帝国,向北方和南方分别派遣军队,以占领林根伯爵领地和默尔斯(Moers)伯爵领地。大炮[莫里斯用船途经瓦登群岛(Wadden Islands)和埃姆登,从海上将它们运来]抵达后,荷兰军队攻占"大堡垒"林根,将荷兰的霸权进一步延伸进埃姆斯河谷。[34]占领格罗就彻底将西班牙军队清除出海尔德兰东部,占领奥尔登扎尔和恩斯赫德则彻底将他们驱逐出上艾瑟尔。这场战役之所以著名,同样是因为莫里斯高效的运输——整支军队通过内河驳船舰队迅速调度,莫里斯老练的围城技术以及使用大规模炮火迅速瓦解堡垒。[35]格罗尽管补给充足、守备严密,也在两周后投降。

25年前,这片起义土地是危险地带,如今却建起欧洲最强大的国家之一。到1597年,荷兰常备军的效率在严格意义上说是欧洲最高的,其规模也仅次于西班牙。16世纪90年代,荷兰海军也在实力和规模上大幅提高,巩固了荷兰对斯海尔德河口和埃姆斯河口的控制,强化了总三级会议对弗里斯兰各海港的封锁。人们还开始考虑将荷兰的海上力量用到更远的地方。然而不可否认,共和国能在1590—1597年取得辉煌的军事成就,只是因为西班牙被法兰西的斗争分散了精力。假如西班牙君主能从法兰西的纠葛中抽身,联省还能守住自己的阵地吗?

1597年年末到1598年年初的冬天,奥尔登巴内费尔特焦虑地观望着法西和谈的进程。和谈最终敲定《韦尔万条约》(Treaty of Vervins,1598年5月)。和谈开始前不久,奥尔登巴内费尔特就决定亲自率领一支总三级会议的特别使团前往法兰西宫廷,以便在对共和国而言令人担忧的新形势下,尽可能为本国争取利益。[36] 这个团队中精英众多,尤为重要的是年轻的胡戈·格劳秀斯(如今他已赢得杰出年轻学者的名声);而总三级会议秘书难以对付的儿子弗朗索瓦·范埃森(François van Aerssen)在昂热(Angers)加入了法兰西宫廷一方。奥尔登巴内费尔特全神贯注于荷兰问题,避免按照胡格诺派期望的那样,插手法兰西归正教会与国王的谈判——这场谈判之后以《南特赦令》(Edict of Nantes)告终。荷兰省的议长更愿意运用他掌握的手段为共和国争取最多的帮助,而不是为法兰西新教徒争取国王的让步。他也不想冒险给联省招来法兰西的天主教压力。意识到自己无法阻止即将到来的法西和解,奥尔登巴内费尔特集中精力获取尽可能多的一揽子经济援助。[37] 在1598年4月28日的最后一次会面中,亨利许诺在接下来的4年里继续资助荷兰的军事活动,总额高达100万埃居。

与此同时,腓力二世年事已高,行将就木。在可以预见的未来,他看不到通过武力手段重夺反叛各省的希望,于是寻求在低地国家打造新政治框架,以便让西班牙国王从斗争中抽身,同时避免过分损害国王的威望或丧失他在南部的军事基地。在遗嘱中，腓力二世将"顺从的省份"分给女儿伊莎贝尔公主及其奥地利哈布斯堡家族的丈夫阿尔贝特（Albert）大公。他们将成为布鲁塞尔的共同统治者，并被称为"大公夫妇"。然而，腓力二世授予他们的最高权力基本是名义上的。佛兰德的西班牙军队将继续保留，且主要靠西班牙税收支付军饷；军队的指挥官和士兵，包括要塞城镇的首领依然要宣誓效忠新西班牙国王腓力三世（1598—1621年），国王继续雇用和指挥他们。[38] 阿尔贝特大公和伊莎贝尔公主的南尼德兰由马德里守卫和资助，于是依然被普遍视作西班牙的附庸。此外，腓力二世的遗嘱还规定，假如"大公夫妇"没能生育合法继承人——事情似乎很可能如此，那么在阿尔贝特大公去世后，南部各省将重归西班牙国王直接统治。

然而，将南部分给大公夫妇的安排，使得尼德兰南北更容易寻求妥协，终止低地国家的战争。[39] 除此之外，新国王及其宠臣莱尔马公爵（Duck of Lerma）面临着棘手的财政难题，相比从前的腓力二世，他们对北尼德兰宗教和政治叛乱的态度不那么顽固。和解最初由大公夫妇和莱尔马公爵于1599年发起，震动欧洲。西班牙和大公夫妇表示，为了结束冲突，他们打算尽力而为，甚至可以接受1572年以来的种种事端，认可已然发生的大多数政治和宗教变革，承认莫里斯是荷兰、泽兰、乌得勒支、海尔德兰和上艾瑟尔执政。[40] 然而即便如此，当前开启的和解根本没什么成功的可能性。考虑到西班牙在欧洲的地位及其作为天主教会主要保护人的角色，在没有从荷兰获得挽回体面的重大让步前，莱尔马公爵和大公夫妇不可能轻易收手。尤其重要的是，北尼德兰必须承认大公夫妇（最终是西班牙）在法律上享有对北部的主权，[41] 此外北尼德兰还需对天主教会做出一些妥协。然而，奥尔登巴内费尔特和莫里斯从一开始就认定，他们不会也不能在联省主权独立的问题上妥协，也不会对天主教崇拜有所让步。[42] 而对于从布鲁塞尔来的和谈试探者，荷兰共和国一方还是给予回应，为的是尽可能地稳住对方。1598—1599年谈判的重要意义在于，它们促成了一种和平将至的幻象，降低了西班牙立即进犯的可能性。

新朝伊始，西班牙君主制的发展路线已走到关键的转折点上。但共和国同样面临着严峻的困境。如果战争继续，在法兰西与西班牙处于和平状态而英格兰战力松弛的情况下，联省的未来将越发不确定和危险。[43] 西班牙现在可以不受约束地将所有军力转移到打击共和国上。即便西班牙人不会严重侵犯荷兰领土，仅仅为了令敌军无法近身，共和国也将被迫增加军队和国防开销。在越来越大的压力下，共和国新近赢得的凝聚力和繁荣经受严峻挑战。然而，正因为奥尔登巴内费尔特和莫里斯明白这些危险和共和国潜在的脆弱，他们才认为不能冒险承受与西班牙和天主教会妥协带来的令人不安的后果。与所有被围困的小国一样，共和国的领导人发展出了一种受困心态，沉浸于质疑任何可能削弱壁垒、降低警觉或模糊分界线的事。

与双方的秘密谈判相伴随的，是一阵相互敌对的谣言风潮，以及在出版物和版画上刻意制造的宣传战。不过版画只出现在北部，这意味着相比南部，在北部让宣传触及淳朴民众的获益更大。宣传战开始于1598年春，当时南部出现了一本致"荷兰省"的小册子，号召荷兰省人恢复对国王的服从，让尼德兰再次统一成一个国家。[44] 这触发了持续数月的宣传战。荷兰省对"被征服各省"的回应配着插图，图画使用了自1572年以来视觉宣传常用的象征：荷兰雄狮、象征征服的金属项圈、包裹在盔甲中的虚伪国王，还有教宗——他被指为西班牙王座背后的真正势力。一直以来，这些宣传的目的就是让民众觉得南部等同于教宗、天主教和不宽容。荷兰省的首个回击中，包含了对处决安妮克·于滕霍芬（Anneke Utenhoven*）的描绘。1597年7月，这个再洗礼派妇女在布鲁塞尔被活埋，事实上这是南尼德兰最后一个因异端罪名被处决的人，但在1598年没人知道这一点。[45] 而荷兰政治宣传的基本主题思想是："被征服各省"伸来的橄榄枝只是虚伪的计谋，意图通过阴谋将奴役的"项圈"重新"套"到"荷兰雄狮"身上。

这确实应和了北部领导人中盛行的观点。国务会议中的英格兰成员向伊丽莎白女王保证，在海牙，大公和解的提议"被当成危险之物，完全不受信任，被视为给这里制造麻烦的诡计。很明显，他们害怕最低限度的一致条款或联盟可能带来的负面影响，认为其中的核心观念是危险的。因此不需要怀疑，他们不会留意这样的提议，因为他们从未像如今这样光辉、顺遂"。[46]

这个判断是正确的。荷兰的不妥协既不缺乏想象力，也不希望为了自己的目的而延长战争，更不渴求获取更多领土。它事实上是荷兰内部来之不易，如今依然错综复杂且保持脆弱稳定的典型结构。荷兰省和乌得勒支省的天主教忠诚正缓慢复兴。各省之间的内部冲突依然尖锐。共和国的很多地区不过刚刚被征服，而且像特文特、格罗和格罗宁根城这种地方的忠诚并不可靠，只能通过武力维持它们的和平。更糟糕的是，各个省内部也存在令人担忧的分裂，弗里斯兰、格罗宁

---

* 又名 Anneke van den Hove，即安妮克·范登霍夫。——编者注

根和上艾瑟尔尤其如此。就目前而言，对于共和国来说，相比独自面对西班牙帝国的全部武力，同意与南尼德兰妥协和互动并承担由此带来的危险似乎要冒更大的风险。

随着法西战事的告终，西班牙在低地国家的军队因为长期的资金短缺、反复的兵变和和谈的谣言而暂时处于混乱状态。相比之下，荷兰军队受到近来胜利的激励，正处于严阵以待的志气高涨状态。于是，奥尔登巴内费尔特和摄政官们决定趁着阿尔贝特大公尚未能重整军纪，利用当前形势采取深入佛兰德的重大军事行动。这个雄心勃勃但风险十足的提议源自泽兰省三级会议。该三级会议感到应该做点什么来破坏西班牙建立与卡德赞德（Cadzand）对峙的要塞网络的活动。与此同时，泽兰与荷兰都在为另一个问题忧虑：从敦刻尔克出发的私掠船越来越频繁地攻击他们的航运船只。奥尔登巴内费尔特同意了沿佛兰德海岸深入打击的计划。威廉·洛德韦克则反对，认为这种深入敌人领土的行动意味着拿军队冒不必要的险。[47] 莫里斯最初似乎也对这个方案有所犹疑。

深入佛兰德的决定同样也源自荷兰领导层对东北部危险形势的焦虑。目前还没有时间修缮、巩固莫里斯夺取的要塞，建立一个可以运转的防卫屏障。格罗宁根持续的政治困局显然是危险的。总三级会议此前没能结束奥默兰与格罗宁根城的争斗，于是在1599年3月又建立了一个委员会，来审查格罗宁根城的重大权力。委员会建议削减该城特权，支持奥默兰。这时，格罗宁根城终止了与总三级会议、省三级会议和执政的所有合作。[48] 为了防止格罗宁根像1580年那样，再次为在东北部复兴的西班牙势力充当"桥梁"，总三级会议在荷兰省的鼓动（和奥默兰的同意）下，于1600年春派军入驻该城，解除市民的武装，并在城墙内建起城堡。⁴⁹ 城堡由奥默兰贵族、德伦特的德罗斯特（大法官）卡斯帕·范尤瑟姆（Caspar van Ewsum）率领800人驻守。讽刺的是，这座城堡恰恰建在30年前阿尔瓦公爵出于同样目的而修筑的要塞原址。

与此同时，弗里斯兰的分裂也在恶化。奥斯特霍和韦斯特霍这两个较富裕的区与泽芬沃尔登区及11座城镇处于激烈的纷争中，前一派在观念上属于罗尔达派，后一派则支持执政。泽芬沃尔登区和这些城镇不满另外两个区的主导地位，担心它们会利用其优势地位（以及其他因素）把该省征税指标中过高的比例堆到自己头上。⁵⁰ 1600年，弗里斯兰省三级会议一分为二：一派在吕伐登集会，支持威廉·洛德韦克，控诉弗里斯兰贵族试图奴役城镇；另一派在弗拉讷克会面，抵抗执政，斥责城镇力图奴役乡村。双方的争执相当激烈，甚至布鲁塞尔的阿尔贝特大公及其谋士希望弗里斯兰陷入内战。与此同时，德伦特的内部冲突接踵而至：一方是威廉·洛德韦克和该省贵族；另一方是该省德罗斯特卡斯帕·范尤瑟姆和数量众多的非贵族农民。⁵¹ 除了上述纷争，总三级会议还要警惕新东弗里斯兰伯爵恩诺三世（Enno Ⅲ，1599—1625年）的态度；相比他的父亲，新伯爵是更激进的路德宗信徒，他更反天主教、亲西班牙。⁵²

在这样的背景下，共和国将其军队投送到佛兰德。莫里斯用船将军队运过斯海尔德河，抵达弗卢辛对岸，随后沿海岸向敦刻尔克挺进。然而，他还没能入侵佛兰德，令佛兰德军队瘫痪的兵变就停止了，这让阿尔贝特大公得以召集1万人的精锐部队，向荷兰进军，其势头削弱了荷兰人的军心。莫里斯陷入一种他完全陌生的形势中。他手下的军官陷入几近恐慌的状态。假如不得不在野外打一场对阵战——且现在的情况似乎很可能是这样——那么荷兰人明白他们的军队相比西班牙人缺少的优势是什么。事情变得很明显,奥尔登巴内费尔特正冒着重大的风险,他为了如今似乎无法得手的回报,赌上了共和国的军队,乃至整个共和国。

此战役进行时,奥尔登巴内费尔特和总三级会议的一个委员会正在奥斯坦德驻扎。这是卡德赞德以西最后一处残存的起义者飞地。他们意图在此监督军队和莫里斯的战略意图。在这段历史中,共和国都坚持认为,影响共和国最重大利益的关键军事决定太过重要,不能将其留给军事指挥官单独定夺。然而,随着形势严重性的全然浮现,人们的脾气变得暴躁,莫里斯和奥尔登巴内费尔特之间爆发了激烈的争吵,这是他们第一次公开冲突。在共和国历史上,荷兰省执政官有时会违背他们自己的习惯,采取惊人的冒险行动,1600年的佛兰德战役并不是唯一一次。他们在1688年还会再度大冒险。然而,1574年以来,共和国遭受的挫败从未像1600年夏那样接近灾难。

1600年7月2日,在尼乌波特附近的海滩上,在遭遇战中受挫且走投无路的莫里斯被迫在这场对阵战中赌上身家性命。西班牙步兵依然是欧洲最精锐的队伍,他们无情地沿着沙滩步步逼退荷兰军队。他们的军事技艺非常高超,荷兰军队似乎必将溃败。不过经过多年的系统性训练,荷兰军队学会了高难度的军事技术,他们缓慢地后退,既不打散阵形,也不损害前线的作战效率。一小时又一小时过去了,荷兰军队缓慢地撤退,直至西班牙人疲累。军事改革的另外两个方面拯救了共和国军队:[53]木垫使得荷兰的炮手(与西班牙人不同)能够持续移动他们的大炮、持续开火,而大炮不会陷到沙子里;荷兰军队的一个原则是保留实力,留下部分军队不参与作战,直至决战时刻。莫里斯一直等到西班牙军队精力涣散,等到斜阳照射他们的双眼,才派骑兵先锋部队冲击,从各个方向打散他们。难以想象的结局出现了:骄傲的西班牙老兵在对阵战中被公认不如他们的士兵击败。这是谋略胜过实力的最好证明。

但尼乌波特的胜利徒有其名。[54] 它把荷兰军队留在不利的一侧,危险地暴露在西班牙军队主力面前。这场战斗还证明,只要稍加组织,西班牙人依然处于强势地位。莫里斯没能夺取尼乌波特。尽管奥尔登巴内费尔特坚持军队必须占领一些地方,以证明入侵的规模和开销之大的合理性,但莫里斯认为审慎重于勇猛,并下令不光彩地撤退。对荷兰更不利的是,8月,12艘王家战舰和私掠船组成的舰队从敦刻尔克悄然溜出,摧毁了北海的鲱鱼场,毁灭了36艘捕鲱船,这占到南荷兰省捕鲱船队约300艘捕鲱船的10%以上。

接下来的4年里,形势陷入僵局。荷兰令西班牙人无法近身。但为了实现这一目标,荷兰不得不扩大军队,修建价格高昂的新要塞,而这又让军事开支急剧提高。阿尔贝特大公和西班牙指挥官从自己的角度考虑,决定在试图渗入大河以北前,先征服奥斯坦德。双方都为奥斯坦德围城战投入了相当多的人力和资源,甚至奥斯坦德不久之后就成了低地国家斗争的永恒象征,为了声誉,撤军已再无可能。到1602年3月,此地的英荷守军人数增长到5 675人。佛兰德军队的新杰出指挥官安布罗焦·斯皮诺拉(Ambrogio Spinola)不顾其他战线,孤注一掷地投入被称为"新特洛伊之战"的行动中。全欧洲的贵族都聚集于此,以便从这个凌乱的战争大学中汲取新的军事技术。围城持续了3年零8天。

通过扩充军力,荷兰得以从斯皮诺拉对奥斯坦德的专注中获益,同时压制住恩诺伯爵。荷兰军队从1599年的3.5万人增长到1607年的5.1万人。[55] 1602年，恩诺伯爵在西班牙和神圣罗马帝国皇帝鲁道夫的支持下，围攻埃姆登。荷兰派去了更多军队，迫使伯爵撤退。根据1603年签署的新条约，伯爵被迫再次承认荷兰对埃姆登的无限期占领，承认归正会在该城的首要地位。同时，莫里斯于1602年9月攻占北布拉班特的要塞城镇赫拉弗。在荷兰省的鼓动下，莫里斯又在1603年试图夺取斯海尔托亨博斯，但未遂。不过次年，在奥斯坦德陷落前，莫里斯在斯海尔德河口取得重大胜利，在斯皮诺拉成功解围之前，拿下了斯勒伊斯以及西班牙人在该城附近建立的堡垒，还夺取了艾曾代克（IJzendijk）和阿尔登堡（Aardenburg）。

奥斯坦德于1604年9月22日投降。尽管由于荷兰近来的成就，西班牙的胜利被夺去了大部分光辉，但整个南部还是举办了精心设计的庆典，斯皮诺拉的胜利被描绘为天主教会复兴的标志。泽兰省三级会议以纪念勋章回应，宣称奥斯坦德是天赐之手，将斯勒伊斯、赫拉弗和阿尔登堡移交给荷兰。[56] 奥斯坦德陷落的一个结果是新教人口的大批迁移。因为该城此前容纳了佛兰德最后一大批新教团体，而现在他们不得继续留在这里，除非愿意重新改宗天主教。大多数人与士兵一起离去，许多人定居到斯勒伊斯和阿尔登堡。现在这两座城镇防守严备，充当着斯海尔德河的守护者及归正会在佛兰德的主要据点。[57]

西班牙在大河以北的复兴要到1605年才实现。但1605—1606年的发展，无论是在战略、政治、宗教方面，还是对经济生活来说，都有巨大的影响。斯皮诺拉先是佯装围攻斯勒伊斯。随后，在1605年7月24日，他攻破荷兰军营，横扫北布拉班特，将莫里斯和三级会议军甩在身后。他跨过莱茵河，而后经科斯费尔德（Coesfeld）穿越明斯特兰，于8月8日率1.5万人兵临奥尔登扎尔城下——这是一项令人惊叹的功绩。该城亲天主教，守备松散并迅速打开了大门。接着，斯皮诺拉的前锋部队出现在林根城前。十天后，这座要塞城镇和整个林根伯爵领地落入斯皮诺拉手中。不到两周的时间里，斯皮诺拉严重挫伤了总三级会议此前（自1597年以来）在荷兰—德意志边界不可挑战的统治。鉴于西班牙重兵驻守在林根和奥尔登扎尔，总三级会议的军队不得不放弃整个特文特区，退守艾瑟尔河。[58]

第二年，荷兰人的担心变为恐慌的事实。1606年7月（伦勃朗出生当月），斯皮诺拉发起突袭，再次现身莱茵河以北。他在行军途中召集了哈布斯堡的新林根总督菲利普·德克罗伊和东弗里斯兰伯爵派来的援兵。这次他入侵海尔德兰的聚特芬区，攻占要塞城镇格罗和布雷德福特，同时夺取莱茵河畔的莱茵贝格。随后，斯皮诺拉向艾瑟尔河进军，攻占洛赫姆（Lochem），威胁聚特芬和代芬特尔，将整个共和国推入混乱。共和国各地的公共教堂，都在斋戒日和为拯救联省而举行的特殊仪式上祈祷。因为通过兵临艾瑟尔河，斯皮诺拉证明，不只聚特芬区，就连共和国腹地费吕沃及其周边，也都易于遭到西班牙攻击。[59] 军队从遥远的布拉班特驻地被匆匆派往艾瑟尔河，与此同时还有几支民兵队伍也进军这里。200名阿姆斯特丹人来到兹沃勒，200名乌得勒支人抵达代芬特尔，100名恩克赫伊曾人到达斯滕韦克。然而斯皮诺拉仅满足于他给整个荷兰国家造成的震动，并不打算跨过艾瑟尔河，不久之后他就撤退了。

莫里斯和奥尔登巴内费尔特随后决心发起一场极不寻常的秋季攻势，试图竭力填补他们防御网上张大的"裂缝"。莫里斯重夺洛赫姆，但围攻格罗的行动（1606年11月）失败。格罗防守严密，并且有来自林根的充足补给。林根是埃姆斯河上的重要物资集散地，不仅运输兵力、马匹和粮食，还运输马车和军需。

西班牙人1605—1606年的胜利使整个特文特区和聚特芬区及其相邻地区再次被拉入西班牙的"捐献"体系。这个体系下，不设防的乡村和小城镇要缴纳一些贡金，换取免遭劫掠和破坏的待遇。随着西班牙骑兵在整个地区巡逻，"捐献"钱从1606年开始一直定期收缴，直到1633年西班牙人丧失在莱茵河下游的最后一个重要基地莱茵贝格。特文特区被摊派的"捐献"比例稍高于聚特芬区。亨德里克·范贝赫（Hendrik van Bergh）伯爵（1606年，斯皮诺拉将他留在格罗掌事）发现自己处在一个诡异的位置，作为海尔德兰领导性的爵位贵族，他要从贝赫伯爵领地（斯海伦贝赫还在三级会议军手上），也就是他自己家族的祖产上征收"捐献"。聚特芬区每6个月要给西班牙人2 000荷兰盾，而贝赫要贡献其中的约八分之一。[60] 西班牙人认为博屈洛-利赫滕福德属于明斯特派，因此最初不向其征收"捐献"，不过从1606年起，那里的乡村也开始需要缴纳"捐献"，因为那时总三级会议驱逐了明斯特派，并占领了该区各城镇。

莫里斯力图光复格罗，但未成功。这是八十年战争第一阶段的最后一场陆地战役。此后战争陷入了僵局。1607年春，荷兰与西班牙签订的停战协定巩固了这一局面。这种僵持也为双方更正式的谈判开辟了道路，最终促成了1609年《十二年停战协定》的签署。共和国的边界在1606年暂时固定，直到1621年战争重启后，才再次改变。这给了西班牙和天主教会喘息时间，用以在共和国东部边缘地区培养起对他们的支持势力。

固定驻军体系

斯皮诺拉1605—1606年军事活动的主要目的是发动心理战，让共和国的整个东部边境显得不安全。为了巩固西班牙的胜利，大公夫妇和西班牙国王花了大笔资金来翻修占领的堡垒，为其配备人员。莱茵贝格在一名西班牙指挥官的管辖下，由超过2 000人的部队驻守。1608年，西班牙在奥尔登扎尔的卫戍部队有2 500人，他们控制着特文特。鉴于西班牙在格罗和林根的守军人数较多，东弗里斯兰伯爵又公开敌视共和国，总三级会议别无选择，只得开启一项规模和耗资都巨大的计划——沿共和国整个东部，以及南部边界，建造新防御工事，打造一个从埃姆斯河口的代尔夫宰尔一直延伸到斯海尔德河口的卡德赞德的宏大防卫圈。（参见地图9）

1605—1608年间，包括西蒙·斯泰芬（Simon Stevin）在内的总三级会议的最高军事工程师在整个边境地区考察、实地测量，设计出最复杂巧妙的、整个欧洲前所未见的棱堡（bastions）、V形棱堡（ravelines）和角堡。这些新堡垒的设计不仅确保荷兰的据点更加安全，还能容纳比过去人数更多的卫戍军队。1588—1607年间，荷兰常备军的规模几乎增加了2倍，[61] 人数超过5万（参见表7），这意味着相比过去，新堡垒能为更大数量的士兵提供住所。1607年，单单荷兰省就为3万步兵和4 000骑兵支付开销，泽兰负责7 500名，弗里斯兰负责6 600名。到1608年，随着军事危机告终，停战谈判正在进行，军队人数被裁减至4.7万；停战协定一生效，军队人数又裁至2.9万人。[62] 但是情况很清楚，假如战事重启，军队必将再次扩充到至少5万人，或许还要多得多。

地图9 《十二年停战协定》期间的荷兰防御圈

表7　1607年荷兰的主要驻军

驻防地	冬季驻防的 连队数（支）	驻军大致兵力 （人）	支付驻军 开销的省
布雷达（布拉班特）	26	3 000	荷兰
赫拉弗（布拉班特）	23	2 700	乌得勒支
杜斯堡（海尔德兰）	22	2 600	荷兰

（续表）

驻防地	冬季驻防的连队数（支）	驻军大致兵力（人）	支付驻军开销的省
奈梅亨（海尔德兰）	21	2 500	荷兰
贝亨（布拉班特）	19	2 300	?
聚特芬（海尔德兰）	16	2 000	海尔德兰
斯勒伊斯（佛兰德）	16	2 000	泽兰
布雷德福特（海尔德兰）	14	1 700	?
库福尔登（德伦特）	12	1 600	弗里斯兰/格罗宁根
阿尔登堡（佛兰德）	12	1 500	泽兰
代芬特尔（上艾瑟尔）	?	?	
赫斯登（荷兰）	8	1 000	荷兰
威廉斯塔德（布拉班特）	7	900	荷兰
海特勒伊登贝赫（荷兰）	7	800	荷兰
布尔唐（韦德）	6	800	弗里斯兰/格罗宁根
申肯尚斯（克莱沃）	4	550	荷兰
斯滕韦克（上艾瑟尔）	4	550	?
里洛（布拉班特）	4	550	?
默尔斯（默尔斯）	3	400	
贝灵沃尔德（韦德）	3	400	弗里斯兰/格罗宁根
代尔夫宰尔（格罗宁根）	?	?	?

数据来源：Ten Raa and De Bas, *Staatsche leger*, ii. 396—401.

防御圈上的一些要塞，如代尔夫宰尔，在1591年攻势之后的年月里就建起了森严的堡垒。但1597—1605年间，局势并不那么危急，建造防御工事的速度有所放缓。此外，一些地方在16世纪90年代初就建起了新堡垒，但在现在它们显得太小了，必须扩大。布尔唐的情况就是这样。布尔唐是东北部边境的一座关键要塞。1606—1607年间，这里建造了数座精心设计、战力更强的棱堡，围起了大得多的地区。一些要塞，如格罗、赫拉弗、斯勒伊斯和阿尔登堡，最近才被攻占，因此这些地区的堡垒修缮和新棱堡、V形棱堡建造无论如何都只能说是刚刚起步。[63] 其他地方，如聚特芬，重建工作在1591年就开始了，而后整个17世纪早期一直持续。[64] 至于库福尔登，国务会议从16世纪90年代初就在草拟扩建该地防御工事的计划，但直到1605年，为了应对斯皮诺拉的攻势，这里才开始动工。

建造新防御工事和扩大驻守部队的大部分开销由荷兰、泽兰、弗里斯兰和乌得勒支承担。它们也是地理上远离防御圈的省份。于是，令翻修要塞和扩军得以实现的资源有六分之五要从共和国核心地区运到外围地带，也就是堡垒坐落、军队扎营、大炮和军需贮存之处。在许多驻军城镇，包括斯勒伊斯、阿尔登堡、艾曾代克、贝亨、斯滕贝亨（Steenbergen）、布雷达、海特勒伊登贝赫、威廉斯塔德、赫拉弗、库福尔登、布尔唐和杜斯堡，驻军活动构成城镇主要或唯一的经济活动，因此1591—1609年驻守部队的大规模扩充深刻地影响到整个外围防御圈社会和文化的每个方面。所有这些城镇的人口规模和整体活力，在相当大的程度上取决于固定的驻守部队的规模。[65]

在共和国的外围地区，固定的驻守部队在1591—1609年间发展成了塑造当地社会、经济和文化环境的主要因素。卫戍士兵和指挥官不只把来自核心省份的钱花在建筑堡垒，购买食物、军需、靴子和马鞍上，还购买葡萄酒、优雅的礼服、啤酒。即便在小驻军城镇，酒馆、赌场和性交易也生意激增。当然，普通士兵也有精神需求，有些人还组建家庭，因此全新一代的要塞教堂得以建立，它们通常带有临时凑合的特性，但有时候，这些教堂对建筑风格的发展影响重大。威廉斯塔德于1597—1607年间建造的教堂被视为尼德兰第一座为专门目的建造的大型新教教堂。与船只和沿海地区的海员一样，荷兰外围地区酒馆和卫兵室里的士兵们变得人所熟知、极其重要。如果荷兰画家的绘画题材最先呈现的是海景，那么到17世纪20年代，他们也时常描绘旅馆和妓院里的士兵，到17世纪40年代，则经常是卫兵室里的士兵。在职业生涯的早期，即17世纪40年代，彼得·德霍赫（Pieter de Hoogh）就喜欢集中描绘卫兵室里的场景。

固定驻军体系的一个社会影响在于，它创造了一种新型的军事贵族，其成员常常来自低阶贵族家庭，他们因为长期服役、有能力、忠于共和国，而晋升到驻军城镇长官或副长官这样的职位。他们必须是可靠、经验丰富、执政信赖的人。尽管一开始他们鲜少富裕，但作为军事长官，管理大笔金钱和大批储备物资的职责让他们变得阔绰。这些长官的宅邸不仅是这些城镇首屈一指的房屋，通常还是社会生活和高雅文化的中心。尽管荷兰常备军的士兵大多是德意志人、法兰西人、英格兰人和苏格兰人，而非荷兰人，但军事长官往往要么是荷兰贵族，要么是南尼德兰的流亡贵族——16世纪80年代初，他们与沉默的威廉一块儿被驱赶到北部。在很长一段时间里，他们持续掌管着被指派的城镇，并与一些市民发展出了深厚的友谊，这些市民很可能先前就与他们相识。尤斯蒂努斯·范拿骚（Justinus van Nassau）做了25年（1601—1625年）的布雷达长官，他出现在委拉斯开兹（Velázquez）描绘1625年布雷达投降场景的名画中。他是沉默的威廉与一个布雷达市长的女儿诞下的私生子。担任贝亨长官11年（1606—1617年）的马塞利斯·巴克斯（Marcelis Bacx）本身是北布拉班特人。他的父亲是布拉班特省三级会议高官，曾支持大起义，并担任赫斯登长官（1578—1587年）。奥默兰贵族、总三级会议任命的德伦特德罗斯特卡斯帕·范尤瑟姆出任库福尔登长官近半个世纪，直到1639年过世。[66]

大多数卫戍军队靠着某省分摊的赋税维系，驻军城镇与给予他们财政支持的省份不可避免地发展出密切联系。于是，斯勒伊斯由泽兰负责卫戍，布雷达由荷兰负责卫戍，赫拉弗则被分给乌得勒支。莱茵河下游的驻军也主要受荷兰省财政支持。然而，东北部边境的情况稍有不同。弗里斯兰在这里具有潜在优势，而格罗宁根和上艾瑟尔对此极为反对，这让荷兰省得以采用混合的驻军，尤其是在布尔唐和贝灵沃尔德，这两地的驻军由弗里斯兰和格罗宁根共同负责。[67]对于那些坐落在7个投票省份领地上的要塞，如海尔德兰的阿纳姆、聚特芬和奈梅亨，荷兰省的赫斯登和海特勒伊登贝赫，任命这些要塞的指挥官是各个省份天然的权力。[68]

荷兰军事改革及其对欧洲的影响

16世纪90年代，莫里斯、威廉·洛德韦克和国务会议在荷兰省和总三级会议支持下进行的军事改革，被恰如其分地视为练兵和军事组织史上的转折点。所谓的16、17世纪的军事革命是一个广泛的现象，而不仅是核心的新型堡垒，更大型、更训练有素的军队，以及更多的物资和更复杂的后勤组织。这一进程开始于15世纪的意大利，并在路易十四时代达到顶峰，进入了更有条理的新阶段，比如军队采用了统一制服。而在这一更大规模的进程中，荷兰16世纪90年代的军事改革是关键，它引入了许多根本性的变革，随后被整个欧洲普遍采纳。

尽管荷兰的改革是更大范围"军事革命"的一部分，但它也必须被看作低地国家特殊的战争环境的产物。1585年之后，由于尼德兰的战争处于异常静止的状态，因此社会必须做出调整，以维持为数众多的驻守部队。他们驻扎在卫戍城镇和人口密集的地方，与平民百姓混居。这种情况在欧洲前所未有。此外，驻守部队还常常聚集在繁忙的交通要道和水道附近，甚至在共和国最重要的两个河口附近。所有这些都向荷兰提出了史无前例的组织和后勤问题。与此同时，新的军事情况创造了一种长期平静的新军旅生活方式。军队由于极少需要真正作战，让荷兰必须彻底改变许多传统的练兵习惯。此外，新的军事情况还添加了额外的花销，要求定期、及时地支付军饷。[69]

荷兰军事改革的某些方面非常适应低地国家的环境，不过也造成这样的改革随后并没有在欧洲广泛应用。因为在荷兰军事改革背后，存在的不只是提高军事效率的需求，另外一点同样重要的是，要保护平民社会免遭士兵破坏。市长和摄政官坚持认为，士兵应当排在平民之后，平民应当得到优先保护。因此，荷兰军事改革从一开始在处理与平民社会的关系方面，就在根本上区别于后来的某些改革——如勃兰登堡-普鲁士的军国主义，尽管它在很大程度上受惠于荷兰的范例和方法。在莫里斯及其继任者弗雷德里克·亨德里克（Frederik Hendrik，1625—1647年）时期，在城镇里侵犯平民的士兵确实还会受军事法庭审判。这些制度设计的目的就是满足平民的需要，但到1651年，甚至这一点也被颠覆，士兵在城镇里对平民犯下的不轨行为改交市政当局的司法机构管辖。

荷兰军事改革的核心在于，需要通过加强军纪，以及在相对短的周期按时支付军饷，来保护平民社会。总三级会议在1590年首次出台军人行为规范，并多次重印。[70] 军纪条款宣读者会对所有新兵进行宣读，并且在每年训练季开始时重新进行宣读。专业的军队司法官员被派驻到各个驻防地，以保证措施的施行。对于较轻的违纪行为，如滋事、偷窃或参与仍为城市行会成员保留的经济活动等的士兵将遭到禁闭或罚款的惩处。对于严重违纪行为，包括诱拐和强奸，违纪者会面临死刑。莫里斯和弗雷德里克·亨德里克都时常吊死那些犯了强奸罪的士兵。要想军队与平民社会之间的关系平顺有序，减少性侵害确实与定期付款的新观念一样至关重要。1620年，威尼斯大使带着诧异记录道：与大多数地方不一样，荷兰的城镇真的请求让卫戍部队驻扎在城里，因为这带来的经济效益远远大于破坏，而且市民在看到自己的妻女非常靠近大批士兵时也并不感到焦虑。[71] 军队与平民社会的关系得到管理的结果是，就连小型驻军城镇也仅有限的性交易行为。

这种对阻止士兵制造骚乱、偷窃和强奸的关注，体现在多种情境中。1594年格罗宁根投降时，只有几支部队获许进入该城，而且只是驻扎在特别指定的、被没收的修道院里。任何形式的抢劫或报复行为都不被容忍。就连军队从教堂里拆毁圣像和祭坛的行动也是在执政的监督下，有组织地进行的。[72]

秩序和纪律成了荷兰军事行动的标志，它们既源于固定驻军地的社会和文化环境，同样也源于特殊的军事创新。固定驻军地的军队承担着无限期的卫戍职责，需要一整套军事训练和任务来取代旧式的掳掠、征粮和洗劫。他们还需向常常看见他们的平民展示自己的军纪和严格的规范。但日益复杂的战争和更精致的战术的出现，也同样需要新训练形式。最突出的例子就是"反方向行进"战术的引入,这是调度配备了火绳枪和滑膛枪的步兵的方式。[73] 1594年,威廉·洛德韦克首先提出"齐射"战术,一排排步兵要在彼此的行列里穿梭移动,轮流开火齐射。他表示这个想法来自对古罗马投矛齐发战术的研究。新战术将革命性地改变整个欧洲的战场策略。与古罗马人一样,新战术成功的关键在于,连续不断的训练使军队达到严苛的标准。否则,在战斗中尝试这样复杂的战术必将导致混乱。

对固定驻军地、"反方向行进"和火力齐射所必需的纪律的强调,反过来又创造了对武器和军需进行标准化的需要。荷兰很快就意识到标准化可以带来的效率。标准化和齐射策略还催生了别的要求:士兵应当学会同步装配弹药、就位和开火。这进而导致了高强度的装弹药训练和武器使用训练。为了教授新规则,军队被重新规划为较小的分队,易于低级军官在训练中一直管理团队。他们按照上级指挥部描绘的图示辅助训练。[74] 这些图示的最终版本出现在雅各布·德盖恩(Jacob de Gheyn)1607年出版的著名的说明手册里。它们展示了使用火绳枪和滑膛枪的42种阵势。这本小册子迅速被翻成欧洲各种语言。

这种对秩序和方法的关注全面影响着荷兰16世纪90年代的军事改革,它们事实上起源于社会和文化压力,又在思想上被利普修斯和其他晚期人文主义学者的新斯多葛主义道德和政治观念强化。[75] 严明的军事纪律有益于社会,能够巩固国家,它能够成功调整军队和平民社会之间的关系,尽可能减少破坏:这样的观念在当时的思想界中盛行,而且吸引了莫里斯、威廉·洛德韦克和奥尔登巴内费尔特。莫里斯在1583—1584年间曾与利普修斯共同学习。对于罗马、希腊和人文主义者对战争的论述,莫斯利和弗里斯兰执政都展现出热切的兴趣。

不过讽刺的是，在利普修斯返回鲁汶之后，他的关于罗马军事行动的重要著作《论罗马民兵》(*De Militia Romana*，1595—1596年）率先在西属尼德兰面世，而且还是献给未来的西班牙国王腓力三世。

利普修斯是那个时代主流的思想家。由于在北尼德兰和南尼德兰都居住过，因此他的思想在两边都具有影响力。这强调了以下事实：军事纪律虽然主要是在北部得到发展和创新，但对它的强调是低地国家共同环境之下的产物，并且从法尔内塞时代开始就是佛兰德军的特点，到斯皮诺拉时代更是如此。事实上，16世纪90年代对南部来说也是军事改革重要的十年。当时的布鲁塞尔政权推行了改进军队补给程序，并在1590年采用了整体性的军队行为规范，管理驻军生活的各个方面。[76] 1598年之后，阿尔贝特大公在斯海尔托亨博斯、盖尔登、格罗和其他城镇建立兵营的雄心勃勃的计划，也是受到类似需要的激励——他也必须协调军队和平民社会之间的关系，尽可能减少士兵对平民的侵犯。

新教地区的人们贪婪地学习、广泛地采用莫里斯的军事改革、荷兰的军事科学和利普修斯的思想，欧洲南部也零零散散地存在类似活动。1616年，莫里斯的表亲拿骚的约翰伯爵为锡根（Siegen）的乡绅开设了一所军事学院，集中教授战争的技艺。[77] 黑森的莫里斯（Maurice of Hesse）这位德意志新教联盟的领导人物是个狂热推动者，联盟本身也在促进德意志模仿荷兰的战术和训练。17世纪初，众多德意志王公出版自己的军事训练指导手册。这些手册内容几乎全都在一定程度上受到荷兰范例的影响。大选侯、勃兰登堡-普鲁士的腓特烈·威廉（Friedrich Wilhelm，1640—1688年）是普鲁士军事传统的真正奠基人。终其一生，他都与荷兰执政的宫廷维持着密切的个人关系和文化联系，他的练兵方式最初就是在荷兰军营里学习的。

不过，众所周知，受荷兰军事改革影响最大的是瑞典，在那里，严格的军事训练、绵长的步兵阵线、"反方向行进"和机动野战炮兵被古斯塔夫二世·阿道夫（Gustavus II Adolphus）提升到新高度，并在17世纪三四十年代的德意志战场上发挥出决定性的作用。

荷兰人在欧洲各地：工艺、技术和工程

大起义之前，安特卫普在欧洲商业和金融活动中所占据的中心地位，以及南尼德兰在工艺和制造业方面的成熟，不仅促使大批尼德兰人向外移民，在里斯本（Lisbon）和塞维利亚（Seville）到波罗的海沿线建立起商人聚集地，甚至还推动大批工程师、专家和技艺娴熟之人向更广阔的地区迁移。尼德兰拥有各行各业的熟练专家，他们最终得以对欧洲文化施加巨大的影响力，在中欧、斯堪的纳维亚、西班牙和稍后的俄国，情况尤其如此。到16世纪90年代，北尼德兰的起义国家成为强大且在经济上极其成功的力量。这一大批尼德兰移民与商人团体类似，往往在宗教和文化方面存在分歧。无论是在西班牙、葡萄牙和意大利，还是在科隆、布拉格和维也纳，许多移民有着坚定的天主教信仰，偏向于安特卫普和正在复兴的南尼德兰，在文化方面也与这些地方相联系。但是也有许多人融入了归正会（有时也融入路德宗，如在法兰克福和汉堡）的环境，更多地偏向荷兰省和共和国一方。

在一些团体中，人们可以察觉到这种分裂正在日益加剧。在神圣

罗马帝国皇帝马克西米利安二世（1564—1576年）当政时期，聚集在葡萄牙和维也纳的低地国家的学者、艺术家和专业技工群体，因为来自祖国的轰动性消息而出现明显且深刻的分裂。[78] 该群体的著名成员包括：荷兰省的胡戈·布洛修斯（Hugo Blotius，1534—1608年），他于1575年成为马克西米利安的皇家宫廷图书管理员，虽然表面上是个天主教教徒，但他对爱之家庭的唯灵论表现出厚爱；瓦隆的植物学家卡罗吕斯·克卢修斯（Carolus Clusius），后来他成了莱顿的教授（参见后文686页）；微型图画画家雅各布·赫夫纳格尔（Jacob Hoefnagel），他在波希米亚成为加尔文宗信徒，之后在1618年将筹码压在捷克反抗哈布斯堡的斗争上。

尼德兰人为敌对双方的压力所困，其中一个异乎寻常的案例便是著名的采矿企业家、实业家和金融家汉斯·德维特（Hans de Witte）。德维特是来自安特卫普的加尔文宗信徒，他本人一直忠于新教信仰，但他在华伦斯坦位于波希米亚的地产上管理采矿和冶铁，还在整体上协助这位大统帅组织资源调配，因而成了三十年战争早期阶段哈布斯堡军事机器上的关键"齿轮"。在此期间，他还雇用来自低地国家的技术人员（其中一些人也是新教徒）。华伦斯坦遭到暗杀后，德维特也在自己家的花园里自溺身亡。

近代早期，西班牙和葡萄牙在技术上还相对落后，因此从查理五世甚至更早的时候起，信奉天主教的尼德兰人在这些地方就颇受欢迎，并且迅速在塞维利亚和里斯本正繁荣发展的商业世界以及需要先进技术的众多领域，尤其是绘画、排水和挖矿方面，取得卓越成就。这一现象还很快传播到西班牙的新世界。西属美洲殖民地的天主教尼德兰人中，最杰出的便是工程师阿德里安·博特（Adriaen Boot）。17

世纪早期，马德里的西印度事务院（Council of the Indies）派他到墨西哥城处理那里严峻的排水问题。雄心勃勃负责新西班牙的排水系统方案的同时，博特还为西班牙国王设计位于阿卡普尔科（Acapulco）的圣迭戈（San Diego）太平洋堡垒（1615—1616年间建造）。这座巨型堡垒的主要建造目的就是对抗荷兰的海上威胁。

整个17世纪，欧洲许多地方都非常需要从尼德兰来的排水和垦荒专家。1624—1626年间，扬·阿德里安斯·莱赫瓦特（Jan Adriaensz. Leeghwater）在荷兰省协助排干了沃尔默湖（Wormer lake），此后他于1628年受埃佩农（Epernon）公爵委托，草拟排干波尔多（Bordeaux）以南、卡迪亚克（Cadillac）附近沼泽的计划。荷兰专家还受雇到托斯卡纳（Tuscany）和教宗国完成各种排水计划。新教欧洲这一领域中的著名人物要数科尔内留斯·费尔默伊登（Cornelius Vermuyden，约1595—约1683年）。费尔默伊登来自托伦，他利用在泽兰学到的技艺，以及众多从泽兰和荷兰省雇来的工头和工程师，对英格兰的发展产生了重大影响。1621年，他受雇到伦敦以东修复泰晤士河堤坝上的一处裂口，自此费尔默伊登掌管了一系列的宏伟工程，尤其是开垦英格兰东部的沼泽地。尽管他取得了一些成果，并在1628年被查理一世封爵，但他的技术和最终的成果广受争议，因为他没能有效排干所有他处理的沼泽。

荷兰在技术上影响欧洲的另外两个重要方面是防御工事和海港建设，这两个领域之间的联系颇深。在设计和建造防御工事方面，荷兰在16世纪七八十年代便开始声名鹊起；当时正值大起义时期，尽快加固荷兰各城镇的城墙至关重要。荷兰防御工事设计者中最为声誉卓著的是阿尔克马尔的阿德里安·安东尼斯（Adriaen Anthonisz，1541—

1620年）。[79] 值得注意的是，1572年之前，安东尼斯所习得的技术主要在指挥堤坝建造和完成土地开垦项目方面。为阿尔克马尔设计新防御工事后，安东尼斯于1573年经历了该城的围城战。随后，他参与到众多重建城墙的工程中，包括1578年之后重建阿姆斯特丹防御工事的项目，以及赫斯登巨型堡垒（1579—1586年间建造）的设计。他成了莫里斯最信任的防御工事专家，正如他也曾是沉默的威廉最信任的专家。不过他在从事防御工事研究的同时，也在继续做着修筑堤坝和土地开垦的工作。1591年，他指导了泰瑟尔岛新堤坝的建造。他还为城镇的扩建做设计，如1590年为恩克赫伊曾做设计。

不过，主要是到1590年之后，随着荷兰防御工事修筑计划的大幅扩展，荷兰人作为欧洲城墙、堡垒和海港修筑专业户的名声才树立起来。国务会议雇用的训练有素的军事工程师，人数从1590年的13人增长到1598年的25人。此时，扩大共和国的工程师队伍已经成为增强其国际影响力的手段。[80] 1599年，普法尔茨选帝侯致信莫里斯和威廉·洛德韦克，要求他们派一位技艺娴熟的军事工程师去帮他设计领地上重要的新堡垒。选帝侯在信中评论道，在堡垒建造领域，欧洲最先进、最高超的技艺如今要在联省寻得。[81] 西蒙·斯泰芬早在16世纪90年代深入参与防御工事建造，并于1594年出版自己关于这一主题的专著《防御工事建造》（*De Sterctenbouwing*）。他是首批将新技术介绍到国外的人之一，不过与多数人一样，他也将防御工事建造的专门技能与其他工程技术结合在一起。于是，受但泽市长的邀请，斯泰芬于1591年到访该市，草拟了加固但泽海港的设计方案。随后他又到加来考察，为改善这里的港口和防御工事设计方案。

约翰·范赖斯韦克（Johan van Rijswijck）也是重要的防御工事

专家。1579—1586年间，赫拉弗在起义者手上，其间沉默的威廉曾任命赖斯韦克整修这里的城墙。随后，赖斯韦克又到贝亨等地为泽兰省三级会议工作。1597—1605年间，他忙于设计总三级会议在林根建造的新堡垒；此后，他到不来梅、吕贝克等德意志北部城市游历，承担起改进城墙的设计任务。另一个非常有名的荷兰工程师是尼古拉斯·范肯普（Nicolaes van Kemp），他曾一度在东普鲁士为勃兰登堡选帝侯工作。1607年，他受邀前往瑞典，在那里停留了三年，帮助设计新城镇哥德堡（Göteborg）的港口和防御工事，瑞典国王当时正努力发展该城。

这一时期，港口工程中最重要的进步之一是"淤泥磨"。这一设备用于清理港口底部淤积的泥沙；它的辐条外端固定着袋子，在海底翻腾搅动，由马力驱动。这一设备最初于1590年前后出现在阿姆斯特丹，当时用的是人力，到17世纪20年代开始采用马力。[82] 到1677年，四台这样的动力设备接连运转，每台多由两三匹马驱动。与阿姆斯特丹一样，欧洲许多港口都有泥沙淤积的问题，因此许多地方对这样的机器感兴趣。以威尼斯为例，这里的元老院于1674年采纳阿姆斯特丹路德宗工程师科内利斯·扬斯·迈耶（Cornelis Jansz. Meijer）的计划，准备安装荷兰的"淤泥磨"，以清理威尼斯港口，不过这一方案从未真正施行。

在欧洲的很多地区，事实上也算是世界上的大多数地区，荷兰技术的影响力显而易见，不过没有哪里比正在迅速发展的瑞典王国更明显。瑞典缺少本土的资本和商业组织，但拥有丰富的矿产资源，尤其是铁矿和铜矿，瑞典国王还怀有雄心勃勃的计划，这样的环境让荷兰能够运用自己的技术与资本，实现最高效的工作。17世纪早期，许多荷兰人移民到瑞典，事实上新城市哥德堡在建城早期几乎是荷兰城镇；不过，帮助瑞典迅速跻身欧洲强国行列的，主要是荷兰的技术而不是人数。低地国家移民中的一个重要人物是威廉·于塞林克斯（Willem Usselinx，1567—1647年）。他来到瑞典时，对荷兰西印度公司的幻想刚破灭。瑞典宫廷则鼓励他建立一个以瑞典为基地的"全球性公司，为了与非洲、亚洲和美洲进行贸易"，这项计划掀起了一阵骚动，却没取得什么成果。而在瑞典的荷兰人中，掌控局势的人物主要是路易斯·德海尔（Louis de Geer，1587—1652年）。他来自起源于列日的一个加尔文宗家庭。与许多列日流亡者一样，海尔家族在多德雷赫特起家。在路易斯那个时代，海尔家族的生意主要是盐、谷物和铁的大宗运输贸易，其中铁从列日进口。1627年，作为一个富裕商人和冶铁专家，路易斯·德海尔定居斯德哥尔摩，并迅速在瑞典建起规模庞大的商业帝国，涵盖铁矿与冶铁、黄铜铸造、造船、绳索制造和其他众多领域。德海尔还成了斯堪的纳维亚可能乃至整个欧洲最大的火炮和炮弹生产商。他和合伙人威廉·德贝舍（Willem de Besche，也来自列日）将一批专家从联省带到瑞典。这些专家通常是瓦隆的新教徒，后来移居荷兰省，如今负责金属加工的技术问题。这些专家引入了一整套锻造与熔炼技术，对于当时的斯堪的纳维亚来说，它们都是全新的。

第13章

共和国的体制

诸省

荷兰共和国的体制框架在1572—1588年间开始成形,在莱斯特伯爵离开到1609年这段时间里发展出了最终的形式。自《十二年停战协定》签订到1795年共和国灭亡,荷兰的这套体制基本上维持不变。需要强调的是,共和国的制度既与1572年前哈布斯堡尼德兰的那套有着鲜明的差异,又与1579年《乌得勒支同盟协定》中设想的不尽相同,尽管在正式意义上,同盟协定仍然是联省的奠基性宪章,并且在整个17和18世纪一直被援引和尊敬。

乌得勒支同盟设想的是一个由一些(并不一定是7个)主权"省份"组成的联盟。各省同意在非常有限的领域——主要是国防和外交政策方面——放弃自己的主权。按设想,联盟应作为诸国邦联,而不是作为一个联邦国家来运行,因为只有在全体同意的情况下,各省才能在总三级会议中做出重大决定。但1579年之后真正发展出的实体,与设想的大相径庭。首先,事实证明,关于全体一致的规定基本上只是理论性的。事实上,联省在17世纪做的重大决定几乎都不是一致通过的——1688年支持威廉三世入侵英格兰的决定是最著名,也几乎是唯一的例外。通常情况是，联省在做出重大决定时要压制至少一个省的反对意见。其次，不仅有关外交政策、战争与和平的关键决议由多数票通过，总三级会议的决议事实上还应用到了更广泛的政府领域，超出同盟协定所规定的范围。尤其是到1590年后，联邦原则延伸到了航运规范、征服地管理、教会事务和推动殖民扩张等领域，其方式是最初的同盟未能预见的。尽管如此，也并不能说联省完全发展成了联邦共和国。在理论上，以及形式和礼仪方面，7个投票省份保留着各自象征主权的标志。因此，要描述大起义创造的政治实体，最好的办法是把它描绘为联邦国家和邦联的混合体，[1] 它在形式和理论上更像是邦联，在实质和实践上则更像联邦。

理论上说，打造共和国的体制是一项集体任务，需要所有省份的同意。而事实上，这一体制框架是荷兰省不顾其他省份的阻碍和反对而建立，甚至在很大程度上是强制推行的。荷兰省的优势地位从没有像莱斯特伯爵离开后的20年里那样强，那时没有任何一个强国对共和国有真正的影响力。[2] 结果，在这个联省历史上制度形成的重要时代，在这个荷兰省对弱小省份的霸权不可挑战的时代，在某种意义上成了一股潮流的制高点，这股潮流可以沿着中世纪晚期一直追溯到13世纪，那就是荷兰省渐渐确认了它对整个北尼德兰的统治权。从15世纪早期一直到莱斯特伯爵统治时代，强大的制衡力制约着荷兰省，但随着莱斯特伯爵的离去，近期再没有任何制衡力，甚至没有西班牙势力来阻碍荷兰省的统治权。于是，荷兰省在所谓主权省权利的基础上，打造了联省，而这种权利，只有荷兰省能够全然行使。荷兰省维护住了自己历史上的凝聚力和身份认同，同时利用弱小省份的资源和土地，来巩固自己的国防、战略权重和经济腹地。

莱斯特伯爵离开后,荷兰省三级会议成为联省最重要的决策机构。1572—1587年间,荷兰省三级会议还处于过渡阶段,但早在1572年之前,它就已在形式和功能上发生急剧转变。如果我们认为大起义将各省和各省机构按照勃艮第或哈布斯堡治下的样子保留下来,这种想法是完全错误的。1572年之前,荷兰省三级会议与其他省份的三级会议一样,是临时性的咨询机构,(通常)只在统治者召集时开会,主要(尽管不是唯独)讨论统治者的赋税要求³,(如果不直接关系到荷兰省在北海和波罗的海的利益)宗教、军事事务和外交政策则在职权范围之外。1572—1576年间,虽然沉默的威廉处于决策中心,但他时常就更广泛的事务咨询荷兰省三级会议。1576年之后,荷兰省在政府中的作用增强,但在莱斯特伯爵离开之前,依然保持共同统治。1572年之后,三级会议的集会比以往更频繁,且会期更长。如果大起义的成果想要幸存,那么同样必要的是,荷兰省三级会议应当行使行政和立法权力,还要负责执行决议。

荷兰省三级会议不再像过去那样数次召开短期会议,它改为每年召开四次长期会议,如果有需要,还会更频繁。⁴ 这种转变可以从以下事实看出。1572年前,荷兰省三级会议通常每年集会不会超过60天。1572年之后,每年集会的时间总是超过200天。⁵ 在哈布斯堡治下,三级会议规模较小,通常只有6座"大城镇"——多德雷赫特、哈勒姆、代尔夫特、莱顿、豪达和阿姆斯特丹的代表出席,此外还有代表小城镇和乡村的贵族。⁶ 1572年之后,更多的城镇参与其中。1581年,有投票权的城镇数目定为14个——除了原来的6座大城镇,又增加了鹿特丹、阿尔克马尔、恩克赫伊曾、霍伦、斯洪霍芬、霍林赫姆、布里尔和斯希丹。到16世纪90年代,随着埃丹、皮尔默伦德、梅登布利克、蒙尼肯丹作为固定成员加入,这个数字增长到18。不过有一段时间,尤其是在16世纪80年代,其他城镇——包括奥德瓦特、武尔登、纳尔登、赫斯登和海特勒伊登贝赫——的代表还偶尔被召集到三级会议,参与特别重要的会议,而到1600年,最终被排除在外。

1585年一个主要的制度变革是,除非紧急情况,三级会议只能讨论其常设委员会——或称代理委员会——事先列在日程上的事宜,而会议日程要事先在各投票城镇的政府中传阅。[7]这意味着,城镇对三级会议的参与变得更直接和频繁。在回头向他们的"委托人"——就是这样称呼——寻求指示前,派往三级会议的代表不能决定任何事情。于是,所有重要事务都要经过各个市政厅讨论,以及三级会议讨论;决议是经过18个城镇议事会商讨的结果,当然也是贵族院、代理委员会和三级会议全体成员商议的结果。荷兰省三级会议此时比以往更像城镇代表的集合,它通过咨询以及直接听命于各个城镇议事会,来运行政府和行政机构。事实上,荷兰省三级会议因此成了比在海牙集会的会议更广大的议事机构。它实际上是18个城镇议事会和贵族院的集合体,受代理委员会和该省议长奥尔登巴内费尔特引领。

1572年之后,各座城镇在荷兰省三级会议中比以往更具优势。不过,贵族院的影响力依然可观。[8]人们不再认为贵族会为小城镇说话,不过他们依然代表着乡村。1572年之前,所有人都还认可,荷兰省贵族只因出身贵族就有资格出席贵族院的会议及三级会议。而1572年之后,将某些被认为不适宜的贵族排除在外成了惯例,理由是他们同情天主教和保王派。此后,荷兰省贵族再没有进入三级会议的天然权利。[9]某个贵族必须受贵族院指派才能进入三级会议,在整个共和国史上,这都是一套重要的政治程序。

荷兰省三级会议中最有影响力的两个代表团一般是贵族院和阿姆

斯特丹，剩下的代表大多站在其中一边。按照程序，在三级会议的19个投票成员中，贵族院优先，他们通常率先发表自己的观点，也第一个投票。这是一套需要严格遵循的程序仪式的一部分。根据这套仪式，代表团按照固定的顺序发表意见，多德雷赫特在贵族院之后发言和投票，接着是哈勒姆、代尔夫特、莱顿和阿姆斯特丹，"没有人打断别人"。[10] 在三级会议的礼仪和座位安排上，这种优先顺序——贵族院居首——也总是一种默认惯例。

1572年后北尼德兰发生的政治革命里，处于中心位置的是在荷兰与泽兰设立的代理委员会，以及后来在其他省份建立的对应机构——代理三级会议。它们是各省三级会议小规模、常设委员会，其组成人员是精挑细选的坚定投身大起义、经验丰富的贵族和摄政官。它们受总三级会议拟定的正式章程约束，并且总三级会议监督着各省日常的行政管理。从长远来看，正是这些常设委员会使各省三级会议发展成了真正的省政府。不过，这些"委员会"还需要一段时间，才能发展为高效的行政管理机构，并演变为最终的形式。一开始，在1572—1577年间，荷兰省的代理委员会成员还只是三级会议的一部分成员，他们被选出来组成咨询委员会，以辅佐执政，奥伦治亲王本人才是行政机构的真正首脑。[11] 此时的荷兰省三级会议承认亲王是政府的统治人物，并认为由一个杰出的要人担任行政机构首脑这一原则是必要的。奥伦治亲王于1577年转移到布鲁塞尔之后，委员会获得了更独立的特性。直到1584年亲王遇刺后，委员会才发展成固定的机构，拥有了明晰的运转程序以及与总三级会议之间受到严格界定的关系。[12] 即便如此，也要到1590年，荷兰省代理委员会才获得最终的形式和章程。与其他省份一样，荷兰省的一个基本原则是，三级会议的常设委员会应该反映出总三级会议中的权力平衡。于是，荷兰省的代理委员会——更准确地说是荷兰省南区（包括阿姆斯特丹和哈勒姆）的代理委员会，因为北区有自己单独的委员会——总是囊括着贵族院、各大城镇的代表，此外还有轮换的、代表小城镇的额外成员。[13] 1573年，西班牙人将荷兰省一分为二，此后北区的代理委员会才成立。委员会通常在霍伦集会，组成人员有该地区7个投票城镇——阿尔克马尔、埃丹、皮尔默伦德、蒙尼肯丹、霍伦、恩克赫伊曾和梅登布利克的代表，但并没有贵族院的代表，因为贵族在北区拥有的地产甚少。

在共和国治下，同盟的其余6省不如荷兰省内部团结，但1572年后它们也发展出了真正的省政府。泽兰省三级会议此前包含三类"成员"——修道院院长、首席贵族和城镇代表，是个临时性的咨询机构，现在它转变成经常会面的机构，其中教会不再有投票权。与此前类似，泽兰的贵族院仅由所谓的省首席贵族，也就是奥伦治亲王代表，亲王通过固定的代理人参与其中。[14] 1585年，莫里斯给这个势力强大的职位找的人选是佛兰德贵族雅各布·范马尔德雷（Jacob van Malderé），他长期担任沉默的威廉的随从。在马克西米利安·范克勒伊宁恩（Maximilian van Cruiningen）率领下，泽兰贵族要求重新进入三级会议，他们声称奥伦治亲王作为首席贵族此前仅仅代表着泽兰的上层贵族。但泽兰省三级会议否决了这项要求。[15] 1572年之前，泽兰省三级会议有7个投票成员，包括修道院院长、首席贵族，以及5座城镇——米德尔堡、胡斯、托伦、济里克泽和赖默斯瓦尔（Reimerswaal）的代表。1530年和1532年的洪水中，赖默斯瓦尔的大部分地区都消失在了大海里。弗卢辛和费勒没有代表。1574年夺取米德尔堡之后，泽兰省三级会议进行重组，修道院院长和赖默斯瓦尔被抛弃，大起义在泽兰的两座堡垒——弗卢辛和费勒取而代之,于是投票成员总数依然是7个。

按照荷兰省与泽兰省于1576年签署的特殊同盟条约,泽兰紧密追随荷兰省。双方的政治联系高于它们与佛兰德和布拉班特的联系。这种密切关系就表现为1576年泽兰省三级会议遵循荷兰省的范例建立了代理委员会,以管理泽兰省。泽兰省三级会议于1578年最终确定了其常设委员会的章程。它要求委员会将归正会作为泽兰的公共教会予以保护和推动,同时在全泽兰压制天主教崇拜。它还要求委员会与荷兰省三级会议合作,而不是与布鲁塞尔的总三级会议。[16]

弗里斯兰省三级会议同样发生了彻底的变革。与泽兰类似,弗里斯兰的教会在1572年以前享有代表权。同样,弗里斯兰的11座城镇没有单独的代表权,代表权归属于当时的三个地区——奥斯特霍、韦斯特霍和泽芬沃尔登。此外,弗里斯兰省三级会议甚至比荷兰和泽兰的更像临时机构,极少聚会,两次会议之间常常相隔数年。因此,弗里斯兰省三级会议在大起义前对省行政机构的影响力相对较弱。[17]自16世纪20年代以来,弗里斯兰的30名主要乡村治安法官格里特曼都由哈布斯堡统治者通过高等法院来任命。[18]大起义之后,直到1795年,弗里斯兰省三级会议有4个投票成员,而非先前的3个。这4个成员包括3个乡村地区,外加11座城镇——1578年之后,这些城镇被分在一起,单独组成一个"区",于是这11座城镇现在共同行使着1票的投票权,与那3个乡村地区的任意一个权重相同。随着高等法院的权威遭到削减,三级会议接管了行政机构,并于1577年根据奥伦治亲王的建议,仿照荷兰省和泽兰省的例子,设立代理三级会议。[19]从此时起,该省真正的政府机构是弗里斯兰的代理三级会议,而不是尾大不掉的总三级会议。[20] 弗里斯兰代理三级会议由来自3个乡村地区的加尔文宗、亲大起义贵族主导。最初,城镇在该委员会中只获得了8个席位中的2个。根据1584年2月在奥伦治亲王协调下签订的协议,委员会的席位增加到9个,其中给了城镇三分之一的票——这也反映出城镇在该省人口中的占比。但随后,这让弗里斯兰不得不建立第二个管理委员会,去召集全体三级会议,并为之制定议程和决议——因为承担这种任务的机构,必须反映出全体三级会议的权力平衡。第二委员会一直由8名成员构成,每个区2人,它被称为小委员会(Mindergetal)。[21] 代理三级会议的最终章程于1591年拟定,共33项条款,第一条就规定委员会必须支持归正会信仰、压制天主教崇拜。

乌得勒支的变革也是根本性的。在哈布斯堡治下,高等法院在执政监督下,指挥该省行政机构,法院成员由布鲁塞尔任命。只有在高等法院或执政召集时,三级会议才召开。与之形成对比的是,1577年后,乌得勒支省三级会议接管了该省行政机构,仿效荷兰省模式,任命了一名全职的"议长",或者说三级会议书记官。三级会议仍然包括三个等级:教会成员、贵族和城镇。但教会如今的权重比之前要少。1583年,三级会议禁止乌得勒支高等法院质疑三级会议的任何措施,并剥夺了高等法院在政治和财政事务上的司法管辖权。[22] 乌得勒支同时还设立了代理三级会议,以统辖行政机构。

于是,在1579年乌得勒支同盟刚刚建立时,就已然存在4个由省三级会议领导、具有常设委员会的新型省行政机构。而在16世纪80年代,东部省份仍是战区,部分土地依然在西班牙人手上;因为破坏和持续的战争,这里新省政府和财政机构的建立被推迟了许多年。直到1593年6月,上艾瑟尔省三级会议才正式建立起该省的代理三级会议，而且还要经过数年，它才能有效运转。[23]

像其他所有脱离西班牙国王的省份一样，海尔德兰的省高等法院，即哈布斯堡治下掌握行政权力和任免权的主要机构，被剥夺了主要的政治职权。但它并没有采取与其他省份相同的方式，将权力移交到三级会议手上，因为事实证明，海尔德兰不可能为该省整体建立一个三级会议的常设委员会或一个统一的财政管理机构。原因在于该省独立区（当时是3个）根深蒂固的特殊主义。16世纪90年代，这里曾经出现建立代理三级会议的短暂尝试，但很快破产。于是各区转而建起了各自独立的常设委员会。它们设置在各区的主城镇。每个委员会有6名代表，贵族集团3名，城镇3名。这在正式意义上确立了双方势力均衡的局面，不过事实上贵族的声音往往占主导地位。于是，海尔德兰省出现了3个相互独立的行政和财政体系，3个权力当局管理被没收的教会财产，该省真正的立法机构是各区会议，而不是全体三级会议。各区会议的规程坚守土地贵族与城镇之间势力均衡，永久性地排斥爵位贵族（16世纪80年代，他们选择站在西班牙一方）。虽然爵位贵族在海尔德兰1572年以前的政权中发挥过重要作用，布龙克霍斯特-巴滕堡历任领主也曾在1596年、1627年和1644年几次试图恢复他们丧失的参与权，但都无济于事。在每个区，弱小城镇的投票被整体计作1票，权重与"主城镇"发言权相当。阿纳姆区的小城镇包括哈尔德韦克、瓦赫宁恩（Wageningen）、哈特姆和埃尔堡。就总三级会议分派给该省的税收指标，3个区大体按固定的基准缴纳捐献，奈梅亨区缴纳47%，阿纳姆区31%，聚特芬区人口最少，缴纳22%。[24]

尽管海尔德兰高等法院依然负责召集全体三级会议，但它不再被准许像1572年前那样安排议程，也不能在各区之间调停，或参与制定决议。这些至关重要的任务现在被移交给了全体三级会议的指导性委员会，即所谓的省区参谋委员会（landschapstafel）。这一机构包含18名代表，每区6名，一半代表贵族，一半代表城镇。然而，省代理三级会议缺失，参谋委员会又只在全体三级会议开会期间存在，这意味着海尔德兰的高等法院与别省的不同，仍保留着自己1572年以前政治角色的某些要素。三级会议不开会时，高等法院是唯一能代表海尔德兰主权的实体，它被授权接收总三级会议、其他省份和德意志邻邦的来信。

除了海尔德兰高等法院有些许例外，当时各省的高等法院都被剥夺了先前的政治职能以及它们在任命城镇之外主要行政、司法官员方面的影响力。之前，各省高等法院与布鲁塞尔的宫廷一道选取各地的巴尔尤夫和德罗斯特，即便在荷兰和泽兰，这些官员在小城镇及乡村也颇有权势。大起义之后，选取这类治安法官的权力移交到了各省三级会议手上——1618年出现强势的执政后，这项权力又转移到执政手上。[25] 而与此同时，治安法官在城镇中的势力被消除；在三级会议主导城镇的省份，如荷兰和泽兰，出于城镇利益的考量，治安法官在乡村的势力也遭到削弱。

如今，三级会议负责监督防洪和排水委员会，还夺取了给新土地开垦计划颁发特许状的最高权力。至于主要的沿海堤坝与河堤，三级会议能做的十分有限。这些基础设施依然主要靠地方排水委员会维护，这反映出主要防洪工程的地方性。泽兰的情况尤其如此，这里的每个岛屿——瓦尔赫伦岛、斯豪文岛（Schouwen）、托伦岛等都需要一套高度整合的防洪体系，一圈维护良好的堤坝，而它们并不构成任何更广泛的体系的一部分。于是，对于这些地方而言重要的是，防洪和排水委员会应当有效地促进主要利害团体当事人之间的合作，即城镇、乡村、岛屿和地区贵族的合作，哪怕这些委员会受到上级"堤坝省督"（现在由三级会议或执政任命）的管辖。但新排水工程的情况有所不同，它们通常牵扯到方案竞争和利益冲突，这时三级会议的监管作用就十分重要。以斯海默湖为例，在三级会议协调下，阿尔克马尔、一群阿姆斯特丹的投资者和当地的防洪和排水委员会进行了旷日持久的谈判，最终三级会议于1631年9月授权阿尔克马尔排干斯海默湖。黄金时代讨论过的排干哈勒默湖是最宏大的单个排水工程方案。这座湖是荷兰省最大的湖，占地约4万英亩（约1.62万公顷）。最为精致复杂的方案由著名排水工程师扬·阿德里安斯·莱赫瓦特于1630年提出，它将创造1 000个新农场，耗费360万荷兰盾。人们理所当然地认为荷兰省三级会议不仅要颁发特许状、进行监管，还要积极协助它实施，给予资助。[26] 最后，哈勒默梅尔圩田的计划未能在早期付诸实践，要到19世纪中期才最终得以实施。

赋税与税收制度

与所有国家一样，共和国的一个重要方面是组织收税和经营国家财政。《乌得勒支同盟协定》的第五条设想，各省将"遵照共同的意见和全体的同意""为诸省的防御而一致地、在共同的基础上征收税款"，征税对象包括葡萄酒、啤酒、织物和耕地。[27] 事实上，联省从未设计出综合性的联邦赋税体制。诸省在财政事务方面保留了一些自治权。不过，联省中央确定了整体的开支和税收水平，也给各省分派了赋税指标，因此7个省份在财政方面事实上并非主权体，而是共享同一个财政和赋税体系，不过该体系内嵌着各省不同的制度。

从一开始，总三级会议就有一些自己的收入，它独立于各省政府征集的款项。但在总开支中和荷兰国家的总收入中，这只占相对小的份额。1640年前后，总三级会议收入中大概19%来自自己的资源，81%来自各省。[28] 不算各省政府提供的款项，总三级会议自己的收入（按照重要性排序）包括关税（占总三级会议收入的三分之二）、总三级会议在其领地上征收的税款（占总三级会议收入的5%左右）、从边境附近的敌方地区强行索要的捐献，最后还有总三级会议的印花税收入。[29]

于是，荷兰共和国总收入的大约五分之四通过各省独立的省赋税体系从诸省征收。每个省份都有自己的征税方式，至于海尔德兰，这里的3个区都有各自的财政体系，于是出现了三种征税方式。不过，这种体制赋予的自治权更多是表面的，而非实际的。整体的开支水平及由此而来的赋税标准，由国务会议和总三级会议制定。事实上，这意味着，在需要多少钱以及每个省应当支付多少钱的问题上，荷兰省拥有最大发言权。一种分派体制逐渐成形，它规定每个省份必须支付总三级会议年度开支的固定份额，在这个问题上，也是荷兰省最有发言权。在赋税和国家财政方面，各省的主权实际上不过是有权决定本省税收方案的形式，有时候甚至连这都做不到。

共和国的省分派体制沿袭自大起义前的哈布斯堡体制。例如，1558年的方案是，荷兰省应当缴纳的分派额是布拉班特省的一半，而泽兰省的分派额是荷兰省的四分之一。[30] 这是分派体制的起点，该体制在1585年后便不再包含分给布拉班特或其他南部省份的分派额；不过，根据1586年的清单，泽兰省的分派额仍被定为荷兰省的（大约）四分之一，乌得勒支省的分派额则被定为荷兰省的10%（稍多）。（参见表8）起初，部分被西班牙占领且遭受战争蹂躏的东部省份还在体制之外，也没有省级的税收管理机构，三级会议控制下的地区征收着特殊的税。[31] 1586年之后，各省的分派额发生诸多变化，这主要因为内陆省份一个接一个地被整合到了分派体制当中，早已在名单上的省份的分派额因此得以降低。但出于其他原因，同盟还做了别的调整。经过1612年的谈判，泽兰省的分派额大幅减少，这主要是由于1609年《十二年停战协定》开始生效后，沿斯海尔德河、途经泽兰的过境交通被阻断，泽兰的繁荣因而不再。[32] 各省关于这项调整的协商最初陷入了僵持。这时执政带头打破僵局，成为执政充当调解人的范例。协商的解决方案是削减泽兰的分派额，同时不增加其他省份的分派额，对此弗里斯兰省三级会议直到1613年都持反对意见。最后，一个代表总三级会议、执政和国务会议的代表团前往弗里斯兰，在确切保证弗里斯兰的分派额不会增加后，才最终解决了这一问题。[33]

**表8　各省给总三级会议提供资金的分派体系
（1586—1792年）**

省份	1586年—1594年	1595年—1604年	1604年—1609年	1609年—1610年	1610年—1616年	1616年—1658年	1658年	1792年
荷兰	64.2%	59.75%	55.75%	57.4%	57.14%	58.3%	58.25%	62%
泽兰	15.8%	14.6%	13.6%	12.5%	9.1%[a]	9.1%	9.25%	3.9%
弗里斯兰	13.3%	12.4%	11.5%	11.6%	11.5%	11.6%	11.6%	9.3%
乌得勒支	6.6%	6.4%	5.75%	5.75%	5.75%	5.75%	5.75%	4.5%
格罗宁根	—	7.8%	6.4%	5.75%	5.75%	5.75%	5.75%	5.4%

（续表）

省份	1586年—1594年	1595年—1604年	1604年—1609年	1609年—1610年	1610年—1616年	1616年—1658年	1658年	1792年
海尔德兰	—	—	4.6%	4.5%	5.5%	5.6%	5.6%	6.0%
上艾瑟尔	—	—	2.5%	2.75%	3.5%	3.5%	3.1%	3.5%
德伦特	—	—	—	—	—	—	0.95%	0.95%

a 泽兰分派额的大幅削减于1612年商定

※ 表内数据为原文数据

资料来源：De Wit, *Public Gebedt*, i. 200; Basnage, *Annales*, 26; Zwitzer, "Het quotenstelsel", 12, 17—18; 't Hart, *In Quest of Funds*, 77（本表的编订咨询了扬·德弗里斯）。

经过总三级会议大部分成员的同意，联省从1616年起对海尔德兰和上艾瑟尔征款，它们的分派额在1621年《十二年停战协定》到期后又有所削减，这是考虑到战争重启带来的破坏（和给敌方的贡金）。1633年，西班牙在莱茵河以北的最后一支驻军被清除后，分派额又恢复到了1616年的水平。[34] 德伦特的分派额最终固定在七省总额的约1%，但德伦特很晚才被列入征缴名单，在正式意义上，依然是分派给七省的份额构成征缴的总额。[35] 因此，七省按照固定分派额组成的100%的总额里，并没有算上德伦特的1%。

人们通常认为，荷兰省承担的份额负担过大，因为从1616年起，荷兰省就一直支付总额的约58%（德伦特和总三级会议领地贡献的不算在内）。但如果考虑到人口的分布，考虑到荷兰省占有共和国商业、航海和工业的大部分，考虑到荷兰省的土地比大部分弱小省份要肥沃，那么被摊派和征缴的数额实际上是过低而不是过高。例如，弗里斯兰的分派额在1604年之后一直固定在约11%，考虑到弗里斯兰人口事实上约等于荷兰省的五分之一,这个分派额表面上是合比例的。然而,考虑到实际上弗里斯兰由乡村占主导,城市资源和财富相对少,就很难坚持认为弗里斯兰受到了公正的对待。总三级会议1792年的分派制度改革承认,荷兰省(一直以来)贡献得太少,而泽兰、弗里斯兰和乌得勒支贡献得尤其之多。

荷兰省最初希望通过将自己的赋税体制强加给其他省份,来迫使它们征集陆军和海军所需的大笔钱财。1576年荷兰与泽兰的特殊同盟条约在乌得勒支同盟建立后依然被认为是有效的。条约规定,"当前的战争期间,直到冲突解决",所有战争开支应当"在平等、共同的基础上征收、筹措和募集,就像同一金库所出"。[36] 泽兰的赋税体制(尽管消费税大多较轻)后来依旧效仿荷兰省的体制,乌得勒支也是如此——1586年3月莱斯特伯爵到来后,乌得勒支被迫采取"总方案",方案的基础与荷兰省的类似。莱斯特政权还强迫弗里斯兰采纳"总方案",不过为了应对弗里斯兰城镇和罗尔达派的反对,方案不得不做大幅度的修改,这阻止了类似荷兰、泽兰和乌得勒支实行的一揽子消费税的推行。结果,弗里斯兰在支付款项方面拖了后腿,而这件事最终导致1635年总三级会议——事实上是荷兰省——介入,强迫弗里斯兰通过引入特殊的财产税,来征缴更多款项。[37]

内陆省份也是极不情愿且只在很低程度上施行"总方案"——在荷兰省,这一政策征收到的税款占1600年该省税收的64%,1640年增长到71%。[38] 在莫里斯1591年胜利后,荷兰省对这些省份施加的压力迅速增强。它逼迫诸省进入分派体制,进而加大了支持总三级会议的开销。1592年2月,博德利向伦敦报告,总三级会议再也不打算听取海尔德兰的诉求——它"无力"支付"总方案为支持这些战争而要求的资金"。³⁹ 在次年海尔德兰省三级会议的集会上，莱昂尼纳斯大法官宣读了来自执政的信，信中执政告诫道，"其他省份"已经不耐烦了，海尔德兰必须即刻实行"总方案"。但事实证明，各区根本不可能达成一致，也没有一个区愿意全然接受荷兰省的税制。总三级会议警告道，各个省可以各行其是的想法将给联省国家整体，也给海尔德兰造成极其恶劣的后果。它奉劝海尔德兰以荷兰省税制为基础，将统一的赋税体制推行到3个区，"以满足其他省份的要求"⁴⁰。

上艾瑟尔的情况类似，对实行"总方案"万分不情愿，兹沃勒尤其如此。兹沃勒代表坚持认为，实行"总方案"不仅意味着上艾瑟尔要给总三级会议的金库缴纳比从前更多的钱，这还意味着上艾瑟尔各城镇政治、财政独立的终结。⁴¹ 兹沃勒代表（十分正确地）指出，上艾瑟尔从不存在全省的赋税体制，即通过同样的方式在整个省份征收同样的税的体制。事实上，并入总三级会议分派体制和实行"总方案"意味着对上艾瑟尔历史特权和传统的双重改变：一是该省要服从于由海牙控制的集体体制；二是城镇和各区要服从省政府——必定会有人建立起这种机构，以管理新的省赋税体制。1593年，代理三级会议这一委员会在上艾瑟尔设立，迈出了构筑统一省赋税体制的第一步。但激烈的反抗也在持续。1597年3月，执政在总三级会议代表团的陪同下，亲临上艾瑟尔三级会议现场。他坚持，上艾瑟尔必须即刻偿付多得多的税收，应当实行"关于消费税的总方案，就像荷兰省实践的那样，或者是以接近的方式"⁴²。该省多数代表示以默许，但兹沃勒代表依然坚持质问道，三大城镇之一的兹沃勒在这样一个根本性问题上的立场是否可以在三级会议上被否决。⁴³ 直到1600年，上艾瑟尔的代理三级会议才最终成功在全省强制推行以"总方案"为基础的单一、统一的赋税体系。

在格罗宁根和德伦特，荷兰省同样要求实行"总方案"，要求代理三级会议征税，要求它们并入分派体制、确定标准。这两个地区采取了不同的反抗形式。鉴于格罗宁根城刚刚被总三级会议军队征服，这一"城市与领地"的新三级会议才由总三级会议创建，格罗宁根三级会议不可能在正式意义上反对设立代理委员会，也不可能反对如下原则，即新设立的省份应当推行"总方案"，"像荷兰和泽兰那样实践和认可它们，按其征税"。[44] 1595年，新代理三级会议成立，（自1601年起）它由6名代表组成，格罗宁根城派出3名，奥默兰3个区各派出1名。进入总三级会议时，这个新的格罗宁根代表团沮丧地发现，其他省份强迫格罗宁根负担的分派额多达弗里斯兰分派额的三分之二，而弗里斯兰甚至希望格罗宁根可以贡献更多。[45] 最终，这项分派额定为略低于弗里斯兰分派额的三分之二。格罗宁根三级会议不能反抗实行"总方案"、设立代理三级会议和承担沉重分派额的压力，但格罗宁根城的市民却直接通过拒绝缴纳消费税，来表达自己的不满。该城并入总三级会议的分派体制基本只是理论上的。直到1599年，总三级会议才受到荷兰省撺掇，派遣军队占领格罗宁根城，强迫市民屈服。

在德伦特，总三级会议于1600年强制推行"总方案"，这将德伦特推入了争夺该省控制权的激烈冲突中：一方是土地贵族，德伦特的这一群体有20多个家族；另一方是非贵族的大农场主。[46] 为了征收这些新税，总三级会议设立了代理三级会议这一机构，它的组成人员包括德罗斯特和4名代表——2名来自土地贵族，2名来自大农场主。鉴于这一机构将在省财政和司法管理机构中以及在管理被没收的天主教财产方面占据至高地位，它的人员构成和讨论程序决定了诸多事宜。为了解决这些纷争，总三级会议于1603年9月在该省推行总宪章，规定了省三级会议和代理三级会议的议事程序。宪章确定，在三级会议的3票中，土地贵族只占1票，但贵族在发言、投票和签署文件时享有优先权，而在代理三级会议中，贵族与三级会议剩下的成员拥有相等的权重。1603年后，该省管理机构形成一种新模式。1610年，总三级会议将德伦特的分派额定为七省总额的1%。[47]总的来说，对德伦特而言，"总方案"意味着更多的赋税，更强的行政管理，以及贵族地位的上升。

事实证明，要将同样的赋税体制强加于全部7个省份是不可能的。在总三级会议领地，总三级会议也别无选择，只能以低于荷兰省的税率推行"总方案"。不过考虑到各地在社会结构、繁荣程度、城市化程度和农业生产力方面的差异，这样的结果并不奇怪。[48]假如荷兰省的赋税体制被更严格地在其他地方强制推行，结果将相当不公平，在很大程度上也不切实际。通过建起7个省政府，设立各自独立但处于同一框架之中的赋税体制，荷兰大起义打造出的是一个各省不尽相同的邦联赋税体系，相比任何单一、中央集权的赋税体制在当时能发挥的作用，这个有所不同的体制事实上更高效，也更适应环境。对于荷兰、泽兰，一定程度也包括乌得勒支，这些高度城市化、商业化和繁荣的省份，通过对消费品征税而获取大笔税收是符合情理的。其中最重要的是针对啤酒和磨制谷物的消费税，而此外各式各样的其他消费品也贡献了可观的份额，尤其是葡萄酒、烈酒和烟草。另一方面，在乡村主导的省份，以及总三级会议领地——包括韦德和韦斯特沃尔德（这里总三级会议的赋税体制按照德伦特的模式运行），当局不可能像在城市环境中那样有效地管理消费税，也不可能在乡村环境下通过消费税征到大笔税款，因为这里的消费品多是地方制造的产品。[49]在这些省份，以及三级会议控制下的布拉班特、啤酒、葡萄酒和其他商品贡献的消费税相对较少。于是，在这些省份，有必要聚焦"总方案"中囊括的针对牛和耕地的农业税；同时，为了弥补根据"总方案"而征到的整体较少的税收，这些省份针对土地和房屋的传统直接税的税率应当高于沿海省份。

为了管理新的省赋税体制，除了代理三级会议外，还需增设处理财务的机构。与大多数省份不同，荷兰在大起义前已建有审计院（Rekenkamer），并随后与泽兰共用。但泽兰于1594年决定，它需要自己的省审计机构。自1528年来，乌得勒支的财务也由位于海牙的荷兰省审计院管理，但从16世纪90年代起，乌得勒支也发展出了自己的审计机构。格罗宁根于1595年建立本省的审计院。

总三级会议

1572—1600年间建立的新型省政府与哈布斯堡时期的省政府并没有什么相似之处。事实上，大起义不仅创造了一个新的邦联国家和一些中央机构，还把各省塑造成了具有凝聚力的行政实体。大起义使荷兰各省政府更强大、更高效，是因为诸省现在成了半联邦国家的组成部分，但新国家需要更多的合作和更重的赋税，这是1572年之前无法想象的。荷兰省是新同盟背后的驱动力。不过，正是总三级会议提供的权力机器和运转程序，使得荷兰省能够督促其他省份在联邦国家的共同冒险中合作。1599年，在荷兰省的坚持下，同盟派军前往格罗宁根，并驻扎在该城，迫使其交付款项。但这是以总三级会议的名义行动,也是总三级会议提供了一套机制,以断断续续地给各省施压——通常不包括派兵。[50]

与各省三级会议类似,后大起义时代的荷兰总三级会议与勃艮第或哈布斯堡尼德兰的总三级会议没什么相似性。[51] 大起义前,总三级会议只在统治者召集时开会,而非自行召集。即便1477年总三级会议曾争取到决定集会地点、时间以及以诸省认为必要的频率召集的权利,但这种变革从未在现实中实现。直到1572年,总三级会议的集会依然稀少,经常间隔数年并且只能服从要求而无权设定自己的议程或做决策。起义后,总三级会议于1583年迁移到大河以北,起初在米德尔堡集会,而后在多德雷赫特和代尔夫特,最后于1585年1月决定在海牙集会(只要这里依然安全)。1587年,当时由普劳宁克领导,得到莱斯特伯爵和诺伊纳尔支持的乌得勒支省三级会议试图让总三级会议迁至乌得勒支城——这里是1579年同盟组建之地。[52] 海尔德兰和上艾瑟尔想要拉近与总三级会议的距离,并削弱荷兰省的影响力,因而同意搬迁;但荷兰、泽兰和弗里斯兰反对。此后,总三级会议设置于海牙一事再未遭到挑战。

1583年以来,总三级会议开会日益频繁,从1593年开始,总三级会议处于恒久、不间断的会期,并且在相当长的时期内每日开会。17世纪初,总三级会议每月集会的时间很少会少于十六七天,通常多达28天,周日也不例外。

1594年以来,只有7个投票省份是总三级会议的"成员"。权重分配、发表观点、投票、签订协议,每件事都以省为单位进行;与各省三级会议一样,总三级会议一直遵守固定的先后顺序。唯一的公国海尔德兰的代表总是率先发言和投票,总三级会议与外国势力签署联盟条约或其他协定时，海尔德兰代表的签名总是排在其他6省代表之前。随后则由荷兰、泽兰、乌得勒支、弗里斯兰、上艾瑟尔和格罗宁根以固定的顺序签名，尽管弗里斯兰反对乌得勒支先于自己。

各省可以随意决定派多少代表前往总三级会议，但都只有1票。此外，鉴于三级会议大厦内的会议厅被刻意保持在较小的规模，一省最多拥有6个座席，最小的省份只有两三个。一场17世纪早期的典型会议中，通常会有10至20名代表在场，也时常会有一两个省份缺席。不过在重要时刻会有额外的代表出席，不那么资深的代表于是不得不站着。除了荷兰省，其他省份都经营自己的旅馆（logement），代表可以在此留宿和工作。泽兰采取的是终身制代表，而其他省份遵循设置3年或6年的任期。各省代表团的领袖每周轮换做"主席"，次序遵循诸省的常规排序。

迁至大河以北之后，在总三级会议的会议进程中，无论是口头上还是书面上都仅使用荷兰语，只有在致信外国政权及其公使时例外。后一种情况通常使用法语或拉丁语，不过欧洲中部和东部的一些王公会雇用荷兰当地的翻译，以使用荷兰语商谈。英格兰大使几乎一致用法语给总三级会议写信，不过詹姆士一世的使节亨利·沃顿（Henry Wotton）于1614年曾用拉丁语给总三级会议写信，因为他更熟悉拉丁语而非法语。

为了协助总三级会议运行，三级会议的一些辅助机构建立起来。其中最重要的是国务会议。1585—1587年间，按照英荷《无双协定》的规定，它是联省政府的主要机构。莱斯特伯爵离开后，尽管一些省份有所犹疑，乌得勒支更是坚决反对，奥尔登巴内费尔特和荷兰省还是通过总三级会议强行制定国务会议新的章程。[53] 1588年5月的"章程"大幅削减了国务会议的权力,剥夺了它此前在外交事务和战略决策方面的职能。事实上,国务会议成了总三级会议的臂膀,负责管理军队、要塞和总三级会议领地;它没什么独立的权力,就连在从敌军控制的边境地区强行索取贡金上也是如此。[54] 不过,尽管国务会议的政治地位有所滑落,其管理职能却扩大了,甚至它成了后续联省最重要的机构之一。

国务会议紧接着总三级会议,它会在海牙的三级会议大厦里集会。因此,国务会议靠近荷兰省三级会议,而远离其他省的三级会议。国务会议通常有12名来自各省的代表:荷兰省有3名(其中1名代表荷兰省土地贵族),弗里斯兰、泽兰和海尔德兰各有2名,其余3省各有1名。[55] 尽管海尔德兰给联邦贡献的预算少于乌得勒支和格罗宁根,但由于公国领地上的总三级会议要塞比其他省份都多,它被赋予了2倍的代表权。根据《无双协定》,国务会议有两名常驻的英格兰成员,他们留任了许多年,直到1627年达德利·卡尔顿(Dudley Carleton)离开,这一制度才告终。两位执政依据职权是常驻成员,不过他们显然极少出席每天两次的会议。根据国务会议一名成员的日记记载,1600年莫里斯的弟弟——年轻的弗雷德里克·亨德里克被分派到一个座席时,机构成员并不怎么热情,因为他们再不能自由地谈论执政了。[56] 国务会议成员从各自的省份获取薪金,但宣誓效忠总三级会议。[57]

财政事务的增加促使总三级会议于1602年设立了自己单独的审计机构——总三级会议审计院。这一机构负责计算总三级会议的收入、支出,草拟预算,并在总三级会议或国务会议需要时,提供财政报告。各省给总三级会议军事开销提供的常规捐献每年在总三级会议中决定,以预估的年度军事开销——所谓的战争预算(*staat van oorlog*)

为基础。审计院接收并记录这些来自各省的常规捐献、非常规款项以及总三级会议在其领地和边境地区直接筹集而来的小额收入。总三级会议审计院于1607年制定最终章程。这个机构也安置在三级会议大厦中,有14名常规代表——每个省份2名,外加一个常设行政机构的秘书和书记员一共6名。[58] 此外,有2名总三级会议的高级官员负责收付款和审计,1名是财务总管,1名是税收总管。约里斯·德拜(Joris de Bye)把持财物总管一职40年(1587—1628年)之久(与这一时期总三级会议的大多数官员一样,他并不是荷兰省人,而是南尼德兰流亡者)。

总三级会议的另一个机构是位于海牙的高级军事法庭(*Hoge Krijgsraad*),当时由国务会议专门监管。1590—1597年间,该机构在莫里斯的鼓动下发展起来,也得到了各省和总三级会议的认可。1572年之后,尽管各省的军团费用一直在固定省份的工资表上,但军队费用本质上并不是相互独立的各省军队简单混合。不过在1590年之前,并不存在整体性的军事纪律规范,对于士兵和军官的违纪行为,惩罚也是分散且互不一致的。只有当部分军队在战场上时,才存在高级军事法庭。[59] 相比之下,直到16世纪90年代,一个为军队常设的高等法院才逐渐形成,它包含10到20名高级军官。他们在海牙或营地上集会。通过更系统地审查所有驻军地和陆军分队的判决和上诉,高等军事法院使得军队司法和纪律的执行更为统一。

联邦的另一个职能是管理共和国货币。有权发行货币一直被视为主权者的一个基本特征。根据《乌得勒支同盟协定》的条款,各省自行管理铸币、发行货币,在这一领域,各省享有正式意义上的主权。[60]

然而，同盟赋予总三级会议职责，去协调七省货币的价值、重量和大小，以使它们发展成事实上统一的货币体系。同盟就像在其他众多领域做的一样，以此种方式分割了诸省在货币领域的主权。起初，总三级会议的控制权大体有名无实，然而，随着1606年总三级会议出台关于货币的公告，有关货币重量和价值的指导方针得以确立。这个公告稳定了共和国的货币且直到1795年都一直有效，只是稍有调整。[61] 为了处理各省货币标准化的技术性问题，总三级会议设立了总三级会议货币院（*Generaliteits Muntkamer*）。

最后，还有几个海事委员会，它们也是总三级会议主要的管理部门。这些委员会负责管理海军、征收关税、维护内河和河口的巡逻艇、建造战舰、征募海员以及执行总三级会议有关航运和渔业的规章（也对此提出意见）。奥伦治的威廉曾组建初步的海事管理机构，它在16世纪80年代经历了数次变革，但人们对这一机构的看法仍然存在严重分歧。经过多年耗时且费力的谈判，由5个海事委员会构成的最终体系于1597年确立。[62] 泽兰曾担心新体系会牺牲各省的主权而强化总三级会议。但是最终，由于泽兰省海事委员会保留了比其他省份更多的地方特性，这一忧得以缓解。

5个委员会驻扎在阿姆斯特丹、南荷兰省（鹿特丹）、荷兰省北区（霍伦和恩克赫伊曾都有分会）、泽兰（米德尔堡）和弗里斯兰（多克姆）。共和国内的任一河口（包括陆路入口和水路入口）或水道都在5个委员会中的一个管辖下。它们在内陆边境以及海岸上维护海关关卡和内河炮舰。将海军和关税管理置于5个委员会之下，意味着共和国在某种程度上担负着5个独立的海军和关税管理机构。每个委员会任命自己的舰队长官和船长，招募自己的海员。它们各自维护自己的船坞、军火库和粮仓,自己记账。它们虽然各有各的旗帜和盾徽,但都旗帜鲜明地表示委员会是总三级会议机构,而非各省的。

各省和各地的特殊主义影响着海事委员会的运转,事实上它们之间有时分歧较大。不过,大体上它们真的是总三级会议机构,而非各省或各地区的机构。一直是总三级会议在制定海军和关税政策以及指导各委员会的工作。[63] 为了强化它们的联邦特征,1597年的方案严格规定了委员会的人员构成。最重要的委员会阿姆斯特丹委员会有12名代表,其中有一半是荷兰省人。荷兰省代表中有阿姆斯特丹、土地贵族、哈勒姆、莱顿、豪达和埃丹的代表各1名。鹿特丹委员会也有12名代表,为7名荷兰省人和5名外省人——非荷兰省代表包括泽兰、海尔德兰、乌得勒支、弗里斯兰和上艾瑟尔的代表各1名,7名荷兰省代表则分别来自鹿特丹、土地贵族*、多德雷赫特、代尔夫特、斯希丹、霍林赫姆和布里尔,因而全是南荷兰省人。北区委员会包含11名代表,为6名荷兰省人和5名外省人——外省代表分别来自泽兰、乌得勒支、弗里斯兰、海尔德兰和上艾瑟尔。只有泽兰委员会具有真正的地方特征,它有9名泽兰人,非泽兰人只有3名——阿姆斯特丹、南荷兰省和乌得勒支各1名。与之形成鲜明对比的是弗里斯兰委员会,它有4名弗里斯兰人和6名外省人——2名来自格罗宁根(奥默兰和格罗宁根城各1名),其余4名分别来自荷兰省、乌得勒支、海尔德兰和上艾瑟尔。

除了上述摄政议事员,各个海事委员会手下还有数目庞大的行政工作人员,他们由总三级会议雇用,包括1名财务主管、1名秘书、数

---

* 原文此处为 *ridderschap*。——编者注

名办事员、1名拍卖负责人（拍卖战利品和没收的货物）、数名仓库和装备负责人、1名高级司法官员及数名助手、数名通信员和数名接待员。[64] 除此之外，海事委员会下属的每个海关关卡都有1名长官，或称舰队队长，以及一群负责检查船舶、内河驳船和货运马车的官员。1600年共和国只拥有67个海关关卡，而到1650年这一数字增长到91个，1700年则是127个。

总三级会议领地

　　总三级会议的一个重要职责就是管理所谓的总三级会议领地。到1648年，这些土地占据共和国近三分之一的领土，它们包括4个实体——荷属佛兰德、荷属布拉班特、马斯特里赫特及上马斯（Overmaas，1632年占领）和韦德-韦斯特沃尔德。此外，第5个实体——荷属上海尔德兰（鲁尔蒙德和芬洛）于1713年并入。但直到1629年攻占斯海尔托亨博斯时（参见地图10），总三级会议领地依旧是面积相对小的区域，1648年之后的荷属布拉班特在此时只有零星地区属于共和国。不过稍微平衡的是，1597—1605年间，林根伯爵的领地也算在总三级会议领地之内。[65]

　　在这些地区，替代被驱逐的西班牙国王成为正式主权者的是总三级会议而非个别省份。[66] 总三级会议掌握主权与个别省份以总三级会议的名义管理某些地区的情况截然不同，不过一开始，总三级会议的权力更多只是在理论上，而非事实上的。由于对离这些领地最近的省份的势力缺乏有效制约，泽兰控制着荷属佛兰德，并在一定程度上控制着荷属布拉班特的贝亨侯爵领地，荷兰省则支配着荷属布拉班特的北部边缘，弗里斯兰主导着韦德-韦斯特沃尔德。直到16世纪90年代，奥尔登巴内费尔特和荷兰省三级会议才逐渐成功"酝酿"出真正的总三级会议管理机构。它由海牙的国务会议运行，能够抑制弱小省份在各自势力范围内的影响力，而其中一个关键措施就是在1596年将韦德-韦斯特沃尔德的要塞纳入国务会议的直接管理下。

不过，总三级会议并非在其所有领地上都取得了全面的成功，一直到1795年联省共和国崩溃，这些地方都一直存在各种差异以及1590年前的形势所残留的痕迹。例如，在荷属佛兰德，总三级会议和国务会议的权威取代了泽兰省三级会议的权威，但相比在5个驻防地［即所谓的托管地（*committimus*），包括阿克塞尔（Axel）、泰尔讷曾（Terneuzen）、比尔弗利特（Biervliet），以及安特卫普沿斯海尔德河往北的两座要塞里洛和利夫肯斯胡克（Liefkenshoek）］，这一转变在荷属佛兰德的主体区域进行得更深入。在荷属佛兰德大多地区，不仅各个城镇的市长和治安法官由总三级会议的代表每年进行确认和更换，如斯勒伊斯、阿尔登堡、艾曾代克和许尔斯特（1591—1596年间和1645年之后），管理机构的各个方面也都受到海牙的指导和审查。该地的各类巴尔尤夫都由总三级会议任命，终身任职，就连被称为"斯勒伊斯自治区"（Vrije van Sluis）的司法辖区的高级巴尔尤夫也是如此；卡德赞德岛也属于该辖区。荷属佛兰德司法机构的顶层是所谓的佛兰德委员会（*Raad van Vlaanderen*），驻扎于米德尔堡。这是一个高等法院，最初有6名法官。委员会负责处理荷属佛兰德发生的重大案件、纠纷和上诉。委员会成员的薪金由总三级会议支付，资金来自从荷属佛兰德征收的税款。与总三级会议领地的大部分地区一样，在荷属佛兰德的大部分地区，赋税不仅以总三级会议的名义征收，而且还由国务会议雇佣的总三级会议官员收缴。驻军也由国务会议管理和供养，归正会讲道者和学校老师也是如此。

与此形成鲜明对比的是，在5个托管地，泽兰省三级会议坚持自己直接管理这些地方的驻军并负责征税，不过仍以总三级会议的名义行事。这样做的理由是国务会议曾于1588年给了泽兰临时性的授权，于是泽兰辩称这些地方构筑了"泽兰的壁垒"。在17世纪，其他省份无数次反对过这一特权，但事实上情况维持不变。不过位于泰尔讷曾的巴尔尤夫由总三级会议任命，这些城镇的治安法官也由总三级会议的代表每年进行确认或更换。归正会讲道者的圣俸也由总三级会议偿付。

荷属布拉班特的形势一开始并不清晰。因为，不仅泽兰、荷兰和海尔德兰的三级会议竭力把自己的势力延伸到布拉班特的各个地区，另外的竞争性势力也以别的形式相互角逐——一方以执政莫里斯为代表，另一方则支持他的异母兄长、天主教的菲利普斯·威廉（1554—1618年）。因为尽管菲利普斯·威廉一直待在西班牙，直到1596年才返回南尼德兰，但不可否认，他才是合法的奥伦治亲王——国务会议中的英格兰成员一直称呼执政为"莫里斯伯爵"，直到1618年他的这位异母兄长去世。此外，菲利普斯·威廉在共和国的利益一直由他的亲妹妹拿骚的玛丽亚（Maria van Nassau）热切捍卫。玛丽亚是沉默的威廉第一段婚姻中存活下来的另一个孩子（参见表25）。尽管形势复杂，但奥尔登巴内费尔特和荷兰省三级会议大体上在16世纪90年代成功升了总三级会议的权威，其中最重要的手段就是把固定驻军和财政体系纳入国务会议的控制下。1591年，他们还把任命荷属布拉班特高等法院（布拉班特委员会）法官的权力，从执政那儿转移到总三级会议手上。[67]但奥伦治家族的领主权力依然强大,在布雷达男爵领地和布雷达城尤其如此。莫里斯与其异母兄和异母姐之间持续的纷争虽然在某些方面削弱了莫里斯的地位,但也给总三级会议增添了难题。因为奥尔登巴内费尔特和荷兰省的摄政官陷入了两难之地,一方面他们不想冒犯莫里斯,而另一方面他们又急于阻止莫里斯以牺牲总三级会议的利益为代价扩大自己的领主势力。

总三级会议力图避开两边的隐患而继续推行政策,于是他们承认莫里斯是沉默的威廉的遗产"管理人",是荷属布拉班特的"首席贵族",而与此同时,并不否定菲利普斯·威廉和玛丽亚的主张。[68]荷兰省摄政官们也不愿顺从莫里斯的意愿——荷属布拉班特应当被赋予代表权,成为总三级会议中有完整投票权的省份,因为这会突然间大大削减总三级会议的权力,而增强奥伦治家族的权力。因此,受莫里斯支持的要求改变荷属布拉班特地位的三次请愿全都遭到荷兰省摄政官的坚定否决。请愿首先由贝亨于1587—1588年提交,1596年贝亨又与布雷达共同提议,1607—1608年两城与赫拉弗、威廉斯塔德再次请愿。[69]不过,总三级会议并不质疑奥伦治亲王有权任命他领地上城镇的市长和治安法官,包括布雷达的德罗斯特。自1590年莫里斯夺取布雷达和斯滕贝亨以来的许多年里,他一直任命这些官员。然而,1606年,共和国承认菲利普斯·威廉为布雷达和斯滕贝亨领主并有权确认这些任命,条件是,如奥尔登巴内费尔特强调的,他这么做的同时也必须维护"同盟和归正会信仰"。1610年7月,菲利普斯·威廉如约举行了入主布雷达城的仪式,从那时起直到去世,他定期任命领地上的治安法官。尽管菲利普斯·威廉在布雷达城堡内恢复了天主教仪式,但他并没有试图挑战归正会在布雷达城中的优势地位。[70]不过,1613

年时任德罗斯特去世时，菲利普斯·威廉确实试图任命一个天主教教徒，而这一举动遭到总三级会议的断然拒绝。沉默的威廉，这位拥有奥伦治亲王头衔的天主教继承人受总三级会议强迫，任命了一个公共教会的成员担任他的德罗斯特。

这些事件表明，尽管奥伦治家族拥有广泛的权利和权力，但总三级会议才是布雷达男爵领地和整个荷属布拉班特的最高权威，它通过手下的驻军和军事长官行使权力。布雷达的军事长官尤斯蒂努斯·范拿骚，是菲利普斯·威廉和莫里斯的非婚生异母兄弟*，他从未停止向总三级会议效忠。贝亨、赫拉弗和威廉斯塔德的情形也是如此。尽管荷属布拉班特努力争夺利益，解决方案也总是不甚明了，但在16世纪90年代，总三级会议及其管理机构国务会议的优势地位变得不容挑战。这意味着，它们背后的驱动力——奥尔登巴内费尔特和荷兰省三级会议才是最终掌权者。

理论上说，总三级会议取代西班牙国王成为荷属布拉班特和荷属佛兰德的主权者后，它就必须服从传统上对其权力的限制——这是哈布斯堡君主曾宣誓支持的。这一事实意味众多，其中之一便是，在未获得布拉班特省三级会议和佛兰德省三级会议同意的情况下，总三级会议无权征税。总三级会议设法规避这些阻碍，它指出，这些省份在加入同盟时，就已经同意了1583年的"总方案"。荷属布拉班特各城镇反对这种说法，并称，1583年之后总三级会议大幅增加了赋税，1583年的同意不能泛化为同意这些日后的政策。不过这些反对意见照例遭到无视。

---

* 尤斯蒂努斯比菲利普斯年幼，比莫里斯年长。——译者注

执政

1543年夺取海尔德兰后，查理五世开创先河，他将大河以北的尼德兰各省分派给三位执政。于是，北尼德兰在军事指挥、任免权和法律秩序方面，被刻意分成了三个独立的集团。通过在北部任命三名执政，皇帝阻止了任何一方势力独大。

1572年之后，各省三级会议的地位大幅上升，但这并不意味着执政丧失了早前的重要性。1572—1576年间，反叛的尼德兰只有一名执政，即沉默的威廉，但他是起义政权不可替代的领导人。后来，位于布拉班特的总三级会议任命伦嫩贝格伯爵为弗里斯兰、格罗宁根和上艾瑟尔执政，而拿骚的扬*成为海尔德兰执政，于是北部各省又有了三位执政。事实上，乌得勒支同盟在一个方面扩大了执政的权力。鉴于如今没有国王在各省之间协调，各省同意"它们的纷争暂时必须递交给各省时任执政，执政将促成和解或者根据自己的斟酌对纠纷予以裁判"。[71]

伦嫩贝格伯爵叛变后，沉默的威廉被选为最北部各省份的执政，但他遭到刺杀后，各省又恢复了任命三位不同执政的传统。沉默的威廉在弗里斯兰的副执政威廉·洛德韦克被宣布为弗里斯兰和奥默兰的全权执政，莫里斯成为荷兰和泽兰执政，乌得勒支、海尔德兰和上艾瑟尔则被置于德意志加尔文宗阿道夫·冯·诺伊纳尔伯爵的管辖下（1583—1589年）。执政的重要地位拥有《无双协定》的认可。依照协定："执政"当由总三级会议当时的执行机构国务会议任命。其实，

---

* 即前文中的拿骚的约翰。——译者注

英格兰女王既不承认总三级会议是北尼德兰的主权人，也不将腓力二世视为这里的合法君主。但女王确实选择将总三级会议视为国王的某种代理人，而且，因为她的影响力主要是通过总三级会议来施加，女王也期望任命执政依然是总三级会议的职权。然而，荷兰省主张，鉴于"莫里斯伯爵和其他长官是从"他们担任执政的省份的"三级会议得到任命"以及各省继承了西班牙国王的主权者地位，莫里斯的任命应当有效，未来也应由各省进行执政任命。[72]

莱斯特伯爵虽然并没有就任命莫里斯为荷兰与泽兰的执政提出异议，但也没有摒弃如下原则：执政应当由总三级会议而不是个别省份任命。与伦嫩贝格伯爵和诺伊纳尔伯爵在各自省份的情况类似，威廉·洛德韦克是从总三级会议而不是省三级会议获得弗里斯兰执政的任命。[73]莱斯特伯爵也认可了这一任命，不过卡雷尔·罗尔达及其支持者认为，弗里斯兰享有的主权不比荷兰省少，威廉·洛德韦克从总三级会议那里获得的任命，应当以省三级会议的名义再发布一次。（参见表9）

表9　荷兰、泽兰和乌得勒支，
以及（1590年之后）海尔德兰和上艾瑟尔执政*

哈布斯堡执政	时　　期
安托万·德拉兰，霍赫斯特拉滕伯爵	1522—1540年（乌得勒支从1527年开始）
勒内·德沙隆，奥伦治亲王	1540—1544年
佛兰德的洛德韦克	1544—1547年
勃艮第的马克西米利安，费勒侯爵	1547—1558年
威廉一世，奥伦治亲王	1559—1567年

* 表内数据均为原文数据。——编者注

(续表)

马克西米利安·德埃宁,博苏伯爵[a]	1567—1573(1574)年
希勒斯·德贝尔莱蒙,耶尔日男爵[b]	1574—1577年
三级会议执政	**时　期**
威廉一世,奥伦治亲王	1572—1584年
莫里斯,拿骚伯爵	1585—1625年(乌得勒支从1590年开始)
弗雷德里克·亨德里克,奥伦治亲王	1625—1647年
威廉二世,奥伦治亲王	1647—1650年
威廉三世,奥伦治亲王	1672—1702年
威廉四世,奥伦治亲王	1747—1751年(海尔德兰从1722[*]年开始)
威廉五世,奥伦治亲王	1751—1795年

[a] 1573年10月,王室舰队在须德海遭遇惨败,博苏伯爵被起义者俘获,不过理论上,他到1574年仍是国王的执政。

[b] 耶尔日男爵事实上是以下地区的执政:乌得勒支省;北荷兰省的阿姆斯特丹、哈勒姆;南荷兰省城镇赫斯登、海特勒伊登贝赫,以及他在1575年夺回的奥德瓦特和斯洪霍芬;还有泽兰城镇胡斯和托伦。

　　于是,在莱斯特伯爵离开后,北尼德兰依旧有3名执政。但任命未来执政的至高权力究竟在总三级会议还是各省三级会议,依然不甚明了。此外,3名执政这种体制的继续不可辩驳地分散了军事指挥权和任免权,这是查理五世的本意,但已难以适应当前的形势。1589年10月诺伊纳尔伯爵的去世为增强共和国的凝聚力和荷兰省的影响力提供了机会,导致将诺伊纳尔伯爵管辖的3个省份——乌得勒支、上艾瑟尔和海尔德兰也交给了荷兰和泽兰执政。不过弗里斯兰三级会议也

---

[*] 原文为1729年疑有误,经资料查询,应为1722年。——编者注

看到了这一机遇，派遣一支代表团前往上艾瑟尔，试图说服那里的三级会议修改哈布斯堡时代及伦嫩贝格伯爵治下所遵循的传统，选择弗里斯兰执政而不是荷兰执政作为自己的领导者。[74] 然而，相比与弗里斯兰联手抵抗荷兰，上艾瑟尔更感兴趣的是获得荷兰的协助，进而将弗里斯兰人赶出哈瑟尔特和斯滕韦克。因此，上艾瑟尔跟乌得勒支一样同意任命莫里斯为执政。不过，在这两个事件中，两省的选择都由总三级会议批准并发布，关乎宪政的问题依然未能解决。[75]

1590年2月，总三级会议正式任命莫里斯为上艾瑟尔执政。海尔德兰省三级会议也决定任命莫里斯，但这种任命是在没有咨询总三级会议的情况下进行的。国务会议中的英格兰成员对此结果表示抗议，如他们后来的报告所述："应让国务会议，还有（莫里斯）伯爵本人明白，他们选举的方式有违与女王陛下签订的协议。协议第二十四条规定，每当执政职位空缺时，各省应该自己提名三两个人选，国务会议将从中选取一名。"[76]

奥尔登巴内费尔特和莫里斯说服总三级会议确定任命有效，他们也要求国务会议同样行事。国务会议原本愿意从命，但遭到英格兰成员阻拦，因为后者要维护条约和女王的威望。经过数月的拖延，海尔德兰最终同意重来，且遵守既定的程序。加尔文宗的东弗里斯兰伯爵约翰之名被列在莫里斯旁边，双倍提名名单随后被呈交给国务会议。[77] 正如博德利自己承认的，所有这些只是"为了形式"，一旦英荷条约的规定得到遵从，国务会议即刻自己选择了"莫里斯伯爵"。

但这仍然遗留了一个问题：谁来任命执政？1595年，宣布威廉·洛德韦克为新设立的格罗宁根省执政的是总三级会议而不是该省三级会议。类似的，总三级会议于1596年选择威廉·洛德韦克为德伦特以及韦德和韦斯特沃尔德执政，不过德伦特省三级会议拟定了执政应遵循的

"规章"。[78] 从1596年到1620年威廉·洛德韦克去世，共和国再没有执政空缺的情况。特别值得注意的是，正是在1620年，也就是总三级会议于1618年的较量中战胜荷兰省三级会议的两年后，一个省份第一次在没有国务会议或总三级会议介入的情况下，选出了自己的执政。[79] 弗里斯兰选择了恩斯特·卡齐米尔（Ernst Casimir）。（参见表10）格罗宁根和德伦特选择了莫里斯，他们的选择同样不需要获得总三级会议批准。1620年之后，各省独自选择本省执政一事已经被人普遍接纳。

表10 弗里斯兰和（1536年后）格罗宁根的执政

哈布斯堡执政	时　　期
弗洛里斯·范埃赫蒙德，比伦伯爵	1515—1517年
格奥尔格·申克·冯·陶滕堡	1521—1540年
马克西米利安·范埃赫蒙德，比伦伯爵	1540—1548年
让·德利涅，阿伦贝格伯爵	1548—1568年
查尔斯·德布里默，梅亨伯爵	1568—1572年
希勒斯·德贝尔莱蒙，耶尔日男爵	1572—1573年
唐加斯帕尔·德罗布莱斯	1573—1576年
三级会议执政	时　　期
乔治·德拉兰，伦嫩贝格伯爵	1576—1580年（1580—1581年服务于腓力二世）
沉默的威廉，奥伦治亲王	1580—1584年
威廉·洛德韦克，拿骚-迪伦堡伯爵	1584—1620年（1594[*]年后兼任格罗宁根执政）
恩斯特·卡齐米尔，拿骚伯爵	1620—1632年（非格罗宁根执政）
亨德里克·卡齐米尔一世，拿骚伯爵	1632—1640年
威廉·弗雷德里克，拿骚伯爵	1640—1664年（1650年后兼任格罗宁根执政）

---

[*] 原文为1595年，经核改为1594年。——编者注

(续表)

三级会议执政	时　期
亨德里克·卡齐米尔二世，拿骚伯爵	1664—1696 年
约翰·威廉·弗里索，拿骚伯爵和（1702年之后的）奥伦治亲王	1696—1711 年
威廉四世，奥伦治亲王	1711—1751 年
威廉五世，奥伦治亲王	1751—1795 年

各个省份的执政还兼任总统帅，即陆军指挥官。事实上，莫里斯也是同盟整体的最高统帅，弗里斯兰执政则作为他的副统帅，不过共和国当时并没有这样宣称，这与后来的执政情况也不相同。不过莫里斯被任命为同盟海军统帅，即海军的总指挥。尽管执政总是兼任总统帅，但二者并不是等同的。执政一职本身实质上是非军事的，享有与政治进程和司法管理相关的权力，并承担责任。执政由各省而不再由国王任命，是各省最高等级的官员和显要。他既不是省三级会议的成员，也不是代理委员会或代理三级会议的成员，但他可以自行选择时间参与其中，可以向成员们发表讲话，还负责根据不同规则，解决这些团体内部的争端、打破僵局。至于新格罗宁根省，根据其1595年的"规章"，执政被赋予全体三级会议和代理三级会议中的决定票；但格罗宁根省三级会议随后便出现了争论——这样的权力是否真的适用于代理三级会议，以及它应如何在全体三级会议中应用。争论一直延续到1620年。[80]

执政负责监督所有省份中的司法机构。执政行使着任免司法官员的重大权力，其权力大小在各省有所不同。尽管在正式意义上，应当由省三级会议（在德伦特则是总三级会议[81]）任命德罗斯特，但执政常常对他们的选择发挥着决定性作用；在任命荷兰省和泽兰省乡村的巴尔尤夫时，情况也是如此。在荷兰省，由执政从市议事会提交的提名名单中选择城镇的治安法官,也是执政行使监督市议事会选举并在非常状态下介入的普遍权力;其他省份也是类似。在某些城镇(不包括阿姆斯特丹),执政还保留着1572年之前统治者从市议事会提交的候选名单中选取市长的权力。不过,莫里斯决定城镇官员任命的权力更多只是理论上而非实际上的,直到1618年这一权力才强力复兴。最后,执政还负有在每个省份维护归正会的普遍职责。

16世纪末到17世纪初,荷兰图景的一个关键特征就是执政间的密切合作。[82] 莫里斯与威廉·洛德韦克不仅在军事方面达成了合作,还在政治方面通力合作,他们与奥尔登巴内费尔特和国务会议一道,巩固了总三级会议和联邦原则,提高了共和国的效率。莫里斯与奥尔登巴内费尔特之间有严重分歧,尤其是在1600年的尼乌波特军事行动上。但在弗里斯兰的罗尔达派和其他弱小省份的特殊主义者眼里,两位执政都与荷兰省摄政官携手合作,以使弱小省份屈服于总三级会议和荷兰省。[83]

哈布斯堡统治时期,执政都是大贵族,他们的大批随从反映着宫廷文化华丽的等级世界。尽管1572年之后联省已是共和国,没有王室首领,但执政身边的宫廷文化和贵族式景象依旧,事实上甚至更稳固地生根了,新执政用这些手段来强化自己的威望、权威和贵族世家的虚荣。在海牙三级会议大厦,莫里斯在晚餐期间被"上流人士"环绕,这些人里有总三级会议军队中占据着高位的法兰西和德意志贵族,以及显要的荷兰贵族。[84] 非贵族在执政宫廷里只占据低级位置。到1618年政变之前,执政的宫廷都相对朴素,但此后它越来越富丽堂皇,甚至在1621年波希米亚的"冬王""冬后"及其随从到来时,以及17世纪30年代弗雷德里克·亨德里克统治时,更是如此。

第14章

荷兰世界贸易霸主地位的肇始

大起义、商业与南部移民

16世纪90年代正是荷兰从大起义的艰难处境迈向黄金时代的转折岁月，这10年见证了荷兰城市社会和经济的急剧转变。处于这一进程中心的是"高利润贸易"的兴起，以及与之相伴的加工业的发展，这也是荷兰历史上最为关键的转变之一。16世纪90年代的经济"奇迹"是诸多因素合流的结果：1588年后共和国内部日趋稳定；战略形势有所改善；连接荷兰省与德意志的河流和水道再次通航；1585年，资金和技术从安特卫普流入；1590年，腓力二世放松了在伊比利亚半岛对荷兰船只和货物的禁运（但同时维持着对英格兰的禁运）；共和国加强了对斯海尔德河口和埃姆斯河口的控制，同时加紧了对佛兰德海岸的海军封锁。随后商业的爆炸性扩张将共和国变为欧洲主要的商业中心，赋予共和国在世界贸易中的首要地位，其霸权地位将维持一个半世纪。[1] 社会经济转变的速度和规模以及随之而来的对城市文明的振兴，对一个小国造成的影响是翻天覆地的，甚至在历史上也无可比拟。荷兰在"高利润贸易"中的主导地位不仅使资源的迅猛增长和繁荣成为可能，而且促成了城市的大规模、持续性扩张及新技术和工业产品的激增。

诚然，荷兰省和泽兰省的沿海城市在1572年之前也在发展。在阿姆斯特丹，房屋的数量在1514—1562年间翻了一番，人口几乎增长了2倍，从1.1万增长到3万左右。[2] 不过相比1560年就有大约10万人的安特卫普，大约4.5万人的根特，或附近地区的大城市，如伦敦、鲁昂（Rouen）或里昂（Lyons），阿姆斯特丹的规模依然稍小。与此同时，北尼德兰的非沿海城镇在1590年前的整个世纪里，陷入停滞。这种情况不仅出现在艾瑟尔河流域的城镇——坎彭、代芬特尔、兹沃勒和聚特芬，还发生在乌得勒支城、格罗宁根城和斯海尔托亨博斯，荷兰省的内陆城镇——莱顿、哈勒姆、豪达、代尔夫特和多德雷赫特也是如此。它们全都在衰落或停滞不前，或者如代尔夫特的情况，只稍有发展。1514—1585年间，多德雷赫特的人口减少约10%，锐减到1.05万人左右。1573年西班牙人围困莱顿城时，城中只有约1.25万人，并不比1514年多。[3] 原因在于，直到16世纪80年代，莱顿的制布产业一直萎缩，同时并没有新的产业活动来替代它。16世纪中叶，荷兰的转口港根本没有为内陆制造业的发展提供基础。

情况在16世纪80年代中期发生转变，当时来自南尼德兰的流亡民众和技术蜂拥而入。这是现代早期西欧的四大移民潮之一，另外三波分别是：1492年被西班牙驱逐的犹太人；16世纪60年代从哈布斯堡尼德兰流亡出来的新教徒；逃出法兰西的胡格诺派信徒——这股移民潮在17世纪80年代发展至高峰。尼德兰内部的南部人口向北部地区的迁移在1585—1587年达到高潮，它极可能是这几股移民潮中规模最大的，流亡者人数高达10万以上，甚至可能多达15万。并非所有流亡者都留在了北尼德兰。相当多的人移民到德意志，另一些前往英格兰。不过，大多数流亡者在荷兰省或泽兰省的城镇定居下来。16世纪80年代末，南部所有主要城市都遭受了惨重的人口损失。[4] 安特卫普在1583年人口多达8.4万，围城战之后的1585年仅有5.5万，到1589年更缩减至4.2万。根特丧失了近半的人口。1550年还有大约3万居民的梅赫伦城，到1590年人口减至仅仅1.1万左右。布鲁日也损失了近半的居民。

大批迁至北部的人都集中定居在某一地区的几个城市之中。由于拥有众多空置的修道院，可以提供住所，乌得勒支城试图吸引纺织工人，但来者甚少。1594年莫里斯夺取格罗宁根城之后，新教的市议事会也做了类似的尝试，但同样没什么成效。流亡者仅仅广泛地定居在荷兰省和泽兰省的城镇中。1570年以来，米德尔堡的人口规模在半个世纪里增长到原来的3倍，约有3万人，这主要归因于来自南尼德兰的移民。[5] 停滞了一个世纪的莱顿，其人口从1581年的1.3万惊人地增长到1600年的2.6万人以上，且几乎全是因为南部人口的涌入。[6] 与此同时，阿姆斯特丹吸引了最大数量的移民——大约3万；到1600年，移民的人口数量达到该城人口的三分之一。还有大批移民定居哈勒姆，这使该城人口从1570年的1.4万暴增至1622年的3.9万。定居在荷兰和泽兰其他城镇的流亡者相对较少，不过依然造成了可观的影响。到1600年，代尔夫特的移民约占该城人口的17%。1577年的弗卢辛只有4425名居民居住在这里的885座房屋中，[7] 到16世纪80年代末，该城人口增长了三分之一。1589年博德利惊讶地发现贝亨居住的5000人，很大比例是刚来的移民，[8] 不过许多人随后前往荷兰省。

在整个人类社会中，吸收大量移民人口都是复杂而艰难的过程，因为这会给当地带来沉重的压力。取得多大程度的成功，部分取决于东道主社会的吸收能力，部分取决于移民技艺的适应性。1585年之后流向北部的移民潮最令人瞩目的一点在于，新移民迅速并且相对容易地融入荷兰的社会和经济生活之中。最初，一些更具专业技术的移民难以被吸纳，因为1585年的北方还没有"高利润贸易"。例如，在16世纪80年代末抵达荷兰省的炼糖商后来又迁往汉堡，因为荷兰省还没有参与国际糖贸易。离开安特卫普的大商人原本更喜欢德意志西北部[9]而不是北尼德兰，因为在16世纪80年代末，荷兰省并不适合发展贵重商品和远距离贸易——这（主要）是由于腓力二世实行针对荷兰船舶和货物的禁运政策（1585—1590年）将荷兰人排除在伊比利亚半岛之外，于是荷兰人也接触不到西属和葡属西印度群岛的产品；此外，西班牙向尼德兰东北部的进军还阻断了荷兰省与德意志之间的通道。

不过，荷兰省和泽兰省做好了安置大批移民的准备，而且一旦吸引到人力，两省将提供向"高利润贸易"进军所需的大部分条件。波罗的海的谷物和鲱鱼群，加上莱斯特伯爵禁止向南部出口商品的禁令，确保流亡者涌入之时，联省有充足而廉价的粮食供给。[10] 流亡者不可能在别的地方找到更便宜、更充裕的食物。荷兰省和泽兰省的城镇满是充公的男女修道院建筑，市议事会迅速通过优待的条款，把它们提供给移民，用作工场和住所。[11] 住房供给是个问题，城市的房租涨到高得离谱的程度。但同时，由于拥有内陆水道、内河舰队和原木贮藏，共和国物资配备齐全，足以大兴土木。在莱顿，议事会要求将最好的修道院建筑给大学和市政机构使用，但比这多得多的建筑被用作纺织工场，或被改建成织工住所。[12]

16世纪90年代，从南部来的移民占联省总人口的大约10%，他们的比例在荷兰、泽兰二省的大城镇更是高得多。城市劳动力急剧增加，而劳动力市场并没出现什么冲突，因为新劳动力与既有的荷兰劳动阶层没什么交叠之处，也没什么竞争。16世纪末，联省土地上有两个劳动群体——本土的和移民来的，他们基本上从事着互不相关的工作。1585年之前的荷兰经济以航运业、大宗货运业、捕鲱业和农业为基础，没有发展出什么出口型产业，也没有打造出什么加工贵重商品所需的技术或训练有素的技工。印刷和艺术活动领域如今存在相互竞争的两类熟练人员，但这种情况是罕见的。荷兰早先的劳动群体包括海员、渔民、驳船船员、船坞工人和泥炭沼泽挖掘工，他们基本上感受不到新人涌入带来的负面影响。

移民推动了经济的扩张和城市的快速发展，但是假如没有16世纪90年代紧随移民而来的"高利润贸易"的大规模开拓，上述进程也难以为继。因为成功吸纳流亡者及其技术、支撑荷兰省城镇的扩张都有赖于将大批量的新商业活动和新工业活动转移到荷兰沿海地带。另外，在1590年之前，残存的共和国在三个方向遭到西班牙军队的严密围困，与德意志的联系被阻断，荷兰船只和货物在西班牙和葡萄牙受到查禁，鉴于此，无论这时有没有移民，荷兰的海外贸易体系都完全不可能以90年代的方式急剧发展。诚然，腓力二世的禁运政策并非滴水不漏。禁运政策尚在执行时，荷兰仍在继续与伊比利亚地区进行一些贸易。但西班牙的措施切断了大部分贸易，残存的贸易也风险更高、成本更高、难度更高，它严重阻碍了荷兰（和英格兰）的发展，而有利于汉萨同盟。

因此，16世纪90年代"高利润贸易"的兴起，包括（1598年之后）远距离的殖民地贸易的兴起，不仅在荷兰贸易和航海史上至关重要，对荷兰黄金时代的社会、产业、城市、整个机构组织和文化也都至关重要。16世纪80年代，共和国在每条战线上都在收缩。无论是眼下还是未来的前景都显然黯淡无光。假如没有90年代海外贸易体系根本性的重建,共和国不可能吸纳近来涌入的移民和技术,其城市也不可能迅速扩张,也不会有随后的黄金时代。

因此,尽管南部移民潮的确是个关键因素,但仅凭它本身,并不足以催生16世纪90年代的经济"奇迹"。政治和战略环境的转变同样重要。[13] 1590年,腓力二世决定插手法兰西事务,结果西班牙加之于北尼德兰的压力猛然削弱;在莫里斯于1591年、1593—1594年和1597年发动的大攻势下,西班牙人被清除出艾瑟尔河、瓦尔河和其他主要河道,共和国领土安全得到保障;腓力二世还放松了针对荷兰与西班牙、葡萄牙贸易的禁令;此外,荷兰海军加强了对南部的封锁:所有这些在几年内创造了一个全新的体系,以及整体而言更有利的环境。16世纪90年代人们的信心得以构建,他们相信:共和国会有一个安全的未来,荷兰省将是可发展的基地,可以进行大规模的商业和制造业投资。这也反向将安特卫普的许多顶尖商人吸引回来,尤其是吸引到阿姆斯特丹。这些商人在16世纪80年代选择移民到汉堡、不来梅、埃姆登、施塔德(Stade)、科隆和法兰克福,而不是那时被围困、满眼黯淡、经济萧条的共和国。

上述转变触发了16世纪90年代对"高利润贸易"的全方位巨额投资,投资地主要是阿姆斯特丹,但也有米德尔堡、鹿特丹、代尔夫特、哈勒姆和西弗里斯兰港口。新商业活动从当前正在恢复的与西班牙、葡萄牙和地中海的交通开始。以荷兰省和泽兰省为基地的商人们运输香料、糖、丝绸、染料、地中海的水果和葡萄酒以及从南部获得的西属美洲殖民地的白银给北方。在为北部供应上述商品方面,他们迅速赶超以汉堡、吕贝克和伦敦为活动基地的商人。[14] 荷兰的波罗的海贸易之前局限于品种较少、相对廉价的大宗货物,主要是谷物、原木、盐、鲱鱼和葡萄酒,活动范围限制在波罗的海南部和东部海岸的谷物和原木港口;而通过上述方式,荷兰开启了被称为"荷兰二次征服"波罗的海贸易的进程——荷兰渗透进此前由汉萨同盟和英格兰主导的贵重商品运输领域。随着这一进程的延展,荷兰船只也开始定期在斯堪的纳维亚半岛最北的地域穿梭,一直航行到白海港口阿尔汉格尔(Archangel*)——那是俄国当时的西部窗口。1590年,荷兰与俄国的贸易还牢固掌握在英格兰人手中。但是鉴于荷兰如今比伦敦能更便捷地接触伊比利亚市场和殖民地货物,并且那里的香料和白银才是制胜法宝,英格兰现在不太可能长久地抵挡住荷兰的挑战。到1600年,以阿姆斯特丹为基地的商人——大多是安特卫普流亡者——已经赶超了英格兰的对俄贸易。[15]

西班牙的大臣很快意识到,荷兰人进入西班牙和葡萄牙的事实给了他们在整个北欧经销香料、糖等殖民地商品和地中海产品的控制权,进而扩张了荷兰的权力和财富,以及荷兰城市的影响力。荷兰人进入伊比利亚半岛,显然也滋养了以1585年移民带来的技术为基础的荷兰新纺织业的崛起。因为荷兰省和泽兰省的新商业精英正是用南部移民在哈勒姆和莱顿生产的亚麻和新布料以及从南尼德兰转移来的资本,买光了南欧的殖民地商品和贵重商品。

于是,在腓力三世统治开始的1598年,西班牙决定再次在西班牙和葡萄牙实行针对荷兰商船、货物和商人的禁令。然而,西班牙逆转已然事实的尝试,只不过是进一步促进了荷兰海外贸易体系的繁荣发

---

* 即Arkhangelsk,阿尔汉格尔斯克。——译者注

展,因为假如荷兰省和泽兰省的顶尖商人不想丧失他们新近在欧洲赢得的"高利润贸易",他们就不得不立刻将大笔资金投入与东印度和西印度的新型直接性贸易中。

荷兰在世界贸易中的霸主地位维持了将近一个半世纪,主要原因是1590年之后荷兰扮演了转运港角色:它是综合性的仓库,来自世界各地的各类货物——既有贵重货物也有大宗货物——都贮藏于此;它还拥有不可匹敌的船只数量。这些船载着货物进进出出。但是在这长达一个半世纪的时间里,荷兰转运港的运行节奏和整体方向发生过数次根本转变,因此,将荷兰的霸主时期划分为几个阶段是必要的。第一阶段(1590—1609年)见证了荷兰"高利润贸易"的缔造,以及与东印度、非洲和美洲的新型远距离贸易的兴起。第二阶段(1609—1621年)由《十二年停战协定》(1609—1621年)塑造,其特征是在殖民地贸易方面的势头有所丧失,这在加勒比海和巴西尤为明显,但在欧洲水路上要比以往更成功。1609年,西班牙放松了其禁运政策,同时西班牙和佛兰德针对荷兰船舶的私掠活动也暂停了,这降低了荷兰货运和海上贸易的保险费用,荷兰本就因为运费低廉而享有相对于汉萨同盟和英格兰的优势,此时其竞争优势进一步提升。[16] 拥有价格优势,再加上与地中海以及西班牙、葡萄牙的联系有所改善,荷兰在地中海的贸易量(在当时)大增;在与黎凡特地区(Levant)的直接海上贸易方面,荷兰一度令英格兰黯然失色;[17] 在波罗的海贸易方面,荷兰也上升至顶峰。相比第一阶段,第二阶段还大大有利于渔业发展。

然而,在第二阶段,泽兰省没能共享荷兰省的繁荣,因为停战协定的条款也包括荷兰暂时放松对佛兰德海岸的海军封锁(虽然没有放松对斯海尔德河的限制)。结果,南尼德兰的商人可以重新直接从波罗的海和南欧进口货物,途经佛兰德海港,运至布鲁日、根特和安特卫普,而绕过泽兰转运港。因此,正如泽兰省三级会议在1614年10月所评论的,原本从葡萄牙和法兰西进口到南尼德兰并且在根特精制盐的贸易路线,如今完全偏离泽兰和斯海尔德河,转移到了奥斯坦德和敦刻尔克。[18] 事实上,(1621年之前)从泽兰转运到南部的过境贸易大部分都衰落了。这是泽兰的主要商业活动,上述转变严重打击了整个泽兰省。正是意识到这一问题,总三级会议在1612年同意减少泽兰贡献给总三级会议的预算分派额,阿姆斯特丹市议事会评论道,考虑到泽兰陷入了"衰颓",这才是公正的。[19]

第三阶段(1621—1647年)的形成主要受到以下因素影响:荷西战争重启,贸易禁运政策再度推行并且荷兰海军封锁佛兰德海岸。这一阶段中,泽兰得以复兴,殖民地贸易获得动力。然而荷兰在欧洲的贸易受到消极影响,尽管荷兰成功地将殖民地商品再次出口到欧洲北部,并且通过德意志北部港口和河口将粮食补给转送给在德意志战火纷飞的内陆作战的军队,但按照绝对价值计算,1630年后荷兰的欧洲贸易一直萎缩。17世纪20年代以来,一个尤为突出的问题是佛兰德私掠舰队的迅速扩张。它们以敦刻尔克和奥斯坦德为基地,不断地干扰着荷兰航运。荷兰在北海和英吉利海峡损失了成百上千的船只及船上的货物,这使荷兰货运和海上贸易的保险费用陡增,远高于第二阶段适用的保险费。[20] 在这一阶段遭受严重打击的是荷兰与欧洲南部的贸易,这里不仅包括与西班牙、葡萄牙的,还包括与意大利和黎凡特地区的。荷兰与黎凡特地区新近繁荣起来的贸易在17世纪20年代早期几乎全线崩溃,直到1647年前后才有所恢复。第三阶段的另一个难题在于,长期缺乏适用于渔业的盐。在从1621年到约1641年葡萄牙脱离西班牙的20年间，西班牙人不仅成功阻止荷兰人取得葡萄牙的盐，还通过在加勒比海的主要盐场建设堡垒，剥夺了荷兰人在1598—1607年间采用的替代供给。

这些问题与17世纪20年代后期被破坏的波罗的海贸易交织在一起，使荷兰省在1621年后陷入严重萧条，这是17世纪时间最长的萧条，虽然造成的创伤不及17世纪70年代那次。从1621年到17世纪30年代早期，荷兰海上经济的衰退还削弱了许多产业。造船业、制盐业、制糖业和印刷业[21]在这些年间全都显著缩水。17世纪30年代初，经济开始复苏，到30年代末，一些领域，尤其是农业、纺织业、殖民地贸易和金融投机领域，变得十分繁荣。但荷兰在欧洲的贸易直到17世纪40年代晚期一直萎靡不振。欧洲贸易和渔业的全面复苏和进一步扩张要等到第四阶段（1647—1672年）才开始。

17世纪20年代的萧条十分严峻，但共和国通过一些领域的发展，部分抵偿了航海业和贸易领域的收缩，因而逃过了萧条的全方位打击。与其他产业不同，莱顿和哈勒姆的毛纺织业和亚麻业受益于新形势，部分原因是荷兰对佛兰德海岸实行了海军封锁——从佛兰德进口的商品在通过内陆水道时还要缴纳高昂的战时关税——进而减少了南尼德兰城镇制成品（经常是有直接竞争关系的产品）的出口以及对羊毛的进口。与此同时，三十年战争毁灭了德意志的纺织业城镇。结果，在17世纪20年代，当荷兰的波罗的海贸易整体灾难性萧条时，荷兰纺织品向波罗的海的出口却越来越强劲。[22]

不过，在抵消贸易与制造业大部分领域萧条的后果方面，最重要的是此时农业的火热发展。荷兰在第三阶段的农业繁荣，加上与之相关的与莱茵兰、列日和西属尼德兰的内河贸易的增长，本质上来说也是荷西战事重启和三十年战争的结果。无论是德意志还是南尼德兰，对荷兰各类粮食供给的需求从未如此庞大，它们不仅需要乳制品、啤酒、鱼和其他肉类、谷物和盐（对这两种商品的需求到了竭尽所能获取的程度），还需要供给军官的法兰西葡萄酒以及烟草。在通往德意志和南尼德兰的内河运输上收取高额的通行费，这让荷兰的5个海事委员会得以从中牟取暴利，进而资助荷兰的海军开支。

"大宗货运"与"高利润贸易"平衡的改变

17世纪20年代海上贸易的萧条是17世纪最严重的危机之一，它造成的创伤仅次于1672年的萧条，它的影响到17世纪40年代都未能完全被消除。不过，从更广阔的视角看荷兰史，这场危机真正的意义在于，它推动了荷兰海上经济的进一步转变——突然从大宗货运贸易转向新型贵重货物贸易。

正如前文所述，运输谷物、原木、盐和鱼的大宗货运贸易最初于15世纪落入荷兰的控制。这些贸易随后在16世纪大规模扩张，并在16世纪90年代和17世纪头20年发展至顶峰。当时荷兰人引入了著名的福禄特帆船——这是一种专为海运设计的船只，意在以最低的价格运输最多的货物。此时，荷兰正试图用比从前更大的船只进行大宗货物运输，福禄特帆船的兴起也是这一转变的一部分。[23]

在为黄金时代奠定基础上，大宗货运，尤其是波罗的海谷物和原木的大宗货运，无疑从根本上发挥着重要作用。大起义期间，荷兰省能够迅速恢复并掌握丰富的资源，很大程度上归功于波罗的海贸易带来的广泛利润以及参与其中的船只和海员。黄金时代前夜，荷兰省和泽兰省的高度城市化和城市活力基本上都植根于货运贸易。1600年之后，大宗货运依然滋养着两省，它积累了数量庞大的船只、海员和海军仓库，这是任何别的地方都没有的。但是，如果我们将黄金时代定义为一个在富裕程度和扩张规模上都远超16世纪80年代巅峰期的时代，那么在随后的日子里为塑造经济和社会环境做出最大贡献的，显然是"高利润贸易"而不是大宗货运。到16世纪90年代，即黄金时代开始之时，大宗货运已经接近扩张的极限。此后，一直到1620年，它的扩张基本都是微不足道的。相较而言，"高利润贸易"在1590年之后蔚然增长，产生了比大宗货运贸易高得多的利润和丰富得多的财富积累。例如，在17世纪中叶的荷兰市场上，每年波罗的海的谷物大约值300万荷兰盾；而17世纪五六十年代，三大"高利润贸易"（与东印度、西班牙和黎凡特地区的贸易）的价值总额大约是前者的7倍，超过2 000万荷兰盾。[24] 此外，荷兰与地中海、殖民地市场的贸易，以及与波罗的海和俄国的贵重货物贸易，为荷兰17世纪后期的主要出口行业提供了原材料——莱顿的精致布料用西班牙的羊毛制成，羽纱用土耳其的马海毛制成，类似的还有丝织物、棉布、细麻布、铜、精制糖和烟草；同时，大宗货运与制造业的关系则没这么大，只在造船业有关联。[25] 最后，还要考虑文化的维度。因为，并不是大宗货运贸易，而是新型贵重货物贸易提供了财富以及同样重要的稀有材料和技术，最终使黄金时代令人惊叹的多样化和精致程度成为可能。生产染料、釉、陶瓷、珠宝、精美家具、装饰有图案的亚麻和丝织品以及类似"金色皮革"、挂毯和木镶嵌产品等特产，都需要高度专业化的技术。

此外,"高利润贸易"的经济贡献在17世纪前三分之二的时间里不断增长,而大宗货运的相对重要性稳步降低。到17世纪最后的25年,贵重商品贸易和与"高利润贸易"相配套的制造业已经令大宗货运贸易相形见绌。按照绝对价值计算,大宗货运贸易直到1620年都在扩张,但此后开始收缩,在荷兰省尤其明显。

西弗里斯兰海港(大宗货运贸易的中心)长期衰退的时间节点和原因都很清晰。桑德海峡(The Sound)通行费的数据统计表明,霍伦、恩克赫伊曾和梅登布利克受17世纪20年代萧条的严重影响,再未复兴。从一开始,这些地方的优质盐和鲱鱼的供应就在不断缩减——1621年之后恩克赫伊曾出口到波罗的海的鲱鱼数量明显下降。[26] 西弗里斯兰海港因为西班牙而开始衰落。西班牙人实行禁运政策,而且采取(相当有效的)措施,阻断优质盐进入共和国,打击北海的捕鲱业。不过后来也有别的因素参与到阻止西弗里斯兰复兴的活动中。

虽然到17世纪30年代,进入波罗的海的荷兰船只总数恢复到了1621年以前的水平,但从荷兰省驶往波罗的海的福禄特帆船的数量并没有恢复。原因在于,如今人们已不再使用以北荷兰省西弗里斯兰海港为基地的大型福禄特帆船,而改用以弗里斯兰和瓦登群岛为基地的小型船只。于是,西弗里斯兰在荷兰波罗的海贸易总额中的比例从1620年的30%跌至17世纪20年代末的26%,到1640年更是只剩18%。[27] 不仅如此,荷兰省其他主要城镇在1672年之前持续繁荣发展,而西弗里斯兰海港——福禄特帆船舰队的故乡则在17世纪20年代开始萎缩。这是一个去城市化的进程,西弗里斯兰比共和国其他地方早开始了半个世纪。在恩克赫伊曾,受洗加入荷兰归正会的人数峰值是

854人,那年正是1621年。[28] 随后,恩克赫伊曾的受洗人数开始变少,但也算是在稳定地减少。也是在1621年前后,恩克赫伊曾的居民数量也达到2.2万这一峰值(参见后文表12),霍伦的人口和活力也从此时开始衰减。

荷兰殖民帝国的开启

1590年前后是荷兰历史的一个分水岭,标志着荷兰从16世纪七八十年代黯淡、困难的境况进入黄金时代。荷兰远距离航海及其殖民帝国也开始于16世纪90年代,这显然不是偶然。事实上,这些复杂的现象是新机遇、新资源和新动力的直接结果,而这一切又产生于1590年前后政治、战略和经济等领域的全面重建。

要实现在亚洲、非洲和美洲海域强劲、成功且持久的海上扩张,需要具备诸多条件,在共和国深陷与西班牙在陆地和海上的全面战争时,情况更是如此。这些先决条件包括:适于长期投资的安全的本土基地,商业资本的大量储备,省、市层面的政治支持,关于航线和印度情况的详尽知识,本土可转作他用的过剩军事力量,最后则是便于闯入竞争激烈的香料和糖领域有利的欧洲市场环境。1590年之前,上述条件荷兰一个都不具备,而且根据1590年之前的情形,荷兰省和泽兰省的大宗货运传统可以说根本没有转变成繁荣的远距离贸易或建立殖民帝国的前景。

1588—1590年间共和国及其体制的内部巩固,16世纪90年代早期荷兰战略地位的改善以及1585年后商人及其资本从安特卫普的涌入,都是至关重要的因素,它们促成了荷兰在欧洲之外的远距离贸易的兴起。但是,最重要的要数"高利润贸易"的展开,即荷兰在欧洲范围内成功进行的贵重货物贸易。[29] 这一现象主要发生在16世纪90年代早期和中期。阿姆斯特丹成长为汉堡的主要对手,争夺在欧洲北部经销香料和糖的控制权(汉堡的控制权是1585年后从安特卫普那儿夺来的);腓力二世在1590年放松针对荷兰的禁运政策后,来自西班牙和葡萄牙的殖民地产品猛然涌入荷兰省;16世纪90年代早期,荷兰迅速拓展与俄国的贵重商品贸易——对于16世纪90年代后期荷兰与东印度、西印度海上贸易的兴起,这些全都是强有力的因素。从商业上说,荷兰的殖民地贸易根植于它在欧洲贸易中的突破性进展。[30]

在印度群岛建立荷兰贸易帝国的第一步,便是1594年3月在阿姆斯特丹设立的私人远方公司(Compagnie van Verre)。这是9个顶级商人组成的财团,其中赖尼尔·保(Reinier Pauw,1564—1636年)和亨德里克·胡德(Hendrik Hudde)是有权有势的摄政官,两人对城镇议事会及商业的核心信息触手可及。[31] 还有几位是移民,包括两名南尼德兰人,还有荷尔斯泰因(Holstein)来的新教徒扬·波彭(Jan Poppen,约1545—1616年)。后者建立了阿姆斯特丹最富裕的商人世家之一。这家公司筹集到2.9万荷兰盾的启动资金,装备了一支拥有4艘船和249名船员的船队,荷兰省三级会议为其提供了100座大炮。省三级会议还豁免了该公司从东印度进口货物时需交给总三级会议的关税。1595年4月,船队从泰瑟尔岛扬帆起航;1597年,其中3艘船平安归来,不过只有89名船员幸存。

此次远征利润稀薄,但商人们依然无所畏惧。事实上,1594—

1597年间，阿姆斯特丹将（葡萄牙的）胡椒等香料转出口到德意志、波罗的海和俄国的贸易发展得十分迅速，这也进一步夺取了贸易竞争对手的利益，[32] 于是到1597年，每个顶尖商人都已意识到，共和国现在已经完全掌握了在北欧销售殖民地商品的控制权。（考虑到因为西班牙在1585—1604年间实行的针对英格兰的禁运政策，伦敦在殖民地商品贸易方面依然处于瘫痪状态）显然重金投资与东印度的直接贸易从而绕开里斯本和塞维利亚的转运港很可能会带来巨额利润，并加强荷兰新近赢得的对北欧"高利润贸易"的控制力度。

与此同时，有关东印度商业以及亚洲货物的知识，正在荷兰各个商业城镇广泛传播。原因有三：其一是1590年腓力二世放松对荷兰的禁运政策后，荷兰与葡萄牙的贸易重启；其二是一些近来抵达阿姆斯特丹的葡萄牙秘密犹太团体于16世纪90年代后期专职从里斯本进口东印度商品；其三是某些书籍的出版。这些书籍中，最出色的是扬·赫伊亨·范林索登（Jan Huigen van Linschoten）的《旅行日记》（*Itinerario*，1596年）。范林索登于1584年作为富格尔家族的雇员前往印度果阿（Goa），之后于1592年返回欧洲。他的作品是一本名副其实的商人指南，介绍了东印度的道路、货物和环境。

荷兰1590年后在欧洲"高利润贸易"中的突破创造了极其有利的环境。受此激励，整片荷兰沿海地带在16世纪90年代后半段兴起了对东印度贸易的狂热兴趣，并参与其中。[33] 最初的公司规模扩大为包括18名董事的联合企业，拥有768 466荷兰盾的启动资金。第二支船队筹备完毕，这次包括8艘船只，指挥官是雅各布·科内利斯·范内克（Jacob Cornelisz. van Neck），他知识渊博、能力出众，后来当上了阿姆斯特丹市长。与此同时,另外两家公司及其船队在泽兰成形。1598年春,三支船队几乎同时起航。14个月后,范内克带着4艘满载货物的船只归来,受到阿姆斯特丹商界的火热接待。扣除成本后,远方贸易公司(Compagnie van Verre)获得了400%的利润。

毫无疑问,正是荷兰远距离贸易的开始,才使西班牙于1598年重启的在西、葡查禁荷兰船只、货物和商人的政策产生了轰动性的影响。西班牙大臣希望通过斩断从伊比利亚到荷兰转运港的殖民地和地中海商品物流,来终止荷兰在欧洲"高利润贸易"领域的急剧扩张。[34] 然而,正如格劳秀斯和其他17世纪荷兰历史学家后来指出,因为威胁到了荷兰人在欧洲的商业成功,禁运政策逼迫荷兰沿海城镇新近崛起的商业精英毫不迟疑地将重金投入对印度贸易中。荷兰人不得不前往印度,从产地获取自己所需的货物,除非他们愿意看到自己在欧洲的商业成果在眼前蒸发,看到自己被汉萨同盟和英格兰(1604年,英格兰获准重新进入伊比利亚港口)排挤。此外,从一开始就十分重要的一点是,新贸易应当有足够大的规模,它应当能提供足够多的胡椒和香料以供应如今从法兰西一直延伸到俄国的整个销售体系。到1599年,荷兰省和泽兰省有至少8家不同的公司参与东印度贸易,基地建在阿姆斯特丹、鹿特丹、米德尔堡、霍伦和恩克赫伊曾。到1601年秋,至少有14支荷兰船队,共65艘船,从联省驶向东印度,[35] 其规模远超葡萄牙和英格兰的东印度贸易。

这样狂热的活动必然会导致市场的混乱,无论是在香料群岛[摩鹿加群岛(Moluccas)和安波那(Amboina)]*和爪哇岛,还是在欧洲

---

* 分别为马鲁古群岛和安汶的旧称。——译者注

一方。到1601年，价格和利润都在暴跌。正是这一现象促使加入不同公司的商人要求荷兰省和泽兰省三级会议介入，推行管理贸易的法令。他们警告，如若不然，新近繁荣的荷兰东印度贸易将遭遇严峻困境，甚至可能崩溃。[36] 商人与三级会议由此开始磋商，讨论如何整合荷兰的贸易，将之置于稳定、有序且持久的基础上。在这些商讨中，奥尔登巴内费尔特本人发挥了重要作用。

荷兰共和国独一无二的联邦结构，以及各城镇强大的自治权，让荷兰人有机会设计一种全新的商业组织——一种由政府颁发特许状、联合股份制的垄断企业。它拥有国家的大力支持，同时又是各分公司所组成的联合体，各分公司管理自己的资本和商业活动，互不干涉，但都遵守联合董事会制定的整体性规章和政策。这个精致的新组织形式是漫长谈判的结果。在1601年12月于海牙举行的会议上，董事们提出，在规划中的新联合董事会中，新公司的阿姆斯特丹分公司应当获得半数的席位，因为阿姆斯特丹的各个公司贡献了总启动资金的一半（略多）。但是奥尔登巴内费尔特（权力基础在阿姆斯特丹之外）和荷兰省、泽兰省三级会议对此颇为担忧，认为阿姆斯特丹分公司在联合董事会中的投票权应低于半数。最终阿姆斯特丹分公司获得总共17个座席中的8个，董事会则被称为十七绅士（*Heren XVII*）。剩下的席位中，泽兰拥有4个。北荷兰省和南荷兰省的城镇各2个，这两家分公司各自又进一步划分为两家子公司，北荷兰省分为霍伦和恩克赫伊曾子公司，南荷兰省分为代尔夫特子公司和鹿特丹子公司，4个市镇各任命一名董事前往联合委员会。第17名董事则由泽兰省、北荷兰省和南荷兰省3家较小的分公司轮流任命。[37] 尽管一开始并非摄政官的精英商人在经营阿姆斯特丹分公司上发挥着重要作用，但不可避免的是，摄政官将在管理这个新组织上占主导地位，3家较小的分公司情况也大体如此。[38]此外，随着时间的推移，摄政官在经营阿姆斯特丹分公司上的影响力不断增大。

在实践上，是荷兰省和泽兰省的三级会议与商人们磋商贸易安排。不过，从正式意义上说，是总三级会议颁发的特许状，设立的联合东印度公司（Verenigde Oostindische Compagnie，简称VOC）。因为只有总三级会议有资格授予东印度公司维持军队和驻防地、装备战舰、给亚洲民众设置总督以及与东方统治者进行外交活动、签订条约和建立同盟的代理权，也就是主权权利。1602年特许状一颁发，东印度公司便享有了极大的行动自由。不过，总三级会议还保留了一个监管的角色。[39]条约、同盟协定，以及给东印度公司在亚洲总督的指令，都必须得到总三级会议批准；东印度公司必须定期提交报告，汇报东印度事务的总体状况。初版的特许状在21年后由总三级会议进行修改和更新。东印度公司在亚洲的陆军和海军指挥官以及公司的外交代理人，既需宣誓效忠他们的雇主——东印度公司，又要宣誓效忠联省总三级会议。

新公司从一开始就全副武装，打算在东印度的贸易中为自己争夺优势地位。东印度公司在1605年取得最初的胜利，当时它的军队从葡萄牙人手中夺走了包括特尔纳特（Ternate）、蒂多雷（Tidore）和安波那在内的印度尼西亚"香料群岛"。但是直到1609年《十二年停战协定》开始生效，十七绅士才决定设置一名总督和一个议事会去管理他们在亚洲的贸易公司及其征服地。一开始，荷兰东方贸易帝国的指挥部设在爪哇岛西端的万丹（Bantam）。首任总督彼得·博特（Pieter Both，参见表11）并非来自荷兰省或泽兰省，而是来自阿默斯福特。这或许正是任命他的一个原因，因为没人会将他视为任何一个地区分公司的盟友。他是东印度公司治下，一长串荷兰东印度总督中的首位，掌管着从好望角延伸到日本和菲律宾海岸的殖民帝国和海事活动地带。尽管荷兰的史料偶尔将博特称作"总督"（viceroy）——把他想象成西班牙和葡萄牙殖民帝国总督的样子——但博特绝不是这个词所指真正意义上的那种"总督"[40]；他既不是统治者的代理人，也不是某个准君主宫廷的首脑，事实上他甚至不是任何一种形式的贵族，更别说大公（grandee）这种西班牙和葡萄牙的最高爵位。在其他方面，他的身份和职能也展示了联省作为共和国的事实，这样的政治形式与欧洲的君主制不同。于是，他必须受制于相关章程，在做重大决定、签署法令、条约和报告时只能与手下的印度议事会共同行动，议事会的成员则是他陆军、海军和商业领域的主要属下。从正式意义上说，他只有在与议事会协商的前提下，才享有权力。此外，这个议事会也远不是个摆设：尽管后来的总督确实展现出一些威权主义倾向，总督和议事会间也时有冲突，但这套集体负责和集体政府管理的体系大体上运转顺利。这是本土情况导致的天然结果：荷兰本土的十七绅士完全无意向选择历任奥伦治亲王的亲属或主要贵族担任印度总督。博特有摄政官背景，他早期的继任者也都是选自做过摄政官的精英商人。后来，从公司任职已久的高层雇员中选取总督成了惯常做法。十七绅士选择的是有能力、有经验、通晓印度知识的人，而不是有社会地位的。因此，17世纪的荷兰东印度总督名单（参见表11）变得独一无二，它是当时欧洲殖民帝国高级总督名单中唯一一份没有贵族的。

1610年博特抵达东印度时，荷兰主要的工场在特尔纳特、蒂多雷、安波那、班达群岛（Banda Islands）和万丹。而1619年，第四任总督,也是最著名的一个——扬·彼得斯·库恩(Jan Pietersz. Coen,1587—1629年)夺取雅加达,并把东印度公司在亚洲的指挥部搬至此处。库恩希望根据自己的出生地,把新征服地命名为"新霍伦",但十七绅士偏向取一个对整个共和国而言有统一内涵的名字,便转而选择了"巴达维亚"。[41] 巴达维亚迅速发展为欧洲人在亚洲的首要陆军、海军和商业基地,远超果阿和马六甲,它的地位一直维持到18世纪末。荷兰人重建了该城,给它配备了强大的堡垒。虽然要到17世纪晚期才深度开发这座城镇的内陆并与爪哇岛的其他地区互动,但是从一开始,它就充当着荷兰的综合性集散地。来自印度尼西亚群岛、印度、中国沿海和日本这些遥远地区的荷兰船只和货物都汇集于此。它也是荷兰在东印度的主要军事驻防地,在17世纪和18世纪的大部分时间里,它还是欧洲人在亚洲最大的聚集地。巴达维亚拥有议事会、宗教法院、孤儿院和其他当时荷兰城镇常见的市政机构。到1700年,巴达维亚有约6 000名欧洲人,几乎跟当时在荷属南非的欧洲人一样多。不过,这里的绝大多数人都是士兵、海员和东印度公司的其他雇员,巴达维亚从来没有发展出经济独立的荷兰市民阶层。[42] 巴达维亚的总人口规模由1624年的8 000人,发展至1700年的7万人。非欧洲人口极其混杂,这种现象在爪哇其他地方并不常见。非欧洲人口中最大的群体是中国人,此外还有规模颇大的来自印度尼西亚其他地方和马来的群体。巴达维亚的宗教法院早在1632年就雇用了4名荷兰归正会传教士,几年之后,宗教法院便在马来人、葡萄牙人,当然还有荷兰人中组织宗教仪式。

表11　荷兰东印度公司成立第一个世纪的历任总督

总　　督	任　　期	出生地	社会出身
彼得·博特	1609—1614年	阿默斯福特	摄政官
赫里特·雷因斯特	1614—1615年	阿姆斯特丹	摄政官
劳伦斯·勒阿尔	1616—1619年	阿姆斯特丹	摄政官
扬·彼得斯·库恩	1619—1623年	霍伦	大商人
彼得·德卡尔庞捷	1623—1627年	安特卫普	南部流亡者
扬·彼得斯·库恩	1627—1629年	霍伦	大商人
雅克·斯佩克斯	1629—1632年	多德雷赫特	南部流亡者
亨德里克·布劳沃	1632—1636年	——	——
安东尼奥·范迪门	1636—1645年	屈伦博赫	大商人
科内利斯·范德莱恩	1645—1650年	阿尔克马尔	——
卡雷尔·雷尼尔斯	1650—1653年	阿姆斯特丹	大商人
约安·马策伊克*	1653—1678年	阿姆斯特丹	天主教神职人员
赖克洛夫·范胡恩斯	1678—1681年	雷斯	军人
科内利斯·扬茨·斯佩尔曼	1681—1684年	鹿特丹	大商人
约安内斯·坎普赫伊森	1684—1691年	哈勒姆	熟练工匠
威廉·范奥德特霍恩	1691—1704年	安波那	东印度公司官员
约安·范霍恩	1704—1709年	阿姆斯特丹	大商人
亚伯拉罕·范里贝克	1709—1713年	开普敦	东印度公司官员

相比设在亚洲的荷兰工场和基地，荷兰人最初几十年里设在非洲和美洲海岸的要塞和定居点相当少。1630年之前最重要的要塞要数黄金海岸的拿骚堡［穆里（Mourée）**］。它是总三级会议（派遣一支海军）于1611年建立的，用以抗衡葡萄牙人在这一地区的势力，并用作荷兰

---

* 原书为Maetsuyker，经核查应为Maetsuycker。——译者注
** Mourée疑应为Moree或Mouri，据Mouri译为穆里。——编者注

船只和贸易在西非海岸的综合性集散地。1598年后，荷兰人超越葡萄牙人，成为西非海域的主导势力，基本上控制了几内亚的黄金和象牙贸易。[43] 而在1634年之前，荷兰人并未试图参与非洲与美洲间的奴隶贸易，他们乐意将此留给葡萄牙人，因为后者享有进入西属美洲殖民地的权利而荷兰人自己没有。运往非洲的荷兰货物大多储藏在拿骚堡，大批的非洲黄金和象牙也贮藏于此，等待运往共和国。

1598年西班牙再次实行贸易禁运之后，荷兰船只开始大量出现在加勒比海，出现在南美洲北部的海岸。[44] 这些船大多是来运载优质盐的，用以替代一般从葡萄牙获取的供给。其他船则用来装运兽皮、烟草、染料木、糖和白银。荷兰人从远离西班牙主要中心〔主要是委内瑞拉（Venezuela）和西圣多明各（Santo Domingo）〕的西班牙殖民者，以及圭亚那（Guyana）和亚马孙河流域的印第安人那里，购得上述商品。

从这一时期到1621年，与几内亚和美洲进行贸易的私人公司很快认识到自己必须获得国家的支持，包括提供武器和战舰、免除关税、帮助建立要塞以及进行一定程度的管理，以防各公司之间的竞争降低利润。到1606年，各家公司的董事，尤其是阿姆斯特丹人和泽兰人，强力支持参照东印度公司模式，设立由国家颁发特许状的联合股份垄断组织，以管理荷兰与美洲，以及与西非（东非和好望角已经划归东印度公司管理）的所有贸易。其时摆在荷兰省和泽兰省三级会议前的方案受到公共舆论的热烈支持，人们叫嚷着要用两种方式夺取财富：一是闯入西班牙和葡萄牙的殖民帝国，抢夺他们的殖民地；二是派遣开拓者到当时尚未被伊比利亚人占领的地区殖民，尤其是圭亚那和今天的阿根廷和智利地区。安特卫普流亡者、17世纪早期最著名的荷经济学作家威廉·于塞林克斯尤其推崇第二个方案。于塞林克斯主张，增强共和国商业和航运的最好办法，就是建立殖民地，母国将为其提供人口，而殖民地最终将为母国的制造品提供日益繁荣的市场。[45] 尽管1606—1607年间，荷兰西印度公司的方案广受支持，但当年它依然被奥尔登巴内费尔特中止。奥尔登巴内费尔特当时正与西班牙进行停战谈判，他明白设立这样一个组织，将大大激怒西班牙国王，这会毁掉所有达成协议的可能性。

结果，设立拥有总三级会议特许状的荷兰西印度公司的计划一直拖延至1621年6月，即《十二年停战协定》到期之时。那之后，荷兰人又花了三年时间筹集必要的启动资金。最初的垄断权为期24年，与东印度公司曾获得的授权类似，新公司荷兰西印度公司被授权在总三级会议的宏观监督下维持驻军和战舰，任命总督，与原住民签订同盟协议；国家将在武器、军需、部队和战舰方面予以协助。和东印度公司一样，西印度公司的管理人员和总督需要许下效忠公司和总三级会议的双重誓言。

西印度公司又分为5个地方分部，分别是阿姆斯特丹、泽兰、马斯河（位于鹿特丹）、格罗宁根和北区。与东印度公司的分公司类似，这些分部各自独立掌握资金和账目，整体政策由负责管理的联合董事会制定。在西印度公司，董事会被称为"十九绅士"。阿姆斯特丹依旧没能获准获得公司的大部分份额，只分到了董事会九分之四的席位，以及对其他分部相应比例的权重。泽兰在公司经营中的权重定在九分之二，剩下3个分部各占九分之一。虽然阿姆斯特丹分公司董事中，非摄政官的精英商人占据主导地位——这一点上西印度公司的情况与东印度公司类似，但摄政官对各个分公司和联合董事会都有强大的影响力。

不过,西印度公司在17世纪20年代采取的最初一波行动全都以失败告终;直到1630年攻占巴西北部的累西腓(Recife)之后,新组织才开始在伊比利亚-美洲成功夺取和占领重要基地。即便如此,公司也是在17世纪30年代中期之后,才在巴西对欧洲的糖出口贸易中掌握较大份额,才似乎成为能够完全独立发展的商业公司。西印度公司通过劫掠西班牙和葡萄牙在大西洋上的船只,通过几内亚的黄金贸易和新尼德兰的皮毛贸易而获取利润。但直到17世纪30年代中期,它的利润仍不足以支持公司的大规模战舰和公司本身的运作,因此相比更赚钱的东印度公司,西印度公司仍然相当依赖总三级会议的津贴和帮助。1634年,西印度公司从西班牙人手中夺取库拉索岛(Curaçao),荷兰这才在加勒比海建起永久基地,才有了优良的港湾。

第 15 章

大起义之后的社会

城市化

1572年后,荷兰社会发生了变化,这先是因为大起义早期阶段的冲突和破坏,后是因为16世纪90年代起荷兰在"高利润贸易"中取得的突破性进展、新产业的兴起以及与印度成功建立起的远距离贸易。荷兰社会的方方面面都受到破坏和随后的经济"奇迹"两方面的深刻影响。不过,最能显著呈现出1590年之后荷兰贸易体系重建的,无疑更多的是荷兰沿海地区城市的爆炸性发展。

在现代早期,即便是小规模的城市扩张也只能通过大量的移民实现,更不用说1585—1650年间荷兰省和泽兰省出现的这种大规模扩张。移民可能来自国内的乡村地区,可能来自国外,也可能二者皆有:但城市要实现扩张,必须有大批移民持续流入,因为在所有现代早期的城市,包括荷兰黄金时代的城市,死亡率都远远高于出生率,即便在出生率异常之高的情况下也是如此。[1] 极高的婴儿死亡率,加上传染病——尤其是瘟疫(17世纪60年代之前)——的确使荷兰内部的死亡率高于出生率。传染病袭击所有地区,但往往在人口过度拥挤、卫生条件差的地方最致命,而上述情况正集中于大城镇较贫困的社区。于是,相比更晚近的环境下的扩张,现代早期,尤其是传染病频发时的城市迅速扩张是更为令人赞叹和震惊的现象。莱顿在这段时间,尤其是1599年、1604年、1624年和1636年,遭受着严重的传染病侵袭。即使如此,这也并没有阻碍它的人口增长率,其增长率几乎跟阿姆斯特丹一样惊人。阿姆斯特丹也经历了几次严重的疾病暴发,例如1602年那场,据说导致了1万人死亡。如果这个数字是准确的,那么死亡人数占到了该城人口的15%左右。这些亡者大多是穷人,也有一些是富裕人士。

表12 (1570—1647年)荷兰省与泽兰省的城市人口(概数)

(单位:人)

城市	1570年	1600年	1622年	1632年	1647年
阿姆斯特丹	30 000	60 000	105 000	116 000	140 000
莱顿	15 000	26 000	44 500	54 000	60 000
哈勒姆	16 000	30 000	39 500	42 000	45 000
米德尔堡	10 000	20 000	25 000	28 000	30 000
鹿特丹	7 000	12 000	19 500	20 000	30 000
代尔夫特	14 000	17 500	22 750	21 000	21 000
恩克赫伊曾	7 500	17 000	22 000	19 000	18 000
多德雷赫特	10 000	15 000	18 250	18 000	20 000
海牙	5 000	10 000	15 750	16 000	18 000
霍伦	7 000	12 000	16 000	15 000	14 000
豪达	9 000	13 000	14 500	14 500	15 000

数据来源:Posthumus, *Geschiedenis*, iii. 882; Hart, *Geschrift engetal*, 118; Briels, *Zuid-Nederlanders*, 188—189, 214; Nusteling, *Welvarrt en werkgelegenheid*, 234—235; Wijsenbeek-Olthuis, *Achter de gevels*, 27; Schmal, 'Patterns of De-Urbanization', 291; Willemsen, *Enkhuizen*, 100; Visser, 'Dichtheid', 19—20.

荷兰省各城市人口1590年后非同寻常地迅速扩张，受益于行会限制一定程度上的松弛（阿姆斯特丹确实如此）[2]，也受益于环境和福利的改善。荷兰省的日益繁荣带来了病患护理、饮食、住房和贫民救济方面的改善。死亡率的降低还在一定程度上缘于改善卫生环境和提高运河水质的措施。例如，阿姆斯特丹市政当局在16世纪90年代设置了处理城市垃圾和废物的职能。[3] 不过，决定性的因素无疑是来自北尼德兰之外和共和国乡村地区的大规模移民，而非本地人口的自然增长或附近地区的移民。（参见表12）

一直到1620年前后，外来移民的主要来源依然是南尼德兰。[4] 约1590年之后，只有部分移民主要是出于宗教方面的考虑而来到荷兰省。尽管秘密新教至少到17世纪20年代都是南尼德兰的一股活跃势力，但1590年之后，移民的主要动机单纯是渴望荷兰省和泽兰省更好的就业前景、更高的工资。[5] 尤其是到1600年之后，尼德兰南北间的工资差距巨大，而且还在不断扩大。1621年之后，对阿姆斯特丹而言，来自南部的移民已经微不足道；但此时仍有来自佛兰德，以及主要来自瓦隆诸省的移民大量涌入莱顿和米德尔堡。（参见表13）

不过，大概1620年之后，外来移民的主要来源是德意志。16世纪90年代，来自德意志的移民抵达荷兰诸省。但在那一阶段，这些移民主要是南尼德兰的流亡者：他们先在16世纪80年代迁移到德意志西北部——这些人之中就有襁褓中的冯德尔，他于1587年出生在科隆；之后又在16世纪90年代早期，共和国变得安全以后，转移到共和国。然而，三十年战争在欧洲中部爆发后，来自德意志路德宗以及加尔文宗地区的大批移民潮开始了。从那时起，这些人构成了定居于阿姆斯特丹[6]、莱顿和其他迅速扩张的城市的外来移民的主体。

表13 阿姆斯特丹、莱顿和米德尔堡新市民的主要来源(1590—1659年)

(单位：人)

来源	阿姆斯特丹	莱顿	米德尔堡
(a) 1590—1594年			
荷兰诸省	422（51%）	85（15%）	179（18%）
南尼德兰	300（36%）	445（80%）	778（78%）
德意志	93（11%）	17（3%）	19（2%）
英格兰	8（1%）	8（1.5%）	19（2%）
(b) 1655—1659年			
荷兰诸省	1 032（55.5%）	314（41%）	242（44%）
南尼德兰	162（9%）	255（33%）	243（44%）
德意志	535（29%）	164（21.5%）	18（3%）
英格兰	129（7%）	22（3%）	41（7%）

数据来源：Posthumus, *Geschiedenis*, ii. 75 and iii. 892.[*]

少数德意志移民是商人或专业人士，一些是熟练工匠。但是从德意志涌入的绝大部分人，包括17世纪20年代后抵达阿姆斯特丹的德意志犹太人中的大部分，都来自德意志社会最贫穷的阶层。他们大多在荷兰省从事最为卑贱的工作，[7]例如无技术的劳工和最底层的海员，至于妇女，则多成为仆人、酒馆服务员或娼妓。

涌入荷兰城市最显眼的人群是外国移民。但从内陆省份来的外来户也是城市扩张进程中的基础力量。在16世纪90年代初期，阿姆斯特丹新登记的市民中，大约有半数都来自东部省份，[8]不过这一阶段，从东部省份到莱顿和米德尔堡定居的人数还相对较少。但是到

---

[*] 表中数据均为原文数据。——编者注

17世纪50年代，迁入这些城市的人口中，来自东部省份的占比最大。日后发现塔斯马尼亚岛（Tasmania）和新西兰的阿贝尔·塔斯曼（Abel Tasman）年幼时来到阿姆斯特丹，是众多从奥默兰移民来的人之一。

涌入荷兰省和泽兰省城市的外来人口主要有三个来源——南尼德兰、德意志的新教地区和共和国的东部省份。在共和国的另外5个省份，从16世纪末到17世纪中叶的城市发展整体上更缓慢、更裹足不前。[9] 相比西边的城镇，乌得勒支城和格罗宁根城的扩张要慢得多。艾瑟尔河流域的城镇在1572年到16世纪90年代之间遭受了人口流失，此后才缓慢恢复。代芬特尔和聚特芬的情况尤其如此，这两座城市在16世纪80年代的大部分时间里被西班牙人占领，经历了严重的混乱。代芬特尔在1578年有近1.05万名居民，跟一个世纪之前差不多；而到1591年，该城从西班牙人手中收复回来之时，人口已锐减至7 500人。[10] 1591年之后，管理艾瑟尔河城镇事务的摄政官竭力吸引外来人口，面对荷兰省各城镇的竞争，他们特别希望吸引到有技术的外来人口。1592年，坎彭宣布，在接下来的18个月里坎彭将无条件（且立刻）给新来的人口提供公民身份，"无论他们是什么民族"，也没有宗教方面的限制条款。[11] 聚特芬议事会在赋税和行会准入方面都提供了激励措施。[12] 但是，与此前的乌得勒支和随后的格罗宁根类似，这些措施收效甚微。迟至1607年，聚特芬仍然处于人口大幅减少、城市严重衰落的状态，[13] 人口只剩大约4 000人（参见表14）。

1585年以来沿海省份的迅速发展将共和国变为一片拥有两种经济状况的土地：一种是如同西部一般正在扩张、充满活力、欣欣向荣的经济状况；一种是像内陆省份一样基本停滞、十分穷困的经济状况。荷兰两种经济状况之间的鸿沟，反映在东部省份城镇与西部沿海城镇之间工资水平的差异上。17世纪，东部城镇的工资普遍要比西部同行业的工资少50%以上。此外，东部城镇16世纪90年代以来取得的发展，往往是固定驻军、军事建设和粮食供给的扩大所带来的，而非商业和产业发展的结果。

表14 1572—1647年荷兰省与泽兰省之外联省的城市扩张（概数）

（单位：人）

城市	1572年	1590年	1610年	1635年	1647年
乌得勒支	25 000	25 000	25 000	30 000	30 000
格罗宁根	19 500	19 000	20 000	20 000	20 000
吕伐登	8 000	10 000	12 000	14 000	15 000
马斯特里赫特	16 000	10 000	12 000	16 000	15 000
斯海尔托亨博斯	17 000	—	18 000	—	15 000
奈梅亨	11 500	7 000	12 000	13 500	12 000
兹沃勒	11 000	7 500	10 000	—	9 000
代芬特尔	11 000	7 500	9 000	—	7 000
坎彭	10 000	7 500	9 000	—	7 000
聚特芬	6 000	3 000	4 000	8 000	7 000

数据来源：Holthuis, 'Deventer in oorlog', 35—37; Engelen, *Nijmegen*, 12; Philips, 'Aanduidingen', 32—33; Schmal, 'Patterns of De-Urbanization', 291; Visser, 'Dichtheid', 19—20; Reitsma, *Centrifugal and Centripetal Forces*, 15—17; Frijhoff, *Gesch. van Zutphen*, 93; Jansen, 'Crisis', 152.

乡村社会

从16世纪90年代一直到三十年战争和八十年战争结束的1648年，无论是在西部沿海地区还是共和国其他地区，荷兰农业都经历着最兴盛、最繁荣的岁月。在西部，农业因为城镇的急速发展而繁荣，具体原因是城镇人口对粮食和对啤酒花、亚麻这类经济作物不断上涨的需求。在东部，农业的兴旺则是因为受到驻军补给需求的刺激。莫里斯1597年的胜利攻势并没能让西班牙人彻底从联省的东部边界消失。西班牙人在1605—1606年的攻势中，夺回了上艾瑟尔的特文特区、聚特芬伯爵领地的东部地区以及林根。他们一直占领这些地区，直到17世纪20年代末。即便如此，东部省份在1597年之后遭到的战争破坏，仍要比1572—1597年间的少得多。西班牙人仍然发动了一些重大攻势，闯入荷兰领土，最著名的便是1624年和1629年的行动。不过，以奥尔登扎尔、格罗、林根、韦瑟尔、斯海尔托亨博斯（1625—1637年间的）和布雷达为基地的西班牙驻军，不再像从前那样洗劫乡村、毁坏作物。这是互惠协议的结果，荷兰驻军也受到类似限制，不得毁坏西班牙一方的村庄和作物。1624年有过一段意外插曲，当时从林根入侵的西班牙人焚毁了包括温斯霍滕（Winschoten）、斯洛赫特伦（Slochteren）和海利赫莱在内的数座乡村。据说这是一个失误，因为当时西班牙人没能及时将指令传达给部队。[14]

　　德意志的三十年战争也对荷兰农业产生了重大影响，正如它对瑞士和丹麦各岛的影响一样。由于德意志乡村遭到毁灭，在德意志领土作战的军队规模又不断扩大，战争双方的陆军和卫戍部队都被迫越来越依赖外部进口的粮食，以补充各自的物资。此外，荷兰共和国的位置尤其有利于给德意志提供补给。内河驳船是将补给运输到德意志内部最高效的方式，而主要的河流要么流向共和国本土，要么流向荷兰船只时常出没的、北部海岸上的河口。[15] 于是，这些船载着数量惊人的肉、鲱鱼、奶酪、黄油、水果，以及啤酒、葡萄酒和烟草，从西弗里斯兰诸海港，以及哈灵根、多克姆和格罗宁根出发，绕至埃姆登、不来梅、汉堡和斯德丁（Stettin，今什切青），接着沿埃姆斯河、威悉河（Weser）、易北河（Elbe）和奥得河（Oder）而上，将物资送给等待着的陆军和卫戍部队。船只还将食物沿莱茵河运到克莱沃、科隆等地，或通过代芬特尔转运至威斯特伐利亚和布伦瑞克。1633年，停靠在汉堡港口的1 121艘船中，至少有994艘属于荷兰，它们大部分运来的是鱼、肉和其他农产品，也时常运载马匹、军火、烟草、啤酒和葡萄酒。[16]

长年忍受物资短缺的不只是德意志人。1585—1609年，以及《十二年停战协定》期满之后，西班牙人在给位于南尼德兰和于利希-克莱沃的守军提供补给时，也饱受磨难。在某些年月，尤其是17世纪20年代，总三级会议根据执政的要求，封锁通向南尼德兰以及西班牙人占领的德意志西北部地区的河道，以便在特别的军事行动中扰乱西班牙人，加剧其城镇的物资短缺。[17]这些禁运活动导致包括列日在内的整个南尼德兰以及德意志西北部出现谷物、盐、肉和奶酪价格的剧烈波动。但在其他时候——除了1625—1629年封锁西班牙河道时期——军火之外的一切物资都可以通过，它们通常是从鹿特丹或多德雷赫特向南运输，或者沿莱茵河向东运到西班牙占领的克莱沃。[18]最后一次对河道实行禁运发生在1636年。此后，兹韦恩河（Zwijn）、斯海尔德河和马斯河上的交通再未中断。

一些物资的供应数量难以增长。17世纪20年代，波罗的海谷物运输因为瑞典在波兰海岸的军事行动而受阻。从1625年一直到1648年战争结束，荷兰捕鲱业的规模也大幅缩减，因为西班牙不仅袭击捕鲱船队，还采取措施阻碍优质盐流入共和国。于是，正是荷兰农业本身，而非渔业或波罗的海的谷物仓储，在满足急剧增长的粮食需求。这是个特殊的境遇，但由于它持续的时间足够久，因此对开垦土地和扩大出口事业进行重金投资成了合情合理的事。这一时期，荷兰农业的利润非常高，这让许多大商人、贵族和高官热切地参与到更宏伟的工程中。北荷兰省的贝姆斯特圩田排水工程开始于1608年，该项目耗资高达150万荷兰盾，几乎相当于东印度公司启动资金的四分之一。资金由123位著名投资人筹集，其中包括奥尔登巴内费尔特和约翰·范德伊芬福尔德（Johan van Duivenvoorde）。工程包括建造43座新式大型风车，最终开垦出超过7 000公顷的土地。附近的斯海默圩田排水工程开始于1635年，耗资100万荷兰盾。荷兰省的最后一项大型排水工程（时机相当精准地卡在）1647年完工，这是德意志和南尼德兰处于战争状态的最后一年。尽管巅峰时期已经结束，但荷兰农业依然持续繁荣了几年，这几年里，邻国被战争摧毁的地区正在恢复。直到17世纪60年代，荷兰省沿海的沙丘上还持续有一些小规模的土地开垦活动。虽然如此，数据还是鲜明地呈现出农业投资在显著缩水，这一现象发生在荷兰占据世界贸易霸主地位的第三阶段（1621—1647年）的结尾，即1647年前后。（参见表15）

从1590年至1647年，即荷兰占据世界贸易霸主地位的前三个阶段，北荷兰省进行的六大排水工程，为这一地区增加了至少1 400座农场。[19] 类似的土地开垦活动大爆发也出现在弗里斯兰和格罗宁根，尽管规模较小。它们从16世纪90年代开始，一直持续到17世纪60年代。[20] 虽然新的农业土地进入市场的速度很快，但农场租金升得更快。在北荷兰省，农场租金从1580年到1600年增长了70%，比通货膨胀率的2倍还多。[21] 17世纪的头三分之一的时间里，农场租金又涨了50%。大概从1635年开始，荷兰农场租金的增长速度开始放缓，但直到17世纪50年代仍然保持持续增长。此后,租金稳定了几年,随后从17世纪60年代末开始骤降。弗里斯兰和格罗宁根两省的模式紧密追随着荷兰省。奥默兰的农场租金在1596—1632年间增长了50%。[22]

表15 1565—1714年联省的土地开垦

时 段	面积(公顷)	时 段	面积(公顷)
1565—1589年	317	1640—1664年	1 150
1590—1614年	1 431	1665—1689年	487
1615—1639年	1 762	1690—1714年	495

数据来源:De Vries, *Dutch Rural Economy*, 194.

虽说1590—1647年间,城市的迅速扩张是荷兰图景中最引人注目的特征,但农村人口也在增长,尽管速度较慢。在1514—1622年这一漫长时段中,荷兰省城镇的总人口从14万增长到40万,并且大部分增长发生在1585年之后。同一时期内,荷兰省的乡村总人口大约翻了1倍,从13.5万涨到27.5万。[23]在弗里斯兰,尽管这里的城市人口在全省总人口中的占比大大低于荷兰省,但这里的城镇人口还是比乡村人口增长得快,其速度大致与荷兰省相当。弗里斯兰的总人口在1511—1660年间翻了一番,增长到约15万人,占共和国总人口的8%左右。而同一时期,弗里斯兰城市人口增加了不止2.5倍。[24]该省首府吕伐登的人数是原来的3倍多,规模首次超越奈梅亨、马斯特里赫特和艾瑟尔河各城镇。(参见表14)

共和国中拥有肥沃黏质土的地区——大致等同于荷兰省、泽兰省、弗里斯兰省、格罗宁根省以及乌得勒支省的西部地区,农业投资规模较大,农业发展较快,乡村人口的增长要比内陆地区快,但它们的城市人口增长得更快。相比之下,在较为贫瘠、拥有沙质土的内陆地区,农业投资的规模较小，农业发展较慢，乡村人口增长较慢，而城镇的扩张也更显疲软。此外，在这些地区，尤其是在北布拉班特和海尔德兰，城市人口的增长与固定驻军的规模紧密相关。这意味着，鉴于军事组织在17世纪30年代初发展至顶峰，随后开始收缩，城市发展持续的时间也相应比西部城市短得多，仅从16世纪90年代初持续到17世纪30年代中期。因为东西部的上述差异，西部显著的城市特征得到增强，尽管这也是多数农业增长得以实现的原因；而东部显著的乡村特征也有所巩固，尽管其乡村生活较为停滞和传统，其农业发展也较为缓慢。换言之，伴随着西部持续不断的城市化以及东部的去城市化，荷兰社会和荷兰经济的双重性变得比以往更明显。就这一角度，上艾瑟尔的情况类似于北布拉班特和海尔德兰。该省三大城镇——兹沃勒、代芬特尔和坎彭的总人口在该省总人口的占比持续缩减。[25]

即便是荷兰乡村社会最贫穷的群体——德伦特的农民也经历了17世纪上半叶的繁荣和农业扩张。[26] 不过内陆地区的乡村繁荣仅仅意味着环境的微弱改善，传统的土地所有模式和社会结构大体原封不动地保留下来。共和国东部的农民大多只拥有相对较少的土地，他们耕作的土地大部分是从贵族或其他非农民业主（经常是城镇居民）手上租来的小块土地。于是，当西部乡村变得越来越有活力、商业化、依赖雇佣劳动力，并且与城市和海外市场相连时，东部的乡村社会大体上依然是停滞和传统的；尽管在给荷兰和德意志的驻军提供粮食补给方面，它们也发挥了作用，但这里有着越来越多的小佃农群体，他们无力雇用劳动力，主要依靠自己及家人劳作。在西部，农业持续稳步地走向专业化和集约化，极高的作物产量是其特征。[27] 在东部，规则是适应非专业化和小农农场的，特征是低产量，或者说对整体而言低得多的产量。[28] 在西部，新式的商业化农民在乡村舞台上占据主导。在东部，在土地上耕作的农民的生活环境常常由贵族、官员把控，偶尔也由缺席的城镇居民把控。

贵族

在荷兰省和泽兰省，大起义之后城镇取得的进展比贵族更大；与此形成对比的是，在其他省份，贵族在大起义后强化了自己的社会地位（这在很大程度上也是大起义的结果）。这种显著的差异缘于四个主要因素：第一，内陆的城镇比乡村衰落得更严重，这一现象并不存在于弗里斯兰，但在上艾瑟尔、海尔德兰和北布拉班特很显著，格罗宁根也是如此，不过程度较低；第二，国王、高等法院和王室官僚机构消失了，而在乡村，他们是与贵族争夺势力的对手；第三，贵族通常处在较有利的地位，相比其他群体更容易从被没收和售卖的教会地产中获益；第四，固定驻军和军事机构越来越重要，而军队的高阶职位专为外国和荷兰贵族保留。

表16　1525—1675年弗里斯兰格里特曼的社会背景

（单位：人）

时间	弗里斯兰贵族	弗里斯兰平民	非弗里斯兰人
1525年	13	10	5
1574年	8	13	8
1623年	19	10	0
1675年	17	8	5

数据来源：Faber, *Drie eeuwen Frisland*, ii. 510.

在上述转变中，关键的一点在于，外部势力无法再影响乡村治安法官的选择。以弗里斯兰为例，1520—1572年间有30位格里特曼是布鲁塞尔政权依照弗里斯兰高等法院的建议任命的。结果，到1574年，弗里斯兰的这些重要司法官员中的大多数是弗里斯兰平民，还有些并非是弗里斯兰人（参见表16）。相较而言，大起义摧毁中央政府和高等法院的权力之后，任命格里特曼的权力转移到弗里斯兰三级会议及其代理三级会议手上，而这些机构为弗里斯兰贵族所控制。于是，从16世纪80年代开始，官员任命趋向贵族而非其他人；17世纪早期，非弗里斯兰人完全被移除。弗里斯兰贵族本身也已分裂，一些贵族家庭的分支选择继续做天主教教徒。但控制着三级会议和代理三级会议的人属于归正会，并投身大起义，正是这部分古老的弗里斯兰贵族家族——如埃尔法（Aylva）家族、布尔曼尼亚（Burmania）家族、艾辛哈（Eysinga）家族和奥辛哈（Osinga）家族——掌控着乡村治安法官的任命，在该省北部和西北部较富饶和肥沃的地区，情况更是如此，这里的贵族占据较高比例的土地。掌握司法权力随后又转而给他们提供了扩大自己地产的机会，尤其是通过干预对前教会地产的处置。[29] 1638—1640年间，弗里斯兰出售了大批前教会地产，这些土地几乎全部转移到了弗里斯兰贵族家庭手上。奥默兰的土地贵族也发生了分裂，又是天主教教徒被排除在行政和司法职位之外。

事实上，如今不再有什么机制能让新的家族晋升贵族等级，而这最终削减了贵族等级的人数和生命力。与欧洲各地的贵族一样，17到18世纪的荷兰地方贵族坚持排外的联姻政策，他们不希望走出自己的阶层，稀释自己的贵族身份。结果，贵族在总人口中的占比稳步缩减；由于贵族的低生育率，他们的绝对人数也在减少。1600年前后，奥默兰约有45个公认的土地贵族家庭,到1800年则只剩10个。[30] 最终,这削弱了贵族在社会中的权势。不过,直到1650年前后,人员减少造成的影响仍是微弱的,远不如那些巩固贵族地位的因素重要。弗里斯兰公认的贵族家庭数量在16世纪头三分之二的时间里稳定在65个左右,到1650年减少到46个;但这完全不妨碍他们提高自己对弗里斯兰社会的控制力。[31] 在上艾瑟尔,贵族在1675年仍然占该省总人口的1.1%,拥有至少41%的计税财产,其中包括福伦霍弗(Vollenhove)市的大部分地产。

荷兰省与泽兰省的情况则着实不同。在这里,城市规模和城市财富的急剧扩张显然使城镇摄政官比从前更占主导地位,也使贵族等级的相对势力进一步削弱。即便如此,认为贵族,哪怕是荷兰省和泽兰省的贵族,在大起义之后完全失色,也是错误的。荷兰省的权力和财富得到增长,在整个共和国占据越来越优势的地位,在某些方面,该省贵族可以说在共享这些成果。荷兰省贵族并没有与摄政官家族联姻,于是,他们也是一个人数日益缩减的群体。某些大起义时期依然活跃的荷兰省古老家族——包括范斯维滕(Van Swieten)家族和阿森德尔夫特(Assendelft)家族——到17世纪中期已经消亡。留存下来的家族也并不具有弗里斯兰和其他内陆省份贵族那样的优势地位,去扩大自己的地产。荷兰省的贵族在夺取优质土地方面,面临着来自摄政官和精英商人的强劲竞争,而且他们不能左右对大部分前教会地产的处置。不过,鉴于该省一些最肥沃的土地已经在贵族手中,他们能从繁荣的农业和陡增的乡村地租中获利丰厚;同时,与弗里斯兰贵族一样,他们也重金投资土地开垦。许多贵族得以重建气派的城堡和乡村宅邸,这些建筑在1572—1576年的战争中,几乎被西班牙人摧毁殆尽。[32] 荷兰省在17世纪最显赫的贵族之一是瓦瑟纳尔领主，历任领主都不惜重金重建起瓦瑟纳尔附近被毁的祖宅——德伊芬福尔德宅邸；约翰·范德伊芬福尔德（1547—1610年）从附近被毁的修道院那里取得部分材料，还斥巨资重建了瓦尔蒙德的城堡。[33]

荷兰省和泽兰省贵族在陆军和海军中继续扮演着重要角色。直到共和国灭亡，贵族身份都在两军中享有相当高的威望。大起义时期的许多荷兰指挥官是荷兰省和泽兰省的贵族，这种传统一直延续到18世纪末。上文提到的约翰·范德伊芬福尔德是大起义时期荷兰省贵族集团中的领导人物，也是代理委员会的成员。沉默的威廉遇刺后，他欣然提议确立荷兰省对共和国的控制权。他还是主要的陆军和海军军官，并在1576年成为荷兰省海军副司令。1588年，他与其他指挥官一道被派往佛兰德海岸，以阻止西班牙无敌舰队与帕尔马公爵的陆军会师。拥有相似背景的名人还有土地贵族弗雷德里克·范多普（Frederik van Dorp，约1547—1612年）。他是"海上乞丐"的军官之一，与德伊芬福尔德一样参加了1572年攻占布里尔的战役。后来他成了泽兰省的上校团长，之后又晋升为奥斯坦德长官，并在1602—1604年与斯皮诺拉对阵。他的儿子菲利普斯·范多普（Filips van Dorp，1587—1652年）晋升为泽兰省海军副司令。菲利普斯后来因为不称职而被泽兰省三级会议撤职，但这没能阻碍他随后成为荷兰省海军副司令。然而，17世纪30年中期，他在负责对抗敦刻尔克人的军事行动时表现得十分失当，因此执政和三级会议不得不罢免他的职位，转而支持社会地位较低但能力无以匹敌的特龙普（Tromp）。因为菲利普斯的离去，阿姆斯特丹证券交易所的股票价格大跌。但范多普的离去绝没有结束贵族在海军指挥体系中的重要地位。[34] 特龙普去世后，范奥布丹（van

Obdam）男爵受命成为海军司令，他获得任命的主要原因就是这个根深蒂固的信念——在众多（主要是非贵族）司令中，相比从经验更丰富的普通士兵中选出来的人，高级贵族无论多么缺乏海军经验，都能更好地维持秩序和军纪。

与现代早期欧洲所有的贵族一样，共和国治下的荷兰地方贵族因为世仇和政治纷争而分裂，某些情况中，这种仇恨能延续数代人，甚至几个世纪。在荷兰的环境中，这种贵族间的宿怨因为以下两个因素而更为尖锐。一是宗教分歧。一些贵族是激进的归正会信徒，另一些人支持阿明尼乌派*，还有一些依然信奉天主教——荷兰省贵族以及其他省份的贵族中，有相当大一批都是天主教教徒。二是在内陆省份和弗里斯兰，贵族在组建和领导各省三级会议的政治和思想派系方面，起着重要作用。[35] 有时，主要贵族家庭的纷争便是省三级会议中更广泛的政治集团冲突的重要因素。17世纪中叶的几十年里有两个著名案例，一是弗里斯兰贵族中埃尔法派与反埃尔法派的对抗，二是上艾瑟尔奥伦治派的范哈索尔特（Van Haersolte）家族与反奥伦治派的拉斯费尔特（Raesfelt）家族之间旷日持久的斗争。

另一个有助于支撑贵族势力的因素在于，"自由领地"（vrije heerlijkheiden）的司法自治权在整个17世纪，以及18世纪的大部分时间里一直存续。菲亚嫩、艾瑟尔斯泰因、莱尔丹、比伦、贝赫、维施、屈伦博赫、巴滕堡、拉芬斯泰因和林根这些地区和领地，有的（比伦、莱尔丹、艾瑟尔斯泰因和林根）属于奥伦治家族，有的属于其他大贵族，如布雷德罗德家的菲亚嫩和屈伦博赫家族的屈伦博赫。这些

---

* 阿明尼乌派即"抗辩派"（Remonstrant），因阿明尼乌的信徒于1610年发表《抗辩书》（Remon Strance）而得名。——编者注

领地被视作共和国的一部分，处于总三级会议和附近省份宽松的统治之下。它们各自要给总三级会议缴纳年度捐献。但在大多数情况下，它们在总三级会议和各省当局的司法管辖范围之外，属于贵族权势的保留地。菲亚嫩最终于1725年被荷兰省三级会议购买，并入荷兰省。1720年，屈伦博赫被该伯爵领地的德意志继承人卖给海尔德兰的奈梅亨区，不过它没能真正融入海尔德兰，1748年，它又作为给奥伦治家族的礼物，被转移到威廉四世手上。拉芬斯泰因领地是位于荷属布拉班特境内一块面积相当大的飞地（参见地图5），1630年之后，它成了于利希-贝赫的属地。

摄政官

大约在1590年之后，一些摄政官同时也是精英商人，即活跃、优秀而且特别富裕的商人，这种现象在阿姆斯特丹尤其明显。但大多数摄政官并非如此，尤其是对内陆和小城镇而言。阿姆斯特丹之外，大部分摄政官依旧是1572年以前那些摄政官家族的后代。他们日益增长的财富主要来源于省、市级官职带来的额外好处和机遇，来源于累积的投资——既有各省债券这种传统投资，也有新型的大规模风险投资，包括排水项目、城市建设，还有16世纪90年代之后的殖民公司股票。1572年之后，新晋升到摄政官阶层的人大多原本只有相对微薄的财富。少部分是专业人士——通常是执业医师或律师。到17世纪中期，荷兰省只有极少数来自南尼德兰或其他地方的富裕移民成功进入摄政官阶层。

1572年大起义导致荷兰社会中的精英受到清洗，但这并未割裂他们与过往的连续性。在阿尔瓦公爵统治时期，与政府联系密切的坚定天主教贵族和摄政官，如今被移除或被迫退居幕后。取而代之的是鲜明信奉归正会且投身大起义的人。但后一批人往往是前一批人的亲戚，甚至是子孙后代，于是这种连续性维持下去。与此同时，大批新鲜血液被纳入市政厅，大城市尤其如此。最终形成了混合古老世家和新兴家族的摄政寡头集团。

即便是对荷兰省贵族院而言，1572年大起义的影响也十分剧烈。省三级会议中贵族院的成员资格受到贵族院本身更严密的控制，而1572年之后在贵族院中发挥主导作用的人绝不是之前那一批。约翰·范德伊芬福尔德、阿德里安·范斯维滕、吕特赫·范登布策拉尔（Rutger van den Boetzelaer）和威廉·范泽伊伦·范尼费尔特是1572年之后4位最活跃的贵族。阿尔瓦公爵统治年间，贵族院中还根本没有他们的身影，而当时定期出席三级会议的贵族在大起义之后要么彻底消失，要么仅是偶尔出席。[36] 清洗十分彻底，变化相当明显。不过，这些新人也来自古老的荷兰省贵族世家，他们通常是被取代者的年轻亲属。

在荷兰省和泽兰省，摄政官的情况类似：1572年之后，活跃于荷兰省三级会议的人几乎与大起义前定期出席三级会议的那批人全然不同，但多数时候，这些新人都是旧人的亲属。于是，多德雷赫特1572年之后派往省三级会议的代表团里几乎全是新人，他们此前从未承担任何职责。但是，他们大多带着既往摄政官的姓氏，其中就有小阿德里安·范布莱延堡（Adriaen van Blijenburg）。1572年的小阿德里安是归正会信徒和奥伦治派，而他的父亲（始终缺席三级会议，并在1573

年作为天主教教徒去世）到1571年都是多德雷赫特的治安官,虽然他其实就是个不情愿的异端迫害者。[37] 至于哈勒姆,1572年前后,该城在省三级会议中唯一重要的人物是尼古拉斯·范德拉恩。不过他在1572年之前曾是秘密新教徒,后来成了奥伦治派,并在自己名下的城市遭西班牙人占领时,依旧支持大起义。[38]

荷兰省最彻底的清洗是1578年发生于阿姆斯特丹的"权力变更"。阿姆斯特丹在某种程度上是个特例。与荷兰省其他城镇不同,阿姆斯特丹直到1578年都坚定地忠于国王。在这一时期,该城的多数摄政官让自己像"虔诚的天主教教徒"那样行事。当阿姆斯特丹被移交给大起义一方后,整个市议事会都遭到了清洗,[39] 新摄政官家族崭露头角,他们的姓氏包括比克尔(Bicker)、维特森(Witsen)、保、勒阿尔、海德科珀和霍夫特。于是,前后两个摄政官团体间有了鲜明的断裂。虽然联省确实存在别的清洗行动,如米德尔堡1574年的清洗和格罗宁根1594年的清洗,但这在荷兰省是唯一的一例,在整个联省也很突出。在荷兰省的其他城镇和荷兰省以外的多数城镇,转变更为渐进和复杂。以鹿特丹为例,1572年7月,该市议事会24名成员中的7名(包括2名市长)选择支持西班牙人,随后又有2名成员投靠保王派。这些成员全都被奥伦治的威廉撤换,此后再没在鹿特丹发挥影响。而后,该市议事会于1580年扩大到32人,以容纳更多新人。于是到此时,鹿特丹的议事会成了老摄政官与新家族成员对半混合的机构。[40] 留在鹿特丹议事会的一些老摄政官来自古老世家,这些世家在勃艮第时代或哈布斯堡时代早期就进入摄政官阶层,之后一直是天主教教徒或秘密天主教教徒。不过,他们在1618年的清洗中被撤职。因此,鹿特丹摄政官集团最终成为只包含新教徒、由新家族成员占主导的机构,而这一转变是分阶段实现的。与弗鲁森（Vroesen）家族和哈勒（Haller）家族的情况类似，17世纪鹿特丹最有名的摄政官家族都是在大起义之后的10年中进入摄政官阶层的。

一般而言，清洗在大城镇的影响力比在小城镇的持久。在小型和中型城镇，找到有钱有闲、受过充分教育的合适人选去投身市政事务，远非易事。[41] 结果事实证明，在清洗过程中被安排到摄政官位置上的新人，有相当大一部分无法胜任，或无暇顾及市政事务，他们很快就再次从公共视野中消失。出于同一原因，另一股潮流兴起：接下来，此前被罢免的老摄政官家族的成员再度现身，尽管他们的新教信仰常常不如被他们顶替的人坚定。比如，豪达在1573年7月根据奥伦治亲王的命令进行了广泛的清洗。当时，议事会中至少有18名成员被清除。但新人只有大约三分之一成功留在议事会中，并长久地融入豪达摄政官阶层。被清洗的人中，不少人最终重现政坛，尽管奥伦治亲王曾下令，被罢免的人不得再参与市政事务。[42]

在东部省份，城镇议事会对天主教教徒和保王派的恐惧之情依然强烈，这种情绪在这里持续的时间要比在荷兰省长，因为代芬特尔、奈梅亨和格罗宁根依然靠近前线，并且直到16世纪90年代都一直有遭受西班牙人袭击的危险。大起义的头10年里，对于信奉天主教，上艾瑟尔、海尔德兰和格罗宁根的旧权贵寡头集团表现得比西部摄政官阶层更坚定。奈梅亨、聚特芬、代芬特尔和格罗宁根这些城镇在16世纪80年代重回西班牙人之手，之后在16世纪90年代早期，总三级会议光复这些城镇，大清洗接踵而至。然而，这里也有很高程度的政治连续性，许多旧摄政官家族最终作为热情的归正会信徒成功重返市政厅，不过不是当下。[43] 以聚特芬为例，10个旧摄政官家族或早或晚地重现议事会，他们中有克赖克斯（Kreyncks）家族和斯希梅尔彭尼克（Schimmelpenninck）家族。

商业精英

大起义之后，共和国中有一个近乎全新的精英群体——商业精英。因为在大宗货运时代，北尼德兰并不存在真正的商业精英。直到16世纪90年代，摄政官都是北尼德兰城镇最富裕的群体。尽管这些摄政官之中，许多人都是活跃的商人，但他们通常只是酿酒商或零售商，而非大商人。相比安特卫普、威尼斯、伦敦或吕贝克那种真正的商业精英，从事商业的北尼德兰人资产相当微薄。16世纪90年代之前的摄政官兼商人群体从事谷物、原木、盐、鲱鱼和乳制品行业。阿姆斯特丹的旧议事会中，一些人也是布商。

荷兰的商业精英到16世纪90年代才随着"高利润贸易"的兴起而诞生。他们比旧的摄政官群体富裕得多；而且从一开始，这一群体的成员就是多元的。因为商业精英的出现是经济结构重组的结果，而非任何特定移民群体到来的结果。[44] 于是，从安特卫普和南尼德兰移民而来的富裕商人，绝不是新商业精英阶层的唯一成分，尽管他们的确占了相当大的比例。本土摄政官也同样重要，一旦时机出现，他们也普遍选择投资新兴的"高利润贸易"。此外，1600年前后，还有一些精英商人家族从德意志来到荷兰，如波彭（Poppen）家族和多伊茨（Deutz）家族。与安特卫普移民和荷兰省摄政官一样，这些人大多信奉归正会。这里的精英商人都不是天主教教徒。

当然，16世纪90年代，在与加勒比、巴西、西非、俄国北部和东印度的贸易中，投资最多的要数新近到来的南尼德兰人。不过，如果说荷兰省的本土摄政官兼商人群体在起步时还没有那么多钱用来投资，那么他们用更强大的政治势力加以弥补了。几年之后，这些权势就转化为他们财富的巨额增长，以及对"贵重商品"贸易投资的大幅提升。当然，就获得特许状的联合股份制公司而言，精英商人并非唯一的投资人。但的确是精英商人提供了大部分资本，也是他们与摄政官一道，垄断了东印度公司和西印度公司的董事职位，进而垄断了对两个公司的控制权。以东印度公司的泽兰分公司为例，1602年，该公司有264名投资人，其中的37人（总数的七分之一）提供了过半的资金。[45]

1602年，东印度公司的阿姆斯特丹分公司共有1 143*名投资人，而其中81名"主要投资人"提供了近一半的总资金。（参见表17）分析这些投资，为我们了解萌芽期荷兰商业精英的构成提供了指引。这些"主要投资人"中的南尼德兰人和荷兰省本地人数量基本相当。后一群体中，最重要的投资人都是摄政官。此外，还有3名来自德意志的"主要投资人"，其中扬·波彭投了3万荷兰盾。

1602年，人数众多的安特卫普流亡者是东印度公司"主要投资人"的重要组成部分；数十年间，他们所属的家族一直是阿姆斯特丹和荷兰其他城市的商业精英来源。这些家族中有德福赫拉勒（de Vogelaer）家族、科伊曼斯（Coymans）家族、索泰恩（Sautijn）家族、德斯科特（De Scot）家族、霍代恩（Godijn）家族和巴托洛蒂（Bartolotti**）家族。不过，许多阿姆斯特丹摄政官家族的"主要投资人"同样高度活跃于

---

* 后文表格总人数为1 130人。——编者注
** 原文为Bartholotti，有误，据后文改为Bartolotti。——译者注

远距离贸易领域。⁴⁶ 尤其著名的有：赖尼尔·保，投资了3万荷兰盾，他的父亲曾从事波罗的海谷物贸易；赫里特·比克尔（Gerrit Bicker，1554—1604年），酿酒商之子，投资了2.1万荷兰盾（自1597年以来，他一直是加勒比海贸易的主要参与者）；大商人赫特·迪尔克斯·范伯宁亨（Geurt Dircksz. van Beuningen，1565—1633年），投资了1.5万荷兰盾，他的父亲是奶酪贸易商，他本人也曾从事奶酪贸易；赫里特·雷因斯特（Gerrit Reynst，卒于1615年）投资了1.2万荷兰盾，他是煮皂工的孩子，后来成长为大商人，并最终成了荷兰东印度公司的总督；约纳斯·维特森（Jonas Witsen，1560—1626年）投资了1.2万荷兰盾，他也是出身寒微的重要大商人，最初以波罗的海贸易起家，后来逐渐发展成加勒比、圭亚那、俄国和曼哈顿贸易的主要交易商。⁴⁷

表17　1602年荷兰东印度公司阿姆斯特丹分公司的投资人 *

	所有投资人		主要投资人	
	人数（人）	投资总额（荷兰盾）	人数（人）	投资总额（荷兰盾）
北尼德兰人	785	2 023 715	40	635 100
南尼德兰人	302	1 418 700	38	871 160
德意志人	38	137 900	3	60 000
英格兰人	3	6 900	0	0
葡萄牙犹太人	2	4 800	0	0

数据来源：Van Dillen, *Oudste aandeelhoudersregister*, 35, 61.

东印度公司阿姆斯特丹分公司最早的董事会成员既包括外来的精英商人，如伊萨克·勒·梅尔（Isaac le Maire）、马库斯·德福赫拉勒

---

* 数据均为原书中的数据。——编者注

（Marcus de Vogelaer）和雅克·德费拉尔（Jacques de Velaer），也包括本地新兴精英商人群体的主要人物，重要的有保、比克尔、范伯宁亨和雷因斯特。[48]泽兰分公司的情况也大体如此。17世纪初，东印度公司（和1621年之后西印度公司）的多数摄政官领导人（bewindhebber，荷兰人对董事的称谓）事实上也是活跃的商人。而在过去，直到16世纪80年代之前，阿姆斯特丹和荷兰其他城镇的城市富人主要是中等富裕人群，他们从零售业、酿酒业、煮皂业、精制盐和波罗的海大宗货运贸易中赚钱；而1590年之后，这些传统的富人迅速被排挤出城市社会的高层，而与欧洲、黎凡特以及东、西印度群岛进行"高利润贸易"的更阔绰的"新富人"占领了高地。结果，原本构成荷兰省城市社会精英阶层的酿酒业、捕鲱业、盐业、乳制品加工业和原木行业的商人从城市富人的上流社会中消失了。阿姆斯特丹1585年的纳税评估显示，该城最富裕的346名居民中，相当大一部分是专门从事谷物、原木、鲱鱼和乳制品贸易的商人。与此形成对比的是，1631年的纳税评估显示，阿姆斯特丹387名最富裕的居民中尚存的谷物和原木商人少得惊人，鲱鱼和乳制品商人则已完全消失，取而代之的是精糖炼制商和丝织业商人，以及人数更多（也更富裕）的海外贸易商人。（参见表18）1631年，阿姆斯特丹计税财产最多的10位市民的名单（参见表19）证实，再没有从事波罗的海或大宗货运贸易的商人跻身最富裕者的行列。该城最富裕的都是专门从事"高利润贸易"的人，有时也是土地开垦计划的投资人。巴托洛蒂、科伊曼斯和德福赫拉勒都是重要安特卫普流亡精英商人的后代。扬·德瓦尔（Jan de Wael）是安特卫普著名商人让·德拉法耶（Jean de la Faille）的侄子，专门从事对威尼斯的贸易。在1592年定居阿姆斯特丹以前，瓦尔曾在威尼斯为其他安特卫普商人做了多年的代理人。安东尼奥·莫昂（Antonio Moens，1574—1638年）出生于根特，与科伊曼斯一样，也是哈勒姆亚麻业的重要贸易商。迪尔克·阿勒韦因（Dirk Alewijn）则是铸币厂厂主的儿子，他从事多种有利可图的贸易，同时在贝姆斯特圩田上拥有大量土地。17世纪30年代末，迪尔克·阿勒韦因及其子开始在贝姆斯特圩田建造乡村宅邸弗雷登堡（Vredenburgh），设计师是彼得·坡斯特（Pieter Post）和菲利普斯·芬格博斯（Philips Vingboons）。

表18　1585年和1631年阿姆斯特丹纳税最多的市民从事的贸易活动

（单位：人）

行业类别	1585年	1631年
海外贸易	147	253
肥皂制造	17	7
谷物贸易	16	3
原木贸易	12	7
乳制品贸易	11	0
捕鲱和渔业贸易	8	0
葡萄酒贸易	7	12
啤酒贸易	6	5
职业经纪	0	2
精糖炼制	0	12
丝织业商	0	14

数据来源：Van Dillen, *Bronnen*, ii, pp. xxxvi-xxxix；Van Dillen, *Amsterdam in 1585*, pp. xxxiv-vi.

波彭家族的巨额财富来自各种"高利润贸易"和土地开垦项目。雅各布·波彭（Jacob Poppen）的父亲扬·波彭是最早一批投资东印度贸易的阿姆斯特丹商人之一。他还参与对俄国贸易。雅各布则投资贝姆斯特圩田项目。他非常有钱,甚至因此成了市议事会的成员,这对移民的儿子来说是至高无上的殊荣。

表19　1631年阿姆斯特丹最富裕的10位市民

（单位：荷兰盾）

	计税财产		计税财产
雅各布·波彭	50万	安东尼奥·莫昂	32万
吉耶尔莫·巴托洛蒂	40万	扬·克拉斯·范弗洛斯韦克	32万
巴尔塔扎·科伊曼斯	40万	科内利斯·范洛克霍斯特的遗孀	31万
阿德里安·彼得斯·拉普	35.4万	马库斯·德福赫拉勒的遗孀	30万
迪尔克·阿勒韦因	32.5万	扬·德瓦尔	30万

数据来源：Van Dillen, *Bronnen*, ii, pp. xl-xli.

技术精英

16世纪90年代荷兰贸易体系结构重组所创造的另一类精英是拥有专业技术的精英。"高利润贸易"的成功在诸多方面改变了荷兰社会,但意义最重大的莫过于造就了一类于欧洲历史中罕见,但比其他群体为荷兰黄金时代文化的精纯与雅致做出更大贡献的精英。这一领域中的许多技术同样是从安特卫普转移来的。

在16世纪早期和中期,安特卫普已发展为首个世界贸易转运港,许多新兴的专业技术也在斯海尔德沿岸以及整个南尼德兰发展成熟。

欧洲北部没有任何地方可以与之媲美。一些新技术是本地的发明，尤其是染布工艺和所谓的新布料，例如翁斯科特的"细哔叽"。其他的技术，如丝织工艺、精制糖技术和金刚石切割技术则来源于欧洲南部，尤其是意大利。随着西班牙重新征服南尼德兰、攻陷安特卫普、封锁斯海尔德河，带有新专业技术的人，以及大批不那么有技术的劳工移居他乡。不过跟缺乏技术的劳工不同，许多专业人员先是前往德意志（16世纪80年代，那里的前景比较好），直到在海上经济开始急剧扩张后，他们才折返北尼德兰。正是北尼德兰16世纪90年代的经济结构重组，而不是来自南部的移民潮，使共和国得以吸收并依赖这些新技术。也是"高利润贸易"的兴起，以及新贸易打造的出口型产业网络，让荷兰后来有可能在17世纪初期吸引其他先进技术人才。这群人与来自南尼德兰的大批流亡者无关。他们中有在十二年停战期间从亚琛、汉堡和德意志其他城市来的炼铜专家，也有一些从威尼斯来的化学工艺专家。

由于这些专业技术本身的性质，许多新技术此前只在南尼德兰的几个地方发展，后来也只转移到北部的一两个地方。[49] 挂毯编织工艺主要在安特卫普和布鲁塞尔发展，到北部则主要在代尔夫特。精制糖工艺被限制在安特卫普境内，16世纪90年代之后则大量集中于阿姆斯特丹。金刚石切割和抛光工艺以来自意大利和葡萄牙的技术为基础，在安特卫普形成独有的产业，此后也只转移到北部的阿姆斯特丹。另一项稀有技术是将图案编织到细亚麻布上，即编织"亚麻花缎"，此前它唯一的发展基地是科特赖克，而后则只在哈勒姆立足。棉毛混纺的"纬起绒布"之前被限制在布鲁日，16世纪80年代之后则成为莱顿的专利。另一个专业活动是亚麻漂白。16世纪80年代，来自佛兰德的细亚麻布漂白行家在哈勒姆市郊的乡村地区奥弗芬（Overveen）和布卢门达尔（Bloemendaal）立业，这里的河流尤其适合发展该行业。[50]亚麻漂白在很长一段时间都是哈勒姆的专长。

其他新技术则在共和国内得到了较广泛传播。从南尼德兰来的宝石钟表匠、天鹅绒纺织工、印刷工人和艺术家定居在荷兰各大城镇，至少是沿西部海岸的各大城镇。南部为厨房、餐具室和储藏室所生产的彩色瓷砖得益于意大利的锡釉陶技术，此前这项生产活动主要是安特卫普的专长。而在北部，安特卫普代表性的明亮彩色瓷砖在16世纪90年代转变成了常见的蓝色瓷砖，图案也变得更简单——这是荷兰黄金时代的特色。此后，南部来的原创者和北部的效仿者开启了繁荣的瓷砖生产时代。他们遍布代尔夫特、鹿特丹、莱顿和哈勒姆，还在1600年前后进入了弗里斯兰的哈灵根。在黄金时代和18世纪早期，弗里斯兰的釉面砖占了荷兰总产量的相当大一部分。17世纪初从德意志引进的新制铜技术，则促使乌得勒支、海牙还有阿姆斯特丹都建立起轧铜厂。

技术的激增、吸收和迅速扩散，与艺术活动迅猛且史无前例的增长联系密切。荷兰黄金时代的著名的艺术家很少是体力劳动者、工匠、海员、渔民或农民的后代。[51]那些父辈不是艺术家的，大多与埃萨亚斯·范德费尔德（Esaias van de Velde）或小威廉·范德费尔德（Willem van de Velde）一样，是训练有素的专业人员之子。这些专业人员组成一种新的市民群体，他们富足、受过良好教育、干练，而且技术过硬。约翰内斯·托伦修斯（Johannes Torrentius）是皮毛裁剪工的儿子；彼得·萨恩勒丹（Pieter Saenredam）是雕刻师的儿子；赫里特·道（Gerrit Dou）则是殷实的玻璃画师的孩子，他的父亲拥有一座玻璃作坊和数座房产。扬·范德卡佩勒（Jan van de Capelle）的父亲是染料制造商，弗美尔的父亲专攻花式缎子，弗兰斯·范米里斯（Frans van Mieris）的父亲则是金匠。雅各布·范勒伊斯达尔（Jacob van Ruisdael）的父亲并不富裕，但也是专业人员，他是帷幔设计师，给挂毯设计图案（他的情况并非大多数艺术家的典型）。[52] 卡雷尔·法布里蒂乌斯（Carel Fabritius）的祖父是来自根特的归正会传教士，父亲则是米登-贝姆斯特（Midden-Beemster）圩田村庄的学校教师。卡雷尔的父亲有每年1 200荷兰盾的额外收入，此外还是个业余画家。[53] 法布里蒂乌斯的妻子有个生意兴隆的布商兄弟，后者在阿姆斯特丹有数座房产。对于大多数著名艺术家来说，法布里蒂乌斯这种舒适的生活环境并非特例。在1590年之后的环境中，技术能带来富裕，而且正如范霍赫斯特拉滕（Van Hoogstraeten）的评论，富裕对维持艺术家的内心平和来说是必不可少的，如果他们想追求极致的艺术成果，他们需要这样的平和。[54]

1590年之后，就像在安特卫普一样，艺术在北尼德兰也是通往大宅邸和更高社会地位的途径。范霍赫斯特拉滕将艺术描绘为挣钱和获取地位、"荣誉"的手段，认为它建立起艺术家与摄政官、大商人的联系；对于最成功的艺术家来说，艺术还是获得王室贵胄青睐、坐上大人物餐桌的工具。[55] 荷兰开始赢得世界贸易的霸主地位，与之相伴的是城市的迅猛扩张，这些形势创造了新的环境：随着新商业精英的崛起和摄政官阶层新近的阔绰，大批艺术家突然之间可以在新环境中享有辉煌的事业。摄政官和大商人在各个地方兴建城市宅邸和乡村别墅，由此而来的对优质绘画的需求几乎是无止境的。17世纪30年代，伦勃朗在阿姆斯特丹担任上流社会的肖像画画家期间，每年收入在2 000荷兰盾以上,这比一个大学教授的收入要多得多。[56] 不过,比起他的学生——赫里特·道、霍法尔特·弗林克(Govaert Flinck)和费迪南德·博尔(Ferdinand Bol),伦勃朗的收入又显得微不足道。与许多艺术家类似,弗林克在成为艺术家以前就十分富裕,他是一个大商人的孩子,但他的艺术成就增长了他的财富,让他在1649年成功在阿姆斯特丹获得一栋豪宅。弗林克在里面堆满了古董、稀世珍品、雕塑和东方的地毯;他还在这儿接待他的摄政官朋友,如市长安德里斯·德格雷夫(Andries de Graeff)和科内利斯·德格雷夫(Cornelis de Graeff)。[57]

工资水平

赢得世界贸易霸主地位的突破性进展,以及随之而来的产业扩张,创造了对非技术劳工和专业技术人员的大量需求。在这种情况下,荷兰的工资水平必定要比西欧其他地方高。但是,在经济与众多领域同时爆发性发展的情况下,仅仅提供稍高于其他地方的工资是不够的。因为如果工资只是稍高于其他地区,荷兰就不可能足够快地吸引到足够规模的非技术劳工和专业技术人员,来为新近赢得优势的"高利润贸易"服务。因此,荷兰的工资水平应当远远高于邻国,这是1590年之后荷兰形势的必然要求。几乎从新行业创立之时起,荷兰的制造商和雇主就必须应对当下形势:他们支付的工资通常是南尼德兰或德意志的2倍多。这种情况在整个黄金时代持续并影响久远。[58]

16世纪，西欧整体的趋势是工资的增长落后于物价的增长，这是因为产出没能跟上人口增长的速度。这里的产出主要指食物，其次是工业品。于是，生活水平开始下滑。1550年后，无论南北，只有低地国家工资增长得足够快，能够赶上食物和其他商品的价格增长，避免了生活水平的下降。但是1585年之后，南尼德兰工资的螺旋式增长停止了，工资水平趋于平稳，基本固定。[59] 鉴于物价持续上涨，结果便是生活水平的陡然下降。1590年之后，北尼德兰是欧洲唯一一个工资涨得比生活开销快的地区。[60] 从16世纪80年代末一直到1621年，北尼德兰的实际工资呈现出强劲上涨的趋势。[61] 随后则出现了一轮回落（伴随着荷兰世界贸易霸主地位第三阶段的开始），17世纪20年代到30年代初出现了尤其急剧的下滑，但从17世纪30年代末开始，实际工资的上升又得到恢复。[62]

结果，1585年荷兰省的工资水平还与南尼德兰的相当，而到1609年，威廉·于塞林克斯就在警告，荷兰工业已无法与佛兰德和布拉班特竞争，因为那里的工资、赋税以及房租都低得多。[63] 于塞林克斯生活的时代，莱顿的工资已经比根特、布鲁日或其他佛兰德城镇高50%。[64]

非技术劳工与专业技术人员一样，受益于荷兰世界贸易霸主地位。安特卫普的工资水平比佛兰德其他城镇的高20%以上，17世纪第二个25年里，这里的城市劳工和砖瓦匠的薪资是每天12—14斯托伊弗。在莱顿、代尔夫特或阿尔克马尔，类似的工作每天可以挣22—24斯托伊弗。[65] 当然，鉴于工资要用来缴纳更高的赋税和房租，荷兰省城镇劳工的收入并不真的是他们佛兰德城镇同行的2倍。荷兰黄金时代，社会上的非技术劳工和半技术劳工的生活既不富足也不安逸。但

1590年之后，荷兰经济的活力以及对技术人员不断增长的需求，意味着训练有素的劳工有实现富足生活的大好前景。技术工作与非技术工作在报酬上差异巨大，这不仅体现在大多数工业和手工业中，也体现在海上。17世纪第二个25年，海员的工资依然微薄，大概每月12荷兰盾。[66]根据官方说法，海军的报酬更低，普通海员每月仅11荷兰盾，不过事实上，17世纪30年代荷兰商业的复兴抬高了海军的收入。1641年，海军将领特龙普评论道，每月不到14荷兰盾的薪资是很难招募到海军的。[67]但商船上技术人员的薪资要高得多。例如，船上的厨师每月收入25荷兰盾，木匠30荷兰盾，相比当时商船船长每月60荷兰盾的收入，这些技术人员已是收入颇丰。[68]普通士兵每月也只能赚到12.5荷兰盾。

不过，共和国的领土上有着多个工资和薪资等级，而非单一标准。在荷兰省，消费税、房租和面包价格都比内陆地区高许多，光这一点就明确使沿海的西部地区与东部乡村地区工资水平差异悬殊。人们也必定能辨识出，相比荷兰省和泽兰省的其他城镇，阿姆斯特丹的工资水平要更高。最后还有一道鸿沟，存在于荷兰省城镇的工资水平与荷兰省乡村的工资水平之间。17世纪30年代，莱顿或代尔夫特的城市工人每天挣22—24斯托伊弗，格罗宁根的劳工只能挣15斯托伊弗，阿纳姆的劳工则只有12斯托伊弗。[69]阿纳姆的工资水平与布鲁日或根特相当。荷兰归正会传教士是收入相对较高的群体，不过他们的薪资差异巨大，而这取决于他们的工作地点。[70]在荷兰省乡村地区，传教士的薪资从1574年的每年200荷兰盾，涨到1594年的350荷兰盾以及1625年的500荷兰盾，这远远超过荷兰省城镇的技术工人能赚到的。而当时，荷兰省城镇的传教士甚至可以期待每年赚到1 000荷兰盾，阿姆斯特丹的传教士更多得多。在东部，乡村和主要城镇传教士的薪资分化也同样明显。1632年，弗雷德里克·亨德里克夺取鲁尔蒙德和芬洛时，第一批到这些城镇的归正会传教士的薪资被定在一年700荷兰盾。相比之下，在内陆省份的乡村地区，有些传教士每年挣的不到400荷兰盾，有时甚至不到300荷兰盾。

总而言之，17世纪荷兰省和泽兰省的工资水平比西属尼德兰同类行业的工资水平高得多。这意味着，荷兰的工资显著地高于欧洲西北部大部分地区。在17世纪初的英格兰，人们的薪水尚不及南尼德兰，更别说与荷兰省比较。[71] 在法兰西和德意志，这个鸿沟还要更大。

市政贫民救济与慈善机构

荷兰共和国有许多令人惊叹之事，有许多非同寻常之事，但在17世纪和18世纪的荷兰，很难有哪个领域比精密的市政福利体系更令人瞩目了。按照欧洲的标准，荷兰推动市政福利体系形成的环境相当特殊，因此别的地方没什么效仿的可能性。不过，荷兰市政福利体系相对于周边国家的体系优越性足够明显，因而时常得到外国旅行者的认可，尽管威尼斯公使吉罗拉莫·特雷维萨诺（Girolamo Trevisano）等天主教观察者在1620年的记录中强调，福利体系大体是依靠来自天主教会的收入维持的。[72]

16世纪初，荷兰各个城镇议事会没能跟上佛兰德和瓦隆各城镇的脚步，没能沿着那时新式的、受人文主义倡导的路线重组福利体系；到16世纪90年代和17世纪的头几年里，荷兰各城镇议事会猛然面临巨大的新压力和前所未有的形势。爆炸性的城市发展和贫困人口的激增，新观念和新公共宗教席卷荷兰各个城市，与之相伴随的还有城市经济的急剧增长和新资源、新技术的猛增。在面对新压力的同时，这些城镇还发现自己获得了前所未有的行动自由。不仅共和国的机构组织授予城镇高度的市政自治权，而且也并没有国王或亲王质疑它们如何处置旧教会被充公的建筑、收入和其他财物。

荷兰正在成形的市政福利体系有个颇为不寻常的特点，即它多元和分裂的教派结构。当时欧洲几乎所有地方的福利事业都在单一教派的支持下运行——或是天主教，或是新教。但在荷兰的环境中，城镇议事会不只在整体上把控福利体系、资助众多慈善机构，而且有权决定公共教会和其他得到容许的教会应在什么程度上、以何种方式参与福利事业。在一些城市，施赈人员、济贫院和慈善机构委员会行使综合控制权。但与此同时，人们也承认，归正会的宗教法院及其教会执事也为慈善事业做出了贡献，在很多城镇更是起到主导作用。不过，尽管人们认为公共教会的宗教法院尤其适合管理慈善事业，城镇议事会也同样热衷于谋求其他教会长老会的支持。这些教会是受到官方宽容的，在荷兰省、泽兰省和乌得勒支省，它们主要包括路德宗、门诺派；在阿姆斯特丹，以及后来的另一些城市，主要是指犹太教。这些教派全都有自己应当救济的贫民名单，各教派的救济名单互不重合；他们对孤儿、贫民、病患和老人也有各自的安置措施。与此形成对比的是，天主教教徒在整个17世纪都不被允许以这种方式组织活动。城镇议事会宁愿承担额外的财政负担，也不愿让天主教教徒有机会稳固和扩充其教派的信徒——这类行为对受宽容的教派是允许的。城镇议事会断绝了将慈善花销转移到天主教富人肩上的机会。于是，哈勒姆的议事会直到1715年才裁定,天主教团体从此应当负责自己团体的贫民,准许天主教教徒设立自己的慈善机构;而莱顿要到1737年才迈出这一步。[73]

不过,荷兰福利体系最重要的特征还是由市政厅综合把控和它的高度规范。威廉·坦普尔爵士评论道:尽管"荷兰人的慈善中,国民似乎发挥了极大作用",但它绝不是一个源自民众、个人或私自组织的福利体系,相反,荷兰福利事业有着"令人钦佩的规范,规范了各类可以要求救济,或应当得到救助的人群"。坦普尔爵士提到了"为数众多、种类各异的医院,在这个国家旅行的所有人都对它们心怀好奇,不断谈论"。他描绘在探访恩克赫伊曾的海员养老院时,自己是如何被投注到这里慷慨的特别关怀所触动的:"这个避风港充满安适和便利,老人足能感受和享用。"对那些一辈子都在"大海的艰险和困苦中"度日的人来说,这是个合适的退休养老之所。[74]

荷兰人为了建造一个秩序井然、设施齐全和运转顺畅的养老、扶病和济贫体系,投入了大量精力和资源。外国人往往为此震惊,并且对此无法否认。但是应当指出,慈善和怜悯并不是创造上述成果的唯一动机。事实上,荷兰市政福利体系是诸多社会、经济、宗教及文化目标和优越性催生出的产物。正是这样广阔的背景,使荷兰福利体系一度无可比拟且不可效仿。

必须承认,一些重要动机在事实上与同情心相去甚远。首先,是经济压力。[75]荷兰各城镇长期缺乏劳动力,工资极高。于是,孤儿、闲散贫民,甚至部分丧失劳动能力之人的工作潜力都成了值钱的商品。在所有城镇,市政、归正会的孤儿院和济贫院都施行严格的管理制度，它们不仅推行严苛的纪律，要求礼拜日定期到归正会教堂祷告，穿着统一服装，还要求勤奋工作——就孤儿来说，通常是纺纱，为纺织业准备纱线。一般，儿童的日薪会被交到孤儿院的负责人手中，后者再以周为单位，把部分收入分给孩子。1602年建于米德尔堡的大型贫苦孤儿院让被收容者穿着蓝色长筒袜和黑色制服，衣服右手袖子上绣着黄色的米德尔堡徽章。这不仅是为了防止儿童出卖衣服，还在宣告他们受城市监护，是城市的财产。在哈勒姆，孤儿则穿着"蓝色外套，袖子一红一绿"。[76]

城市自豪感也给建造令人震撼的孤儿院、医院、养老院和济贫院贡献了动力。各城镇在每个方面相互比拼，在建造"上帝之家"方面，自然也暗暗竞争，都希望展示自己有多么乐善好施、尽职尽责和管理有序，展示城市的体制有多么令人赞赏。这再次反映出在荷兰，议事会的权力在城镇中有多么重要，并且它有能力将城市生活的各个方面置于自己的管理之下。贫苦之人可以从摄政官的权势中获得好处，因为城市慈善机构和贫民救济管理的职责不存在争议。另一个方面，城市政治也是确保"上帝之家"受到严格管理的重要因素。由摄政官组成的委员会每周集会，对慈善机构进行管理。这些人都是杰出市民，与城镇议事会和宗教法院联系密切。他们的妻子通常也每周举行她们自己的聚会，处理慈善事业管理其他方面的问题。他们以这种方式集会，为的是确保在市政厅和宗教法院的普遍监管下，他们职责范围内的被收容者和慈善机构能够最大限度地保持有序、节俭、干净和虔诚。他们的这些活动完全无偿，为的是从中积累自己的社会地位。对待路德宗、门诺派和犹太教团体，这些杰出市民采用的主要也是上述方式，他们渴望以此实现对长老会的领导。

通过管理有组织的福利事业而获得的社会声誉反映在了艺术作品中，虽然一般是间歇性的且主要集中在阿姆斯特丹和哈勒姆。[77]第一批市政慈善机构摄政官的群像画创作于1617—1618年。画中的摄政官衣着简朴，其中还包括阿姆斯特丹圣彼得医院的一名摄政官。这些群像画中最有名的两幅出自弗兰斯·哈尔斯（Frans Hals），创作于1664年，他去世前两年。画作呈现的是哈勒姆养老院的摄政官们，且全面地配上了象征每人职责的标志，如账簿、硬币和法律文书。1626年，阿姆斯特丹的市政施赈人员委托画家创作了五幅系列画作，展示他们的工作——登记符合条件的穷人、分发面包和衣物、视察他们自己运营的大麻工坊，以及到一户穷人家慰问。这样的画作装饰在某些慈善机构摄政官的房间里。不过，更为常见的用画作来宣传市政福利体系的做法，是将大型的寓言式绘画装饰到慈善机构和医院内部，它们赞颂医治、慈善和其他工作。[78]乌得勒支的圣约伯医院装饰了异常之多的画作。

各座城镇的主医院被视作城市生活的重要部分，同时也显示着该城的名声和地位。在米德尔堡，医院主要由四位"摄政官"管理，其中一人是市议事会成员。城市为两名受过大学训练的医师和数名助手提供薪资，这些人全职在医院工作。和许多大城镇一样，米德尔堡的医院也会空出一个大房间，用于解剖课和临床示范。在胡斯，医院由议事会的三名全权摄政官及其妻子管理，后者受委托执行她们丈夫的决议；该镇同样雇用了两名城市医师和数名助手。医院管理主要限于市政层面的考量，但除此之外，在弗卢辛、恩克赫伊曾、鹿特丹和阿姆斯特丹这类经常有海军造访的港口城市，医院还牵涉多方利益。它们关涉海事委员会，并最终关涉荷兰省和泽兰省的三级会议；在战时尤其如此,那时这些医院具有国家性的职能,要照顾众多受伤的海员。与之类似,在驻军城镇,保证医院规模庞大、设施完善和专业过硬也不仅仅是出于地方利益的考虑,因为它们同时也是军医院。1643—1644年,布雷达城从西班牙人手中被收复回来之后不久,就建立起大医院,并配备了常规的解剖演示教室。虽然这家医院主要由布雷达城资助,但在很大程度上,它也是军事机构。[79]

荷兰福利机构与17、18世纪人们常在欧洲其他地方看到的福利机构还有一个明显的区别,即疯人院的设置。处置精神失常者是一项艰难的考验,不过,人们也感觉到,把精神病人关在拥挤破旧的场所、忽视他们,会导致堕落和混乱的状态,而这会对整座城镇造成负面影响。显然,荷兰人做了一些努力,以尽可能多地保障病患的尊严和社会秩序。阿姆斯特丹的疯人院于1592年重建,它为病患提供了单独的隔间,疯人院内部还有栽种着植物的花园。一名英格兰游客在1662年评论道:"这家疯人院如此气派,甚至人们会以为这是哪个贵族的宅邸。"[80] 托斯卡纳大公的儿子科西莫·德美第奇(Cosimo de Medici)在1667年到访共和国众多景点,其中也包括乌得勒支和阿姆斯特丹两地的疯人院;他评论道,这些病患的房间"干净整洁、秩序良好"。[81] 在米德尔堡,疯人院在大起义后设在被没收的一座修道院内,由4名"摄政官"管理,"主席"是一位治安法官。

从根本上说,这一切的背后有一个追求,追求一个建立在宗教信条之上的、秩序井然又勤勤恳恳的市民世界。综合考虑下,贫民救济体系和慈善机构都是相当高效的社会控制手段。市政施赈委员会和教会执事通过一丝不苟地维护他们的登记簿,确保只对在他们看来值当的穷人分发钱财、食品、衣物和燃料,也就是那些生于本城镇或长期居住在本城镇中，遵纪守法、行事规范的人。这一救济体系的一个主要目的在于将赤贫的外乡人、流浪汉和乞丐排挤出城。17世纪涌入荷兰省和泽兰省城镇的外国人中，只有那些有钱或有工作的人获准留在城里。通过严厉地拒斥外乡人和流浪汉，这些城镇希望在降低福利花销的同时减少违法犯罪行为。最重要的是，通过登记、管束和训诫贫民并在此后给那些合格者提供相对慷慨的帮助，荷兰城市得以在17和18世纪实现举世瞩目的整洁有序和低犯罪率——这正是莱蒂和其他游客高度赞赏荷兰的地方。1616年达德利·卡尔顿爵士抵达荷兰省时，发现"哈勒姆整座城镇都是那么整洁干净，所有事务都是那么规整，那么井然有序，好像整座城只是一幢房子"。[82]

城市施赈委员会和教会执事都坚持不懈且系统性地惩处醉酒、闹事和放纵的行为。对贫民的关怀是荷兰各城镇精致的文化、社会和宗教结构中不可或缺的一部分。在判定哪些穷人符合要求，哪些不符合时，穷人的需求绝不是唯一的标准，通常也不是最重要的。一个典型例子是，阿姆斯特丹的葡萄牙犹太人共同体在17世纪20年代制定了贫民管理规范。规范将资金补助限定在道德和行为端正的穷人之中。补助金从每月2荷兰盾到6荷兰盾不等，而每月6荷兰盾大致相当于非技术工人工资的一半。[83] 因任何种类的犯罪行为而遭到市政当局逮捕的人，都自动被排除在此后的共同体救助之外。

不过与荷兰共和国一切其他事物一样，市政福利政策充满了党派纷争和教派冲突。1618年之前，阿明尼乌派城镇，如莱顿和哈勒姆，偏爱组织更集中的市政方案，希望尽可能弱化归正会宗教法院的势力。于是在莱顿，所有用于贫民救济的收入都被归拢到同一基金下，由城市施赈委员会统筹，无论这些钱是来自遗产、每月挨家挨户地征集、教堂礼拜日的募集、教会的募款箱、市政当局从被没收的旧教会财产中拨付的款项,还是从城市税收中拨付的款项。[84] 这种模式的一个结果是,城市福利体系救济的主要对象往往是1585年之前就居住在这里的本地人,而非归正会的正式信徒。而归正会本身则倾向于救济佛兰德、布拉班特和瓦隆共同体的穷人。无疑,这件事最终尽人皆知,也成了城市的外来移民痛恨摄政官当局的一个原因。

在哈勒姆,市议事会于1598年重组城市福利体系,命城市施赈官负责,严厉推行压制乞丐、流浪汉和打击私人布施的政策,并且再次在哈勒姆本地人和外来人之间做了鲜明的区分,下令驱逐非本地的穷人。[85] 符合救济标准的贫民必须到施赈官处登记,在接受市政慈善救济时,他们必须承诺不进酒馆、不赌博,如有违规,将被从救济名单上除名。然而另一方面,归正会执事依然大量从事给贫困家庭分发救济品的活动。归正会的规则是,一个家庭,只有在丈夫是归正会正式成员的情况下,才有资格进入宗教法院的济贫名单。假如只有妻子是正式成员,或夫妻两人都只是非正式的归正会"支持者"——许多新教贫民都是这种情况——又或丈夫归属别的教会,那么这个家庭只能向施赈官求助。不过如果丈夫是路德宗信徒或门诺派信徒,他可以向该教派长老求助。

颇具代表性的是,在1598—1618年间,哈勒姆市议事会只将从旧教会没收的一小部分财物拨给了公共教会的济贫院,而把大部分财物转给了施赈委员会。与此形成对比的是,1618年之后,在新反抗辩派当权时,城市分给宗教法院的福利经费大幅增长。[86] 新政策的一个影响是,公共教会规劝贫民加入归正会、采取归正会生活方式的能力提高了。然而毫无疑问,17世纪20年代哈勒姆归正会分发的救济金大幅提高，不过是因为经济从1621年开始萧条了。

市政福利体系深刻地影响了许多人的生活。我们能获得的17世纪的济贫数据并不多；而且每座城市的数据在不同年份剧烈波动，冬季与夏季也差异巨大——夏季能提供更多工作。但是，从始至终，接受救济的人，无论他们是住在家里还是住在"上帝之家"，都在城市人口中占了相当大的比例。1616年，阿姆斯特丹济贫院救助着2 500个家庭，大约1万人。各个得到宽容的教会和行会可能也救助着差不多数量的人。这意味着，超过10%的城市人口接受着救济。[87]在哈勒姆，在黄金时代末期、该城经济开始崩溃之前，归正会执事救助着500—600个家庭，近乎该城人口的5%。这个数据再次证明，总共可能有超过10%的城市居民从各种渠道接受着慈善救济。

第16章

新教化、天主教化与认信运动

宗教竞技场

1572年大起义刚刚爆发之时,荷兰省三级会议并不打算打压新教;不过一开始,省三级会议的确打算确保旧教会和加尔文宗都能得到宽容。[1] 摄政官和贵族精英中,相当大一部分人希望捍卫国王的信仰及其教士。然而,民兵和民众中有着强烈的反天主教情绪,官方保护天主教信仰、教士和圣像的努力没有成功的机会。大起义仅仅两周之后,莱顿几百名教士就遭到驱逐,天主教仪式遭到禁止。[2] 多德雷赫特、鹿特丹、代尔夫特和豪达的情况也是如此。每个地方的主要教堂都被抄没,弥撒被禁止,天主教教士被驱逐;天主教一方普遍没有出现示威活动,几乎没有抗议。天主教的地位相当衰弱,甚至连奥伦治亲王也无力阻止它遭受此难。亲王不希望疏远南部的信仰,于是坚决反对针对天主教的打压行动,甚至于1572年12月重新在代尔夫特两座主教堂之一引入弥撒。但这次天主教仪式的短暂复兴持续时间还不到三个月。[3] 新一轮的反天主教风暴于1573年2月爆发,3月再度重来。亲王被迫默许全面压制天主教崇拜。

奥伦治亲王曾试图扭转大起义的方向,促使起义者接受两种信仰的公共仪式：到1573年末，这种尝试失败。在几个月的时间里，最初攻击天主教圣像和教士的自发性行动，演化成了由荷兰省三级会议组织的、对天主教信仰普遍打压的运动，教会财产也被没收。[4] 泽兰省的情况类似。在起义者占领的所有地区，教堂都被抄没，天主教教士或是逃亡，或是遭到驱逐；没过多久，天主教信仰就被禁止了，并且没有出现重大抗议。1574年，西班牙占领的米德尔堡在经过漫长而艰辛的抵抗后最终向起义者投降时，天主教仪式毫无疑问不被获准继续。主教和剩下的教士——包括上百名神父和修士——与西班牙士兵一道，作为战败者徒步离去。

接下来的几年里，大起义的形势有所起伏，但不管是民众、民兵的态度，还是摄政官的政策，都没有发生改变。1575年，荷兰省与泽兰省建立特别同盟，成为起义国家的雏形。特别同盟的一个关键举措就是指示执政维护"加尔文宗福音派的宗教仪式，终结和禁止天主教的宗教仪式"。[5] 1578年5月，阿姆斯特丹的民兵和民众推翻亲天主教的旧市议事会，政变自然而然地导向驱逐天主教教士、没收旧教会建筑、破坏圣像和打压天主教崇拜。[6] 教宗还在初生的共和国与某些天主教教徒之间挑起新的不和，这些天主教教徒可能原本支持大起义，或考虑向大起义妥协。1578年7月，教宗格列高利十三世禁止天主教教徒以任何形式与反抗腓力二世的起义者合作，腓力二世才是上帝任命的尼德兰合法统治者。天主教教徒受到威胁，如果支持起义政权，将被革除教籍。[7]

不过，归正会讲道者如今面临着对他们而言令人沮丧的窘境。民众拒斥旧教会，但与此同时，对新教会的回应也不温不火。在某种程度上，这是因为其他新教教派的活动。在西班牙政权垮台后登场且有组织的新教教派不只是归正会。在许多地方，其他新教教派与加尔文宗一样挨过了阿尔瓦公爵的迫害，门诺派尤其如此。[8] 不过这只是次要因素。民众最初对归正会反响甚微的主要原因在于，几十年来官方以高压手段强调对天主教的忠诚，导致了民众宗教热情的缺失，养成了普遍不表态的做派。

结果，各地旧教会宏伟的建筑，虽被洗劫一空，但仍明晃晃地矗立着，新教会对此的姿态则依然踌躇、难以捉摸。乡村地区的教堂和修道院已遭洗劫，被废置不用。城镇中，大部分教堂人去楼空，被栅板封闭，而不是为新教崇拜所用。到16世纪80年代，情况变得明朗，此前发生的并不是继任者取代了旧教会，而是旧教会崩溃，大致出现教会的真空。新组织的加尔文宗教团一开始只是缓慢地发展。在阿尔克马尔，迟至1576年，受领圣餐的信徒仍只有156个。[9] 即便在加尔文宗最为强盛的地方，如代尔夫特、多德雷赫特、莱顿和恩克赫伊曾，到16世纪70年代末，活跃成员仍然不到人口的10%。随着大起义的扩散，北尼德兰在1576年之后其他地区的情况也大致如此。民众的情绪是反天主教的。天主教信仰遭到打压，天主教堂被关闭。然而，在早些年里，加尔文宗教团在数量上依然稀少。于是，1572年前后的公共教会规模形成了鲜明的对比：天主教会此前在每座城市都拥有大规模的宗教建筑和教士，如今遭到打压；然而，它的继任者只雇用了数量极少的讲道者，早些年里大多数城镇都只有一两名，这意味着，大多数教堂保持闲置。在此前作为天主教会中心的城市，这种情况最为明显。"这里有30座教堂，" 1593年身在乌得勒支的法因斯·莫里森（Fines Moryson）记录道，"但只有3座被用于宗教仪式。"[10]

因此，在共和国建立的头几年，无论是旧教会，还是新教会，都没有获得大部分民众的忠诚。然而，相比被顶替的对手，归正会有两大优势。第一，相比天主教，归正会在民众之中有更多支持，包括更多的军事支持，这让它能够动员民众和民兵，举行针对天主教的示威活动，给天主教崇拜施压；而天主教（即便是在支持力量最强的地方）已虚弱得不能集聚起对抗的力量。第二，归正会如今是公共教会，这意味着根据1575年的荷兰与泽兰特别同盟条约以及各省法律，它获得了国家和市政当局的支持。

即便是在荷兰省天主教残余势力最强的城市——哈勒姆，它的弱势也显而易见。哈勒姆是荷兰省内最后一座官方容许举办弥撒的城市，这里的弥撒仪式一直持续到1581年4月——当时的市议事会在荷兰省三级会议强大的压力下，最终被迫禁止弥撒。有明确的迹象表明，1577年之后，哈勒姆的天主教比其他地方的保留了更强的生命力，许多旧市政精英依然是"虔诚的天主教教徒"。[11] 然而，哈勒姆的天主教教徒发现自己的地位并不牢固。在科恩赫特的劝说下，他们向荷兰省三级会议请愿，希望获准至少在一座教堂里举办天主教弥撒，并指出自从1577年的"宗教和平"以来，哈勒姆并没有因为教派差异而产生混乱。三级会议回复道，没有混乱是事实，但这并不是因为哈勒姆的天主教教徒忠于新秩序，而是因为他们太过弱小，因此不敢滋事。[12] 请愿遭到驳回。

天主教仪式在荷兰省和泽兰省城市普遍遭到禁止，不过乡村的情况有所不同（至少荷兰省如此）。在荷兰省南部边界的赫斯登，三级会议于1579年夺取该城控制权后，便禁止了城内的天主教活动；但在周边的乡村，天主教仪式在整个大起义时期都在继续。在北荷兰省，哈勒姆、阿尔克马尔和霍伦之间的乡村地带上，有些村庄依然完全由天主教主导，这通常是受到意志坚决的神父影响。[13] 然而，在荷兰省，乃至（乡村天主教广泛存在的省份）乌得勒支，尽管乡村的情况要比城镇复杂，但更普遍的事实仍是天主教的整体衰落。1593年，乌得勒支省三级会议的一名特派员撰写了一份有关乡村宗教情况的报告，他确认加尔文宗信仰在缓慢而零星地发展，而坚定的天主教信仰最多就是零星存在。如果说在16世纪90年代，乌得勒支完全"清除"了圣像和祭坛的乡村仅占少数，那么坚定抵制宗教改革的同样是少数。[14] 最普遍的是妥协、无知和漠视的奇异混合，那是一种受到乡村牧师摇摆不定的观念的影响而混乱、非认信、半新教的基督教。据报告称，多伦（Doorn）的牧师在16世纪70年代曾是一位天主教神父，1576年西班牙政权垮台后转变成归正会教士，不过在16世纪80年代西班牙权力复兴后，他"由于害怕敌人"而秉持着某种介于天主教与归正会之间的立场。韦克霍芬（Werkhoven）的牧师据称只是个"懈怠"的归正会神职人员，不过愿意改善。在奥代克（Odijk），当地牧师扔掉了一些圣像，保留了另一些，并根据堂区居民的偏好主持天主教和归正会的洗礼和婚礼。豪滕（Houten）的牧师则不可救药地既不懂旧信仰，又不懂新信仰。

所有这些都令虔诚的新教徒深感苦恼，他们把上述混乱及宗教热情的缺失视为令人憎恶之事。"即便是在这儿，在海牙，"博德利于1592年记录道，"照那些信奉新教的人来看，也仅有不到四分之一的民众深受宗教感染，我指的是不仅在心理上，也在外在表现和公开宣言上。"[15] 在德意志的路德宗地区和英格兰，宗教改革刚开始时，情况与荷兰类似，民众对天主教的忠诚衰弱，对新教的认知也同样贫乏；但到16世纪后期，民众逐渐成功地新教化。在这一方面，联省就显得有些落后。在德意志路德宗地区和英格兰，民众去新教教堂的比例比联省要高得多，但这里的原因是这些国家的官方宗教改革开始得更早，也因为这些国家采取强制手段强迫民众去教堂。

1587年，荷兰省摄政官猜测，该省10%的民众属于归正会。[16] 按照德意志或英格兰的标准，人数可能显得稀少。不过考虑到这是在没有采取强制手段的情况下取得的成绩，考虑到还有众多非加尔文宗的新教徒，考虑到不稳定的政治和军事环境必定影响许多人加入公共教会的意愿，10%这个数字事实上相当令人钦佩。如果以个人意愿捍卫旧教会或愿意以某种方式展现自己对旧教会的忠诚作为判断标准，那么天主教的支持者必定比归正会的少得多。在民众中，归正会并不是勉强占优势的宗教集团，而是占有压倒性优势的宗教集团，这一事实自1572年之后已经得到多次证明。此外，在一些主要城市，如代尔夫特、莱顿、多德雷赫特，还有海牙，归正会信徒到16世纪80年代末已然占到总人口的20%左右。[17] 1583年，代尔夫特归正会有200名成员，加上他们的家人，数量也不到该城人口的10%；而到1608年，归正会有1 600人，加上他们的家人，占了代尔夫特约一半的人口。[18] 这是个相当惊人的增长。

不过，在归正会的认信过程稳步推进的同时，对天主教的忠诚同样有所发展——尽管速度更慢。1583年，伟大的荷兰传教士萨斯鲍特·福斯梅尔（Sasbout Vosmeer）来到代尔夫特。福斯梅尔在荷兰省领导天主教复兴运动，被教宗任命为第一任宗座代牧，以领导荷兰传教团。他向兄弟吐露，代尔夫特的天主教信仰几乎消失殆尽。[19] 几年之后，福斯梅尔尽管承认该城最受支持的宗教观念是自由和不去教堂，承认天主教教徒要比归正会信徒少，但他已不再相信后一团体的人数远超天主教教徒。同样，在多德雷赫特和阿姆斯特丹，天主教也在缓慢但显而易见地复兴。到1600年，多德雷赫特估计有大约500名天主教教徒——非常少，但正日益增多。[20]

天主教在尼德兰大河以北地区开始复兴，这是欧洲西部和中部一个更广泛现象的一部分。这场广泛的天主教复兴运动在与尼德兰交界的德意志西北部地区十分明显，尤其是在科隆、明斯特、奥斯纳布吕克和帕德博恩这些采邑主教所辖的城镇。16世纪80年代以来，这些地方的统治者不懈努力，成功扭转了新教教会扩张的局面。天主教复兴在亚琛同样显著，1598年西班牙支持的政变重建了这里的天主教市政政权。[21]

16世纪末，荷兰的大多数人口并不能被明确地描述为新教徒或天主教教徒，邻近的威斯特伐利亚和北莱茵兰的大多数人口也是如此。因为大多数人构成的是一个几乎不认信团体，[22]他们的观念摇摆不定，也未形成组织，这引起了两边坚定信徒的强烈反对。博德利为荷兰人普遍地沉迷于"形形色色的教派"或毫无信仰而惊骇。法兰西大使比赞瓦尔（Buzanval）也在谴责这样的事实：大多数民众"遵循自由观念，适应任何鞋子"。[23]在这样流转不定的环境中，荷兰各省和各市当局坚持正式禁止天主教以及路德宗和门诺派信仰的行动，对认信进程发挥了决定性的影响；邻近的德意志采邑主教区则采取了类似但立场相反的行动，这些地方的新教遭到压制。归正会、天主教、路德宗和门诺派的信徒全都竭力归化未认信的民众，结果所有教派都有所发展。不过荷兰各省的情况与威斯特伐利亚和北莱茵兰的情况类似，获得政权支持的教派发展最快。

荷兰归正会的组织

在尼德兰境内举办的首届荷兰归正会宗教会议（synod）于1572年8月在埃丹召集。这次集会，加上1573年3月在阿尔克马尔召开的北荷兰省第二届宗教会议，以及那年晚些时候的南荷兰省第一届宗教会议，奠定了荷兰归正会宗教会议、教区会议（class）和宗教法院体系的基础。[24] 荷兰归正会第一次全国宗教会议于1578年在多德雷赫特举行。荷兰省随后保留了北荷兰省和南荷兰省各自独立的宗教会议，不过这也是同盟中唯一有不止一个宗教会议的省份。在其他省份，宗教会议的管辖区与省份的边界一致。各个省份的宗教会议一经召开，就每年集会一次，以管理该省的教会事务，并协调各省的宗教政策和活动。按照设计，各省宗教会议的活动将在每三年召集一次的全国宗教会议的指导下进行。第二届全国宗教会议于1581年在米德尔堡召开。然而，由于此后复杂的政治形势，尤其是荷兰省三级会议不支持，全国宗教会议定期召集的原则被放弃。

各省宗教会议之下是地方教区会议，各个地区讲道者的集会承担着联系城镇与乡村的任务。相比城镇里收入较高的同事，乡村的讲道者通常更闭塞，且不那么训练有素。而教区会议提供了一个平台，乡村讲道者可以借此得到指引，并了解更广泛的发展。教区会议还负责建立新宗教法院，协调教育领域、福利事业以及教会事务本身的活动。[25] 到1581年，北荷兰省有6个教区会议，分别在哈勒姆、阿姆斯特丹、阿尔克马尔、霍伦、恩克赫伊曾和埃丹。南荷兰省宗教会议管辖着8个教区会议；泽兰省宗教会议管辖着4个教区会议，包括共和国最大的教区会议——瓦尔赫伦岛教区会议。一些周围地区的宗教法院，包括荷属佛兰德和贝亨的宗教法院，也被置于泽兰某个教区会议的管辖下。贝亨的宗教法院由瓦尔赫伦岛教区会议管辖。乌得勒支宗教会议之下有3个教区会议，分别在乌得勒支、阿默斯福特和迪尔斯泰德附近的韦克。海尔德兰原有4个教区会议，每个区1个。弗里斯兰有3个教区会议，也是每个（乡村）区1个，即分别在奥斯特霍、韦斯特霍和泽芬沃尔登。与此形成对比的是，有3个区的上艾瑟尔有5个教区会议。因为该省3个"领头城市"——代芬特尔、兹沃勒和坎彭必须是自己所在教区的中心，而它们又全都集中在萨兰区，这意味着还要为福伦霍弗区和特文特区另外建立两个教区会议。[26] 德伦特有3个教区会议，分别在埃门（Emmen）、梅珀尔（Meppel）和罗尔德（Rolde）；该省最终组建了1个独立的宗教会议。

不过，与所有加尔文宗教会一样，荷兰归正会最根本的机构还是宗教法院。在主要城镇，这些宗教法院（一种教会议会，kerkeraden）都是相当庞大的机构，它们经常会面，以管理共同体内的教会事务。教区会议是专属于讲道者的集会，但宗教法院则由在俗的长老统治，里面还包括在俗的执事；宗教法院与讲道者一样关注慈善工作。阿姆斯特丹的宗教法院于1578年开始集会，当时每两周一次；不过随后确定为每周一次，有重要事务时还有额外的会议。[27] 宗教法院密切地监督着会众的生活，当然还管理教会事务和讲道者的工作。城镇议事会与宗教法院之间没有直接、官方的联系，不过通常情况下，议事会的一名或多名成员同时也属于宗教法院。宗教法院在许多方面都是议事会在教会中的代理人。无论何时，城镇讲道者一旦对市民生活的某个方面不满，他们就会动员宗教法院给市长和议员施压。

这种三级结构——如果加上全国宗教会议就是四级——极好地适应了荷兰共和国这样的联邦架构。由于这一公共教会得到市议事会、各省和总三级会议的保护和推广，以及全部7个省份的支持，也唯有它有如此待遇，荷兰归正会在某种程度上可以说是国教。[28] 它与其他新教地区国教之间的主要区别在于，荷兰归正会无权强制民众去教堂，以及它在总三级会议、各省三级会议及其分会中缺乏代表。即便是在乌得勒支，第一等级的分会代表的也只是该省的5个"世俗化"宗教团体，而非公共教会。[29]

从一开始，公共教会与城镇议事会的关系就呈现出紧张的迹象，这在荷兰省尤为明显。是荷兰省和泽兰省的摄政官颠覆了旧教会，没收了它的财产，驱逐了它的教士，赶走了它的学校教师。正是这些摄政官批准掠夺教堂，将它们移交给新教会，尽管是出于民众的逼迫。但加尔文宗讲道者的宗教改革与摄政官的宗教改革之间存在鸿沟，这一点日后受到了格劳秀斯的强调。正如格劳秀斯所言，讲道者追随加尔文，而摄政官更偏爱伊拉斯谟的宗教改革。[30] 双方都憎恶"迷信"、教权腐败和神职人员滥用职权等现象，也都力求恢复个人的精神生活。但是，讲道者希望宗教和社会受到严密管理和严格的神学规范，希望它们受新教会统治；然而大多数摄政官（像沉默的威廉那样）则坚持一种温和、非教条的新教观念——他们赞同应当只有一个受保护的公共教会，但不认为社会和个人应当臣服于新教会的严厉控制。

到16世纪90年代，没几个摄政官还是公开的天主教教徒。但也只有一小部分是支持归正会的狂热的加尔文宗信徒。大多数摄政官是温和的新教徒，他们表面上皈依公共教会但并非狂热者，或者像奥尔登巴内费尔特那样只是名义上皈依。归正会讲道者认为公共教会应当对教育、出版、非公共教会成员和生活方式的问题拥有强大的影响力，但大多数摄政官并不愿给予教会如此大的权力。在某种程度上，摄政官也更宽容。他们并不赞同科恩赫特的观点——把宗教活动的自由扩展到天主教、路德宗和门诺派信徒身上。但他们也反对归正会讲道者的想法——采取强硬手段禁止再洗礼派、路德宗、犹太教、唯灵论和天主教信徒的私人集会。换言之，摄政官更倾向于默许天主教和其他异议教派的存在。这种原则方面的冲突还表现在对大起义的不同理解上。对加尔文宗信徒来说，它首先是一场宗教斗争，争取的是"真正的信仰"。对摄政官而言，它则是从压迫和暴政下争取自由的斗争。荷兰省三级会议在大起义最初几年发放的勋章展示了自由帽，赞颂为"自由"而战，但并没有宣扬归正会的胜利。莱顿的城镇议事会在大围城期间发行的紧急货币上刻着"为了自由"（*haec libertatis ergo*）和"为祖国而战"（*pugno pro patria*）。这些标语让讲道者蹙眉，在他们看来，"为了宗教"（*haec religionis ergo*）更合适。[31]

公共教会希望至少宗教会议和教区会议能掌握一定权力，以确保教会内部的教义纯洁，遏制教会成员内的神学异议。但在这一问题上，荷兰省摄政官也不愿意让步。早期的宗教会议曾宣布加尔文宗的《海德堡要理问答》（*Heidelberg catechism*）为教会的教义基础，并指派宗教法院负责任命和训练讲道者。但荷兰省三级会议和奥伦治亲王都不认可上述安排。1576年，荷兰省三级会议草拟了一份偏伊拉斯谟式的"教规"，将任免讲道者的大部分权力分给城镇议事会。随后，1581年在米德尔堡举行的全国宗教会议重申，根据1571年埃丹宗教会议的决议，在教义和人事任命的问题上，公共教会享有独立于市政当局的自治权。[32] 这一问题直到1585年仍未解决，那时莱斯特伯爵的到来使得荷兰省三级会议的权势暂时衰弱。莱斯特伯爵在海牙召集新一届全国宗教会议。会议制定了一份严格的加尔文宗"教规"，意图剥夺城镇议事会插手教会事务的权力，同时增强国家对公共教会的支持。荷兰省一些亲莱斯特伯爵的加尔文宗城镇——主要是阿姆斯特丹、多德雷赫特和恩克赫伊曾——接受了1586年的"教规"，但荷兰省的大多数城镇表示拒绝。莱斯特伯爵离开后，三级会议希望达成妥协，奥尔登巴内费尔特竭尽全力推动这一进程。但这只是激化了问题，因为无论是城镇一方，还是宗教法院一方，大都拒绝奥尔登巴内费尔特的解决方案。在教会问题上，荷兰省三级会议分裂成三大团体：加尔文宗城镇；反加尔文宗的伊拉斯谟主义团体——豪达、霍伦、代尔夫特和鹿特丹；支持议长的温和派，主要是哈勒姆和莱顿。[33]

1572年之后的数十年里，摄政官与宗教会议多次就不那么正统的公共教会讲道者的问题发生争执。其中最值得注意的案例有莱顿的卡斯帕·科尔哈斯（Caspar Coolhaes）、豪达的赫尔曼·赫尔贝特斯（Herman Herbertsz）和乌得勒支的许贝特·德伊夫赫伊斯（1531—1581年）。科尔哈斯是出生于德意志的修士，1566年在代芬特尔担任自由派新教讲道者，之后又在莱顿成为加尔文宗讲道者。1579年，他卷入了市议事会是否应当参与选举宗教法院长老这一问题的争论中。科尔哈斯采取的是坚定的伊拉斯谟立场。他对加尔文宗的教义——包括预定论——也有所保留，并且提倡与再洗礼派和路德宗友好对话。[34] 在许多归正会人士看来，更糟糕的在于科尔哈斯与科恩赫特交好，赞同后者反对教条神学、呼吁宽容的立场。莱顿的市议事会力图庇护他，但最终不得不在1581年舍弃他，因为那时米德尔堡的全国宗教会议正式谴责了科尔哈斯及其教义。

赫尔贝特斯是另一名经历类似的讲道者。1582年，他因非正统的观念遭到多德雷赫特撤职。在豪达，赫尔贝特斯背离《海德堡要理问答》的教义，否认预定论，而且像科尔哈斯一样，提倡与其他新教派别友好对话。[35] 南荷兰省的宗教会议努力争取罢免赫尔贝特斯，但豪达的市议事会（它的大部分成员认可赫尔贝特斯及其教义）坚持让他留任，担任领导牧师，一直到他于1607年去世。与此同时，乌得勒支加尔文宗的正统派与"自由派"之间的关系比莱顿和豪达之间更令人担心。许贝特·德伊夫赫伊斯是启发人心的讲道者、受人尊敬的地方要人，得到了市议事会的大力支持。之前他是带有新教化倾向的天主教教士，在唯灵论的影响下打造了一种自由、非教条的新教主义，并且反对加尔文宗神学。[36] 在政治方面，德伊夫赫伊斯支持奥伦治亲王的宽容政策和"宗教和平"政策。他在圣雅各布斯凯尔克（Sint Jacobskerk）的教团受到城市精英的庇护，但遭到加尔文宗行会和民兵的反对。随着莱斯特伯爵到来以及1586年加尔文宗信徒取得的对乌得勒支市议事会的胜利，德伊夫赫伊斯的教团被解散，他的精神遗产也遭查禁。[37] 然而，在"自由派"于1588年取得胜利之后，官方恢复了德伊夫赫伊斯的名声和影响。

摄政官与宗教法院之间的紧张对立并没有随着时间的流逝而显示出缓解的迹象。相反，随着认信运动的推进，随着越来越多普通民众受到讲道者的影响，加尔文宗信徒有了更多煽动民众对抗摄政官的机会。在这种情形下，有一个尤为重要的影响因素，那便是1585年之后南尼德兰新教流亡者的涌入。并不是这些移民挑起了宗教法院与摄政官之间，或加尔文宗正统派与不那么教条的新教派别之间的紧张对立，但这些移民确实激化了问题，因为他们增强了加尔文宗正统派的力量，同时还为这一基本上属于政治和神学领域的冲突，添加了社会维度的问题。加尔文宗正统派的教义由此成为那些对抗摄政官之人的意识形态，而这些人通常是行会成员、民兵或半文盲的工匠。

拒斥宽容

大起义开始时，摄政官曾宣扬宗教自由的原则。1572年7月于多德雷赫特召集的荷兰省三级会议决议，"宗教自由"将得到全面支持，没有谁的"礼拜自由"会遭受阻碍，无论他属于归正会还是罗马天主教。不过"宗教自由"很快就被丢到一边：1573年以后，摄政官之中，或者更广泛的荷兰社会中，没有几个人愿意支持这一原则。追求宽容的伟大斗士、唯灵论者和辩士迪尔克·福尔克特松·科恩赫特抗议这样的结果；他坚持，写入《乌得勒支同盟协定》的良心自由必然同时具备礼拜自由。[38] 但荷兰省三级会议并不认同，并于1579年斥责科恩赫特是"公共和平的破坏者"（rustverstoorder）。

摄政官对宗教自由的恐惧是可以理解的。很难预测假如宗教分裂并陷入混乱，政治和道德秩序要如何才能维持下去。人们普遍担忧，怀疑论、尼哥底母主义和自由主义将削弱秩序和道德。一些人追求替代性的思想"支柱"。科恩赫特与其对手——大学者于斯特斯·利普修斯都认为，当前迫切需要一种具有普适性，且建立在非宗教基础上的新道德。利普修斯竭力以罗马斯多葛哲学为基础，建构一种世俗的伦理。[39] 为了回应利普修斯的《论恒久》（*De Constantia*），科恩赫特创作了荷兰语小册子《伦理的技艺》（*Zedekunst*，1587年），提出了一种世俗化、非认信的《圣经》伦理。[40] 两人都将道德与宗教分离，将伦理描绘为一种社会政治问题，科恩赫特把它称作一种"技艺"。一旦一个人理解避免放纵无序的生活就是避免伤害和危险，这种"技艺"就能令他改善自己的生活。

在一个宗教分裂、渴望秩序的社会里，为加强道德和纪律提供"哲学"理由是切中要害的，但是不能否认，这种相关性范围有限。最终，正如数学家、佛兰德移民、莫里斯亲王的门徒西蒙·斯泰芬在小册子《城市生活》(*Het Burgherlick Leven*，1590年)中强调的，除了在行为上遵奉公共教会，并不存在替代选项。纪律对新生的共和国至关重要，但斯泰芬断然否认"哲学教义"是灌输纪律的可行方式。斯泰芬是代数学和几何学领域的天才，在宗教问题上则是精明的政客，将宗教视为社会秩序不可或缺的支柱。他承认大部分人并不信奉荷兰归正会的教义；即便如此，他也要求民众遵循教义。斯泰芬坚持认为，"哲学"理由对儿童或贩夫走卒来说毫无意义；因此，假如父母（即便他们本人并不信教）不能成功给子女灌输对教会的崇敬和"对上帝的敬畏"，那么道德以及与之相连的社会秩序，必然崩塌。[41] 他的著作叙述的是与怀疑论者和自由派的对话。他反对宗教自由。对于那些不信奉联省支持的教会，只坚信宗教真理的人，斯泰芬请求他们保持尼哥底母主义，而不是表达异议，因为在斯泰芬看来，异议只会分裂和削弱社会和国家。他劝导人们为了社会和国家的福祉，在表面上皈依他们可能并不信仰的教派。这一点上，他与利普修斯类似，后者也支持表面上皈依公共教会。斯泰芬建议，如果个人出于良心，不能皈依荷兰归正会，那么他应当迁往某个公共教会与他的信仰一致的地方。[42]

结果，即便是在哈勒姆、莱顿和豪达这类最为自由的城镇，科恩赫特的观念也无人支持。伊拉斯谟主义的摄政官和政客着实不能把宽容看作可行的选项。的确，一些城镇执行了更严厉的查禁天主教信仰和教育的政策。但即便是最自由的城镇，所有的天主教教堂、修道院和其他建筑也都已被查封，天主教的教育也遭到了强力打击。威廉·范阿森德尔夫特（Willem van Assendelft）在莱顿为天主教学生经营的小型学校和寄宿处在16世纪80年代如履薄冰地维持着，最终于1591年关闭。[43] 许多摄政官为科尔哈斯在米德尔堡的全国宗教会议上遭到谴责而不快，但事实证明，科恩赫特对宗教宽容的权威辩护——《良心自由公会》(Synod of Freedom of Conscience，1582年) 同样缺乏吸引力。

于是，"自由派"摄政官与他们的加尔文主义同僚一样，也与威斯特伐利亚著名的加尔文主义政治思想家约翰内斯·阿尔特胡修斯在《政治学》(Politics，1603年) 中表述的类似，[44] 他们赞同"良心自由"，但同时否认天主教教徒、持异议者和犹太人的礼拜自由。摄政官们还急于控制住公共教会内部的教义纷争。1591年，在与加尔文宗正统派第一次冲突后，时任阿姆斯特丹讲道者的雅各布斯·阿明尼乌（Jacobus Arminius）被传唤到市长跟前。针对他与佛兰德移民讲道者彼得鲁斯·普朗修斯（Petrus Plancius）的争执，参议者中有些是阿姆斯特丹最具自由精神的摄政官，包括科内利斯·彼得斯·霍夫特和劳伦斯·勒阿尔。他们并不赞赏普朗修斯的狂热，但更害怕争执引起令人不安的动荡。市长们希望这样的神学分歧"消弭于无形"，希望阿明尼乌与普朗修斯"如兄弟般和睦"，希望他们的争论不要传播到各自的会众中。[45]

即便是最提倡自由的摄政官也对路德宗的发展感到不安。摄政官并不想阻止路德宗移民到荷兰各座城镇定居,无论他们是来自安特卫普还是德意志。但是,摄政官们担忧,激烈的争执将削弱各城市抵抗天主教和西班牙的力量:1585年之前,安特卫普的加尔文宗与路德宗就曾被纷争分裂。于是,摄政官多年来始终不愿批准他们口中的"马丁派"成立组织。阿姆斯特丹和乌得勒支的路德宗信徒分别于1587年和1589年向摄政官请愿,要求"拥有一座教堂并享有传播教义的自由"。[46] 对此,摄政官掀起一场打压运动,阻碍路德宗的公共礼拜活动,只允许他们在私人场所小规模秘密集会。[47]

接下来的20年里,荷兰城镇的反路德宗运动是个普遍现象,这一现象的根源在于共和国内大部分人依然未认信,人们担心一旦官方放松管控,别的信仰就会得势。(门诺派面临的情况也差不多,公众对该派的敌意只是稍微轻一点点)16世纪末,路德宗在荷兰宗教中的发展比人们心中所料要快。来自安特卫普的路德宗流亡者已在北尼德兰的一些城镇建立了宗教社团。汉堡有一个人数众多的"荷兰"路德宗流亡者团体。[48] 据回忆,路德主义在1566年上艾瑟尔和海尔德兰的新教骚动中已经起到相当重要的作用。[49] 与此同时,路德宗与加尔文宗之间的仇恨正在德意志加剧,并且日益逼近荷兰。汉堡城在16世纪七八十年代对加尔文宗信徒极其不宽容。1591年,东弗里斯兰最后一个加尔文宗伯爵去世,继任者是狂热的路德宗伯爵埃查德二世。东弗里斯兰,尤其是埃姆登,爆发了加尔文宗与路德宗之间激烈的斗争,它不可避免地蔓延,进而加剧了阿姆斯特丹、格罗宁根、米德尔堡和乌得勒支城里归正会与路德宗之间的对立。[50]

路德宗被视为新秩序的威胁,或许确实如此。16世纪90年代,阿姆斯特丹市议事会一直迫害该城的路德宗信徒；1595年，该城公开颁布禁令，禁止路德宗崇拜，并威胁路德宗信徒，如果他们坚持秘密集会，将遭到驱逐。1597年，由于德意志路德宗王公的调解，阿姆斯特丹暂停了对路德宗的压迫，但随着汉堡开始放宽对待加尔文宗信仰的态度，压迫很快重启。1602年瘟疫暴发时，迫害行动又不断加码，当时的普朗修斯将煽动对路德宗的仇恨视为己任。直到1602年之后，阿姆斯特丹才转变方向，跟随汉堡接受加尔文宗与路德宗的共存。从那时起，阿姆斯特丹的路德宗宗教团体稳步发展，从1600年的76人，增至1617年的248人。[51] 但是，直到1600年，由于路德宗团体一直遭到官方的阻碍，规模较小，它丧失了原本说荷兰语的特征，变得越来越像说德语的移民聚集的"外来"圣会。

在乌得勒支，路德宗1589年请求宽容的请愿遭到与阿姆斯特丹同人类似的回应。在米德尔堡，路德宗信徒受到的待遇比阿姆斯特丹和乌得勒支的更严苛。[52] 1589年，米德尔堡禁止路德宗礼拜活动；路德宗团体勉强维持，但规模一直很小。哈勒姆和莱顿这些城市（1618年之前）多少比阿姆斯特丹自由，路德宗团体在这里稳固扎根。但即便在这些地方，路德宗信徒仍然受到压制，被限制发展。1596年，路德宗牧师在莱顿被驱逐，直到1606年才有一名新牧师获准保留。16世纪80年代在鹿特丹、海牙、多德雷赫特、豪达、兹沃勒和坎彭建立的路德宗团体全都陷入停滞，情况最好的团体也只是十分缓慢地扩大。联省唯一一个官方容许路德宗的地方是武尔登。荷兰省三级会议在1603年不情愿地让步，准许路德宗仪式在武尔登继续，不过前提是路德宗信徒必须避免与归正会的一切冲突，与归正会在不同时间进行礼拜，并且保持低调。如果路德宗信徒不谨言慎行，他们的特权就有被收回的危险。

1605年，路德宗的第一届宗教会议在阿姆斯特丹召集，出席的有来自米德尔堡、乌得勒支和一些荷兰省城镇的代表。此后，对路德宗的打压有所缓解。1613年，亲阿明尼乌的莱顿市议事会甚至批准路德宗建立一座"公共"教堂。[53] 哈勒姆市议事会——曾于1596年禁止路德宗信仰——在1615年准许路德宗信徒开办一座"公共"教堂。但是这些仅仅发生在抗辩派城镇，外加阿姆斯特丹。其他地方，甚至是一些荷兰省城镇，路德宗仍然遭到禁止。在多德雷赫特，路德宗信徒到1613年之前都只在私人场所定期集会；而他们1620年建立"公共"教堂的请愿也遭到了否决。1623年恩克赫伊曾的路德宗信徒在未获准许的情况下建了教堂，市议事会将之关闭。乌得勒支城到1618年之前都在抗辩派手中，但要到17世纪20年代，路德宗信徒才能建立像教会一样的组织。

再洗礼派同样不被官方宽容，特别是在共和国成立的最初40年里。1596年，门诺派讲道者彼得·范科伦（Pieter van Ceulen）与加尔文宗的约翰内斯·阿克罗尼厄斯（Johannes Acronius）进行了激烈的公开论战。尤为激烈的反门诺派运动接踵而至。1598年5月，弗里斯兰省三级会议发布公告，禁止全省的再洗礼派公共礼拜活动。1601年，格罗宁根城依样照搬。1599—1601年间，一系列措辞激烈的反门诺派告示出现在吕伐登、斯内克、格罗宁根和邻近城镇。[54] 在阿姆斯特丹，大批民众前去聆听"年轻弗里斯兰"门诺派讲道者吕贝特·赫里茨（Lubbert Gerritsz.）的讲道。1597年，该城议事会就如何应对这一现象发生分歧。为了确保在城内禁止门诺派信仰，归正会宗教法院向赫里茨发起公共辩论，要求他阐明他的神学。表面上，这是为了"真理和安宁"，[55] 真实目的则是掀起骚乱，迫使城镇议事会采取强硬手段。

犹太人的处境与其他异议者没什么不同。16世纪90年代末，一个小规模的葡萄牙犹太人团体在阿姆斯特丹扎根，而早在16世纪70年代，就有数个小型德意志犹太人团体开始到奥默兰的几个地方定居。但是，没有一个地方正式承认或批准犹太教信仰。1604年，一群来自阿姆斯特丹的葡萄牙犹太人向哈勒姆市议事会申请，请求获准建立一座"公共"犹太教堂。这些人早些年在威尼斯和萨洛尼卡（Salonika）过着犹太教徒的生活。他们请愿时的哈勒姆市议事会比阿姆斯特丹的更开明。请愿得到了批准，但建立教堂的计划仍然失败了，部分是由于归正会的反对。[56] 1610年，这群葡萄牙犹太人又在鹿特丹做了尝试。他们再次获准，圣会成功建立。然而几年之后，鹿特丹市议事会改变主意，居住在这儿的7个犹太家庭组成的团体返回阿姆斯特丹。住在阿姆斯特丹的这些葡萄牙犹太人1612年在议事会部分成员的支持下，试图建立一座犹太教堂，然而，归正会宗教法院对此反应过度，这令议事会决心必须禁止犹太人的这项行动（这倒让布鲁塞尔的西班牙教士松了一口气）。

天主教的复兴

天主教的成功复兴与认信进程在不同地区的表现大相径庭。17和18世纪的共和国内（不包括三级会议领地），各地对天主教的拥戴明显不均衡。这反映出地方政治形势在塑造认信进程中的决定性作用。认信的关键成形期是大起义之后的半个世纪，当时民众通过接受劝导和教理问答的方式慢慢摆脱了最初思想困惑的状态。乌得勒支、哈勒姆、霍伦*、阿尔克马尔、阿默斯福特以及（稍晚阶段）阿姆斯特丹和鹿特丹等后来拥有大批天主教少数派的城市，也是政治环境允许众多天主教神父自由生活和工作的地方。与此相反，天主教持续衰弱的地方则是神父难以定居和照管信众的地方。

福斯梅尔最初以代尔夫特和乌得勒支为基地，展开他作为宗座代牧（1583—1614年）的活动。[57] 荷兰省三级会议知道他与布鲁塞尔的联系后，于1602年下令以叛国罪逮捕他。福斯梅尔于是将总部转移到科隆。在接下来的年月里，乌得勒支和哈勒姆成了复兴荷兰天主教的主要中心。荷兰天主教传教团大约有70名活跃神父，1609年时有7人在哈勒姆。福斯梅尔的继任者菲利普·罗韦纽斯（Philip Rovenius，1574—1651年）最初在西班牙人控制的奥尔登扎尔主持工作。1621年，他第一次试图在共和国境内的乌得勒支发展，失败后返回奥尔登扎尔。在弗雷德里克·亨德里克执政时期（1625—1647年）较温和的宗教环境下，这位宗座代牧才最终在乌得勒支为荷兰天主教会建立起永久基地。（1627年，亨德里克勉强给予罗韦纽斯一个安全通行证）在乌得勒支，罗韦纽斯住在天主教贵妇人亨德里卡·范德伊芬福尔德（Hendrika van Duivenvoorde）家里。

十二年停战期是巩固荷兰传教团的关键时期，为传教士在共和国及周边地区的旅行和传教提供了便利。1613年，福斯梅尔在科隆建立了第一座学院，为荷兰传教团训练未来的神父，这就是圣威利

---

* 原文为Hoom，疑为Hoorn之误。后文第958页同。——编者注

布罗德与圣卜尼法斯学院。然而，1617年罗韦纽斯在鲁汶创立的第二座学院才在随后发展成了天主教的主要中心。受训者被鼓励强调圣威利布罗德在北尼德兰最初皈依基督教一事中的中心作用，以提醒那些他们争取令其改宗的人和那些自身天主教信仰需要加固的人，天主教是荷兰最初的基督教信仰，而且数个世纪以来都是他们祖先的信仰。[58]

罗韦纽斯是复兴的荷兰天主教会真正的组织者，他选择乌得勒支作为自己的座堂，因为该城具有中心地位且城内外有众多支持旧信仰的前摄政官和贵族。另一个原因是，乌得勒支自古以来便是北尼德兰教会的中心。富裕的天主教平信徒罕见地聚集在此，这意味着许多神父能安置在该城及其周边。1609年到17世纪30年代，从北部整体来看，荷兰天主教经历着成长的决定性阶段，荷兰天主教传教团的神父人数从17世纪头几年的70人，增长到1638年的482人。这一上限数值维持了数十年，随后在17世纪末和18世纪稍有下滑。[59] 1775年，传教团有420名神父。然而，并非所有传教团（并未扩展到荷属布拉班特和荷属佛兰德）神父都在荷兰领土上，有一定比例的神父在克莱沃-马克（此地天主教公共礼拜受到容许）、林根和其他邻近的也在传教团管辖范围内的德意志地区工作。此外，在荷兰领土上，神父的分布也一直极其不均衡，高度集中于乌得勒支。早在1616年，就有40名神父常驻该城，占联省神父总数的四分之一。[60] 1629年，有184名神父在荷兰各城镇拥有固定住所，其中四分之一（46人）依然常驻乌得勒支。（参见表20）一些城镇则仅有1名甚至完全没有神父。

原则上说，7个省份都坚持一样的宗教政策。荷兰归正会是公认的公共教会，得到世俗政权的保护和支持，天主教则遭到禁止。所有省份都同样禁止天主教礼拜。但事实上，各省以相异的严厉程度和不同的方式执行公告。与三级会议领地上的情况不同，在七省几乎所有的土地上，天主教教徒都是规模相对小的少数派。共和国领土上天主教教徒占多数或变为多数的少数几座城镇，要么是在1621年之前，也就是至少在认信进程关键的早期阶段重新落入西班牙人控制的城镇，要么是以西属尼德兰或明斯特采邑主教区为基地、天主教传教士能够进入的城镇。因此，17和18世纪，荷属布拉班特的主要城镇——布雷达、赫拉弗和斯海尔托亨博斯（1629年之后）在情感上都是坚定的天主教城市；天主教信仰在特文特、海尔德兰的东部边境地区和奈梅亨南部都很稳固。乌得勒支省也有异常多的天主教占主导地位的乡村。然而，除了特文特部分地区和乌得勒支乡村的部分地区，[61] 七省自己的边境之内，没什么大体上属于天主教的地区。当然，三级会议领地完全是另一种情形。（参见表21）

表20　1629年居住在荷兰各城市的天主教神父人数

（单位：人）

城　镇	神父人数	城　镇	神父人数	城　镇	神父人数
乌得勒支	46	鹿特丹	7	格罗宁根	4
阿姆斯特丹	30	阿尔克马尔	7	多德雷赫特	3
哈勒姆	20	阿默斯福特	6	兹沃勒	2
莱顿	8	海牙	5	阿纳姆	2
霍伦	8	代尔夫特	5	聚特芬	2

数据来源：*Archief aartsbisdom Utrecht*, i. 209 and xiii. 244, 254—255.

此外，虽然荷兰省和乌得勒支省的一些地区能够找到人数较多的天主教少数派，但共和国的某些地方天主教教徒消失殆尽。16世纪末，乃至17世纪前半叶，几乎没有神父能在泽兰以及南荷兰省岛屿立足，这些地方的天主教人口萎缩成了极少数。规模较大的城市米德尔堡在1622年约有3.5万居民；据天主教领导人1616年报告，这里有一个大约150人的天主教团体，不到总人数的0.5%。（参见表22）弗卢辛、费勒、济里克泽和托伦都几乎没有天主教教徒。1635年乌得勒支给罗马的报告称，当时并没有天主教神父居住在弗卢辛或费勒，"因为没几个天主教教徒"。[62] 仅胡斯及其周边地区天主教少数派人数稍多，因为来自布拉班特的天主教传教士进入这一地区要比进入泽兰大多数地方容易。

表21　1616—1656年荷兰省和乌得勒支省各城市的天主教人口

（单位：人）

	估算的1622年总人口	估算的天主教人口			
		1616年	1622年	1635年	1656年
阿姆斯特丹	105 000	—	—	14 000	30 000
莱顿	45 000	—	—	3 000	6 000
哈勒姆	39 500	—	4 800	6 000	6 800
乌得勒支	25 000	—	4 000	9 000	10 000
代尔夫特	23 000	—	1 000	4 000	5 500
恩克赫伊曾	21 000	—	500	1 300	800
鹿特丹	20 000	400	1 000	3 000	6 500
豪达	14 500	2 000	3 000	3 000	6 000
多德雷赫特	18 000	600	600	1 200	—

数据来源：*Archief aartsbisdom Utrecht*, xvii, 459—468; xviii, 5—16, 31—32; and xx. 372—377; De Kok, *Nederland op de breuklijn*, 145—146, 194—195; Spaans, *Haarlem*, 299.

荷兰省和乌得勒支省的摄政官总体来说要比其他省份的更宽容，荷兰省大城镇以及乌得勒支城和阿默斯福特的趋势是天主教人口在稳定增长。[63] 但是也有许多荷兰省城镇在1618年前后都在执行不宽容政策，进而制造了相反的趋势——天主教人口不断缩水。它们大多是小城镇，如奥德瓦特、斯洪霍芬、埃丹和布里尔，但像恩克赫伊曾这样的大城市也存在一些人口上的波动。整体而言，在荷兰省和乌得勒支省之外，更为典型的是这种走向停滞（或衰落）的趋势。

决定天主教前景的关键因素在于，神父能否常驻在某地，或是否拥有进入某地的便利条件。[64] 在上述条件难以或不可能实现的地方，天主教支持力量通常毫无例外地难以为继并迅速消退。以格罗宁根城为例。1594年之前，这里曾是国王事业和天主教忠诚在北尼德兰的主要堡垒，是从北部各省逃亡而来的流亡教士的避风港，但即便如此，该城的天主教也在新市议事会严厉的不宽容政策下陡然衰落。新市议事会竭力阻止天主教教徒集会，也以同样的方式对待门诺派和路德宗信徒。该城在1601年的公告中禁止再洗礼派的礼拜，同时规定将监禁和流放天主教神父，并对参与天主教礼拜的平信徒处以罚金。17世纪早期，格罗宁根的神父不断受到骚扰，迟至1629年只有4名神父驻扎在该城。[65] 甚至很久以后，议事会也仅仅容许少量天主教神父留在城墙内。结果，与乌得勒支城和荷兰省主要城镇不同，格罗宁根城的天主教人口锐减。

表22　1616—1656年荷兰省与乌得勒支省之外的城镇的天主教人口

（单位：人）

	估算的1622年总人口	估算的天主教人口			
		1616年	1622年	1635年	1656年
米德尔堡	35 000	150	150	300	300
格罗宁根	25 000	—	8 000	4 000	2 000
代芬特尔	7 000	—	400	1 200	600
坎彭	7 000	—	800	400	500
阿纳姆	—	—	400	800	—
聚特芬	6 000	—	200	800	400
哈尔德韦克	—	—	—	1 200	680
斯滕韦克	—	—	—	200	—

数据来源：*Archief aartsbisdom Utrecht*, xi. 375, 204—211; xviii. 11; and xx. 377; Spiertz, 'Kerkeraad van Zutphen', 190.

　　乌得勒支城和阿默斯福特在17世纪早期和中期拥有大规模的天主教少数派，其人数多达总人口的三分之一，乃至更多。但这样的城市绝不是典型。大多数城镇和城市的天主教人口不到总人口的10%；即便天主教团体仅构成总人口的15%，如1620年前后的哈勒姆，也必须被视为反常得多。[66] 哈勒姆特别的原因在于：它在1573—1577年间重归西班牙统治，这些年是该城天主教重建的关键时期；更重要的是，与乌得勒支和阿姆斯特丹类似，该城拥有势力稳固的杰出市民团体，他们是选择保留旧信仰的前摄政官。[67]

　　正如罗韦纽斯指出，决定17世纪早期宗教竞争结果的一个最为重要的因素是各种神学-政治派别分裂的影响。1609年之前，这种冲突让城镇议事会日益分裂。[68] 16世纪末以"自由"倾向著称的城镇允许天主教神父比较自由地居住和传教。1609年之后，在三级会议与教会日益激化的冲突中，支持阿明尼乌派的也是这些城镇。站在阿明尼乌派一方，意味着倾向宽容的政策。由此，乌得勒支（1588年以来）、莱顿、哈勒姆、鹿特丹、霍伦、阿尔克马尔和豪达这些16世纪晚期典型的"自由派"城镇到1609年之后成了抗辩派的支持者；[69] 与它们的对手相比，这些城镇对天主教教徒和其他宗教少数派要明显宽容得多。结果，这些城镇拥有人数众多的天主教神父团体，天主教教徒数量稳步增长。豪达是最坚定的抗辩派城镇之一。16世纪80年代，豪达的天主教人口仅500人，远不到城市总人口的10%；到1622年，该城的天主教人数增长到3 000人左右，超过城市总人口的20%。[70]

相较而言，"戈马尔派"（Gomarists）统治的城市对天主教神父不那么友好，它们破坏天主教的活动，城里的天主教人口也少得多。"戈马尔派"是天主教领袖对反对奥尔登巴内费尔特和阿明尼乌派的市议事会的称呼。在荷兰省，戈马尔派城镇包括多德雷赫特、恩克赫伊曾、埃丹和阿姆斯特丹（1622年之前）。[71] 阿姆斯特丹在某种程度上是个特例，该城如此之大，又拥有数量众多的天主教少数派。正如天主教1617年的一份报告所述，"虽然阿姆斯特丹的天主教教徒并不（像哈勒姆天主教教徒）一样享有那么多的自由，但他们人数众多"。[72] 不过，从人口比例看，在17世纪头25年，即该城由"戈马尔派"统治的时期，阿姆斯特丹的天主教教徒要比哈勒姆、莱顿、阿尔克马尔或豪达的少得多。直到阿姆斯特丹的反抗辩派政权倒台之后，该城的天主教人口才上升到10%，要到17世纪中叶，这个数字才涨到15%。[73] 多德雷赫特是座坚定的"戈马尔派"城镇，天主教人口极少。天主教领袖1617年的报告估计，这里的天主教教徒大约有600人，约占城市总人口的4%。[74]

荷兰省城镇中的天主教少数派并没有人们通常设想的那样庞大。在17世纪的头几十年里，占比高达15%的天主教人口是例外而非常规。不过，荷兰省和乌得勒支省的天主教势力要比联省其他大部分地区的强劲得多，乡村和城镇的情况都是如此。[75] 荷兰省和乌得勒支省是1609—1618年间抗辩派方兴未艾的两个省。16世纪80年代以来，这里盛行的就是对天主教传教的自由政策。天主教的复兴也大体局限在这两省。就天主教与新教的势力平衡而言，乌得勒支省与其他内陆省份截然不同。在荷兰省和乌得勒支省之外，我们能找到的唯一一个在1591年后没再落入西班牙控制却存在天主教强势复兴的地方，就是奈梅亨地区。奈梅亨也是荷兰省和乌得勒支省之外唯一一个在1618年之前强烈支持抗辩派的地方，这并非巧合。

的确，在东部省份和弗里斯兰仍有许多依然信奉天主教的贵族和前摄政官。在荷兰省，仍信奉天主教的贵族，如瓦瑟纳尔历任领主，常常准许神父寄宿在自己的宅邸中。1621年之后，罗恩（Rhoon）历任领主让一位耶稣会士永久地将基地设在他们的城堡中。其他省份的贵族行为相似。在弗里斯兰游历的天主教神父会留宿在各个贵族家庭天主教支系的宅邸中，如卡明哈家族、德克马（Dekema）家族、赫勒马（Herema）家族、西卡马（Siccama）家族、塔德马（Tadema）家族、埃尔法家族、布尔曼尼亚家族和斯海尔特马（Scheltema）家族。[76] 但在其他内陆省份，正如罗韦纽斯在给罗马的报告中强调的，这些优势基本上都被各省政府严厉的反天主教政策抵消了。领导各省政府的是代理三级会议，天主教贵族在其中毫无影响力，控制它们的都是坚定的加尔文宗贵族。相比荷兰省和乌得勒支省，东部省份（不包括最东部的边境）距离西班牙控制的地区或明斯特采邑主教区更近，但天主教神父要在这里生活和工作却更难。

按照天主教发言人的说法，1620年前后，弗里斯兰和泽兰对天主教的迫害最为猛烈。1616年的一份报告哀叹"弗里斯兰的情况相当悲惨"。[77] 而从天主教的视角看，上艾瑟尔和海尔德兰也没有好多少，格罗宁根可能更糟。驻扎在格罗宁根、上艾瑟尔（不算特文特区）和海尔德兰的天主教神父人数可能比居住在弗里斯兰的（19人）更少。这并不是说新教在16世纪末和17世纪初已经在弗里斯兰和内陆省份稳固扎根。相反，这里的情况比荷兰省和乌得勒支省更不稳定。耶稣会1616年的报告将弗里斯兰的民众分成4个团体：加尔文宗、门诺派、天主教和政客（自由派）——最后一类绝不是最小众。天主教的机会就系于此。但天主教传教士发现由于省当局，尤其是乡村地区格里特曼（治安法官）的敌意，要展开工作很难。弗里斯兰城镇的天主教人口有所增长。吕伐登、多克姆和哈灵根都有为数众多的天主教少数派。多克姆的抗辩派与天主教同样强大。[78] 整体而言，弗里斯兰的天主教人口先是在17世纪40年代增长到该省人口的10%，随后开始缓慢下滑。[79]

在上艾瑟尔的萨兰区和福伦霍弗区，以及德伦特，天主教的支持者减少得更多。1638年的一份报告称，福伦霍弗的乡村地区几乎没有天主教教徒，该区仅存的天主教团体在斯滕韦克，那里约有200名天主教教徒。[80] 天主教在上艾瑟尔的三大城镇拥有较多支持者；然而在1618年，坎彭迎来了联省最不宽容的反抗辩派政权之一，于是到1635年，这里再没有神父，天主教团体的人数锐减到仅400人。[81] 1618年后，在罗韦纽斯的出生地代芬特尔，宗教政策没有坎彭严厉，但天主教的支持者同样少得可怜。上艾瑟尔的主要城镇中，仅兹沃勒有人数较多的天主教少数派。

在海尔德兰大部分地区，包括阿纳姆区、聚特芬区的大部分和瓦尔河以北的奈梅亨区，形势与上艾瑟尔的萨兰区和福伦霍弗区以及德伦特、格罗宁根类似：天主教信仰在民众中没什么恢复的迹象，天主教人口锐减，仅占总人口的极少数。1650年前后，聚特芬城的天主教教徒据估计有400人。[82] 罗韦纽斯及其同人十分清楚海尔德兰的天主教支持者很少，也明白其中缘由。"神父稀少，"1622年的报告解释道，"因为这里居民激进，迫害严酷。"[83]

到1630年前后，东部的城市和乡村政府都开始恐惧路德宗崇拜，就像恐惧天主教崇拜一样。当局明白，大多数平民百姓还没认信任一教派，既容易被引入归正会，也容易被引入复兴的天主教或路德宗。当1591年莫里斯从西班牙人手中重夺聚特芬时，所有天主教的教堂和财产都被没收，加尔文宗信仰被宣布为唯一获准的宗教。除此之外，天主教神父被驱逐出该地，新上任的激进加尔文宗市议事会关闭了该城绝大多数学校，只留下拉丁语学校和一所大型"荷兰语"学校，以防非加尔文宗教派通过教理问答的方式向儿童传教。[84] 一直到17世纪40年代，议事会都坚持解散天主教的秘密集会，对他们逮捕的神父施以监禁和罚款。[85]

然而，正如上艾瑟尔的特文特区，在更往东的地方，截然不同的形势占据上风。这片地区在今天被称为海尔德兰的阿赫特胡克（Achterhoek，意为后角），当时则是聚特芬伯爵领地的东部。这一边境地区的要塞城镇——格罗、博屈洛、利赫滕福德和布雷德福特紧邻明斯特采邑主教区，它们更容易通过陆路与南边和东边的博霍尔特和明斯特联络，而不是西边的阿纳姆和聚特芬。事实上，这些地区并不在荷兰传教团负责的"海尔德兰"的范围内；在教宗看来，它们依然属于明斯特采邑主教区。[86] 这些边境地区的宗教特性与人们在西部地区看到的截然不同；事实证明，在塑造这些特性的过程中，两个因素起到了决定性作用：一个是，迟至17世纪20年代末，西班牙在阿赫特胡克和特文特都有强大的驻军；另一个是，毗邻的威斯特伐利亚地区政治管辖权交错混乱，展现着三大信仰——天主教、加尔文宗和路德宗角逐的景象。

管辖权的交错混乱不仅存在于德意志一边，也存在于荷兰一边。荷兰一边有诸多飞地，它们部分或完全位于哈布斯堡尼德兰之外，自西班牙政权崩溃以来，这些飞地的地位就备受争议。[87] 查理五世曾承认，占阿赫特胡克很大一部分的格罗和利赫滕福德是明斯特采邑主教区的一部分，归神圣罗马帝国。至于邻近的伯爵领地，包括林堡-斯蒂伦伯爵领地、范登贝赫伯爵领地以及夹在海尔德兰与明斯特采邑主教区之间的布龙克霍斯特-巴滕堡伯爵领地，虽然人们通常并不清楚它们是否在帝国内享有独立地位，但它们无疑保留了一定程度的司法自治权。

远在1572年荷兰大起义爆发前，这些地区就是宗教战争的竞技场。与东弗里斯兰和奥斯纳布吕克类似，早在16世纪30年代，新教就在明斯特采邑主教区的多数城市居民中占据优势地位。本特海姆伯国位于特文特与采邑主教区之间（参见地图11），其伯爵阿诺尔德二世（Arnold II）在1533年皈依路德宗，于是本特海姆以及伯爵更南边的领地施泰因富特（位于采邑主教区之中的飞地）都在1544年正式尊奉路德宗。[88] 与此同时，16世纪60年代，海尔德兰的领头贵族也一一直处在新教风潮的最前线,虽然他们常常在路德宗与加尔文宗之间犹豫。约斯特·范布龙克霍斯特-博屈洛(Joost van Bronckhorst-Borculo)伯爵作为采邑主教的封臣享有博屈洛,他在1550年改宗路德宗——路德宗在博屈洛和利赫滕福德一直盛行到16世纪80年代。

对德意志整个西北部和低地国家而言,16世纪80年代是宗教史上的一个重要转折点。一方面,天主教取得科隆战争(1538—1588年)的胜利,来自维特尔斯巴赫(Wittelsbach)家族的新科隆大主教兼选帝侯——巴伐利亚的恩斯特(Ernst of Bavaria)于1585年当选明斯特采邑主教,这大大增强了整个威斯特伐利亚和北莱茵地区天主教王公贵族的政治和军事地位。同时,帕尔马公爵在佛兰德和布拉班特取得胜利,成功收复奈梅亨、聚特芬和代芬特尔,并与格罗宁根建立联系。这在尼德兰和威斯特伐利亚制造了双重动力,也标志着欧洲这一片地区反宗教改革运动的开端。海尔德兰的爵位贵族,以及威斯特伐利亚的众多小王公如今夹在西班牙人和采邑主教的势力范围之间,他们毫不迟疑地抛弃新教,支持天主教。林堡-斯蒂伦伯爵、范登贝赫伯爵和布龙克霍斯特-巴滕堡伯爵这时全都回归旧教会。置身德意志境内且力图反抗上述趋势的领主往往摒弃路德宗,改信加尔文宗,因为荷兰的反叛者如今是他们最有可能获得的支持力量。于是在1588年,本特海姆和施泰因富特的伯爵阿诺尔德四世(Arnold IV)将加尔文宗信仰与荷兰军队,一同引入自己的领地。[89]

荷兰在16世纪90年代取得的成功带来了新的难题。范登贝赫家族在北布拉班特和鲁尔蒙德区,以及斯海伦贝赫附近,都有领地。他们直至1632年仍然忠于西班牙,亨德里克·范登贝赫伯爵成了斯皮诺拉的副指挥官,是佛兰德军队中地位最高的尼德兰人。[90]但是,由于选择站在西班牙和天主教一方,范登贝赫家族丧失了他们位于斯海伦贝赫的祖宅——贝赫庄园,以及他们在聚特芬区的领地。相比之下,约斯特·范林堡-斯蒂伦(Joost van Limburg-Stirum,1560—1621年)伯爵则先是皈依路德宗,后于16世纪80年代改宗天主教,于16世纪90年代宣布自己中立,在1604年入职总三级会议,最终又宣布自己回归路德宗。林堡-斯蒂伦伯爵第二次改宗路德宗具有相当重要的政治意义。当时正值十二年停战期内,他宣布自己拥有对博屈洛-利赫滕福德的权利。而西班牙人(最初是在16世纪80年代,而后又在1605年斯皮诺拉入侵时)已将这一地区归还明斯特采邑主教(参见地图4),以支持该地的反宗教改革运动。林堡-斯蒂伦伯爵将自己的要求呈交海尔德兰省三级会议。可以预见的是,省三级会议会认为博屈洛-利赫滕福德属于海尔德兰而不是明斯特。[91]在荷兰省和总三级会议的支持下,海尔德兰省三级会议无视明斯特、西班牙和大公夫妇的意见,做出了有利于林堡-斯蒂伦伯爵的判决。1616年,总三级会议军队进入博屈洛-利赫滕福德,驱逐当地的明斯特派。加尔文宗于是也开始发展。不过,尽管路德宗已衰落,博屈洛本身最终也变成了加尔文宗占主导,但是此时,格罗、利赫滕福德和其他飞地上的反宗教改革运动已经根深蒂固,它们依然以天主教为主。阿赫特胡克因此成了各种教派的拼盘,城与城、村与村的信仰各不相同,激进的天主教飞地被加尔文宗地区环绕。

如果说在海尔德兰、上艾瑟尔、德伦特和格罗宁根这些省份的大部分地区,天主教传教士遭到严重阻碍,那么荷属布拉班特的情况则截然相反。1603年,当莫里斯重夺赫拉弗时,他所进入的这座城镇已被天主教重新占据，这是16世纪八九十年代西班牙统治时期反宗教改革的成果。与其他总三级会议领地的情况类似，赫拉弗的天主教遭到查禁，直到1633年，这里都没有常驻神父，就连非正式的也没有。[92]但事实证明，要阻止该城市民望弥撒绝无可能，他们会穿过边境到附近的拉芬斯泰因独立领地去礼拜。布雷达的情况类似，该城天主教占主导的特性大体源于16世纪80年代西班牙统治下的反宗教改革运动；此外，在1590年莫里斯重夺该城后，布雷达与附近的西属布拉班特村庄变得易于接触，大公夫妇则鼓励在这些村庄开展强势的传教活动。[92]1609年，总三级会议军队试图制止布雷达市民穿越边境去礼拜，但十二年停战期间，荷兰一方不得再如此行事。1615年，附近西属布拉班特乡村普林森哈赫（Prinsenhage）的一位神父宣称，他曾为至少1 200名布雷达天主教教徒主持复活节圣餐仪式。（1629年之前）北布拉班特反宗教改革运动的主要基地仍是西班牙要塞斯海尔托亨博斯，大公夫妇不仅在这里驻扎了规模相当巨大的守军，而且安置了众多传教士，为再次强行灌输天主教教义和推行天主教教育投下重金。

1580—1620年，荷属布拉班特成了坚定的天主教地区，然而，它并不属于荷兰传教团的管辖领域，教宗（出于对西班牙国王的尊重）将它留在斯海尔托亨博斯主教和安特卫普主教的掌控中。[93]不过，如果说荷属布拉班特成了坚定的天主教地区，那么在1609年之前依然由总三级会议掌控或重回总三级会议掌控的佛兰德地区，情况则截然不同。这一地区大部分变成加尔文宗占优势。因为，尽管西班牙曾暂时夺回斯勒伊斯，但这一地区的一些地方自始至终都在三级会议的手上；更重要的是，荷属佛兰德的地理条件决定其大多地区接触不到在附近的布鲁日和根特展开活动的传教士。卡德赞德*以及斯海尔德河口南岸、帕萨约勒运河（Passageule canal）以北的地区，实际上处在反宗教改革运动的影响范围之外，在经济上和文化上更多与泽兰保持着密切的联系，而非与佛兰德。[94] 同样是天主教难以触及且主要呈现新教特性的，还有要塞城镇斯勒伊斯和阿尔登堡，以及它们的周边地区。1604年奥斯坦德落入斯皮诺拉之手后，许多被驱逐的新教流亡者正是在这些地区落脚。阿尔登堡还容纳了一群再洗礼派。布鲁日主教1628年给罗马的报告称，将天主教仪式引入斯勒伊斯及其周边地区是没什么希望的。[95] 不过，虽然运河以北的村庄全都皈依加尔文宗，天主教神父倒是进入了斯勒伊斯以东的地区，将这里的村庄成功天主教化。

1625—1650年，在整个低地国家和威斯特伐利亚展开的认信运动已经推进得足够充分，城市和乡村民众中的教派分界因而得以稳定。宗教冲突得以在1630年前后开始缓和——荷兰省尤其如此——这无疑是最重要的原因。1650年之后，即便是格罗宁根、坎彭和聚特芬这类极不宽容的城镇，也开始放弃对天主教传教士、秘密集会和学校的频繁骚扰。反宗教改革运动或路德宗如果还想发挥一丁点儿重要作用也已经来不及了。最终，荷兰各省份和各城市的政府将先前的焦虑抛诸脑后，在对待持异议的教派时更为宽容。这也是荷兰天主教的一个显著特征：教派之间的边界在1630年前后一确定——天主教官方恰恰在这时宣布新教在安特卫普行将消亡[96]——就变得十分坚固，并在此后展现出强大的生命力。1630年之后，低地国家任何地方的教派地图都没什么变化。实际上，1629年，荷兰传教团近四分之三的神父都集

---

* 原文为Cadzant，疑误，按Cadzand译。——编者注

中在荷兰省和乌得勒支省——如果不考虑特文特、克莱沃和林根。不过，如果将天主教神父在1629年的分布数据与1701年做比较（参见表23），我们将发现神父集中在荷兰省和乌得勒支省的现象变得更明显了，彼时，占总数——同样不算特文特、克莱沃和林根——四分之三以上的天主教神父驻扎在这两省。

表23　1629年和1701年各省和各区天主教常驻堂区神父人数（括号中为粗估数值）

（单位：人）

	神父人数	
	1629年	1701年
联　省		
荷兰	（100）	163
乌得勒支	（50）	57
弗里斯兰	19	31
特文特	25	15
海尔德兰（博屈洛-格罗除外）	（10）	17
上艾瑟尔（特文特除外）	（10）	16
格罗宁根	4	12
泽兰	4	5
德伦特	0	0
由荷兰天主教会管辖的德意志边境地区		
克莱沃公国	20	22
林根伯国	20	14

数据来源：*Archief aartsbisdom Utrecht*, xiii. 254 and xix. 2—5.

认信运动与国家

从16世纪末开始，荷兰省和乌得勒支省主要城镇的天主教人口有了可观的增长。其他大部分宗教团体，包括路德宗和犹太教，也有所扩充（再洗礼派是个例外）。不过发展最快的宗教团体，也是唯一一个在每个地方——每个省、城镇和乡村、大城和小城——都稳定发展的宗教团体，是归正会。原因显而易见：归正会享有世俗政权的支持——从总三级会议到省、城镇和乡村当局。天主教、路德宗、门诺派和犹太教（以及1619年建立独立教会的抗辩派），都不能获取公共资金和赞助，也没有能够容纳大规模人群聚集的大型建筑，无法接触大批受众。这些教派的传教士们必须在传教时保持低调，只能经营小规模、不引人关注的学校，印刷品只有祷告文。他们不得批判公共教会，不得驳斥其神学理论，公共教会却有权攻击他们。这些教派只有人数有限的传教士，只能在私人宅邸中小规模集会，这必然限制了它们接触民众的机会。这种现象在1641年的莱顿十分明显。当时莱顿人口多达5万，其中天主教教徒有3 500多人，约占该城人口的7%，[97]而该城归正会人数多达天主教教徒的5倍。几乎所有归正会会众每周日都在该城两大教堂——圣彼得大教堂和高地（Hooglandse）教堂集会；而人数少得多的天主教信众则被迫分散在30所不同的房子里集会，这对有限的传教士来说十分费劲。[98] 在17世纪末的阿姆斯特丹，天主教教徒的礼拜分散在80多所房子里进行。[99]

现代早期，对教会的忠心和教派竞争常常与政治生活和国家事务难分难解地纠缠在一起。宗教在社会、文化和教育领域发挥着十分强大的作用，甚至任何政治或意识形态团体事实上都不可能远离宗教冲突。黄金时代的荷兰政治派系以各种各样的方式，与各种教派分支、神学思潮联系在一起；无论是荷兰，还是当时的任何社会，都不可能是别的情况。

对旧教会的忠心确实有政治意涵，而且这不止延续到八十年战争结束的1648年。17世纪荷兰天主教会的领袖及其支持者主要来自荷兰贵族和前摄政官阶层，而不是来自南尼德兰或别处。萨斯鲍特·福斯梅尔的外祖父是代尔夫特市长，罗韦纽斯的背景与之相似，不过他来自代芬特尔。他们的阶层丧失了权力和势力，但并未失去财富和雄心。只有西班牙国王击败叛乱者，他们的权势才能失而复得。此外，他们的支持力量和财政资助都来自联省的敌人和对手——西属尼德兰和明斯特。因此，荷兰天主教会的态度和祷告文反对且必须反对共和国及其政治领袖。罗韦纽斯以西班牙国王之名授予荷兰天主教传教团神父圣职，将荷兰当局称为"异端、叛徒和非法政权"。[100] 原则上，在天主教看来，共和国缺乏正当性。[101]

在北布拉班特和东部边境附近还有一个趋势：这里的天主教权贵，与西班牙守军指挥官以及跟北部有关系的主要保王派贵族联络，甚至常常与这些人策划阴谋。北方最为重要的保王派贵族就是亨德里克·范登贝赫伯爵，他是西班牙控制下的海尔德兰和特文特的王室执政，任期从1605年一直持续到17世纪20年代末荷兰重夺这些地区为止。[102] 然而，共和国核心地带的情况有所不同。对于乌得勒支、哈勒姆、鹿特丹或阿姆斯特丹富裕的天主教前摄政官而言，阴谋反抗"反叛"政权毫无意义——他们会损失惨重；达成"妥协"，才更符合他们自己及其教会的利益。[103] 福斯梅尔和罗韦纽斯都刻意避免煽动反抗起义政权的情绪。摄政官一方则报以袒护天主教的自行裁量：他们缓和了镇压政策；如果认为某些神父的观点可以接受，摄政官就对他们的存在和活动睁一只眼闭一只眼。一次，两名代尔夫特市长在武装民兵的陪同下，驱散了一场天主教集会，却发现他们逮捕了福斯梅尔本人。两名市长交换了一下眼色，便把他放了。[104]

荷兰内部政治中更紧要的冲突，存在于归正会宗教会议的支持者与伊拉斯谟式的自由派摄政官、贵族之间。前者在政治和文化领域抱有广泛的雄心，后者则希望限制公共教会的势力。在荷兰省和乌得勒支省，这两股敌对的传统潮流出现于16世纪七八十年代，在莱斯特伯爵统治时期激烈交锋。支持教会正统加尔文主义的摄政官和贵族也拥护不宽容政策，该政策针对天主教、再洗礼派、路德宗、犹太教信徒，也针对公共教会中的非正统派。相比对手，他们更愿意允许教会广泛地掌控教育和文化事务。与之不同，"自由派"摄政官不仅希望限制教会的权力、支持对教外人士实行宽容政策，还希望在神学方面更灵活，让不同观点在教会中共存。[105]

荷兰各省的生活与政治中由此出现了"党派"。一方面，这些"党派"建立在庇护网络和家族势力之上，这使得它们（部分）带有裙带关系的特征，为势力和官职而争斗；另一方面，"党派"也代表着各个意识形态和神学思潮，在宗教、教育、文化和生活方式方面有相互冲突的观点。事实证明，派系和裙带关系的特征与政治意识形态和神学之间的联系是荷兰一个持久的、根本性的特征，它不仅存在于黄金时代，还贯穿了整个共和国历史。

派系与意识形态相互作用的一个典型表现就是，荷兰历史的每个片段都由不同派系做出相互矛盾的解释，它们具有意识形态上的意义。一个鲜明例证就是对反西班牙大起义的性质的争论。历史上的政治领导人物，如沉默的威廉或莱斯特伯爵，由此一直备受争议，包括伊拉斯谟在内的诸多神学家和学者也是如此。许多有影响力的人物怀念伊拉斯谟，敬重他灵活、非教条的基督教观点。但也正是伊拉斯谟的这一特征遭到了普朗修斯和戈马尔等严厉的加尔文主义者斥责。正因如此，伊拉斯谟不仅一直是荷兰文化中的重要力量，而且成了该国一个主要派系的"徽章"和另一个派系的靶子。1549年，鹿特丹立起一座木制的伊拉斯谟雕像。1572年腓力二世到访该城时，雕像被西班牙人砸毁，扔进运河。随后取而代之的是一座石制雕像，这是欧洲竖立的最早的非王室、非神话、非圣徒的人物雕像之一。1616年，正值该城阿明尼乌派（和格劳秀斯）的全盛时期，议事会判定，考虑到其重大意义，这座雕像还不够大。于是议事会委托另一个来自阿姆斯特丹的建筑师兼雕塑家亨德里克·德凯泽（Hendrik de Keyser）打造一座新的，花费了数千荷兰盾。[106] 但是在德凯泽的伊拉斯谟铜像完工前，阿明尼乌派就被推翻了，严厉的加尔文主义党派反抗辩派控制了鹿特丹。新摄政官不希望将铜像立在公共场所，于是把它藏到了人们看不到的地方。然而，1622年亲阿明尼乌派的集团重夺鹿特丹，新市政议事会又把它取了出来，立在城内的主要市场上。这令归正会宗教法院非常不满，他们抗议道，伊拉斯谟是"阿明尼乌派观点的支持者"，他冒犯了正统的加尔文宗。[107]

争议最多的是雅各布斯·阿明尼乌的自由派加尔文宗神学。1603年，阿明尼乌在莱顿获得神学教职后不久，他与同事、严厉的加尔文主义者、佛兰德流亡者弗朗西斯库斯·戈马尔（Franciscus Gomarus，1563—1641年）之间就出现了深刻的分歧。甚至在此前，阿明尼乌的任命就在正统派地区引起争议。不过归正会的重要自由派讲道者约翰内斯·厄伊滕博哈特（Johannes Uyttenbogaert，1557—1644年）在海牙竭力主张任命阿明尼乌，奥尔登巴内费尔特也积极推动该事项。阿明尼乌在公开讲课时小心谨慎，但私底下向学生袒露了他对加尔文主义预定论的质疑。一开始，戈马尔和阿明尼乌都努力将他们的分歧限制在自己熟识的圈子中。然而，教会和公众对相关问题的极端敏感将分歧公开化了。到1605年，双方的冲突不仅在莱顿的神学学生中引发了激烈争议，还在该城的佛兰德织工中引发了争执。[108]

戈马尔坚持正统的加尔文主义教义"堕落前预定论"（又称"绝对预定论"）。根据这一理论，信仰是预定的"结果"，个人预先就不可更改地被裁定最终将得救还是沉沦。最后的审判被设想为永恒的过程，而不是一个事件。阿明尼乌彻底地修改了这一理论，以截然不同的方式定义"恩典"，主张个人在信仰问题上保留有选择权。阿明尼乌神学的核心在于，他认为不应当设想是上帝创造出了人类的逾矩行为，同时也不应当完全否认个人的自由意志。[109]

阿明尼乌与戈马尔发生摩擦之后不久，就出现了广泛的神学冲突。这场冲突不仅遍及整个联省以及邻近德意志地区的归正会，还侵入荷兰内政。因为到1605年，奥尔登巴内费尔特、厄伊滕博哈特以及两人盟友已经认定，要处理威胁着公共教会团结的纷争，最好的办法就是修改信纲和教理问答，这样教会的神学基础将变得更灵活、更有包容性。他们想要召集全国宗教会议来解决上述问题，进而安抚民众情绪。

然而，不管是荷兰省还是其他省份，归正会的大部分牧师反对修改信纲和教理问答；南荷兰省的宗教会议要求，在全国宗教会议召开前，其辖区内的牧师和莱顿的神学教授应当遵从现存信纲。[110] 1606年

4月，北荷兰省和南荷兰省的宗教会议都拒绝参与全国宗教会议，除非事先规定，此次集会将承认现存的信纲和教理问答。这导致事态陷入僵局，冲突不断激化，最终催生出1617—1618年的重大政治危机。

奥尔登巴内费尔特在1618年的倒台让戈马尔派得以强行了结公共教会内部的冲突，将对手逐出教会。教会因而变得更稳定、更团结。不过，新政权没能在荷兰省三级会议中形成支持归正会且可持续发展的新统治集团。于是，尽管在几年里新政权的反天主教措施不断强化，不宽容政策不断升级，但更为宽容的摄政官团体不久之后就再次在荷兰省的一些城镇中占据上风，导致了1618年之后政治-神学共识的瓦解——至少荷兰省情况如此。结果，一些城镇变得比另一些更宽容，认信运动进入了一个全新阶段。事实上，虽然归正会内部变得更有凝聚力了，但它并没能更严密地控制整个认信运动的进程；此外，作为加强凝聚力的代价，它赶走了大批先前归属公共教会的人。这些被疏远的人选择了各种教派。17世纪20年代末，抗辩派获准公开组织教会后，一些人最终加入了这一教派。不过与此同时，在抗辩派遭到猛烈镇压的地方，许多受影响的人转向别派，永远地告别了加尔文宗正统派和抗辩派。

在1618年以前由抗辩派讲道者控制的城镇，如鹿特丹、豪达、海牙、阿尔克马尔和霍伦，许多居民到1618年后永远地叛离了公共教会。1620年前后，鹿特丹的天主教教徒人数猛增，这显然归功于天主教领袖招揽了大批前抗辩派人士。[111] 不过鹿特丹的另一些抗辩派投向了路德宗。[112] 据称，1618年之后，海牙和豪达也有大批抗辩派信徒转向天主教，少部分人投向路德宗。路德宗讲道者渴望收获信众，于是强调称，阿明尼乌关于意志和恩典的教义与路德宗的教义接近。[113] 人们甚至看到，1624年哈勒姆的路德宗牧师在传播阿明尼乌派的小册子，以此作为争取皈依者的部分助力。

在抗辩派遭受驱逐和迫害时，赢得新信众的不只是天主教和路德宗。莱顿周边地区出现了一个自由取向的阿明尼乌派群体。17世纪20年代末，抗辩派开始被允许公开组织教会，但这群人此后拒绝加入抗辩派教会，更愿意游离于任何正式教会组织之外，摒弃传教士和固定的信纲。这些群体率先出现于瓦尔蒙德乡村，而后更长久地存在于莱茵斯堡。[114] 他们是第一批"莱茵斯堡派"（Rijnsburgers），他们更为人熟知的名称是"学院派"（Collegiants）。17世纪30年代，学院派运动传播到鹿特丹，并从当地的门诺派以及抗辩派团体中吸引成员。1646年，学院派的第三所"学院"在阿姆斯特丹建立。随后，摄政官阶层的一些成员展现出对学院派运动的强力支持，其中最有影响力的是鹿特丹的佩塞尔（Pesser）家族和阿德里安·佩茨（Adriaen Paets），以及阿姆斯特丹的昆拉德·范伯宁亨（Coenraad van Beuningen）。礼拜活动的自由及教义问题上的极大弹性一直是学院派的标志。约翰·洛克1684年记录道，在他们的祷告会上，"任何认为自己有所触动的人，都有发言的自由"。洛克接着说："他们接纳所有基督徒参与他们的圣餐仪式，并将在爱与仁慈中与意见不同的人携手合作视为自己的职责。"[115] 尽管到17世纪中叶只有3所"学院"——分别在阿姆斯特丹、鹿特丹和莱茵斯堡，人数也相当稀少，但是学院派对共和国内的宗教讨论、对有关教会问题的观念造成了相当大的影响，这在抗辩派和门诺派信徒中尤其明显。

再洗礼派和认信运动

共和国中的大多数教会,包括归正会、天主教、路德宗和犹太人的,都可以向邻近地区(如法兰西、德意志、南尼德兰和瑞士)建制成熟稳固的同宗派寻求指引和帮助,以解决信纲、组织和神学问题。在荷兰,对除公共教会之外的所有教派来说,这都是一个重要因素,因为它们都是异议教会,缺少国家的支持,也没有任何政治手段去限制和规训教会内部的分歧。再洗礼派以及1618年之后的抗辩派也有自己的姊妹团体,至少在德意志西北部地区有,两个教派已经在那里的众多地方建立了教团。但是,荷兰的抗辩派和再洗礼派在德意志地区的分支不仅数量不多、地位不稳,而且缺乏足够的权威性,无法指导或支持他们在共和国内的"兄弟"。对于荷兰再洗礼派来说,这个问题尤为突出。荷兰再洗礼派相当分散,有各不相同的根基和传统。

考虑到荷兰再洗礼派所处的环境,神学和组织上的统一必定是难以实现的;此外,再洗礼派也更易于分裂,比对手更关注教团的纪律。为了应对16世纪30年代的混乱和分歧,16世纪四五十年代的再洗礼派在迪尔克·菲利普斯和莱纳茨·鲍文斯的领导下,竭力追求教义和组织方面的统一。1551—1582年间,鲍文斯为北尼德兰和东弗里斯兰地区的1万多人施洗礼,建立众多新教团。其间,鲍文斯展现出鲜明的威权主义趋势,他常常援引教会的禁令,驱逐那些没能坚持他严苛标准的成员。然而他的极端严厉产生了反作用。16世纪50年代出现了较自由的分支,它批判菲利普斯和鲍文斯,被称作"瓦特兰派"(Waterlanders)——根据阿姆斯特丹北部农村地区的名字命名。"瓦特兰派"主张,个人不必完全服从于教团和长老的权威。1557年,来自整个低地国家和德意志北部的门诺派领袖在哈灵根集会,试图弥合分裂,门诺本人也参与其中。[116] 然而,门诺已年老体衰,未能成功弥合分裂;保守派与瓦特兰派之间裂痕进一步加深。

阿尔瓦公爵到来之后,一群再洗礼派信徒从佛兰德和安特卫普移居到北尼德兰和东弗里斯兰。移民的到来不仅加剧了教义、组织和生活方式的旧问题,还增加了新问题。16世纪最后三分之一的时间里,"佛兰德"和"弗里斯兰"这两个词越来越多地被用来区分不同的保守再洗礼派潮流。这两个词原本用于指称信徒的来源地,后来很快就被用来指称信徒所属的教派团体,正如"瓦特兰派"。于是,菲利普斯虽然不是南尼德兰人,却成了"佛兰德派"再洗礼派的领袖。该派与鲍文斯所领导的"弗里斯兰派"断绝关系——1566年再洗礼派在哈灵根再次召开会议后,两派各自明令否定对方的派别。[117]

到16世纪80年代末,"佛兰德派"和"弗里斯兰派"先后各自分裂成好战的强硬派和温和派。到16世纪90年代,荷兰再洗礼派内部至少存在6个派系:瓦特兰派、老弗里斯兰派、老佛兰德派、小弗里斯兰派、小佛兰德派以及所谓的德意志高地派。[118] 这些派系大多以某种方式延续了整个17世纪,尽管当时形势依然变动不居,而且在地方层面上,各个团体之间依然在争论、分裂和重组。共和国最伟大的诗人约斯特·范登冯德尔(Joost van den Vondel,1587—1679年)的父母是来自安特卫普的再洗礼派流亡者。冯德尔生于科隆,早年则归属于阿姆斯特丹的瓦特兰派团体。卡雷尔·范曼德(Karel van Mander,1548—1606年)是画家、诗人,并于1604年出版过一本关于画家和绘画的名著。他是来自佛兰德的流亡者,归属于哈勒姆的老佛兰德派团体。在哈勒姆,所有团体都有代表。17世纪早期,哈勒姆的各个再洗礼派团体共同构成了该城的第二大教会团体,仅排在归正会之后,其信徒在1620年占该城人口的近14%。[119] 与天主教类似,再洗礼派在哈勒姆拥有的教团比在荷兰省大多数城镇的多得多。风景画画家萨洛蒙·范勒伊斯达尔(Salomon van Ruysdael,1602—1670年)属于哈勒姆的小佛兰德派。他的兄弟,即最伟大的风景画画家雅各布·范勒伊斯达尔(Jacob van Ruisdael,1629—1682年)的父亲,或许也是如此。其他众多艺术家都拥有类似的背景。阿姆斯特丹的画家、伦勃朗最成功的学生霍法尔特·弗林克(1615—1660年)出生在克莱沃的门诺派家庭。多德雷赫特画家萨米埃尔·范霍赫斯特拉滕(Samuel van Hooghstraeten,1627—1678年)是伦勃朗的另一个学生,他也写就了关于艺术的著作。他与冯德尔一样,出生于来自安特卫普的再洗礼派流亡者家庭。精巧的城镇风景画画家、发明家扬·范德海登(Jan van der Heyden,1637—1712年)的父亲属于乌得勒支老佛兰德派,他本人则在阿姆斯特丹的"佛兰德派"中成长。

因为竭力追求更稳固的教义、更有纪律的生活方式和对教团更深刻的服从,各个团体努力定义和详细阐述各自的宗教立场,这常常是通过相互对话实现的。瓦特兰派的两个主要神学家是汉斯·德里斯(Hans de Ries,1553—1638年)和吕贝特·赫里茨。德里斯生于安特卫普,从1598年开始主要在北荷兰省工作,尤其是在阿姆斯特丹、哈勒姆和阿尔克马尔,直至1638年去世。赫里茨是来自阿默斯福特的织工,他离开小弗里斯兰派后投身瓦特兰派。从1591年开始直到1612年去世,赫里茨一直担任阿姆斯特丹教团的主要讲道者。德里斯与赫里茨一道草拟了1610年的瓦特兰派信纲，这是黄金时代荷兰再洗礼派最重要的信纲之一。在定义"三位一体"时，该信纲更接近小弗里斯兰派和德意志高地派而非佛兰德派团体。瓦特兰派与其他派别的主要区别在于教团的理念，瓦特兰派不太强调逼迫个人服从长老权威。[120] 再洗礼派中的各个派别之所以难以合并，正是因为这种理念上的分歧。17世纪的前半叶，在很多地区，特别是阿姆斯特丹，许多小弗里斯兰派成员加入瓦特兰派，而在1632年，大多数老佛兰德派团体与小佛兰德团体合并；随后，剩下的小弗里斯兰派与联合佛兰德派整合在一起。到17世纪40年代，虽然仍残留有一些顽固的小团体，但在荷兰共和国大约7.5万名再洗礼派信徒（占人口的5%左右）中，大多数要么属于联合佛兰德派、弗里斯兰派和德意志高地派新组建的温和-保守派阵营，要么属于瓦特兰派。零碎的极端正统团体拒绝对话和妥协，它们在一些地方仍具有强大的势力。格罗宁根正是如此，这里的老佛兰德派一直根深蒂固。

第17章

身份认同的分化:《十二年停战协定》

谈判的压力

尽管1590年以来荷兰取得了令人瞩目的经济成果,但正如奥尔登巴内费尔特在1606年给荷兰驻巴黎公使的信中说的,从1598年起,为满足对西班牙战争日益增长的开销,联省遇到了严峻的问题:"国内情势日益艰难,但我们不敢再增加对城镇和乡村的赋税,因为害怕骚乱。"[1] 这位荷兰省议长接着说:"城镇和乡村半数以上的居民都倾向于和平,假如再出现任何败退,剩下的人也不会再立场坚定,毕竟,各省已经因为英法(之间的和约)被剥夺了所有生意、财富和大多数航海活动。"奥尔登巴内费尔特在这里指的是,西班牙针对荷兰共和国经济的封锁产生的影响越来越大,而且由于1604年和约之后英西贸易的恢复,贸易正从荷兰共和国转移到别处。

至今为止,奥尔登巴内费尔特已然证明自己是个杰出的政治家,不过前提是在与西班牙斗争的固定框架内。自从1588年以来,反西班牙的抗争使共和国在对外政策上一直保持固定不变的姿态。荷兰共和国一直维持着艰苦而停滞不前的战争,与此同时又因为共和国贸易和产业的急剧扩张而繁荣。这种稳定的立场十分有利于共和国。荷兰省三级会议认为谈判或妥协不会带来任何好处，只会导致危险和动力的丧失，因此它既不需要，也不希望重估事情的优先顺序或考虑政策方向的根本转变。

这种执着的心态缘于旷日持久的围城形势，且不应被低估。如果要奥尔登巴内费尔特和摄政官们改变他们根深蒂固的观念，必须有强大的压力，而1598—1606年出现的一种新局面，正给共和国造成了这样的压力。奥尔登巴内费尔特和荷兰省代理委员会认为必须重新考虑他们的政策。这种新形势的出现部分源自不断增长的军费负担。1597—1606年间，荷兰共和国军队的规模翻了1倍，在防御工事上的开支增加了4倍。16世纪90年代，荷兰共和国在军事上大获全胜，但是到1605年共和国被压制在守势，并且不可挽回地节节败退。共和国的困境或许并不是在军事上难以坚守，而是在财政和心理上无以为继。与此同时，共和国的海外贸易和航运业也开始疲软，而它们是共和国生命和力量的支柱。西班牙1598年的禁运政策虽然严厉，但因为英格兰也在早期的禁运名单内，禁运效果因此不甚明显。然而1604年，西班牙与英格兰进行和谈。根据和约条款，英格兰船只获许自由驶往西班牙和葡萄牙，但是它们在任何情况下都不得为荷兰商人运输。驶往西班牙或葡萄牙港口的英格兰船只必须出示文书以证明他们的货物并非荷兰共和国的货品，也不归荷兰人所有。不遵守条款的英格兰船只及其携带的疑似荷兰共和国的货品，可以立即被西班牙当局没收。[2]由此，英格兰国王认为，荷兰人不应被允许从英格兰与西班牙、葡萄牙贸易即将到来的强势复兴中分一杯羹，哪怕是间接的。英格兰又可以买到南欧的优质商品了，而这势必会削减荷兰共和国很大一部分"高利润贸易"——对一些人来说，这似乎会早早终结荷兰共和国在世界贸易中的霸权。

1606年9月，奥尔登巴内费尔特在荷兰省三级会议的一个秘密委员会上发言，表示共和国的经济形势如今难以为继。他显然在劝说委员会，共和国如今要么将自己置于亨利四世的庇护之下，要么寻求与西班牙达成某种妥协。此外，西班牙的立场也正在此时发生改变。早先，大公夫妇坚持称，考虑谈判的前提条件是必须以某种形式承认大公夫妇对北尼德兰的主权以及西班牙国王对北尼德兰的相关权利。但是到1606年年末，腓力三世及其首相莱尔马公爵经过深思熟虑后，决心让出主权，如果共和国满足西班牙在印度的利益要求，就承认"反叛"诸省是一个独立的国家。于是大公夫妇授命与奥尔登巴内费尔特沟通。有两个主要因素促成了西班牙立场的转变。[3] 第一，西班牙同样挣扎在严峻的经济重担下。第二，1605年共和国在东印度的突破，当时荷兰东印度公司征服了安波那、特尔纳特和蒂多雷。此时西班牙大臣已意识到，他们根本没有办法阻止荷兰在印度的势力扩张。

西班牙现在的提议是出让共和国的独立主权，从而换取荷兰人退出印度的承诺。首轮征询获得良好回应后，腓力三世指示大公夫妇在他所谓的"最困难的一点"上让步，承认荷兰"反叛者"独立的条款。[4] 不过直到1606年12月，共和国与西班牙的这些接触仍完全是非正式的——尽管莫里斯和威廉·洛德韦克也被拉入讨论[5]。到12月，这些沟通有了正式的基础，斯皮诺拉代表西班牙和大公夫妇与奥尔登巴内费尔特谈判。奥尔登巴内费尔特口头承诺，为了报答他们的认可和维持彻底的和平，联省将撤出印度。斯皮诺拉传达了阿尔贝特大公和伊莎贝尔公主1607年3月13日的秘密声明："大公夫妇认为最可贵的是看到尼德兰及其可敬的居民摆脱这场战争的苦难，特此宣布他们愿意与联省总三级会议谈判，联省是自由的国家，大公夫妇也看待它们如是。无论是在永久和平的文书中，还是在12年、15年或20年停战或休战的文书中，二位殿下都不主张对联省的主权。"[6] 停战协定最终在1607年4月签署。然而，在审阅斯皮诺拉签订的文件时，腓力三世和莱尔马公爵（更别提批判莱尔马公爵的鹰派人士）惊恐地发现，其中根本没有荷兰方面的重大让步，更别说足以抵偿西班牙承认起义各省独立的损失的让步。阿尔贝特大公和斯皮诺拉解释道，奥尔登巴内费尔特原则上答应会解散东印度公司，并中止成立西印度公司的计划，但在和谈妥当之前，他拒绝在区区一份初步的休战协定上白纸黑字地如是写明。于是，在未明确规定共和国对西班牙有任何让步的情况下，协定便签署了。[7] 毫不意外，欧洲各个宫廷对此震惊至极，普遍认为这是对西班牙国王的羞辱。

进一步点燃西班牙怒火的是几乎同一时间传来的消息——26艘战舰组成的共和国舰队在西班牙南部海岸附近赢得了大海战的胜利。1599年，共和国舰队载着8 000名船员前往亚速尔（Azores）和圣托梅（São Thomé），发动第一次远距离的海上进攻。此后总三级会议还派出过几支舰队，大多去往西班牙和葡萄牙海岸，但迄今为止没取得任何重大胜利。1607年，面对斯皮诺拉最近在陆地取得的胜利，奥尔登巴内费尔特及其同僚决心采取行动抵消其影响，[8] 同时可能也是希望为荷兰省三级会议争取一些独立于执政的声誉，他们发动了一轮海上攻势。1607年4月25日，荷兰共和国舰队径直驶入直布罗陀湾，几乎全歼一支西班牙海军；后者的战舰数目几乎与荷兰的相等，装备的炮火甚至更多。

西班牙的10艘大型三桅帆船悉数被毁。行动时，荷兰共和国舰队司令雅各布·范海姆斯凯克（Jacob van Heemskerck）在夺取胜利的过程中丧生。当舰队归来时，他的牺牲给了荷兰省三级会议一个机会，借助一场隆重的国葬，来赞颂荷兰省迅速壮大的海上力量。[9]事实上，范海姆斯凯克的葬礼标志着对阵亡将领共和式狂热崇拜的开端，这种崇拜随后演变为抗衡执政军事声望的常见手法。[10] 800多名摄政官和官员加入葬礼队伍中，其中包括阿姆斯特丹议事会的所有成员和东印度公司的董事，抬棺的是14名海军军官。为了让这位荷兰省海军英雄的荣光长存，三级会议委托打造了一座宏伟的大理石墓，安置在代尔夫特老教堂的显眼位置。

1608年2月，正式谈判在海牙重启，西班牙宫廷更为挫败。事实表明，奥尔登巴内费尔特的口头承诺并不作数。试探了摄政官们的意见后，奥尔登巴内费尔特明白，即便是为了全面的和平，为了联省在法律上被承认为"自由的国家"，逼迫东印度公司解散也是根本不可能的。[11]它在政治上完全不可行，因为许多摄政官和精英商人都重金投资了这项事业。不过，奥尔登巴内费尔特准备中止设立西印度公司的计划（当时这份计划正递交荷兰省和泽兰省三级会议讨论），并且还准备阻止东印度公司在印度的进一步扩张。因为这与他先前暂定的妥协方案不同，因此这毫无意外地毁灭了全面和平的前景，还差点儿让停战的希望落空。

共和国现在提供的补偿条件相当有限，西班牙和大公夫妇根本不愿承认共和国完全独立。然而，即便奥尔登巴内费尔特能给予的仅是这些，他在国内还是陷入了相当大的危险中。他与莫里斯的关系自1600年以来就不断恶化，如今已经极其紧张。他与泽兰和阿姆斯特丹的关系也是如此。1607年，莫里斯最初反对奥尔登巴内费尔特对西班牙妥协的政策失败了。他曾试图在威廉·洛德韦克的协助下,在弗里斯兰和格罗宁根这些激进加尔文宗省份动员战斗情绪,[12] 但这些省份只是短暂地在总三级会议上站在泽兰一边,到1607年秋,它们事实上已不再反对奥尔登巴内费尔特的政策。[13] 与海尔德兰、上艾瑟尔和乌得勒支一样,这些省份展现出诸多厌战迹象,且不愿进一步增加赋税。[14] 莫里斯担心自己过于孤立,不得不缓和论调。1607年3月,荷兰省三级会议就停战进行投票时,只剩阿姆斯特丹还在反对奥尔登巴内费尔特。[15] 阿姆斯特丹一直是个强劲的对手,他们始终执拗地反对议长的政策;[16] 此外,荷兰省其他市镇的一些群体也对停战存有相当大的忧虑。代尔夫特尤其闪烁其词,它担忧着东印度的贸易;并且按照英格兰观察员的说法,代尔夫特认为"停战将带来与西班牙(包括葡萄牙)进行贸易的自由,很快这就会让所有的大商人和船员放弃那些漫长乏味又危险的航行"。[17] 在泽兰,殖民利益也是一个强力因素,不过泽兰反对停战的主要动机在于:迄今为止,泽兰省的繁荣主要依靠与佛兰德和布拉班特进行的繁盛的战时过境贸易,这要通过斯海尔德河与兹韦恩河实现;一旦敌对状态结束,荷兰解除对佛兰德海港的封锁,泽兰的过境贸易就会衰落。

1608年,奥尔登巴内费尔特的批评者在整个共和国掀起了一场激烈的宣传运动,竭力用商业、军事和宗教的观念影响人民,试图用所有想象得到的阴谋抹黑停战的议案。东印度公司的董事和私人的几内亚公司向荷兰省和泽兰省的三级会议提交请愿书,警告他们新得手的远距离贸易将遭遇不测。泽兰省三级会议认为,停战的议案是"毁灭性的和危险的"。它还颁布纪念奖章,一面印着泽兰省的盾徽,另一面刻着特洛伊木马被拖入城池的图案——三级会议借此警告,假如总三级会议被诱骗接受西班牙的提议，灾难将接踵而至。[18] 1608年秋，莫里斯在给荷兰省各城镇议事会的公开通函中坚持称，停战方案将威胁共和国的安全，甚至可能导致西班牙暴政的复辟。[19] 不过，该政论的主要的宣传工具是印刷的小册子，它们被大量印刷，而阿姆斯特丹和米德尔堡印刷得尤其多。一些最有力的小册子出自威廉·于塞林克斯之手，他本人是来自南部的流亡者，是西印度公司方案的主要支持者，主张停战会损害荷兰在印度的利益，还将严重破坏哈勒姆、莱顿和代尔夫特的纺织业——因为停战将让佛兰德的纺织业得以复苏。

但是，在荷兰省摄政官眼中，最有分量的还是奥尔登巴内费尔特的观点，而有决定权的也正是这些人。摄政官非常清楚，如果不大幅增加赋税，总三级会议的财政根本不足以继续支持战争，而增税是不明智的。奥尔登巴内费尔特承认，相比附带承认荷兰独立地位的全面和平，停战十二年的方案或许并不那么有吸引力，但它能将共和国从财政绝境中解救出来。相比继续战争，将共和国的军队从对西战争中解放出来，可以让总三级会议更有效地插手荷兰在别处的利益保护；当然，它还能挽救荷兰在欧洲的贸易，因为西班牙将解除禁运，荷兰到伊比利亚半岛和地中海的航运将由此复兴。奥尔登巴内费尔特主张，解除禁运后在欧洲贸易中累积的财富将大于停止东印度公司扩张造成的损失。[20]

西班牙没能争取到解散东印度公司的条款，所以转而提出了一份十二年停战协定，交换条件是荷兰诸省给予天主教信仰公开的宽容。[21] 但是在1608年的形势下，让奥尔登巴内费尔特在这一问题上让步在政治上是行不通的，其性质就和要解散东印度公司一样。[22] 谈判又一次走到破裂的边缘。最终，腓力三世和莱尔马公爵在深刻反省之后，同意停战条款。无论是外国外交官,还是大多数西班牙人,都认为这些条款更多地彰显了"反叛者"的威望而不是西班牙的。荷兰唯一切实的让步就是中止西印度公司的计划,承诺东印度公司不再攻击在亚洲的葡萄牙人,不过这一让步仅持续到1613年。1609年4月9日,停战协定在安特卫普的排场盛大的庆典中签署了。不过,西班牙和联省中都有众多政治精英团体对停战协定耿耿于怀。正如阿姆斯特丹议事会抱怨的,在一个本质上是暂时的停战协定里,西班牙承认联省"如同"一个主权国家在事实上毫无意义。[23]

停战协定的政治、经济影响

奥尔登巴内费尔特的论断在众多方面得到证实,共和国收获颇丰。最初,最为明显的是共和国国际地位的提高。共和国自16世纪90年代以来就已成为欧洲一大强国,但它缺乏与大国地位相配的标志。在《无双协定》中,英格兰国王并未正式承认联省的独立主权,在官方意义上,共和国依然被视为临时性存在,被视为一个过渡性的反叛国家,它缺乏合法性,它的使节不能得到外交大使的待遇。[24] 此外,反西班牙事业紧紧束缚了共和国的军队,甚至(除东弗里斯兰外)欧洲其他国家都还没有直接与共和国军队对阵。共和国能否在没有英格兰和法兰西的帮扶和资助下生存也遭人怀疑。所有这些都在1609年发生转变。西班牙极不情愿地承认,共和国事实上"如同"一个主权国家;欧洲其他国家,以及北非和近东的穆斯林政权,都认为停战协定完全肯定了联省的合法性。

1609年，法兰西和英格兰都在各自的首都承认荷兰使节为全权大使。[25] 不久后，联省就与威尼斯建立外交关系，1610年12月又与摩洛哥建交。奥斯曼宫廷来信邀请总三级会议向君士坦丁堡派遣常驻大使；次年，共和国第一任派驻奥斯曼宫廷的大使科内利斯·哈加（Cornelis Haga）启程就任新职位。[26] 共和国的常驻大使依然非常少（这是当时欧洲各国的常态），但对其地位的认可使得共和国能够建起一张领事网络，这对于像共和国这样的海洋国家而言十分有价值。自此开始，共和国的常驻领事能够定期发回报告，协助陷入法律、政治难题或贸易纠纷的荷兰大商人和船长，并起到外交辅助人员的作用。共和国的代理人和领事驻扎在德意志和波罗的海的城市，以及例如里窝那（Livorno，1612年）、阿勒颇（Aleppo，1613年）、塞浦路斯（Cyprus，1613年）、威尼斯（1614年）、热那亚（1615年）、阿尔及尔（Algiers，1616年）和赞特（Zante，1618年）等地。[27]

共和国的权势和影响力在其他方面也有了更广泛的发展。共和国在全世界范围都有商业利益，并且已经卷入或马上会卷入与英格兰、丹麦等国的重大经济冲突。1609年之前，共和国无力去冒犯这些国家，但如今它感到自己可以不受羁绊、满身活力地与之对抗。1611年，丹麦国王干扰共和国航运业，提高了桑德海峡的通行费；对此，共和国与瑞典和汉萨同盟城镇缔结军事联盟，武力威胁丹麦直至其让步。[28] 总三级会议通过1613—1614年签订的各项条约，在波罗的海地区确立了共和国的强劲影响力。荷兰人坚持，任何国家不得阻碍他国的贸易和航运，并且将自己设为桑德海峡及各河口自由的保证人。1614年，英格兰国王采纳科凯恩计划，意图禁止将英格兰的半成品布料出口到联省去染色和精加工。阿姆斯特丹市议事会和荷兰省三级会议态度强硬，下令禁止从英格兰进口成品布料和克尔赛呢。[29] 荷兰的报复导致英格兰纺织业的急剧萧条，最终迫使詹姆士一世放弃科凯恩计划。

共和国在维护自身经济利益方面十分积极，但并没有表现出要成为"国际加尔文宗"中心的意向，尽管此时仍由奥尔登巴内费尔特掌政，但也没有摆出任何要担当德意志和法兰西加尔文宗信徒的保护者的姿态。共和国本来很有可能成为德意志新教联盟的政治领导者。这一组织以加尔文宗的普法尔茨为中心，1609年后向联省寻求支持和领导，以抗击反宗教改革运动在神圣罗马帝国的推进。[30] 然而，奥尔登巴内费尔特和摄政官有意避免扮演这样的角色。他们也不打算建立非宗教的反哈布斯堡联盟。摩洛哥的苏丹和奥斯曼宫廷分别在1609—1610年和1614年试图将共和国拉入反哈布斯堡的正式联盟中，而奥尔登巴内费尔特都刻意无视。

不过，有一个动乱地区是奥尔登巴内费尔特无法从中抽身的，那就是邻近的莱茵河下游各公国——于利希-克莱沃、贝赫和马克。1609年以来，这些地区接连遭遇危机，天主教、加尔文宗和路德宗信徒之间进行着激烈的地方冲突。1610年，奥尔登巴内费尔特屈服于法兰西的压力，与之联手介入于利希-克莱沃的事务。因为荷兰省摄政官认为，将这些地区留在当地天主教和亲西班牙派系手上，会对共和国的安全造成直接威胁。克莱沃占据着莱茵河下游的要地，是共和国、西属尼德兰和神圣罗马帝国的交界处，西班牙从这里过河、侵入荷兰内部最为便利。事实上，于利希-克莱沃控制着通往荷兰防卫圈最薄弱处的要道，1605—1606年，斯皮诺拉就经由这条入侵路线，兵临艾瑟尔河前线，并引起了共和国的恐慌。[31] 1610年，荷兰和法兰西联手夺取于利希城，随后由荷兰单独守卫。西班牙和路德宗支持的原占领方诺伊堡公爵（Duke of Neuburg）与其对手、加尔文宗和荷兰支持的勃兰登堡选帝侯谈判并签署瓜分条约。前者获得于利希和贝赫，后者取得马克，以及克莱沃这个对共和国至关重要的公国。与此同时，奥尔登巴内费尔特主要在意的是避免与西班牙军队的武装冲突。即便是在于利希-克莱沃，他的政策也显然是将荷兰与西班牙的冲突最小化，而不是利用加尔文宗的狂热和对哈布斯堡的厌恶来挑事。

1614年，于利希-克莱沃脆弱的平衡崩溃了，敌对双方陷入冲突，"西班牙派"驱逐了杜塞尔多夫（Düsseldorf）的勃兰登堡人。此时，奥尔登巴内费尔特急于避免牵涉其中，因而介入迟缓。西班牙人这次则决意干涉，于是先发制人。斯皮诺拉根据马德里的命令（不过是以神圣罗马帝国皇帝之名颁布），于1614年8月颠覆亚琛的加尔文宗政权，并占领奥尔索伊城（Orsoy）和韦瑟尔城。韦瑟尔失陷引起了共和国的骚动。该城有6 000名居民，是加尔文宗在莱茵河下游的中心，也是莱茵河上守卫最牢固的边境地，紧邻荷兰南部边界。奥尔登巴内费尔特没能保卫好韦瑟尔（和亚琛）的加尔文宗似乎是说不过去的。愤怒之情四起。这次挫败是对共和国声望的打击，尤其是对奥尔登巴内费尔特及其支持者声望的沉重打击。[32] 莫里斯带着军队姗姗来迟，占领了埃默里希城、哈姆城（Hamm）和利普施塔特城（Lippstadt）。新瓜分条约于1614年11月签订，于利希和贝赫再次划归诺伊堡公爵，克莱沃和马克划归勃兰登堡选帝侯。条约规定荷兰和西班牙守军依旧无限期地驻守各自占领的城镇。

1614年于利希-克莱沃危机的一个显著特征是，西班牙和荷兰军队在邻近地域活动，却没有发生任何武装冲突。[33] 显然，与奥尔登巴内费尔特和莱尔马公爵一样，莫里斯和斯皮诺拉渴望避免可能导致冲突升级的摩擦。这也反映了两军高度严明的纪律。

奥尔登巴内费尔特和莱尔马公爵都想遵守停战协定，希望为荷兰和西班牙间的永久和平创造条件。[34]腓力三世依然愿意放弃他的主权要求，承认荷兰独立。西班牙想要的是荷兰撤出东西印度：马德里越来越将荷兰的跨大洋贸易视为对葡萄牙和西班牙殖民帝国的主要威胁。[35] 1609年以来，荷兰与加勒比地区的盐贸易就已停止，荷兰的运盐舰队让位于葡萄牙；加勒比地区的西班牙人和亚马孙流域的葡萄牙人已经消灭了荷兰人在新世界的一些基地。但是荷兰人依然根基深厚，尤其是在圭亚那西部地区，他们与圣多明各、古巴和波多黎各的贸易依然繁荣。至于东印度，停战协定在那里最初是有效的，但逐渐被违背。到1614年，总三级会议将摩鹿加群岛上重启的战争归咎于西班牙国王，进而宣布停战协定在东印度作废。

莱尔马公爵明白，假如没有全面的解决方案，在东西印度的摩擦早晚会演化成全面战争的重启。1611年，他与奥尔登巴内费尔特秘密联络，再一次以"永久和平"和承认联省是"自由国家"为筹码，换取荷兰人撤出东西印度。[36]这些密谈原本是刻意将共和国的盟友法兰西和英格兰排除在外的，但英格兰很快就知晓了上述对话。[37]这些书信联络由斯皮诺拉和莱尔马公爵的宠臣罗德里戈·卡尔德龙（Rodrigo Calderón）负责管理，经葡萄牙的新基督教修士马丁·德尔·埃斯皮里图·桑托（Martin del Espiritú Santo）送至奥尔登巴内费尔特在海牙的住所。护送埃斯皮里图·桑托往返的是犹太大商人、阿姆斯特丹首座犹太教堂的一位领袖杜阿尔特·费尔南德斯（Duarte Fernandes）。后期的另一位中间人是荷兰诗人兼剧作家迪尔克·罗登堡（Dirk Rodenburg）。他能流利地使用西班牙语，并且在1611—1613年间作为荷兰的非正式代表居住在西班牙。[38] 他经常拜访莱尔马公爵,并在1611年5月觐见腓力三世。1614年回到阿姆斯特丹后,罗登堡成了阿姆斯特丹戏剧界的中心人物,也是一位十分遭反抗辩派厌恶的名流。马德里与海牙之间的秘密沟通持续了一段时间,但或许从一开始就劫数已定。有两个根本性问题:荷兰人是否会撤出东西印度?荷兰人是否准许在本土举行天主教仪式?[39] 在这两个问题上,奥尔登巴内费尔特不可能做出切实让步。

荷兰的远距离贸易,以及泽兰到南尼德兰的过境贸易,都因为《十二年停战协定》而损失惨重。奥尔登巴内费尔特在1607年中止西印度公司计划,荷兰在新世界打造庞大帝国的机会也因此受损,因为相比此后的17世纪20年代,若在当时取得突破,那么前景要可观得多。1607—1621年间,西班牙人和葡萄牙人都成功地扩建了他们在加勒比地区、委内瑞拉、圭亚那和亚马孙河流域的要塞网络;荷兰人也曾渗透进这些地区,但在这一时期却节节败退,尤其是加拉加斯(Caracas)贸易、与蓬塔-德阿拉亚(Punta de Araya)的盐贸易,以及亚马孙流域的贸易。在东印度,荷兰东印度公司的势头有些许衰弱,因为葡萄牙的东印度贸易(暂时)复兴,里斯本在停战期内再度成为胡椒和香料的运销中心,与阿姆斯特丹竞争。[40] 阿姆斯特丹证券交易所中,荷兰东印度公司股票的报价在1608年曾攀升到原价的200%,在停战协定签署之后则回落到132%,此后直到17世纪20年代都处于萧条状态。[41]

这些都是重大的挫折。不过,如前文所述,奥尔登巴内费尔特曾提出停战的收益将大于损失。事实证明他的预言是正确的,至少荷兰省情况如此。荷兰的船只和货物得以重回西班牙和葡萄牙,运费和保险费更加低廉,荷兰与南欧之间的贸易因而再次兴旺;随之而来的还有荷兰与黎凡特地区之间贸易的增长。这些转而强化了共和国对波罗的海贸易和俄国贸易的控制。停战时期是荷兰在欧洲水域海运贸易最繁盛的时期之一,其贸易范围从葡萄牙延伸到阿尔汉格尔,从苏格兰延伸到奥斯曼的近东地区。

"南""北"对峙

事实证明,对南尼德兰的恢复和重建而言,十二年停战时期是至关重要的成形阶段。战争持续近40年后,它给南尼德兰提供了第一个真正的喘息时期,一个重建南部残破城市的经济和文化的宝贵时机。1609年之后,这些城镇迅速恢复。同时,这一复兴还伴随着深远的宗教和思想变革,它创造了一种理解"南""北"关系的新南部视角,而其基础概念是一个分裂的、十七省*共同的"祖国"。

战争带来的混乱随着1607年的停战而暂时结束。1609年停战协定签订后,欧洲北部规模最大的军队——佛兰德军,从6万多人裁减至不到2万人。[42]一方面已经厌倦战争的人民因此减轻了部分财政压力;另一方面,用在教会和世俗建筑、教育和艺术赞助、宫廷和官僚机构新职位创设方面的花销也得以在不增添新财政负担的情况下陡增。有些项目利用了西班牙原本用来维持要塞和军队的资金。阿尔贝特大公和伊莎贝尔公主渴望赢得地方贵族和城市精英的认可,这既是为了他们自己,也是为了反宗教改革运动。于是他们兢兢业业地征询地方意见。[43]

---

* 十七省是15世纪到16世纪时哈布斯堡尼德兰帝国政治术语,大致包含目前的荷兰、比利时和卢森堡及法国北部诸省。——编者注

1600年之后,阿尔贝特大公非常谨慎,以避免再次召集南部的总三级会议,但他一直竭尽全力发展与各省三级会议的良好关系。他咨询它们的意见,允许它们在财政事宜上拥有更大的权力,准许它们公开表达一些宪法主张。阿尔贝特大公去世后,一位西班牙大公讽刺地评论道,他真是一位"好亲王",他把南部的民众当作"孩子而不是臣民"。[44]

早在1609年之前,就有无数迹象显示,南部正兴起一套重构后强健有力的政治、宗教和文化体系,低地国家整体的结构正趋向新的稳定,人们也有更多机会思考尼德兰南北两部分未来的关系。利普修斯在北尼德兰写作《政治六书》(*Politicorum Libri Sex*,1589年)时,就曾呼吁当时的统治者(尤其是尼德兰的统治者),将国内和平与重建秩序作为最高目标。[45]他相信,要实现上述目标,君主权威必须绝对地凌驾于传统程序、法律和原则之上,同时还要强制推行宗教在表面的完全统一。然而,这两点与当时北部正在发展的高协商性以及以程序为基础的寡头统治全然相悖。利普修斯曾先后将希望寄托在安茹公爵和莱斯特伯爵身上,但两次都希望破灭。随后,利普修斯逐渐开始认为西班牙哈布斯堡王室最有可能超越意识形态、政治宣传和宗教思想的冲突,建立起稳定、和平的新秩序。[46]

1591年返回南部后,利普修斯的研究和写作就主要围绕一个历史现象——罗马帝国的强大和持久性。在大起义似乎没完没了的纷争中,这个问题深深吸引着众多有思想的人。他研究的巅峰之作是《论罗马的伟大》(*De Magnitudine Romana*,1598年)。这部著作研究罗马帝国伟大的根源,认为它之所以能取得惊人的成就,是因为幅员辽阔、人口众多,抑制了地方差异,超越了过去的共和政体,以及重视军事组织和纪律。在他看来,罗马帝国的经验和方法是一剂良方,能够结束当时割裂着欧洲的可怕冲突。[47]秩序最终必然仰赖帝国的宏伟，它以军事组织为基础，没有哪场叛乱能够对之发起挑战。

利普修斯是当时最有影响力的欧洲哲学家，在很大程度上，他反映出了当时的根本难题——构建一个新的思想体系。一方面，这个体系要适合整个天主教和君主制的欧洲，尤其是莱尔马公爵和奥利瓦雷斯（Olivares）的西班牙；[48]另一方面，它又要与当时南尼德兰正在兴起的文化环境相适应。利普修斯开始与一些西班牙的重要人物联络，包括奥利瓦雷斯的叔叔唐巴尔塔萨·德苏尼加（Don Balthasar de Zúñiga）。后者在17世纪初的几年里住在布鲁塞尔。利普修斯还呼吁西班牙国王与低地国家"反叛者"之间保持和平。起初他仍小心谨慎，1605年之后则通过公开信公然倡导。不过，在帮助塑造新兴的、与西班牙相连的南尼德兰身份认同时，在为西属尼德兰创造白银时代（1609—1659年）的文化复兴中，起到重要作用的是利普修斯的新斯多葛主义道德和政治思想本身，而不是他影响西班牙对尼德兰政策和结束南北冲突的努力。1604年，利普修斯在他的关于斯多葛主义的两部晚期论著中，重申了自己的道德哲学。他其实是再次呼吁所有尼德兰人，摒弃爱国主义观点（支持大起义的政治宣传的基础）和宗教狂热的致命诱惑，转而培养一种以避免冲突、维持秩序为基础的道德观，这将自行促使人们在政治生活中接受他主张的君主、帝国观念。[49]

利普修斯是首先强调人口和经济福祉对政治权力和稳定至关重要的政治作家之一。而在他生命的最后几年，南部新兴的政治、宗教和文化秩序，也确实与南部的人口增长和经济复兴紧密相连。1590年之后，佛兰德和布拉班特的农村人口开始从16世纪七八十年代的破坏中恢复过来。据估计，布拉班特的总人口曾从1480年的37万增长到

1565年的45万，而到1615年则已经下降到区区36.3万。不过，1615年后人口迅速增长了一段时间，早在1648之前的某个时候，人口就已经超过了1565年的水平。到1665年，布拉班特人口估计达到47.5万；此后，南部的人口增长开始放缓，直到1750年。[50] 与此同时，农业也在迅速恢复。1572—1590年间，佛兰德地价的跌幅远超一半，农场地租也大幅滑落。而到16世纪90年代，地价和农场地租都大大复苏，在1605年前后已经恢复到1565年的水平。随后到大概1640年之前，地价的猛涨和农业活动的普遍扩张都在持续，虽然速度已放缓。接下来是25年的价格停滞阶段；随后整个佛兰德和布拉班特的地价和农场地租都开始长期下降。这与17世纪60年代整个低地国家和欧洲西部农业的普遍萧条一致。

不过，南部的经济复兴绝不仅限于人口和农业方面。佛兰德、布拉班特以及瓦隆地区的许多制造业都得以大幅复兴。其中最明显的是佛兰德的亚麻业，它在17和18世纪一直是南部最重要的行业。[51] 尽管亚麻业部分属于乡村生产活动，但它有助于刺激贸易增长、城市发展以及农村人口的增长。1585年，安特卫普陷落，斯海尔德河口也被封锁，不得进行海运，这些或许都曾严重阻碍南部海上贸易的发展，而有利于北部海洋经济的繁荣。1590年以来一个多世纪的时间里，北部的制造业活动确实令南部黯然失色。但在此期间，南部的城镇和乡村一直都在复兴，西属尼德兰与北部的差距看上去并不是不可缩小的——至少在17世纪20年代以前情况如此。如果说联省突然间就在商业和制造业上取得了超越南部的压倒性优势，那这显然是因为前者拥有优越的政治和战略环境。只要条件具备，那么南部的经济优势必然会发挥出来。通过减少或削弱"反叛者"、重启斯海尔德河口、协助西班牙将荷兰人驱逐出"东西"印度，南部城市之前的荣光和繁荣似乎能够重现。虽然斯海尔德河口被封锁，虽然新教徒带着技术和资金大批逃亡北方，但南部的诸多经济优势依然保留下来。相比英格兰、法兰西和德意志，南尼德兰农业仍然高度发达，谷物产量尤其高，[52] 这里勤勤恳恳的人民习惯了各种各样的制造业和复杂的技术。17世纪上半叶，佛兰德制造品的质量依然令人惊叹；直到1648年之后，南部的挂毯业、珠宝业、图书出版业和丝织业等专业性较强的行业有了明显的退化迹象，制造业产品的种类才开始缩减。[53]

16世纪90年代，得益于停战协定，安特卫普也开始了不完全但持续的复兴。复兴在1625—1648年间一直没有停止，虽然速度有所减缓。[54] 安特卫普的商业展现出新的生命力，不过相比1585年以前，如今的商业建立在不同的基础上，规模也更小。安特卫普现在成了南北物流往来的重要中转站。诚然，1609年签署停战协定之后，安特卫普的一些行业遇到了来自北部的强大竞争，因为后者的收费更低；同时，砖瓦制造业等少数行业根本没有复兴。此外，对英格兰未染色布料进行精加工的生意自1585年转移到北部后再未被南部赢回。不过，安特卫普仍在许多专业行业站稳了脚跟，包括丝织业、珠宝业、挂毯业和精制家具业（至少在1648年前是如此）。作为天主教图书出版和宗教艺术中心，它的产业规模也急剧扩大。安特卫普的人口没有大幅增加，但稳步增长，从1585年的4.2万增至1595年的4.7万，再到1612年的5.4万，以及到1648年的6.2万。[55] 不过，安特卫普的复兴绝非例外。情况正好相反，根特和布鲁日也以类似的速度恢复，同样得益于停战协定。根特的亚麻业十分繁荣，其港口停满了来自荷兰省和泽兰省的船只。根特与其他南部城市一样，经历了房屋建造业的蓬勃发展，停战时期尤其如此。该城人口从1600年的3.1万增长到1670年的5万左右。⁵⁶在布鲁日，经济复苏的驱动力来自"新布料"行业，如纬起绒布，尤其是"细哔叽"。1615年前后，在布鲁日运转的纺织机基本与大起义前夕的一样多。⁵⁷布鲁日的毛布行业到17世纪50年代都一直具有新活力。

不过，南部复兴中最令人惊叹的方面还是旧信仰和旧教会的重生。虽然特兰托公会议决议的某些部分要到1609年才得以执行，但南部反宗教改革最重要的部分——对普通人进行密集的再教育并推动其认信，早就在稳步进行中。城市精英后代的教育被耶稣会牢牢掌握，进而形成了在激进天主教氛围中成长的全新一代。耶稣会学院在各重要城镇中涌现。在1585年西班牙重夺安特卫普后不久，这里的耶稣会士只有3人，到1603年，这一数字增长到31人。1608年，安特卫普的耶稣会学院搬进了宏伟壮丽的新场地。安特卫普的耶稣会学生人数从1585年的0人，增长到1591年的300人，1613年已多达600人。⁵⁸宗教印刷品在安特卫普大量印刷。早在1587年，安特卫普就开始采取措施，以确保这里的所有孩子，即便是最贫穷、最受忽视的那些，都能接受到天主教的宗教指引。到1606年，一个主日教育系统已经在运转，它由市政当局资助，依附于各个堂区教堂。它用教理问答的方式教导孩子，不向家长索要任何费用。为了确保将大多数孩子网罗其中，它还引入了一套登记和罚款制度，未能将孩子送到每周教理问答课堂的家长会受到处罚。⁵⁹到1620年，仅安特卫普一地就有3 200名儿童前往这些主日学校。斯海尔托亨博斯于1595年引入主日学校体系。在耶稣会的鼓动下，该城成立新的兄弟会，专门负责向富裕的平信徒募款，用来为贫民的孩子提供免费的礼拜日教育。⁶⁰

在城镇中，在另一代人里，秘密加尔文宗依然是南部生活中的一个要素。停战期间,从安特卫普跑到里洛附近的荷兰要塞,去驻军教堂参加加尔文宗仪式的居民每次多达400人;这还只是最胆大妄为的一批人。出于一些原因,布鲁塞尔当局在1585年之后的数十年间依然对安特卫普的民众保持警惕。迟至1622年,仍有英格兰观察员评论道,安特卫普的许多人希望荷兰夺取此城,他们相当支持共和国和新教,甚至希望看到斯海尔德河口能通过荷兰战胜西班牙的方式得以重启。到17世纪30年代早期,安特卫普主教才认为当地新教已经足够边缘化,不再能造成严重威胁。

在对民众进行再教育和推动认信的过程中,一个必不可少的要素是采用视觉工具,如艺术、建筑和宗教印刷品。印刷商为儿童和贩夫走卒量身定做了教理问答小册子和短篇经文,因为这些人通常是半文盲;类似的,印刷商还提供了大批适合陈列在贫寒之家的廉价印刷品。[61] 到1617年,安特卫普至少有10家印刷工坊,其中一些雇工众多。它们生产了大量圣徒和宗教场景的复制图。由于这种复制手段已经成为普及宗教艺术和当时的画家画作的有效方式,它吸引了鲁本斯等南部重要艺术家的注意力。安特卫普的宗教印刷品十分成功,甚至它们不仅大批销往西班牙和葡萄牙,还大量出口到西属美洲,并通过各种渠道销往远东。

南部新文化的另一个基本要素是新的教堂、小礼拜堂和修道院的激增。大起义,以及1566年、1576—1578年和1580—1581年爆发的数次圣像破坏运动,摧毁了佛兰德和布拉班特的修道院,剥夺了堂区教堂和主教座堂的圣像和圣坛。教会的建筑物几乎全都有待重修。这无法在1585年西班牙夺取安特卫普后即刻开始,因为当时经济萎靡、斗争不断且资源匮乏。不过,大概从1606年起,重建和翻修获得了动力,南尼德兰开始大规模、高质量地发展宗教艺术,修建宗教建筑,除意大利之外,欧洲其他地方都难以匹敌。1590—1670年间，仅根特一地，就建起了至少35座不同种类的修道院建筑；[62] 其他城市的情况也大体相似。要为装饰工作找足够的艺术技工也不难。与其他团体不同，1585年许多艺术家倾向于留在安特卫普。这里并不缺乏训练新人才的师傅，而且由于许多南尼德兰艺术家从意大利归来，技艺人才的储备也增加了。1616年，安特卫普的圣路加行会有至少216名画家，是1584年的2倍。[63]

阿尔贝特大公和伊莎贝尔公主支持再教育和认信的行动，并提高了教会的影响力，其重要方式就是将大量资源投入宗教艺术和建筑。在这两个领域，特别是建筑领域，他们偏爱来自罗马的新巴洛克风格；大公夫妇还密切参与制订文化复兴的计划。1605年，他们把安特卫普艺术家、建筑师温塞尔·科贝赫（Wensel Coberger，1560—1634年）从罗马召回，任命他为宫廷建筑师和艺术顾问。[64] 科贝赫年纪较轻的亲戚雅各布·弗朗卡特（Jacob Francart，1583—1651年）也同样在打造南部新宗教建筑方面贡献卓著。他们两人都曾在意大利受训，并且通过引入意大利的流行观念开启了自己的事业。不过，大概从1615年起，他们不断将意大利巴洛克风格与地方传统成功融合，并在作品中反映出广泛流传的南方文化潮流。这股潮流最卓著的代表要数鲁本斯。鲁本斯是南尼德兰最杰出的艺术家，但同时也与罗马、马德里和维也纳有着密切的艺术联系。

科贝赫为布鲁塞尔、安特卫普和其他城市设计了无数建筑，最令人瞩目的作品之一是于1615年动工的安特卫普新奥古斯丁教堂。弗朗卡特也与许多大工程相关，其中最重要的是布鲁塞尔的耶稣会教堂。阿尔贝特大公和伊莎贝尔公主在1606年举办盛大仪式为其奠基，又于1621年，即停战协定刚刚期满之时，为其举办隆重的落成典礼。弗朗卡特参与设计的新建筑中，最宏伟的要数安特卫普的耶稣会教堂圣依纳爵（St Ignatius）教堂。它主要按照罗马的巴洛克风格修建，方案得到罗马的耶稣会总会长首肯。教堂的落成仪式在1621年9月，即阿尔贝特大公去世后不久举行，场面盛大。

或新建或翻新的教堂和修道院如此之多，而为它们装点圣坛和圣像的任务主导着南部的艺术新世界。各个领域的艺术家都被招来为这场新运动服务。鲁本斯为根特主教座堂创作了圣巴夫皈依基督教的油画速写（1611年）。作品描绘了巴夫用高级教士法衣替换盔甲的场景，象征着从军事战争到以精神武器作战的转变，这是一场与北部对抗的宗教、文化战争。鲁本斯于1608年从意大利返回南尼德兰，停战协定签署前夕，他给罗马的朋友写信，预言了战争的终结，并表达了希望"顺服各省"能"再次繁荣"的愿望。[65] 艺术成了对抗的前线，鲁本斯又有才能去创作非凡的巨型帆布油画，因此，他从1609年起常常受雇为重要教堂创作对公众影响最大的那类作品——大型虔敬群像画。鲁本斯在停战时期画的圣坛装饰图，无论是在数量上，还是在规模上，都超过他在职业生涯的其他时期创作的作品。它们革新了北欧天主教地区的宗教艺术。[66] 鲁本斯的许多作品都是为安特卫普的重要教堂而作，不过，他也为布鲁塞尔、梅赫伦、里尔和康布雷的雇主创作圣坛装饰画，还为科隆画过一幅圣弗朗西斯的画像。他出生于科隆的尼德兰流亡者团体社区。完成这些巨幅画作需要数十名助手，一些助手很快就凭借自己的本事声名鹊起。在与安特卫普耶稣会士就圣依纳爵教堂天顶画签订的和约中，鲁本斯就将天赋异禀的年轻人安东尼·凡戴克（Anthonie van Dyck，1599—1641年）列为第一助手。

与南部的反宗教改革运动齐头并进的是北莱茵地区和威斯特伐利亚的反宗教改革。16世纪80年代以来，那里也在逐渐形成一种新文化：

新教浪潮退却，在来自意大利和德意志南部的教育技术和文化资源的协助下，民众的再天主教化顺利推进。由于1571年特兰托公会议决议在明斯特颁布，这里的天主教复兴进程开始得稍早，颇具实验性。但是要到1588年耶稣会士到来，并接管这里的主要学校，再天主教化运动才算真正开始。[67]尽管活跃于明斯特的耶稣会士大多是本地人，但他们创建的"小罗马"给威斯特伐利亚的文化面貌带来了重大转变。整个德意志北部和尼德兰东北部的天主教贵族和大商人阶层都涌向这些耶稣会士，他们给这些权贵的后代灌输敌视宽容、敌视城市特权及与之相伴的自由的政治和社会观念，而这是一种激进的宗教观念，很适合德意志西北部教会邦国新兴的天主教王公绝对主义。这种文化的对抗性特征导致整个威斯特伐利亚地区冲突加剧，不仅包括天主教邦国与新教邦国之间的冲突，还包括某些主教区内部的冲突，这些教区的路德宗和加尔文宗都势力强大，而且拥有悠久的城市自治传统。与此同时，这些地方还发生了一些事件，1604年帕德博恩主教缩小了该城的版图，1607年维特尔斯巴赫家族的（科隆和明斯特）采邑主教恩斯特与明斯特城发生冲突。上述对抗和事件造成了政治意识形态的冲突，意识形态冲突又在各个层面上与愈演愈烈的天主教、新教对立相互作用。在文化战线上，耶稣会士表现出对高地德语的偏爱，而不是威斯特伐利亚地区传统的低地德语。由此，德意志西北部的反宗教改革运动趋向于扩大该地文化与荷兰东北部省份文化之间的分歧，正如阿尔贝特大公和伊莎贝尔公主的反宗教改革就决定性地分裂了尼德兰南北的两种文化。

南尼德兰和威斯特伐利亚新兴的反宗教改革文化所具有的对抗性既缘于当地的环境，也缘于西班牙国王、教宗与哈布斯堡之间的联系。南尼德兰将自己置于北部的对立面。在此意义上，停战协定可以说是以别的方式延续着八十年战争。17世纪早期的耶稣会作家将荷兰大起义反抗合法统治者一事理解为一场灾难，认为它的起因来自德意志渗透进来的外国异端弊病，以及堕落贵族的野心。[68] 耶稣会作家实施再教育计划，是为了最终致使北尼德兰、克莱沃-马克以及威斯特伐利亚内部和周边新教飞地上的加尔文宗垮台。对于整个尼德兰，这意味着最终要将反叛的北部重新纳入教会的怀抱，同时也一并纳入布鲁塞尔管理的政治和教会体系中。由此，尽管大起义后深刻的分裂接踵而至，南部的新高雅文化却孕育出一种综合统一的尼德兰的观念，认为北部最终将被整合进来。[69]

根据设想，这种征服是政治的、宗教的，同时也是经济的。如果有人在停战时期漫步在安特卫普的街道上，他不可能注意不到南部复兴的不完整性以及经济活力向北部转移的迹象。1616年9月，达德利·卡尔顿爵士在去海牙就任英格兰大使的途中也注意到了这种情况。[70] 统治着南部城镇的坚定天主教权贵受到复兴的激励，但同时也相信南部需要进攻性的经济战略，以挽回损失并重建南部的霸主地位——不过最好不要有真正的战争。在停战期间，对抗性的反荷兰重商主义成为南部文化不可或缺的组成部分，它强调一种分离感，支持西班牙哈布斯堡削弱联省、最终重建南北共同国家的愿望。也是这些天主教权贵提出并支持阿尔贝特大公修缮运河的计划。这些运河将佛兰德海港与布鲁日、根特和安特卫普连接起来，修缮它们便能建构一条可运行的海运通道，而绕开北尼德兰在斯海尔德河口的要塞。[71] 这些计划最积极的支持者之一是卡洛斯·斯克里巴尼（Carlos Scribani，1561—1629年），他是尼德兰本地人，不过也有部分意大利血统。1613—

1619年间，斯克里巴尼担任耶稣会佛兰德-比利时教区的首领，他热切支持着以下观念：安特卫普有一天将再度成为尼德兰乃至全欧洲顶级的商业大都市。

阿尔贝特大公和伊莎贝尔公主时代的南尼德兰世界的文化是高度意识形态的，它困于仇恨之中，仇视它所拒斥的一切，包括独立、加尔文宗和北部的经济优势。这种文化在停战时期的巩固发展决定性地拓宽了南北之间的鸿沟，与此同时又孕育了十七省共同的尼德兰观念——这种共同体在1572年以前（理论上）就存在。这一观念认为十七省被叛乱和异端分裂，应当重新统一。毫不惊奇，这一观念的顶层支持者都是在外国受训的耶稣会士，斯克里巴尼就是首要代表。[72] 不过，尼德兰再统一的基础必须是南部兼并北部，也就是在西班牙国王和天主教教会的庇护下完成，同时消灭北部的叛乱、新教、宪政和宽容。对新文化的支持者来说，建立在和平和多种信念之上、南北共存的形式根本不存在，甚至不能想象。由此，十七省构成一个单一政治实体这种共同的尼德兰观念，成了17世纪反宗教改革宣传的必要组成部分。而在16世纪，它仅存于廷臣和人文主义者的边缘流派小圈子中。

在某种意义上，十七省共同的祖国这一观念也是北部激进新教意识形态的要素，但只处于边缘位置。1607—1609年，荷兰小册子表达了各类精英的观点，而这在一定程度上也是各类民众的观点。它们显示，虽然恢复尼德兰统一的愿望的确存在于一些人群中，尤其是在北部避难的新教南尼德兰人中，但这种观念并不是联省政治思想的核心特征。[73] 北部仅有个别作家认为，将南部从西班牙手中解放出来是抗争的一个持续目标和首要任务，于塞林克斯就是其中之一。他警告道，假如联省不能将西班牙逐出低地国家，不能在南部为加尔文宗争取宗教自由，那么北部的独立和"自由"将难以稳固。但即便是于塞林克斯，关注点也是保障新教徒在南部的安全，消除南部的新权贵——于塞林克斯视其为西班牙人的爪牙——对城镇议事会的控制权，而不是把南部吸纳到北部正在形成的这一政治体中。在荷兰黄金时代，十七省共同的祖国这一观念很少在文化和政治中起到激励和驱动作用。

第18章

1607—1616年：荷兰政治体内部的危机

1607年荷西休战，随后西班牙与荷兰和谈，停战协定于1609年签署。整个欧洲都将这些成果视为奥尔登巴内费尔特和荷兰省摄政官非同凡响的胜利。停战协定确定了南北永久的分离，也使大起义的成果得以保存。此外，无论是对奥尔登巴内费尔特和荷兰省摄政官而言，还是对共和国而言，停战协定都是确定无疑的胜利。共和国通过一种协商性的决策过程来进行治理，没有"显赫的首领"或君主制元素。但正是在这一时刻，令人担忧的迹象已然出现，初生的共和国内部日益升级的冲突逐渐显现，很多人相信这会很快毁掉此前的胜利。许多人都在1607年预见到，与西班牙停战将释放出一股不断加强的内讧、纷争和民众压力浪潮。年轻的胡戈·格劳秀斯（1583—1645年）只是持这种观点的人之一。[1]

一方面，奥尔登巴内费尔特政权面临着执政莫里斯亲王的仇视，后者是一个潜在的准君主式人物；另一方面，许多归正会讲道者因为该政权的宗教宽容政策而对之敌意日深。两股势力都获得了相当多的民众支持。事实上，到1607年，人们已经可以想象到，在世俗和教会两个政治领域的两出大戏很可能在该国的一场重大危机中合流，共同吞噬奥尔登巴内费尔特政权。1588年以来，联省已是一个羽翼丰满的共和国；到新世纪的头十年，为应对现实状况，它形成了共和主义的政治观念，这些观念集中（但并非仅）体现在格劳秀斯的作品中。这些年里，格劳秀斯写作了《制度的比较》(*Parallela Rerumpublicarum*，1602年)、《论古代巴达维亚共和国》(*De Antiquitate Reipublicae Batavicae*，1610年)等作品，前者只有残篇传世。在这些作品中，格劳秀斯阐述了自己的观念：只有当统治采取协商模式且专属于封闭的寡头集团时，自由、稳定、美德和繁荣才能最完好地保存下来。这些政治寡头，如摄政官，拥有足够的资源、时间和教育水平，能够全心投入公共事务，严格遵守共和国的宪政程序。就这点来说，格劳秀斯认为联省与处于其历史上最繁盛和稳定时期的古代犹太、雅典和罗马别无二致。[2] 在他看来，对共和国来说，联省远不是完美的，它尤其会获益于中央强大的统治委员会。为此，格劳秀斯在未发表的文章《论共和国的改良》(*De Republica Emendanda*，大约写于1600—1610年间)中，主张加强国务会议的权力。[3] 但现存的联省共和国确实包含某种在格劳秀斯看来真正的共和国最为本质的要素。格劳秀斯在1610年的小册子——它的荷兰语译本得到广泛阅读——中主张，荷兰曾捍卫这一特质免遭西班牙暴政残害，这一特质继承自遥远的过去，其根源在于自由。古代巴达维亚人曾在反抗罗马人的起义中捍卫自由，按照格劳秀斯的说法，古代巴达维亚人是由权贵(*primores*)而非国王统治的。[4]

为了保护格劳秀斯颂扬的这种寡头共和国，奥尔登巴内费尔特必须一方面维持执政的弱势地位，另一方面限制反对摄政官政策的归正会讲道者的声势。1607年，在与西班牙谈判的初始阶段，奥尔登巴内费尔特已在力图牵制莫里斯，并试图缓和公共教会内部愈演愈烈的纷争。那一阶段，奥尔登巴内费尔特计划通过召集全国宗教会议，修改《尼德兰信纲》，让它在神学方面更有弹性，进而解决教会方面的难题。他的第一步行动是1607年5月在海牙召集预备会议，意图由此哄骗严苛的宗教派系承认这样一种全国宗教会议，而奥尔登巴内费尔特则能在会议中促使公共教会在教义方面变得更包容，在制度方面进一步从属于各省三级会议。但是参与预备会议的大多数人坚持，信纲和教理问答是不可更改的，计划中的全国宗教会议唯一的目的应当是确认它们的地位。奥尔登巴内费尔特于是瞬间丧失了对全国宗教会议的热情。

但必须做点什么来压制公共教会里翻涌的冲突。戈马尔与阿明尼乌之间的争执已然在公众中引起了忧虑，针对阿明尼乌及其盟友的抗议之声越来越高涨。1606年2月，阿明尼乌就卸任莱顿大学教职一事发表演说，斥责基督徒内部的神学争端是最恶劣的弊病，是滋养怀疑论、无神论和绝望情绪的祸根。[5] 但是，演讲的作用不过是滋生了以下言论：阿明尼乌的教义存在谬误，受到了"索齐尼主义"（Socinianism）的污染。1607年，他受到镇民和学生的公开骚扰。[6] 阿明尼乌及其支持者转向荷兰省三级会议寻求帮助。

奥尔登巴内费尔特试图将纷争交给荷兰省三级会议裁断，以平息公愤。这给了阿明尼乌机会，去展示他促进和平的倾向及对市政当局的顺从。阿明尼乌赞同市政当局有权监管公共教会，审查合宜的教义。可以预见，摄政官更偏爱这样的观念，而不是戈马尔的。后者坚持：教会的教义不归市政当局管辖；阿明尼乌在意志、恩典和救赎这些教义问题上，已然陷入贝拉基主义（Pelagians）和耶稣会主义（Jesuits）的可憎谬误中，应该让他闭嘴。[7]

1608年，奥尔登巴内费尔特在神学政策方面遇到的问题不断加剧，正当此时，对停战的争论也进入白热化。严苛的加尔文宗信徒坚持认为，荷兰不应与西班牙议和，祖国的安全正处于险境；与此同时，正是这同一批人在竭力煽动各省宗教会议打压阿明尼乌、抵制修改公共教会教义和管理方式的计划。南荷兰省宗教会议要求，对信纲的观点有所保留的所有讲道者都应该声明自己的立场。阿尔克马尔的教区会议陷入深刻分裂，它甚至要求所有讲道者立刻签名支持信纲，否则将面临停职的惩罚。这不仅是对阿明尼乌派的冒犯，还是对奥尔登巴内费尔特和三级会议的冒犯，因为后一派势力希望监管教会事务。

该教区的25名牧师中，5名拒绝签名，其中包括阿尔克马尔的名人阿道弗斯·费纳托尔（Adolphus Venator）。[8] 随后，教区会议在南荷兰省宗教会议的支持下，暂停了拒签者的职务，而三级会议介入此事，宣布撤销停职决议。宗教会议报告称，教会绝不能受国家统治，绝不能丧失开除持谬误教义的牧师的权力。三级会议依然无动于衷。费纳托尔（他比阿明尼乌更偏离正统教义）得到议事会的支持，留住了自己的布道坛，但是议事会本身依然分裂。1609年12月，执政行使了选择议事会成员的权力。该城年度选举之后，执政从双倍名单中做选择，任命了一个戈马尔派占主导的城镇议事会。不过在1617年之前，执政只偶尔表现过对戈马尔派的偏爱。[9] 新议事会成员的任命，加上接下来费纳托尔被撤职，对三级会议而言是鲜明的挫败。但此时，城市民兵插手了，他们夺取市政厅，要求开除议事会中的强硬派加尔文宗信徒——这批人在阿尔克马尔普遍不受欢迎。[10] 奥尔登巴内费尔特乐于遵从，并以此扭转执政干预的结果，尽管这是对执政特权的公然侵犯，而且还树立了危险的先例——允许城市民兵强制推行自己的政治和神学观念，清洗摄政官政府。

阿尔克马尔事件之后，人们毫不怀疑阿明尼乌派与戈马尔派的冲突能够造成政治骚乱，能够加剧社会的紧张局势，就算还有人有所犹疑，次年乌得勒支爆发的动乱也迅速驱散了这种犹疑。几个世纪以来，乌得勒支一直都是社会政治动荡的中心。英格兰的詹姆士一世还曾评论道："乌得勒支总是陷于骚乱和暴动。"[11] 乌得勒支长期存在行会与富裕权贵之间的紧张对立。前者自16世纪80年代以来就一直支持加尔文宗正统派；后者大多信奉德伊夫赫伊斯自由但具有讽刺意味的神学传统。除了乌得勒支城内社会和神学方面的紧张压力，该城与乌得勒支省其他地区还存在经济纷争。相比格罗宁根城，乌得勒支城享有的重大特权少之又少。自1572年以来，贵族主导的乌得勒支省三级会议的政策就是，挫败该城要求在省内获取酿酒和其他"城市产业"垄断权的努力。

1610年1月，行会的不满升级成了反叛活动。它由前任市长迪尔克·坎特尔（Dirk Canter）为首的严厉的加尔文宗团体领导。坎特尔与执政和持异议者——包括许多民兵——都有联系。他们夺取了乌得勒支城，清洗掉以不支持行会和加尔文宗正统派而著称的摄政官。[12] 许多摄政官和贵族出逃，任由反叛者控制该省三级会议。

该省三级会议的议长莱登贝赫向奥尔登巴内费尔特求助。总三级会议任命了一个委员会去会见反抗者并"调和"各派。行会代表要求在城市管理方面进行众多改革，要求禁止在乡村从事"城市产业"并提高乌得勒支城在三级会议中的发言权。[13] 奥尔登巴内费尔特和荷兰省三级会议发现并没有可以妥协的余地，便劝说联省三级会议派军队镇压行会叛乱。莫里斯托病拒绝领导这次远征，于是给了他的异母弟弟弗雷德里克·亨德里克第一次隆重登场的机会。乌得勒支人曾讨论过围城战，但是当军队临近时，他们的虚张声势迅速消散。军队被迎进该城。先前逃亡的摄政官和贵族归来。最终到5月，加尔文宗的新议事会被废除，"自由派"重新掌权。奥尔登巴内费尔特赢得第二轮较量。

但是戈马尔派意识到，他们尚有力量在社会中煽动对"自由派"和阿明尼乌派的不满。于是戈马尔派不断试图煽动公众反对他们在教会和政府中的敌人，谴责这些人是异端，是贝拉基主义者，（有时）也是索齐尼主义者。他们发起了一场运动，阻止支持阿明尼乌观念的神学院毕业生取得讲道者职位。教会内厄伊滕博哈特领导的阿明尼乌派——阿明尼乌本人已在前一年过世——得到奥尔登巴内费尔特的支持。他们判定，此时最好的办法就是与三级会议一道迎头抗击严厉的加尔文宗正统派，击败他们，重塑公共教会，消除信纲的刻板僵化，由此尽量减轻神学方面的摩擦及其公共影响。

结果便是阿明尼乌派提交给荷兰省三级会议的著名文本《抗辩书》（*Remonstrance*）。这一文本——可能是在奥尔登巴内费尔特的推动下[14]——由厄伊滕博哈特起草，它要求修改《尼德兰信纲》，确认国家对教会的权力，并重申阿明尼乌对预定论的立场。《抗辩书》获得了44名公共教会讲道者的签名，于1610年7月由奥尔登巴内费尔特呈交给省三级会议。戈马尔派随后接受奥尔登巴内费尔特的提议，在三级会议上举行每方6人的神学辩论，以解决争议的问题。阿明尼乌派队伍由厄伊滕博哈特和才能卓著的年轻人西蒙·埃皮斯科皮厄斯（Simon Episcopius，1583—1643年）领衔；戈马尔派一方则由阿姆斯特丹讲道者普朗修斯及其莱顿同人费斯特斯·洪米厄斯（Festus Hommius）率领。[15] 在论辩开始，戈马尔派发布了他们同样著名的《反抗辩书》（*Counter-Remonstrance*），它表达了反阿明尼乌的立场，拒绝修改《尼德兰信纲》，重申戈马尔关于预定论的立场，并谴责抗辩派的托词——在全国宗教会议解决纷争之前，各省宗教会议或教区会议不应决定任何事情。反抗辩派主张，市政当局不能要求教会保留反对教会教义的牧师。[16]

抗辩派与反抗辩派在预定论这一神学问题上相互冲突，在教会与国家的关系这一问题上持有相悖的观念。1610年，厄伊滕博哈特在海牙发表重要文本《论基督教高级政府在教会事务中的职权》（*On the Office and Authority of a Higher Christian Government in Church Affairs*），主张：在任命讲道者、规范教义、召集宗教法院和决定会议议程方面，国家有凌驾于教会的权威；国家有权在教会会议中派驻代表、发挥影响力。在奥尔登巴内费尔特及其盟友看来，教会有可能对其成员实行暴政；他们力图阻止这些行为，保障个人自由，将尽可能多的社会元素融到公共教会中。厄伊滕博哈特的伊拉斯谟主义则为奥尔登巴内费尔特派提供了神学基础。[17] 在厄伊滕博哈特眼中，教会本身不能拥有任何最高权力：它或许能争辩但不能强迫，能游说但不能命令。

起初，阿明尼乌派与戈马尔派的争论局限在荷兰省和乌得勒支省。但各省讲道者之间、不同大学之间联系紧密，反抗辩派还竭力在偏远省份动员民众支持该派的主张——这些省份的市政当局不太可能像荷兰省和乌得勒支省城镇那样追随奥尔登巴内费尔特。于是，两派的争论迅速传遍整个共和国，波及所有社会阶层。埃皮斯科皮尔斯曾在莱顿跟随阿明尼乌学习（他也是阿明尼乌最优秀的学生）。1609年，他到弗拉讷克深造时，亲自将争论带到那儿。埃皮斯科皮厄斯刚刚抵达该城，就陷入了冲突，对手是弗里斯兰戈马尔主义正统派的主要发言人西布兰德斯·吕贝特斯（Sybrandus Lubbertus）。[18] 在弗里斯兰乡村地区，抗辩派没什么影响力。而在吕伐登、弗拉讷克和多克姆，阿明尼乌派确实赢得了追随者。1610年，吕伐登的骚乱过后，一个支持宗教自由的城镇议事会出现了。它抵制得到威廉·洛德韦克支持的严苛正统派，同时减轻了加在门诺派身上的压力，与此同时还偏向抗辩派。[19] 吕伐登的这一派别被称为"政治乞丐"。1615年，渴望强制推行加尔文宗正统派的弗里斯兰省三级会议插手该城事务，试图恢复旧的治安法庭——它由被称为"日内瓦乞丐"的严厉加尔文宗派系掌控。吕伐登的"自由派"向奥尔登巴内费尔特寻求支持。荷兰省三级会议通过总三级会议向弗里斯兰派遣代表团，警告该省三级会议不要侵犯吕伐登的城市特权。1616年9月，弗里斯兰省三级会议宣布，在弗里斯兰，某人在被任命为归正会讲道者之前，必须先签名支持并宣誓忠于《尼德兰信纲》。

在格罗宁根，阿明尼乌派没什么影响力。不过，上艾瑟尔和海尔德兰都已被论战深刻分裂。坎彭是阿明尼乌派在上艾瑟尔的主要中心，在莱顿大学毕业生托马斯·霍斯维尼厄斯（Thomas Goswinius）的带领下，该城所有讲道者都站在抗辩派一方；抗辩派在兹沃勒和乡村地区也有一些支持力量，[20] 神学热情也绝不仅限于讲道者和摄政官群体。按照威廉默斯·鲍达尔修斯（Wilhelmus Baudartius）的说法，坎彭的船夫和马车夫都是十分热情的抗辩派，他们在1617年甚至拒绝运输该城著名反抗辩派商人的货物。[21] 上艾瑟尔的贵族集团也处于分裂状态,不过暂时来说,亲奥尔登巴内费尔特的贵族在坎彭的支持下主导着三级会议和代理三级会议,阻止了会议采取打击抗辩派的措施。

与此形成对比的是海尔德兰,这里的势力天平偏向反抗辩派。在奈梅亨城,大多数摄政官和讲道者都支持抗辩派,奈梅亨区的许多贵族也是如此,蒂尔和扎尔特博默尔两城的情况类似。当时控制着奈梅亨市议事会的市长克里斯托夫费尔·比斯曼(Christoffel Biesman),以及抗辩派的屈伦博赫伯爵,是奥尔登巴内费尔特在海尔德兰最为重要的盟友。阿纳姆城有两名抗辩派讲道者,不过该城陷于分裂中。而阿纳姆大部分地区和聚特芬地区都是反抗辩派;奥尔登巴内费尔特的政敌从一开始就控制着海尔德兰高等法院。[22] 1612年,反抗辩派掌控了该省的宗教会议,下令该省所有归正会牧师必须签名忠于正统派并遵守《尼德兰信纲》。[23]

泽兰属于坚定的反抗辩派。但布拉班特北部的驻军城镇成了归正会各派团体激烈争执的场所。在赫拉弗,讲道者帕吕达纳斯(Paludanus)和归正会学校教师都站在抗辩派一方。在布雷达,抗辩派讲道者伊萨克·迪亚曼修斯(Isaac Diamantius)与强硬的戈马尔主义者亨里克斯·博克斯霍恩(Henricus Boxhorn)之间爆发了激烈的争执。为了平息争端和不断传播的极端情绪,这里的治安法庭于1615年12月禁止牧师在讲道坛上宣讲有关这场全国性论战的内容。这一时期,布拉班特驻军地的治安法官通常都支持抗辩派,这是荷兰省在选人方面"勤勉和实干"的结果。[24]

斗争的新阶段开始于1611年,起因是各派就任命阿明尼乌莱顿大学教席的继任者起了冲突。奥尔登巴内费尔特受女婿、大学校长科内利斯·范德迈勒（Cornelis van der Mijle）和厄伊滕博哈特的影响，选择德意志神学家康拉德斯·福斯修斯（Conradus Vorstius，1569—1622年）。从16世纪90年代开始，福斯修斯在德意志和尼德兰就以和平自由的观点而闻名，他与海德堡的加尔文宗正统派神学院意见相左。他的著作曾影响阿明尼乌。他的伊拉斯谟式观点非常明确。厄伊滕博哈特带领福斯修斯参观莱顿和海牙，并拜见奥尔登巴内费尔特。福斯修斯担忧荷兰省肆虐的神学冲突，因而本身对接受任命有所犹疑。而奥尔登巴内费尔特促成了任命；他没有意识到，福斯修斯出版的作品会给自己的地位带来多大的危险。从16世纪90年代开始，福斯修斯的作品就有明显的索齐尼主义倾向。[25]

福斯修斯的任命激发起一轮反抗辩派神学家的抗议风暴，其领导人包括吕贝特斯、洪米厄斯和马修·斯莱德（Matthew Slade）。斯莱德是英格兰长老会在阿姆斯特丹的讲道者，是反抗辩派事业以及反福斯修斯运动的重要支持者。就在此时，这场荷兰的争端开始向内陆地区渗透。英格兰的詹姆士一世为分裂着荷兰教会的冲突而担忧，对任命福斯修斯感到惊恐。在詹姆士一世看来，福斯修斯是彻头彻尾的异端。1612年年初，詹姆士一世向总三级会议提出强烈抗议。吕贝特斯——与英格兰的加尔文宗团体有联系——受此鼓励，推测反抗辩派有可能在英格兰国王的帮助下，在联省取胜。1613年，吕贝特斯将他给坎特伯雷大主教的信译成荷兰语出版。信件谴责荷兰省三级会议未能保护荷兰教会免受福斯修斯教义这个"瘟疫"的祸害，呼吁英格兰介入。[26]

正值此时，时年30岁，已然蜚声国际的人文主义学者、摄政官格劳秀斯被卷入冲突。1607年以来，格劳秀斯就担任着荷兰省的高级司法官员——财政律师，并获得了一定的政治影响力。1613年，他得到奥尔登巴内费尔特的推荐,被任命为鹿特丹的议长,东印度公司还邀请格劳秀斯率领代表团到伦敦,协商英格兰与荷兰在东印度的利益划分。与此同时,奥尔登巴内费尔特要求格劳秀斯帮忙说服詹姆士一世的亲信,劝说他们不要支持反抗辩派。(事实证明,)格劳秀斯(错误地)相信自己已经改变了詹姆士一世对反抗辩派的态度。[27] 返回共和国后,格劳秀斯发表了小册子,有力地捍卫荷兰省三级会议,驳斥反抗辩派的批判,尤其批判吕贝克斯,因为后者力图诋毁抗辩派是秘密的索齐尼主义者。[28] 1613年10月,这本小册子以《为荷兰省与西弗里斯兰三级会议的虔诚辩护》(*Pietas Ordinum Hollandiae ac Westfrisiae Vindicata*)之名问世,有拉丁语和荷兰语两个版本。

反抗辩派对格劳秀斯的介入充满震惊。因为格劳秀斯本人一直对福斯修斯有所质疑;此外,格劳秀斯在1611年秋到访格罗宁根和弗里斯兰时,还与乌博·埃米乌斯和吕贝特斯建立了友好联系。格劳秀斯此前的策略是不表现为抗辩派或反抗辩派,而是充当公共教会内部和谐的支持者,双方友善的中间人。1612年整年和1613年年初,作为一个超越纷争的人,格劳秀斯小心谨慎地维持自己的中立,并且受到各方尊重。[29] 如今,他猛然放弃中立,断然站在奥尔登巴内费尔特和抗辩派一边。对于格劳秀斯的言论及其试图让归正会臣服于世俗权威的做法,一些人给予愤怒抨击,埃姆登市政官员阿尔特胡修斯就是其中之一。[30] 他早已表示自己反感奥尔登巴内费尔特政权,因为它偏向阿明尼乌主义,还与西班牙签署了停战协定。[31]

一旦确定立场,格劳秀斯便不知疲倦地参与论战。在鹿特丹,他领导着与反抗辩派的斗争,坚定了该城议事会和宗教法院的立场,巩固了该城作为抗辩派堡垒的名声。[32] 他在荷兰省三级会议成了奥尔登巴内费尔特的重要支持者。同时，在把斗争扩散至整个荷兰学术界，动员志趣相投的人文主义者对抗反抗辩派方面，格劳秀斯也起到了尤为重要的作用。他认为反抗辩派不仅威胁到国家和公共教会的稳定，还威胁到个人的良心自由和人文主义研究自由。反抗辩派往往不赞同伊拉斯谟的思想，斯莱德伯爵公然抨击伊拉斯谟是阿明尼乌主义的精神先驱，声称伊拉斯谟或许会为自己在福斯修斯党羽中大受欢迎而开心。[33] 格劳秀斯被这种对伊拉斯谟的攻击激怒，于是鼓动共和国的有识之士。[34] 被他从象牙塔中"拽"出来的有杰出的人文主义者、多德雷赫特拉丁语学校校长赫拉尔杜斯·福修斯（Gerardus Vossius）。

与此同时，莱顿大学的负责人和教授则在奋力把失控的公愤控制在讲座和课堂之外。在这一点上，两个事件帮了他们大忙：一是戈马尔离开莱顿前往米德尔堡，二是奥尔登巴内费尔特撤销了对福斯修斯的任命。大学负责人随后选择温和的反抗辩派人士约翰内斯·波里安德（Johannes Polyander）和抗辩派人士西蒙·埃皮斯科皮厄斯填补神学院的两个空位。在正式意义上，神学院和莱顿大学保住了统一和中立的表象；不过在幕后，在私人聚会和饭桌上不断爆发的激烈冲突正逐渐撕裂这表象。[35]

在这一阶段和下一阶段，格劳秀斯都不支持彻底的宗教宽容。他希望捍卫良心自由，但必须是在强势的公共（或国家）教会之内。为了精神上的目的，同样也为了政治和社会方面的目的，公共教会应当在宗教领域处于压倒性——在一定程度上是强制性——统治地位。[36] 在格劳秀斯看来，国家和社会的稳定有赖于此。这方面，他心目中的理想模式是英格兰圣公会。游历伦敦期间，格劳秀斯听到了许多人抱怨宗教自由（如荷兰所允许的那样）的所谓危险后果。詹姆士一世和英格兰的主教们惊骇于联省盛行的似乎无政府的宗教状态。格劳秀斯自己承认，当前状态是不可容忍的，它的持续必然会导致高度破坏性的后果。格劳秀斯的解决办法是管制，并在某些方面削减良心自由和表达自由，以此恢复稳定，重建秩序。[37] 他的观点支持了荷兰省三级会议的解决方案，也得到奥尔登巴内费尔特的热切赞同。三级会议的方案是通过平衡自由与权威，调整宽容的尺度，给宽容设限。格劳秀斯的原则是通过法令来定义哪些教义可以进行公开辩论，哪些不可以进行公开辩论。如果荷兰省三级会议能够分隔不同的教义领域，分出哪些领域的不同观点可以安全地公开发表，哪些领域的异议有悖基督教信仰的根本原则，那么就有可能制定出规则，规范哪些观念可以公开讨论，哪些只能私下持有。对于被认为是公众能够接受的教义，荷兰省三级会议可以通过禁止对这些观点的争论——无论是在讲道坛上还是在出版物中——来保证它们得到宽容。关于哪些教义可以公开支持，哪些不可以，都由荷兰省三级会议定义。如果有讲道者违抗荷兰省三级会议的指示，那么无论他们属于抗辩派还是反抗辩派，都可以由三级会议惩处。如果有必要，三级会议甚至可以剥夺他们的营生。

格劳秀斯相当认真地对待这套宏伟的神学-政治学观念，花费了大量时间来推敲《为了教会的和平》（*For the Peace of the Church*）这一文本。随后，他将这份宣言呈交代理委员会和荷兰省三级会议。宣言得到了截然不同的反馈。最热切的抗辩派城镇议事会，如莱顿的、鹿特丹的，认为这份文本对反抗辩派立场的敌意不够强。但不同于乌得勒支省三级会议和荷兰省某些城镇，格劳秀斯和奥尔登巴内费尔特并未试图粉碎反抗辩派，而是打算收缴他们的武器，将神学冲突限制在神学领域，将它分离出政治领域。这是缓和冲突的尝试，如果公然偏袒一方，它将适得其反。事实上，1614—1617年间，即奥尔登巴内费尔特和格劳秀斯依然在某种程度上掌控着局势之时，他们政策的基础依旧是力图重建和维持荷兰省内的团结，其方式则是争取荷兰省反抗辩派城镇支持他们平息神学-政治冲突的策略。[38] 这并不是妄想，因为尽管阿姆斯特丹和多德雷赫特支持反抗辩派，但它们也会有出于政治而非神学的考量；同时，荷兰省三级会议和总三级会议中的分歧越来越大，而这也有可能扰乱这些城镇。

奥尔登巴内费尔特和格劳秀斯不仅成功说服鹿特丹和莱顿放弃反对意见，还差点儿说服荷兰省摄政官中的反抗辩派携手合作。他们承诺这份公告将均衡地运用在抗辩派和反抗辩派讲道者身上，并且将禁止传播被宣布为异端的教义：多德雷赫特因而同意支持格劳秀斯的主张。在1614年1月的荷兰省三级会议集会上，奥尔登巴内费尔特和格劳秀斯由此成功分化了反抗辩派阵营，争取到多德雷赫特、斯希丹、皮尔默伦德和蒙尼肯丹的投票。[39] 反对者只剩阿姆斯特丹、恩克赫伊曾和埃丹，而阿姆斯特丹反对的决定仅是由该城议事会以微弱多数通过的。但是，这已足够否决奥尔登巴内费尔特和格劳秀斯追求的，也是至关重要的团结的表象。在赖尼尔·保及其党羽的领导下，阿姆斯特丹依旧坚持主张，抗辩派和反抗辩派之间的争端只能通过全国宗教会议解决。

在正式意义上，荷兰省三级会议在上述三座城镇反对的情况下通过了公告。但在实践上，公告只在抗辩派城镇生效，而且实际上只被用来对付反抗辩派讲道者。不过，它给奥尔登巴内费尔特提供了他能获得的最恰当的时机去恢复荷兰省的团结并稳定共和国，因为它确实获得了温和的反抗辩派，或者说其中一些人的支持，也获得了英格兰国王的认可。不过，所有劝说阿姆斯特丹改变心意的努力都徒劳无功。随着时间的流逝，反对意见逐渐增强。奥尔登巴内费尔特偶尔插手限制某些城镇议事会的抗辩派狂热，但随着抗辩派城镇中越来越多的反抗辩派讲道者发现自己受到剥夺营生和驱逐的威胁，一种信念逐渐生根：尽管公告在表面上是非党派的，但抗辩派实际上在以党同伐异的方式使用它。

天壹文化